第三册

Civilizations and Enlightenments

吴军 著

人 民 邮 电 出 版 社
北 京

谨以此书献给我的家人。

前言

人总是要有些理想和信仰。

当人们问起我的理想时，我就给他们讲贝多芬晚年的一个故事。有一天，贝多芬的老朋友维格勒来看他，贝多芬回忆起他们年轻时的理想，那时他们一起读着席勒的《自由颂》，追求自由的理想。贝多芬说他要写一部交响曲，告诉全世界他那“人类团结成兄弟”的理想，在这样的背景下，他写出了不朽的《第九（合唱）交响曲》。一百多年后，法国著名作家罗曼·罗兰再次提到贝多芬和席勒那样的理想，他写下了《巨人三传》和《约翰·克利斯朵夫》。在后一本书中，罗曼·罗兰寄托了他希望德国和法国两个世仇民族能够团结成兄弟的理想。今天，罗曼·罗兰的这个理想已经实现了。我自己也一直有着贝多芬和罗曼·罗兰那样的信念，相信最终人类能够团结成兄弟。我相信，即使今天不完美，将来终究会变得美好，而实现这一切则是要依靠文明的力量。

我们每个人或多或少都会遇到一些不如意的事情，看到或者听到这样那样的丑恶现象。我们有时会抱怨社会，对未来产生怀疑。我们时常听到这样的抱怨：“都二十一世纪了……”，仿佛在今天的文明程度下，一切事情都必须是合情合理的。其实人类几千年的文明史和地球的历史相比，实在是太短暂了，大约相当于几分钟和一年的关系。虽然我们今天的社会比农业文明时期已经高度发达了，但与它所能达到的文明程度相比，还是非常初级的。因此，我们遇到各种缺憾也就没有什么好抱怨的了，因为我们人类还“太年轻”了，人类已经走过的路，相比今后要走的漫漫长路，只能算是刚刚起步。幸运的是，如果跳出一个个具体事件，站在历史的高度去看，我们会发现人类是向着美好的方向发展的。对于人类遇到的问题，最终我们会发现答案比问题更多。

在历史上，人和人之间，民族和民族之间，以及人类和自然之间遇到过很多的矛盾和问题，人类甚至不知道解决这些矛盾和问题最好的方法是什么，因此，杀戮和战争成为了常态。人类学会尊重每一个人，学会通过协商解决问题，还只是近代的事情。在历史上，人类对强者的崇拜、对权力的兴趣比对文明的兴趣更大。翻开世界各国尤其是中国的历史教科书，基本上都是在讲述王侯将相攻城略地的丰功伟业，帝国的扩展和兴衰，很少讲述世界各地区对文明的贡献。时过境迁，人们会发现，经过历史的涤荡，这些王侯将相其实剩不下什么影响，虽然他们的故事很好听，很好看。

为了说明这一点，我们不妨看看欧洲历史上的一段纠纷。法国的阿尔萨斯和洛林，是中国中学生所知道的为数不多的法国省份的名称，这一切要归功于初中语文课本入选的一篇短篇小说《最后一课》。学过这篇课文的中学生都知道，这个地方自古就属于法国，在普法战争中被德国人占领了，这篇很短的小说曾经激发了很多法国人的爱国热情。但是这个地区的归属问题在历史上并非那么简单，而围绕它的历史又会引出无数关于王侯将相的生动故事，包括路易十三的首相红衣主教黎塞留、路易十四、拿破仑三世、德国皇帝威廉一世、军事家毛奇、铁血首相俾斯麦等，它还涉及欧洲三十年宗教战争、普法战争、第一次世界大战和第二次世界大战等诸多历史事件。但是，今天如果让法、德这两个国家的人谈谈这些历史，他们的兴趣都不大，远不如他们对当下欧债危机和各国就业情况的关注。这些地区虽然在过去的五百年里争来争去，可人们的生活基本上还是老样子，并没有因为归属法国，或者独立，或者属于德国而有什么改善。倒是在过去的五百年里，法国启蒙作家的著作、拿破仑和法学家们留下的《拿破仑法典》，以及德国工程师贡献的多项工业发明对当下世界的影响更大。真正影响到我们的是那些文明的成果，包括经济的、技术的和人文的，而这些文明的成就恰恰容易被历史所忽略。我们今天无法得知在美索不达米亚地区是谁发明了轮子，无从知晓是中国哪个地方的农民最早采用了垄耕种植法，可是，这两项发明对人类文明进步的贡献可能比从亚历山大到拿破仑那样的十个军事家更大。

那么为什么很多人还在对那些王侯将相的故事津津乐道呢？这本身就说明人类还很年轻，依然崇尚权力。但是另一方面，那些故事常常富有戏剧性，很好听，很好看。而如果讲述普通人的故事，讲述文明的发展就未必能如此吸引人了。因此，我从很久以前就萌生了一个想法，这些过去被忽略的、听起来可能枯燥的故事，是否也能讲得生动有趣呢？我不知道自己能否做到这一点，但是我希望挑战一下自己，尝试一番。

在为《文明之光》选择题材时，有关王侯将相的赫赫战功基本上没有选，虽然有时可能会提上一两句，因为我们是讲文明的故事，而不是讲战争史。对大家熟知的很多内容，比如关于古希腊的艺术、罗马的城市文明、中国的四大发明和法国大革命等，我也没有选。这并不代表它们不重要，而是因为这方面的书籍已经很多了，各种观点相互争鸣已经足以为读者提供思考这些问题的全面视角了。

我选择题材的原则有这样几条。首先是挑选一些对人类文明产生了重大影响，却常常被忽略的人和事，这样算是对大家熟知的内容提供一些补充（比如中国的垄耕种植法）。第二，所选的题材必须是我所熟悉的，因此优先选择那些我见到过实物的题材（比如关于瓷器）和在我所去过的地方发生的事情（比如文艺复兴）。第三，也是非常重要的，就是这套书中的题材是我有深刻体会和认识的，因为写书最重要的目的是和读者交流，既然是交流，作者就必须有话可说，有感可发。我选择了人类文明史上的几十个片段来讲述我对文明的理解，虽然这些片段远不足以概括人类文明的进程，但是将它们有机地拼接起来，我认为是能够看到文明发展的脉络的。在人类的文明进程中，还有很多重要而有意思的事件在书中暂时没有提及，不过今后如果还有机会，我希望能将它们补上，这样可以将人类文明的历史描绘得更完整一些。

这四册书创作的素材，很多来自于我十几年来在世界各地的所见所闻，并参考了我阅读的大量论文、书籍和收集的实物。当然，写文明故事本身回避不了历史，并且涉及对历史事件的评述，在这方面我一般采用通行的看法。比如关于人类的起源，我选择了同源说（即现代人源于东非），虽然大部分印第安人不同意，中国的一些学者也不同意。对于宇宙的构成，我选择了标准模型（即按照目前的理解分到夸克为止，虽然一些辩证哲学家一定要说夸克也可分）。有关经济学和金融领域的一些看法，我主要参考了斯坦福大学夏普教授和普林斯顿大学麦基尔教授在Google授课时阐述的观点。这些观点，很多是值得讨论和争鸣的，但是我并非写学术专著，未必一定要让读者接受其中的一种，我会尽可能采用最新、最流行的观点。如果读者不同意其中的一些观点，也没关系，因为透过这些具体的事例了解文明的重要性才是本套书的目的。写书的目的是抛砖引玉，引起读者的思考，而不只是为了灌输内容。

为了方便大家阅读，共享我的见闻，我在书中加入了大量的图片，这些图片我尽可能地使用自己在世界各地拍摄的，以及我的两个女儿绘制的。对于我没有也暂时无法去拍摄的，我一律采用了维基媒体图片。

本套书的内容基本上是按照时间顺序来组织的。第一册讲述从人类文明开始到近代大航海共八个专题；第二册讲述了从近代科学兴起到原子能的应用的另外八个专题；第三册介绍了直到二十世纪的音乐、艺术和一些科技进步，尤其重点介绍了以计算机为核心的信息革命，并且在最后引出我们当下必须关注的环境和发展问题；第四册介绍了影响近代文明发展的科技、艺术和政治领域的重要进步，并重点介绍了从 1 到 N 的发明创新过程。由于各章内容差异较大，可能不是所有的读者都对全部的内容感兴趣。好在每一章都是独立的，读者可以挑着读。为了方便读者选择，我对各章大致进行了以下分类。

历史：第一、二、七、八、十一、十三、十四、十五、十六、二十、二十六章。

科技：第三、四、六、九、十二—十六、十九、二十一—二十三、二十五、二十九和三十二章。

艺术：第一、二、六、七、十七、十八和三十一章。

政治：第五、十、十一、十五、十六、二十、二十四、二十七、二十八和三十章。

在本书构思和创作的过程中，我就一些专题专门与不少专家做了交流和探讨，以保证书中内容的正确性。比如，对涉及物理学的内容，斯坦福大学的张首晟教授为我提供了很多建议和意见。有关经济学和金融领域的一些看法，主要参考了普林斯顿大学麦基尔教授在 Google 授课时阐述的观点。在此，我向他们表示衷心的感谢。

在本套书的写作和出版过程中，特别要感谢 JUSTPUB 的周筠女士、李琳骁先生和胡文佳女士，作为本套书的主要编辑、排版校对和审阅者，他们花了大量的心血和时间修改完善这套书。万科企业股份有限公司董事会主席王石先生和著名物理学家张首晟教授在百忙中为本书写了序言（见本套书第一册），在此向他们表示衷心的感谢。另外，我还要感谢人民邮电出版社信息技术分社的刘涛社长和俞彬副社长，感谢他们为本套书的出版所做的大量烦琐细致的工作。同时感谢为本套书题写书名的著名书法家、瀚海置业的王汉光董事长，以及精心设计本书封面的邹政方先生带领的设计团队。在此，还要衷心感谢《文明之光》读者微信群的朋友们长期给予我的热情鼓励与支持。

最后，感谢张彦女士为本套书做了最初的校对，并感谢吴梦华和吴梦馨为本套书绘制了很多插图。

人类文明还在不断地发展，人们的认识也在不断地提高，加上本人学识有限，书中不免有这样或那样的错误，还请读者指正，也请读者原谅。

吴军

2017 年 2 月于硅谷

目 录

第十七章　从巴赫到柴可夫斯基

近代音乐的发展历程

音乐不仅是人类发明的最美妙的声音，更是人类交流和表达感情的一种方式，当语言不足以表达感情时，音乐便产生了。人类的文明和进步不仅体现在科技和经济上，也体现在音乐和其他艺术上。

虽然今天的年轻人似乎更喜欢听“歌”，也就是当下流行的音乐，并且喜欢追星，但是在更长的时间跨度上，古典音乐更经得起时间的考验。如果我们把每一个音乐家对社会的影响力比作一条河，一些流行歌手，比如迈克尔·杰克逊，他的听众很多，但是影响力并不持久，其音乐思想的深度也不突出，因此他的音乐像是一条宽广但很短很浅的河。不过把它的三个维度乘起来，体积还是很大的。和杰克逊等人相反的是一些古典音乐家（或者古典音乐的表演者），比如贝多芬，他的作品很有深度，但是喜欢的人不一定很多，不过可能影响力深远，这就如同一条不很宽，却很长、很深的河，体积依然很大。每一个人的兴趣和爱好不同，喜爱的音乐也不同，这两类音乐家谁的影响力更大，很难比较。不过，值得一提的是，虽然流行音乐看似有更多的听众，但古典音乐依然占据全球音乐市场的半壁江山。

在这一章里，我不想谈流行音乐和当下歌手，而是要谈谈古典音乐，具体地说就是要讲一讲从巴洛克时期直到 19 世纪末民族主义时期的音乐。这倒不是因为后者比前者更重要，而是因为透过古典音乐的发展历程，我们可以感受到近代人文主义的兴起与发展，以及产生不同音乐的时代的变迁。

第一节 精致而典雅的巴洛克音乐

人类的各个文明阶段都有各自的音乐艺术，但是早期的音乐都与宗教（包括祭祀）相关。而音乐成为生活娱乐的一部分，则是在物质生活相对富裕以后，这时音乐里宗教的气息也就相应减少了，世俗的气息渐渐增加。不过欧洲的音乐却是经历了两次从宗教到世俗的过程，第一次是从远古到古希腊罗马时期，音乐从祭祀、祈福和对神灵的赞美等礼仪用途，慢慢发展成世俗生活的重要组成部分。但是到了中世纪，音乐又基本上从人们的日常生活中消失了，所剩不多的音乐大多出现在宗教的场合。教会一方面供养了音乐家并且培养了歌手，另一方面却把音乐变得单调而波澜不惊。欧洲音乐第二次走向世俗的过程，就是渐渐摆脱教会影响的漫长过程，虽然这个过程从文艺复兴时期就开始了，但是真正产生质变的是在 18 世纪初的巴洛克时期，因此巴洛克音乐是所有古典音乐的基础。

巴洛克，源于西班牙语的 Barocco，本意是不圆的珍珠，引申的意思是“有很多细节”，它最初用来形容文艺复兴后期那些豪华的建筑及其精致细腻的装饰风格。因为在那个时期，欧洲世俗王权（包括贵族们）的势力得到扩张，他们喜欢富丽堂皇的宫殿，讲究奢华的排场。后来这个词被用到绘画和音乐上，其含义也是类似的。巴洛克音乐的特点是华丽而精致，加入了大量装饰性的音符。不过与后世的音乐相比，巴洛克音乐旋律短促，高低起伏很小，这说明它还没有完全摆脱宗教音乐的影响。

图 17.1 巴洛克建筑的立柱

巴洛克时期最重要的代表人物包括意大利的维瓦尔第（Antonio Lucio Vivaldi，1678—1741）[1]、德国的亨德尔（Georg Friedrich Händel，1685—1759）和塞巴斯蒂安·巴赫（Johann Sebastian Bach，1685—1750）。他们三个人都是伟大的音乐家，限于篇幅，这里只介绍其中最有影响力的巴赫。

1 意大利著名作曲家，代表作为小提琴协奏曲《四季》。

巴赫来自于一个音乐世家，很多传记作家说巴赫的家族出了上百名音乐家，这多少有点夸大，因为这上百人中很多人不过只是能演奏一下乐器或者写了一两首早已失传的歌曲而已。不过，他们家族还是出了不少在德国音乐史上享有一定地位的音乐家，其中包括塞巴斯蒂安·巴赫的父亲，约翰·安布罗休斯·巴赫（Johann Ambrosius Bach，1645—1695）。当然，把所有其他的巴赫们加起来，成就也不及塞巴斯蒂安·巴赫。但是，就是这样一个音乐天才，他的音乐生涯却差点被他的亲哥哥扼杀了。这一切要从巴赫小时候说起。

图 17.2　伟大的音乐家巴赫 [奥斯曼 （Elias Gottlob Haussmann） 作，私人收藏]

巴赫生于 1685 年，他的父亲算是个颇有才气的音乐家，但是在他 10 岁那年就与世长辞了，而他的母亲在一年前已经过世了，全家的生计就靠巴赫的大哥约翰·克里斯托夫·巴赫（Johann Christoph Bach，1671—1721）勉力维持了。我想罗曼·罗兰一定是按照这个名字给他的名著《约翰·克里斯朵夫》中的主人翁起了名字。这位大哥对弟弟妹妹们应该还是不错的，除了养活他们，还教巴赫演奏乐器和简单的创作，但是却不让巴赫碰任何乐谱。巴赫只好在晚上趁哥哥睡着了，悄悄将乐谱偷出来抄写。当时没有电灯，蜡烛也很贵，因此巴赫只能在月明的夜晚做这件事，然后白天练琴时练习。当然，这样一来二去，终于被他哥哥发现了，巴赫受到了严厉的惩罚，不过巴赫并没有因此嫉恨哥哥，他还把自己早期的一部作品献给了他的这位大哥。

等到巴赫 15 岁时，他哥哥已经有三个孩子，家庭的负担实在太重了，于是巴赫不得不自己去挣钱糊口。当时没有一个音乐的市场，能供养音乐家的除了贵族就只有教会，于是巴赫在教会里表演了两年，先是作为唱诗班的歌手，后来嗓子变音了，就改做管风琴手和小提琴手。巴赫在修道院的图书馆里读了很多前辈的作品，这些作品为他后来的创作奠定了基础。到了 17 岁，他便离开家乡，在一些王公贵族拥有的乐队里担任管风琴师，在此期间，他不断地学习、演奏和创作。

在巴赫成长的道路上，他不曾正式拜过师，但是他不断地去寻找名师指点，在他成名之后有人问他，何以写出如此完美的音乐，他说，如果谁像我这样下一番苦功夫，也能达到同样的境界。为了聆听当时管风琴大师布克斯特胡德（Dietrich Buxtehude，1637 或 1639—1707）演奏的音乐，巴赫请了一个月的假，跋涉 300 千米从安斯塔特（Arnstadt）到吕贝克（Lübeck）来向这位大师学习。在获得了宝贵的音乐创作和演奏经验的同时，他也因此丢了工作（因为他实际上离开了四个月时间，而不是一个月）。这一年，巴赫 21 岁，他已经成为德意志（当时没有统一的国家，德意志只是对欧洲说德语地区的总称）境内很有名气的乐师了，于是他获得了一个相当于城市乐团首席音乐总监的位置，有着颇为丰厚的年薪（85 金币加上足够的粮食和生活物资）。和凡人一样，他开始娶妻生子，一辈子生了 21 个孩子。两年后，即 1708 年，巴赫离开那里，来到了当时德意志文化的中心魏玛共和国，一待就是九年。这生活相对稳定的九年不仅是巴赫早期创作的重要时期，也成为了西方音乐发展的重要阶段。1717 年，巴赫另谋高就，在柯滕（Köthen）的宫廷里担任首席乐队长，一干就是六年，在这六年里，巴赫的创作水平达到了炉火纯青的地步，他的代表作《勃兰登堡协奏曲》就是在这个时期创作的。

讲到这里，就要说说巴赫在音乐上的贡献了。任何艺术都可以从道和术两方面来谈，先说说巴赫在“音乐之道”上面的贡献。巴赫在世界音乐史中的地位非常高，甚至有人认为他超过了后来的莫扎特和贝多芬，原因是他奠定了古典音乐的基础。德国学者史怀哲（Albert Schweitzer，1875—1965）认为巴赫教会了后人如何用音符构建出音乐作品，就如同怎样使用单词写文章一样，因此他是音乐的建筑师和音乐的语法学家。当然，巴赫一生没有写过任何音乐理论方面的书籍，他是通过其大量的作品告诉后世的作曲家们，音符怎样连接就能构成具有美感的音乐，一首完整的曲子应该具有什么样的结构才能表现好主题，以及如何通过乐曲的变化产生丰富的内涵。和后来的贝多芬或肖邦不同的是，巴赫的音乐很少带有主观的感受，它们表达的是一种客观的美，因此很容易被后人学习和掌握。

巴赫在音乐之道上的另一大贡献就是帮助音乐从宗教走向世俗。在第一册“一个家族的奇迹——文艺复兴”一章中，我们介绍过绘画的发展曾经历过由“天上”到“天上人间”，再到“人间天上”的过程，而所谓天上人间，就是通过宗教的题材反映现实的生活。在音乐发展的过程中也有类似的阶段，而巴赫的时代就对应于“天上人间”的艺术阶段，那时为宗教创作的音乐在数量上依然占大多数，因为教会在当时依然是音乐家的主要资助者。在巴赫的作品中就包含有大量的宗教音乐，但是这些宗教音乐虽然冠以宗教的名称，比如“受难曲”[2]，可在这个名称之下，我们听到的却是戏剧的合唱，抒情的咏叹调。在配器上，巴赫已经不受限于教堂的管风琴，还增加了完整的乐队。这样，原本沉重的受难曲，就变成了美妙绝伦的、优雅的戏剧表演。在巴赫的其他宗教音乐作品，比如清唱剧、弥撒曲和圣母颂歌中，你都能体会出这种人文主义的实质内容。就像达·芬奇和米开朗基罗用凡人的形象将《圣经》上的人物绘制出来一样，巴赫也用丰富多彩的世俗音乐把宗教题材描绘出来。

2 以基督受难为题材所谱写的音乐。

巴赫还确立了德意志地区今后几百年在古典音乐上的中心地位。在巴赫之前，德意志在音乐上明显落后于意大利。自文艺复兴开始到 18 世纪初期，意大利作曲家的音乐在欧洲是首屈一指的，文艺复兴之后，佛罗伦萨和威尼斯已经开始衰落，但是有着四个世纪商业繁荣和文化沉淀的意大利，依然是世界艺术的中心。相比典雅而充满了诗情画意的南欧音乐，德意志地区的音乐还显得那么古板而单调。巴赫则是将南欧新颖而丰富的音乐表现形式融入德意志庄重而神圣的音乐的第一人，他创造出了崭新的音响组合和丰富的音乐内容。

前面我们讲了巴赫在“音乐之道”上的贡献，再来看巴赫在“音乐之术”上的贡献，可以从声乐和器乐两方面来看。

首先让我们来看看声乐。如果你去买一套巴赫全集（感谢数字音乐对音乐作品价格的冲击，一套近两百小时的巴赫全集对大多数人来讲而今完全负担得起），你会发现他的声乐作品，尤其是康塔塔（Cantata）在数量上占比很高。康塔塔原本是意大利的一种民间声乐形式，它以合唱开头，以合唱结尾，中间交错有伴奏的朗诵调（类似京剧的对白）、独唱或者重唱的咏叹调以及不同规模的合唱。这种民间音乐充满诗意，但是不规范。而同期德国的教堂音乐庄重而死板。巴赫将康塔塔这种民间音乐规范化，并引入了庄重的教堂。在巴赫的康塔塔中，首尾都是宗教的赞歌，而中段都是由围绕主题的独唱咏叹调、重唱以及合唱构成的，这样的结构非常合理，既能表现宗教音乐的神圣，又带有民间艺术的美感。要理解巴赫的康塔塔作品，大家可以想象一下达·芬奇的《岩间圣母》或者米开朗基罗的《圣家族》，它们都是用民间的形象创造宗教题材的作品。康塔塔在巴赫时期达到顶峰，但是由于没有布景和表演，它不如后来的歌剧那么普及。不过巴赫的康塔塔作品依然经常在音乐会上表演，这足以说明这些声乐作品的艺术水平之高，以至于让它们的影响力跨越了时空。

在器乐曲上，巴赫是今天我们经常听到的奏鸣曲和协奏曲的先驱，我们不妨以协奏曲为例看看巴赫是如何对以往音乐的形式进行改造的吧。

协奏曲最早诞生在意大利，开始只是为一两把提琴加上少量的配器谱写的。巴赫受南欧人声乐中各种演唱形式组合的影响，整天沉醉于各种乐器的组合实验中，如同当年达·芬奇对绘画进行的诸多尝试一样。巴赫用各种型号的提琴、羽管键琴[3]（见图17.3）和各种管乐器进行有趣的实验，创造出各种搭配，加入协奏曲中，从此有了以一种乐器为主，其他乐器为辅的协奏曲。在这些协奏曲中，配器有弦乐、羽管键琴、双簧管、小号、圆号、低音维奥尔，等等，其中最著名的是他的六首《勃兰登堡协奏曲》。一个多世纪后，当这些协奏曲开始在欧洲的大众中流行时，听众们无不为这些精致、和谐而又欢快的乐曲感到震惊。即使到了今天，你无论是正襟危坐地坐在音乐厅里，还是端着一杯茶坐在家中的客厅里来欣赏巴赫的《勃兰登堡协奏曲》，都会被那些行云流水般的音符、华丽典雅的旋律以及完美无瑕的配器手法所折服，尤其是其中那些F调的圆号部分，它让圆号能表达的音乐达到了极致（正是因为如此，演奏巴赫的一些协奏曲要求圆号手有非常高超的技巧）。巴赫以后的音乐家莫扎特、贝多芬等人在他的基础上不断完善协奏曲的创作技巧，使协奏曲成为今天最常见的器乐形式。

图17.3 巴赫时期的羽管键琴

3 又称为大键琴，Harpsichord，是比钢琴更早的键盘乐器，相当于把竖琴横放在音箱内用键盘操作。

在巴赫的时代，并不存在将创作的音乐普及到全欧洲的条件，虽然乐谱的印刷已经出现，但是价格昂贵，出版量很少，更不要说被广泛演奏了。巴赫的一生往返于各个王宫贵族的宫殿和各个教区的教堂之间。虽然他后来收入不错，并且每走到一处就受到当地贵族的欢迎，但是他所创作的大量音乐在生前既没有出版也没有被演奏过。因此，在他去世几十年后，他基本上已经被人们遗忘了。巴赫的作品被发现、被重新认识，要感谢另一位著名音乐家，浪漫主义时期的德国作曲家门德尔松（Felix Mendelssohn Bartholdy，1809—1847）。门德尔松整理和出版了巴赫的音乐，巴赫去世近百年后，人们才重新认识到这位奠定了近代音乐基础的作曲家的伟大。顺便说一句，门德尔松一生整理和出版了很多音乐大师未发表的作品，包括舒伯特（Franz Schubert，1797—1828）和舒曼（Robert Alexander Schumann，1810—1856）的作品，我们今天能够享受到这些大师美妙的音乐，都要感谢门德尔松。

1750年，65岁的巴赫走完了他的人生。巴赫的作品数量之多、质量之高，让后世的音乐家很难望其项背。他一生创作了大量的音乐作品，包括几百首康塔塔、大量的协奏曲、五部弥撒曲、大量的赋格，以及后来被称为钢琴作品中的《旧约全书》的《平均律钢琴曲集》。巴赫一生辗转于德意志的各个城邦，用西方人的话讲“像狗一样努力工作”[4]，他不断地将自己对音乐（尤其是乐器）的研究通过各种作品表现出来，一部部作品有如一条条小溪，就如同他的名字的含义[5]。这些小溪最后汇成滔滔奔腾的大河，这条大河也哺育了后世的音乐家，至今依然流淌着。

4 等同于中国人说的“像老黄牛一样工作”。

5 Bach 在德语中是小溪的意思。

第二节 英雄史诗般的古典主义音乐

古典主义音乐和古典音乐不能混为一谈。古典主义是特指欧洲18世纪末到19世纪初的文化和艺术思潮，因此并非所有的古典音乐和绘画都被称为古典主义作品。古典主义时期正是资产阶级取代贵族统治欧洲的时期，那时的艺术作品是以资产阶级追求自由和人性解放为背景创作的。古典主义讲究理性、秩序与和谐，这些特点在海顿、莫扎特和贝多芬的音乐中以及达维特的绘画中都表现得非常明显。因此在古典主义的音乐中，不会有斯特拉文斯基（Igor Stravinsky，1882—1971）的音乐中那种“不和谐”的旋律[6]，而在古典主义的绘画中也不会有印象派那种模糊而朦胧的表现手法。古典主义时期，音乐的题材从赞美上帝变成了讴歌人类的英雄，在形式上，其最高成就体现在交响乐的成熟。

6 斯特拉文斯基的舞剧《春之祭》在音乐手法上不断极端化和超越对传统舞剧的理解，在首演时引起了骚动。

古典主义音乐的代表人物是海顿、莫扎特和贝多芬。生于奥地利的海顿不仅是古典主义时期第一位重要的作曲家，也是“交响乐之父”，他不仅确定了交响乐的形式，而且一生创作了108首交响曲[7]，超过莫扎特、贝多芬、舒伯特、舒曼、门德尔松、柴可夫斯基（Pyotr Ilyich Tchaikovsky，

7 海顿的交响曲编号为1~106，加上A、B两部作品。

1840—1893）、马勒（Gustav Mahler，1860—1911）等人的创作总和。不过平心而论，海顿早期的交响乐曲虽然“好听”，但是没有什么特点。如果有人把他的第 20 交响曲和第 32 交响曲混为一谈，也毫不奇怪。到了晚年，他的技巧运用到了炉火纯青的地步，而他对生活的感悟也变得非常深刻，海顿晚年创作的 12 首《伦敦交响曲》堪称精品。由于他在英国生活了很长时间，并且他最出名的作品也是在英国写成的，因此很多人误以为他是英国人。海顿最大的贡献在于确定了交响乐的形式，即由四个乐章组成，分别是快板、慢板、诙谐曲或者小步舞曲、快板。直到今天大部分交响乐曲依然沿用这个传统。

图 17.4　音乐天才莫扎特［克拉夫特（Barbara Kraft）在莫扎特去世 19 年后，根据当时人们的回忆绘制］

莫扎特是一个值得大书特书的人物，他在历史上被赋予了太多的光环和传奇——神童、天才、生活穷困却心灵伟大的音乐巨匠等词语都被用来形容他。莫扎特从小就显示出音乐的天赋，6 岁就在维也纳宫廷里为特蕾莎女王（即我们在第一册介绍瓷器时提到的那位女王）表演过钢琴。女王非常喜欢这个神童，见到他时把他抱到腿上，6 岁的莫扎特一点也不怯场，对女王说“我喜欢你”。故事到这里还没有结束，后来莫扎特在宫殿的地板上摔倒了，一位和他同龄的公主将他扶了起来。充满稚气的莫扎特亲吻了这位公主，并且说“我爱你，等我长大了一定娶你”。在场的人都哈哈大笑。当然这位公主后来没有嫁给莫扎特，而是成了王后。不过，这些在场的人应该有很多人都活得足够长，看到了这个故事的结局：1793 年，这位奥地利公主被送上了断头台，她就是路易十六的王后玛丽·安托瓦内特（Marie Antoinette，1755—1793）。如果这位公主嫁给了莫扎特

图 17.5 小莫扎特喜欢的奥地利公主安托瓦内特（收藏于法国圣昆廷的勒古叶博物馆，Musée Antoine Lecuyer [8]）

8 地址：28 Rue Antoine LÈcuyer, 02100 Saint-Quentin。

（这当然是不可能的），能不能寿终正寝呢？

莫扎特是历史上最伟大的音乐家之一，他的故事可以写成一本很精彩的书，他的音乐也值得大书特书，但在这里我还是要一笔带过。除了篇幅受限，主要是因为大部分年轻的读者未必能喜欢和有时间欣赏他美妙的音乐。莫扎特虽然只活到了 35 岁，可他一生创作的音乐，如果按演奏时间的长度来计算，几乎抵得上是他两倍寿命的巴赫的作品长度。不过有意思的是，这位不曾老的年轻作曲家的音乐，大部分听众却是 35 岁以上的人。我年轻的时候，时常出入清华大学无线电系（即现在的电子工程系）的老系主任张克潜教授的家，这位曾经担任中国 863 计划首批首席专家的学者，是一位超级音乐迷。他有一个颇为出名的外甥高晓松，和一个身为杰出科学家的婶婶，就是我们在第二册提到的陆士嘉。张克潜教授总是用他那套昂贵的英国音响请我欣赏莫扎特的作品，可是我当时的兴趣在贝多芬，因此他想和我谈的，跟我想和他谈的感受常常对不上。相对而言，莫扎特的音乐总是充满了欢乐和宁静，当一个人回首往事时，听着莫扎特的音乐，望着窗外的春光秋色，实在是一种享受。莫扎特的音乐轻柔曼妙，总是充满了阳光，即使有些风雨，也是“斜风细雨不须归”的那种意境。但是那些要为生活打拼的年轻人，很难有这个心情和心态来欣赏莫扎特的音乐。20 年后，当我也不再年轻，有了一些闲暇并且积累了一些人生经历时，我才发现其实莫扎特的音乐很适合自己。不过，如果再回到 20 年前，我恐怕还是不会去欣赏他的音乐。出于这个原因，我在这里跳过了莫扎特，因为我估计本书读者中有闲暇欣赏莫扎特音乐的人可能有限。而贝多芬的音乐则不同，它的跨度非常大，我们后面还会介绍，它适合从年轻到年老各个年龄段的人。因此，本书将古典主义音乐的重点放在贝多芬身上。

贝多芬为世人奉献了他们从未领略过的美好的音乐，以至于被后世称为乐圣，他把音乐提到了前所未有的高度，而他本人的生活也同样富有传奇色彩。在罗曼·罗兰看来，贝多芬是人类历史上最伟大的英雄。他在《贝多芬传》的序言中写道：

> 我称为英雄的，并非以思想或强力称雄的人；而只是靠心灵而伟大的人。好似他们之中最伟大的一个，就是我们要叙述他的生涯的人所说的："除了仁慈以外，我不承认还有什么优越的标记。"没有伟大的品格，就没有伟大的人，甚至也没有伟大的艺术家，伟大的行动者；所有的只是些空虚的偶像，匹配一般庸人的：时间会把他们一齐摧毁。成败又有什么相干？主要是成为伟大，而非显得伟大。

好了，既然罗曼·罗兰给予贝多芬这么高的评价，我们还是来谈谈贝多芬吧，看看这位伟人是如何通过音乐为人类的文明做出巨大贡献的，相信大家读完这一节后一定会说："贝多芬是实至名归。"

路德维希·贝多芬1770年生于波恩（西德首都）。他的爷爷是宫廷乐队长，父亲是一位男高音歌手，母亲则是位宫廷厨师的女儿，贝多芬是这个家庭实际的长子。他的家庭用今天的标准衡量应该算是中产阶级，不过贝多芬有一位酗酒、脾气暴躁的父亲约翰。这位父亲可能是看到了少年莫扎特的成功，于是也希望贝多芬能成为莫扎特一样的神童，从贝多芬5岁起就逼着他练琴，稍微弹错一点，就对孩子一顿毒打。贝多芬也确实有音乐天

图17.6　贝多芬的肖像。斯德勒（Joseph Karl Stieler，1781—1858）绘制，收藏于波恩贝多芬故居[9]。根据贝多芬的要求，手中的作品是他的《庄严弥撒曲》

9 地址：Bonngasse 24-26, 53111 Bonn。

赋，8 岁开始登台演出，11 岁进入当地乐队。不过，贝多芬的父亲约翰实在不是一位好老师，这一点当时的人都看得出来，他不仅脾气暴躁，而且教得是东一榔头、西一棒子，再这样教下去，贝多芬就得被他毁了。因此大家都建议约翰为贝多芬另找名师，好在约翰虽然脾气坏，却听得进这条意见，于是就让贝多芬跟着当时波恩乐队的指挥奈弗（Christian Gottlob Neefe，1748—1798）去学习音乐了。事实证明奈弗是个不错的老师，他将巴赫和莫扎特的作品系统地介绍给贝多芬，他知道贝多芬的天赋所在并且引导贝多芬如何形成自己的风格，同时，他也发现了贝多芬的弱点，即容易情绪化和缺乏教养。后来，贝多芬的这些缺点影响了自己一辈子的幸福。在奈弗的指导下，贝多芬两年后就成为了乐队的管风琴师并且发布了早期的作品（三首奏鸣曲）。奈弗对贝多芬的评价非常高，认为他将成为另一个莫扎特。贝多芬对奈弗也非常感激，他说："如果我有所成就，这一定是您的功劳。"

很快，波恩大公弗朗兹（Archduke Maximilian Francis of Austria，1756—1801）便对年轻的贝多芬十分赞赏，他成为了贝多芬早期的保护人，并且推荐他去维也纳拜莫扎特为师。17 岁那年，贝多芬一个人离开故乡独自前往维也纳。遗憾的是，当时莫扎特正在创作歌剧《唐·璜》，并没有时间听贝多芬的演奏，更不要说指导他了。不过向来我行我素的贝多芬不管这些，当即坐在钢琴边弹奏起来，据传莫扎特当时说了这么一句话："注意这个年轻人吧，日后他会名扬世界。"不过很多人认为两位大师的这段传奇交往并不属实，因为莫扎特当时也许并不在维也纳，这成为了音乐史上的一个悬案。两个月后，贝多芬因为母亲病重回到了波恩，不过在那里他遇到了另一位古典主义时期的前辈大师海顿，后者对贝多芬大加赞赏，并且建议他到当时的音乐之都维也纳学习。在科隆大主教的支持下，贝多芬于 1792 年第二次来到维也纳，并且在那里度过了他一生的大部分时间。

在来到维也纳之前，贝多芬在波恩大学学习了一年多，在大学里他从厄洛热·施耐德（Eulogius Schneider，1756—1794）[10] 等人那里接受了法国启蒙运动平等、自由和博爱的思想。1789 年法国大革命爆发，贝多芬受大

10 当时波恩大学的教授，后来担任了下莱茵州的检查官，激进的自由主义者。

革命思想的熏陶，成为了一位坚定的自由主义者。他喜欢读那些充满了自由思想的诗歌，比如“……摧毁愚蠢的幽灵，为全人类而战斗……啊，这需要自由的灵魂，我们宁可死亡也不愿意谄媚，我们宁愿贫穷也不愿奴颜婢膝……”[11] 贝多芬一生都在追求人性的解放，他的作品一直体现出一种向上的理想主义倾向。到了维也纳之后，贝多芬跟着海顿学习创作，不过据说海顿曾经批评贝多芬作品中的平民主义倾向。如果这是真的，这可能反映出海顿纯粹的古典主义和贝多芬作品中的浪漫主义的冲突。大多数音乐史家认为贝多芬不仅是古典主义最伟大的音乐家，同时还开创了浪漫主义的先河。

11 作者不详，来自施耐德编印的《革命诗集》。

贝多芬在不到 20 岁[12] 时就试图创作自己的第一部交响曲，但是直到他 30 岁这一年（1800 年）才最终完成，而且在作品中依然能看到莫扎特的身影。不过，他两年后创作的《第二交响曲》就形成了自己的风格，英雄主义的倾向非常明显，并且为接下来的《第三交响曲》奠定了基础。又过了两年，贝多芬完成了世界交响曲历史上里程碑式的作品《第三（英雄）交响曲》（作品 55 号）。受到法国大革命思想的影响，贝多芬早在 1789 年时就有创作一部英雄史诗般的交响曲的想法。1801 年他觉察到自己的耳聋，贝多芬开始和命运抗争，他甚至想过自杀，但是按照他自己的话讲，“我的艺术把我拉回来”。他在这样的背景下开始创作《第三交响曲》，既是对英雄的歌颂，也是表达了其内心的奋斗历程。这部伟大的作品完成于 1804 年初，贝多芬原本打算将它献给拿破仑，但是后来他听说拿破仑称帝了，非常气愤，便将拿破仑的名字划掉，改为“纪念一位英雄”，这部交响曲也就因此得名。《英雄交响曲》规模宏大，结合了诗意和力量，极具独创性。

12 以富尔特文格勒指挥的版本为准。

《英雄交响曲》一共分为四个乐章。第一乐章为快板，描写了法国大革命的情景，人民在英雄的带领下为自由而冲锋陷阵，场面非常宏大。第二乐章为慢板（非常慢的柔板），就是著名的《葬礼进行曲》，描写英雄在大革命中牺牲，人们为他送葬的情景，罗曼·罗兰称之为“全人类抬着英雄的棺柩”，这个 18 分钟的乐章[13]，极为沉重而哀伤，充满了艺术的

13 18 分钟的时间是以富尔特文格勒指挥的版本为准。

感染力，这种感染力是贝多芬的音乐所特有的。第三乐章为节奏非常快的诙谐曲，法国著名作曲家柏辽兹认为是勇士在他们英雄的墓前祭奠的舞蹈。第四乐章为快板，对应第一乐章宏大的场面，奔放而剧烈的旋律和柔美平静的旋律交替出现，音乐渐渐变得越来越强烈，直至一个强有力的壮丽的高潮。最后，整个交响曲暴风雨般的开头重现，全曲在快速而强烈的高潮中结束，表现出英雄的精神永存。《第三（英雄）交响曲》的完成，不仅标志着贝多芬自己风格的形成，也标志着古典音乐从莫扎特的那种崇尚明晰、匀称的结构形式到凸显主观感情的过渡。从近代到现代艺术（包括音乐和绘画）的发展是一个不断彰显个性的过程，这和社会发展的脉络是一致的。

贝多芬在创作《第四交响曲》时正在谈恋爱，因此这首交响曲中充满了平和的春天气息，与贝多芬其他的交响曲差别较大，舒曼评价它为“两座北欧大神（指《第三交响曲》和《第五交响曲》）之间的温柔希腊少女”。贝多芬不仅是乐圣，也是情圣，他虽然没有结过婚，却一生都在追求爱情。他多次爱上自己的学生，其中最接近婚姻的有两次。

第一次是在1801年他和琪丽哀太 - 琪却尔第（Countess Giulietta Guicciardi，1784—1856）相爱了，这位风骚而幼稚的贵族小姐也爱着贝多芬。贝多芬为她写下了著名的《月光奏鸣曲》[14]，但是这段爱情不仅没有结果，而且深深地伤害了贝多芬。后来琪丽哀太 - 琪却尔第嫁给了一位伯爵。贝多芬当时正被耳聋折磨着，而失恋则进一步把他推向死亡的边缘，他当时已经给自己的两个弟弟卡尔和约翰写好了遗嘱。

14 虽然在中国的小学课本中这首著名的钢琴曲被说成是贝多芬在一个月夜为一名盲女即兴所作，但是这种说法只是杜撰而已。贝多芬的这首奏鸣曲是为他热恋的爱人所作，该曲名称来自音乐评论家莱尔斯塔勃（Ludwig Rellstab，1799—1860）的一篇评论，他认为该曲第一乐章里的朦胧气氛可与琉森湖夜晚的月色相比。

第二次是在五年后的1806年，贝多芬成了琪丽哀太 - 琪却尔第表姐特蕾莎·伯仑施维克（Countess Teréz Brunszvik de Korompa，1775—1861）伯爵小姐的家庭教师，而她的哥哥伯仑施维克伯爵当时正是贝多芬的保护人。这段爱情不仅对贝多芬是刻骨铭心的，也成为后世无数春情萌动的少男少女梦幻的爱情向往。特蕾莎还是个小姑娘时就爱上了贝多芬，但是两个人正式相爱是在1806年贝多芬来到他们家。两个人常常坐在一起抚琴，爱情在两人心中默默地燃起。根据罗曼·罗兰在《贝多芬传》里的描述，特蕾莎在她的回忆中这样描述了两人的爱情：

> 一个星期日的晚上，用过了晚餐，在月光下贝多芬坐在钢琴前面。先是他放平着手指在键盘上来回抚弄。我和弗朗索瓦都知道他的这种习惯。他往往是这样开场的。随后他在低音部分奏了几个和弦；接着，慢慢地，他用一种神秘的庄严的神气，奏着赛巴斯蒂安·巴赫的一支歌：
>
> 若愿素心相赠，
> 无妨悄悄相传；
> 两情脉脉，
> 勿为人知。[15]

图 17.7　特蕾莎·伯仑施维克——贝多芬心中的爱丽丝［老约翰·冯·兰皮（Johann Baptist von Lampi the Elder）绘制，收藏于波恩贝多芬故居］

> 母亲和教士都已就寝；哥哥严肃地凝眸睇视着；我的心已被他的歌和目光渗透了，感到生命的丰满。——明天早上，我们在园中相遇。他对我说：'我正在写一本歌剧。主要的人物在我心中，在我面前，不论我到什么地方，停留在什么地方，他总和我同在。我从没到过这般崇高的境界。一切都是光明和纯洁。在此以前，我只像童话里的孩子，只管捡取石子，而不看见路上美艳的鲜花……'一八〇六年五月，只获得我最亲爱的哥哥的同意，我和他订了婚。

罗曼·罗兰在《约翰·克里斯朵夫》中也有类似的描写：两人静静地坐着，不敢呼吸，生怕呼吸声把爱情吓跑。

就在这一年，贝多芬放下了已经创作了很长时间的《第五交响曲》，投入《第四交响曲》[16]的创作中，并且一气呵成，很快完成了这部被罗曼·罗兰誉为"一朵精纯的花，蕴藏着他一生比较平静的日子的香味"的交响曲。除了这部交响曲，贝多芬还为特蕾莎创作了很多其他作品，包括被俾斯麦和列宁誉为"最美妙的音乐"的《热情奏鸣曲》和大家所熟知的《致爱丽丝》[17]。遗憾的是，贝多芬和特蕾莎·伯仑施维克的爱情最终没

15
这首美丽的诗歌是写在巴赫的夫人安娜·玛格达兰娜的手册上的，原题为《乔瓦尼尼之歌》。有人疑非巴赫原作。

16
交响曲的编号通常是根据完成的时间而不是开始创作的时间排序的，《第四交响曲》因为完成得早，因此排在前面。

17
在《贝多芬的生活》[Elliot Forbes (1967, ed.): Thayer's Life of Beethoven. 2nd ed. Princeton: University Press]一书中有详细的叙述，说明特蕾莎就是贝多芬所指的爱丽丝。

有产生结果。没有人知道是什么原因阻碍了这一对相爱的人的幸福——也许是世俗的偏见和社会地位的不同，也许是贝多芬暴烈的脾气和愤世嫉俗的性情。最终他们的婚约被解除了。

然而两个人都没有忘记这段爱情。贝多芬一辈子都在想着她，他写下了《给永恒爱人的信》（见附录），这和《热情奏鸣曲》一样为后世恋爱中的人们所推崇。多年之后（1816 年）贝多芬谈起这段感情时说："当我想到她时，我的心仍和第一天见到她时跳得一样的剧烈。""我一见到这个美妙的造物，我的心情就泛滥起来，可是她并不在此，并不在我旁边！"贝多芬一直把特蕾莎送给他的画像带在身边（这幅肖像至今还在波恩贝多芬的故居）。一位朋友看到贝多芬在晚年独自拥抱着这幅肖像哭泣，"你是那样的美，这样的伟大，和天使一样！"这位朋友没有打扰他，过了一会儿再来看贝多芬，发现他已经在平静地弹琴了。这位朋友对贝多芬说，你今天的脸上全无可怕的神情。贝多芬答道："因为我的好天使来访问过我了。"

而特蕾莎对贝多芬也是一往情深，终生未嫁，并且毕生献给了慈善事业。特蕾莎直到她生命的最后一刻，还爱着贝多芬。

贝多芬从 30 多岁后，耳聋日益严重，同一时期，奥地利和法国战争不断，维也纳政治动荡，他把自己和命运抗争的心情写在了《第五交响曲》这首不朽的作品中。贝多芬在解释第一乐章一开始剧烈的主旋律时说那是"命运的敲门声"，因此这部交响曲在东亚又被称为《命运交响曲》（在欧美没有这个称呼）。《第五交响曲》体现了他一生与命运搏斗的精神，其实这是另一部英雄交响曲，它描绘了人民力量和反动势力斗争，并且通过斗争夺取胜利的过程。全曲充满了戏剧性的变化并且具有排山倒海的气势。恩格斯评价它说："要是没有听过这部壮丽的作品的话，那么你这一生可以说什么作品也没听过。"

贝多芬的恋情虽然没有结果，但是美好的爱情还是给了他创作的动力，贝多芬一生热爱大自然，他经常到郊外野游，他说："我在灌木、大树、草坪和岩石间行走的时候，是多么快乐啊！因为树丛、花草和岩石，都能给人以共鸣。”为此，他决定写一首交响曲，讴歌大自然，在这样的背景下，贝多芬写了《第六（田园）交响曲》。《田园交响曲》创造了很多的第一。首先，它突破了海顿确定的一个交响曲有四个乐章（除了那些没有写完的，如舒伯特的《未完成交响曲》只有两个半乐章）的限制，全曲由五个较快的乐章[18]构成。其次，这是一个标题音乐，和传统的交响曲不同，贝多芬给每个乐章起的标题分别是：

18
五个乐章分别是快板、行板(Andante)、快板、快板和小快板。

1. 到达乡郊，复苏轻松的心情（*Erwachen heiterer Empfindungen bei der Ankunft auf dem Lande*）

2. 小河旁边的情景（*Szene am Bach*）

3. 乡民们快乐的集会（*Lustiges Zusammensein der Landleute*）

4. 暴风雨（*Gewitter. Sturm*）

5. 雨后天晴牧羊人感恩之歌（*Hirtengesang. Frohe und dankbare Gefühle nach dem Sturm*）

在该曲中，贝多芬用乐器模仿自然的声音，比如鸟语和电闪雷鸣，这是在古典主义时期和以前的西方音乐里所没有的，因此当时还有人对此有争议。不过后世的音乐大师柏辽兹对此评价很高：“这是一幅令人惊叹的图景，应该由普桑设计，由米开朗基罗执笔。那些伟大、崇高而美丽的古代诗篇，在这一音乐的奇迹面前也变得苍白！”柏辽兹自己的代表作《幻想交响曲》和后来普罗科菲耶夫的《彼得和狼》都沿用了贝多芬的这种创作风格。在贝多芬的交响曲中，大部分体现着人和命运的搏斗，《田园交响曲》则描绘了人与自然的和谐。

到了中年以后，贝多芬的创作到了炉火纯青的地步，这个时期他最优秀的作品当数《第五钢琴（皇帝）协奏曲》，这首献给奥地利鲁道夫公爵的作品，一首演就获得空前的成功，它被称为“有史以来最独一无二、最天马行空、最传神，亦是最难演奏的协奏曲之一”，如果用两个字来形容它，那就是“华丽”。除了《皇帝协奏曲》，贝多芬在这期间还创作了《第七交响曲》和《第八交响曲》。

1814 年，欧洲的反法同盟在莱比锡打败拿破仑，欧洲的王公贵族们云集维也纳召开维也纳和会，贝多芬的作品成为官方推崇的音乐，在维也纳一遍又一遍地被演奏。贝多芬的经济状况有些改善，但是他一生不善于交际，也不善于理财，很快又陷入了穷困潦倒的境地。拿破仑时代之后的欧洲，重新陷入专制的黑暗，而维也纳的上层社会也充斥着浮华的风气和靡靡之音，这一切都使得贝多芬非常痛苦。在经济上，贝多芬过去的保护人死的死，走的走，他的生活变得非常窘迫。但是那个埋藏在他内心深处的追求自由的理想依然在，这是他一辈子的奋斗目标。他决心写一部宏大的交响曲来讲述他一生的理想——让人类团结成兄弟。距离《第八交响曲》已经过去了四年（1815—1819 年），很多人都怀疑贝多芬是否还有创作灵感。但是他要在生命的最后，为人类奉献一部最完美的音乐作品，以慰籍他的理想。他和友人回忆起年轻时读席勒的《自由颂》（当时因为新闻审查制度，“自由”这个词变得说不得，改成了《欢乐颂》）的情景，贝多芬说他要把这些文字通过合唱的形式加到交响乐中。

要在交响乐中加入人声，不仅以前没有过，而且在技术上难度非常大。贝多芬做了很多尝试，比如他曾经设想过在开头使用合唱，但是后来不得不推翻这些想法。在长达四五年的时间里，贝多芬拖着疾病缠身的身体，嘴里含着一根小木棍（他那时已经完全聋了），坐在钢琴旁创作着这部后来被称为《合唱》的《第九交响曲》。

1824 年 5 月 7 日，《第九交响曲》在维也纳首演了，贝多芬亲自指挥，整个演出非常成功。尤其是到了第四乐章（合唱乐章），“欢乐”的主题在短暂的宁静后从天而降，然后切入人声，先是低沉的男声，然后声调渐渐转入高音，整个乐队和合唱团都沸腾了，整部交响曲在英雄胜利的高潮中结束。当最后一个音符停在了空中时，整个音乐厅爆发出雷鸣般的掌声，可是贝多芬因为耳聋已经听不到了，当女高音牵着贝多芬的手转过身来，贝多芬看到这个情景，激动得昏了过去。当时的热烈场面简直如同暴动，观众给予了五次掌声，以至于警察不得不出来干涉，因为当时即使是对国王也只能有三次鼓掌。

《第九交响曲》的成功一扫维也纳的市侩之气，这是文明史上的一场伟大的胜利。用罗曼·罗兰的话讲“(拿破仑)波拿巴的哪一场战争，奥斯特里茨哪一天的阳光，曾经达到超人的努力的光荣？曾经获得这种心灵从未获得的凯旋？”贝多芬起于贫困，年轻时又不幸耳聋，他没有家室，一生孤独，世界并没有给他带来什么幸福和欢乐，但他却教会我们要坚强，给我们这个世界带来欢乐。用他自己的话说，就是“用痛苦换来的欢乐”。

1827 年 3 月 26 日，贝多芬走完了他 57 岁的人生。三天后，维也纳为他举行了隆重的葬礼，他的崇拜者、著名作曲家舒伯特和他的学生、著名的钢琴教育家车尔尼（Carl Czerny，1791—1857，今天孩子们学钢琴时依然在使用他编写的教程）等人为他护灵，维也纳的学校全部停课以示哀悼，两万多名市民参加了他的葬礼，而当时维也纳只有三十多万人口。奥地利诗人和剧作家格里尔帕策（Franz Grillparzer，1791—1872）在贝多芬的墓前这样说：“当你站在他的灵柩前，笼罩着你的并不是气馁和忧伤，而是一种崇高的情感：我们只有对他这样的人才能说，他完成了伟大的事业[19]。”

19 在贝多芬墓前的演说。

贝多芬一生的作品在数量上只有巴赫、海顿或者莫扎特的一半左右，因为他每一部作品的创作时间都特别长，但是他的作品几乎每一件都是精品，而且两百年来都在被不断地上演。相比另外两位古典主义大师海顿和莫扎特，贝多芬作品的风格跨度也非常之大。海顿和莫扎特是完完全全的古典主义者，作品都是隽秀典雅，如和风细雨，不过正如我在前面讲到的，这些阳春白雪的音乐未必是为生活而奋斗的年轻人有闲暇欣赏的。贝多芬则不同，他既有典雅的《第四交响曲》、庄重的《第五交响曲》和宏大的《第九（合唱）交响曲》，也有非常华丽动听的《第五钢琴（皇帝）协奏曲》，更有适合年轻人送给情侣的《致爱丽丝》和两首非常浪漫的乐曲——《F大调小提琴浪漫曲》和《G大调小提琴浪漫曲》。这两首小提琴曲，轻柔婉约，如歌如泣，哪怕没有任何音乐细胞的人，都会觉得好听，都会被打动。而对于多少有点音乐细胞的人来讲，他们更容易领会隐藏在《月光奏鸣曲》和《热情奏鸣曲》中那炽热的爱情含义。更重要的是，贝多芬的音乐可以给人以力量，尤其是对于那些在困苦中奋斗的人，因为贝多芬自己就是其中的一员。

在贝多芬去世后的近两个世纪里，他的音乐渐渐被全世界的人所喜爱，这些人不分种族，不分阶级，不分贫富。从德国的民族主义者俾斯麦到苏联的革命领袖列宁，从纳粹头子希特勒到被他迫害的犹太人的代表海菲茨（Jascha Heifetz，1901—1987，20世纪最伟大的小提琴家），都酷爱贝多芬的音乐。而贝多芬的音乐风靡全世界则有另一个德国人很大的功劳，他就是20世纪最伟大的指挥家富尔特文格勒（Wilhelm Furtwängler，1886—1954，也译成富尔特万格勒），富尔特文格勒在1922年到1945年期间执掌柏林爱乐交响乐团，他对贝多芬音乐的诠释成为了后世指挥家的参照系。在20世纪30年代和40年代，富尔特文格勒指挥的贝多芬的交响曲通过当时的无线电广播传遍全欧洲。希特勒非常喜欢他指挥的音乐，对他照顾有加，不过这给他在战后带来无限的麻烦，他先是被送上了法庭，罪名是指挥了两场纳粹的音乐会。虽然后来他被判无罪，但是却丢掉了交响乐团指挥的职位。这时，大洋彼岸的美国芝加哥交响乐团（世界著名交响乐团之一）请他担任指挥，但是这遭到了一大批在美国的犹太裔音乐家的抵制，这些人中，包括美国当时最著名的指挥家托斯卡尼尼（Arturo Toscanini，1867—1957），托斯卡尼尼是美籍意大利指挥家，他长期担任纽约爱乐交响乐团的艺术总监（指挥），在他的努力下，该乐团成为与柏林爱乐交响乐团和维也纳爱乐交响乐团齐名的世界三大交响乐团之一。此外，还包括20世纪全世界最优秀的两位钢琴家阿瑟·鲁宾斯坦（Arthur Rubinstein，1887—1982）和霍洛维茨（Vladimir Horowitz，1903—1989）以及与海菲茨齐名的小提琴家斯坦恩（Isaac Stern，1920—2001）。在这些重量级人物的反对下，芝加哥交响乐团只能收回任命。坦率地讲，虽然托斯卡尼尼等人都是我最喜欢的音乐大师，但是我对他们的做法持保留态度，因为把对纳粹德国的仇恨施加到一个穷困潦倒的指挥家身上是不公平的。1952 年，富尔特文格勒终于再次担任了柏林爱乐交响乐团的指挥，也就是在这一年底，他再次指挥了贝多芬的《第三（英雄）交响曲》，这次指挥被认为是历史上对《英雄交响曲》的最佳诠释，至今无人能超越。1954 年，在富尔特文格勒去世之前，他最后一次指挥了贝多芬的《第五（命运）交响曲》，这也被认为是至今无法超越的杰作。之后，他将指挥棒交给了当时年轻的卡拉扬，从此退出了历史的舞台。在贝多芬的九部交响曲中，有六部被公认的最佳指挥至今仍由富尔特文格勒保持着，此外他还是诠释巴赫和布鲁克纳（Anton Bruckner，1824—1896）[20] 的权威。

20 奥地利著名作曲家。

全世界讲述贝多芬生平精彩、生动的图书和影视作品非常之多，最精彩的当数罗曼·罗兰的小说《约翰·克里斯朵夫》，这部史诗般的巨著前一半基本上是以贝多芬为原型写的，而前四分之一完全就是在讲述少年贝多芬的故事。通过这部巨著，大家能知道贝多芬是如何成长起来的，他是一个什么样的人。我必须说贝多芬是迄今为止对我影响最大的几个人之一，虽然他生活的年代和我相差了两百年。在我一生生命的最低点，是贝多芬（和尼采）使我站了起来，让我有了今天的一切。至于为什么贝多芬可以给人如此大的力量，罗曼·罗兰写道：

> 在此英勇的队伍内，我把首席给予坚强与纯洁的贝多芬。他在痛苦中间即曾祝望他的榜样能支持别的受难者，“但愿不幸的人，看到一个与他同样不幸的遭难者，不顾自然的阻碍，竭尽所能地成为一个不愧为人的人，而能借以自慰。”经过了多少年超人的斗争与努力，克服了他的苦难，完成了他所谓“向可怜的人类吹嘘勇气”的大业之后，这位胜利的普罗米修斯，回答一个向他提及上帝的朋友时说道：“噢，人啊，你当自助！”

贝多芬的音乐及其创造历程，以及贝多芬的理想，在某种程度上是促使我写《文明之光》这一系列的原因，它们让我有一种冲动，即通过讲述文明的故事，介绍文明史上的英雄（而非屠夫们），来赞美人类向善的力量和人性美好的一面。

现在，贝多芬走了，富尔特文格勒走了，他们却为我们留下了经典，让我

图 17.8 伯恩斯坦指挥的贝多芬《第九（合唱）交响曲》，背景是东西两德的人们在勃兰登堡门周围庆祝德国的统一，交响曲的标题由《欢乐颂》改成了《自由颂》

们今天依然能欣赏这些天籁。对世界上的很多人来讲，贝多芬已经超出了音乐的范畴，他成为了自由的象征。1990 年 10 月 3 日，东西柏林的居民高唱着贝多芬的《欢乐颂》聚集在勃兰登堡门，庆祝冷战的结束和东西德国的统一。两个月后，在柏林举行了一次盛况空前的音乐会，由当时全世界指挥家中最负盛名的伯恩斯坦指挥，由纽约爱乐交响乐团、列宁格勒（今天的圣彼得堡）基洛夫交响乐团、伦敦交响乐团和巴黎交响乐团组成的空前强大的乐队，合作举行了贝多芬《第九（合唱）交响曲》的演奏音乐会。这四个交响乐团，分别来自二战后占领德国的美、苏、英、法四国，而作为犹太人的伯恩斯坦则代表了二战中遭受纳粹德国迫害的各民族，他们聚集到柏林，不是庆祝对德国的占领，而是庆祝德国的统一，伯恩斯坦还专门把这首交响曲中的《欢乐颂》改回到符合贝多芬创作本意的《自由颂》，象征着世界和平的再一次到来。对比半个世纪前伯恩斯坦的前任托斯卡尼尼等人排挤富尔特文格勒，我们可以看到世界在进步，而贝多芬的音乐就是在讴歌这样的进步。

贝多芬之后，音乐就进入了浪漫主义时期。

第三节 凸显个性的浪漫主义音乐

任何新事物的出现都有其时代背景，浪漫主义也不例外。在拿破仑战争之后，欧洲进入了相对平稳的阶段，欧洲相对富裕起来的市民们有了轻松的文化生活的需求。另一方面，由于工业革命带来了乐器的改进，尤其是在 18 世纪末到 19 世纪初钢琴的改进，演奏者可以尽情地展示他们的技巧，而这反过来又帮助了音乐本身的发展。在这样的背景下，涌现出一大批优秀的作曲家和演奏家，他们的音乐富于想象力并且需要高超的演奏技巧，他们被称为是浪漫主义的音乐家，其中最重要的代表人物有舒伯特、门德尔松、舒曼、肖邦、李斯特（Franz Liszt，1811—1886）、威尔第（Giuseppe Verdi，1813—1901）和瓦格纳（Richard Wagner，1813—1883）等。相比古典主义时期的音乐家海顿和莫扎特等人，浪漫主义的音乐家更注重感情和音乐本身的外在表现，而不看重形式和结构，因此从古典主义到浪漫主义的过渡其实是一个彰显个性的过程。这种过渡其实在贝多芬身上已经体现出来了，因此贝多芬也被认为是开创了浪漫主义先河，只是后世依然把他归类为古典主义时期的音乐家。

浪漫主义的音乐大师们每一个人都充满了传奇色彩。先说说舒伯特，他是贝多芬的超级粉丝，他们都住在维也纳。有一次舒伯特去向贝多芬请教，但是那天不凑巧，贝多芬不在家，于是舒伯特就将自己的作品扔进了贝多芬的院子里，遗憾的是贝多芬至死也没有看到。舒伯特才华横溢，但是一生贫穷，他只活了短短的 31 岁，不过却给我们留下了 600 首歌曲、10 部交响曲、22 部钢琴奏鸣曲和大量的其他作品。

门德尔松是少有的来自富有家庭的音乐家，他和贝多芬、舒曼等人不同，他从事音乐不为生计，完全是出于爱好，他不仅创作了脍炙人口的《仲夏夜之梦》等作品，而且收集和整理了从巴赫到舒曼等著名音乐家的大量作品，对欧洲音乐的传承贡献很大。

舒曼的爱情故事和他的作品一样有名。不同于莫扎特、贝多芬和舒伯特这些从小就显示出音乐才华的天才，舒曼在音乐上是大器晚成的。他是一个书商的孩子，小时候喜欢的是文学而不是音乐，后来学的是法律。直到 20 岁那一年他听了帕格尼尼的一次音乐会，被帕格尼尼魔幻般的音乐所感染，决定学习钢琴并成为钢琴界的帕格尼尼。于是舒曼拜当时最有名的钢琴教授维克（Friedrich Wieck，1785—1873）为师。由于起步较晚，他的水平提高不快，尤其相比维克十几岁的女儿克拉拉，他差得实在太远。为了增加手指的力量，舒曼在钢琴上用滑轮拴上一个砝码，另一头拴在自己的手上，结果这种不科学的方法把他的手指弄坏了，从此再也无法弹琴了，迫使他从此开始了音乐创作生涯。不过在跟着维克学琴时，舒曼认识了克拉拉，并且两个人最终不顾维克的反对结成眷属。从此，舒曼创作，克拉拉表演，宛如一对神仙眷侣。不过他们的幸福生活并不长久，舒曼家族有精神病史，他自己在四十多岁时也精神病发作，并且在两年后去世。克拉拉从此没再嫁人，一生宣传和表演舒曼的作品，这才使舒曼的作品闻名于世。

在这些浪漫主义的代表人物中，最富传奇色彩，同时音乐也最受欢迎的当数肖邦，因此他将是我们这一节的主角。

肖邦 1810 年出生于波兰。他的父亲是一个生活在波兰的法国人，母亲则是波兰人。由于会法语，肖邦的父亲就成为了那些贵族孩子们的法语教师，这让肖邦从小可以接触到上流社会。肖邦从 6 岁开始学钢琴，8 岁登台演出，被认为是继莫扎特和贝多芬后的又一位音乐神童，不过他的父亲并没有因此而揠苗助长，而是慢慢却卓有成效地鼓励肖邦追求自己的理想，并且终其一生以绵薄之力帮助儿子实现了自己的理想。

图 17.9 肖邦的签名，上下对称，如同一个四分之一音符

在波兰，十几岁的肖邦就成为了一流的钢琴家，他从小体弱多病，因此很难长时间弹奏，这个问题困扰了他一生。不过，他文弱的气质和细腻的演奏技巧很受女听众的喜爱。1830 年，肖邦来到维也纳巡回演出，同时也和当时的音乐家进行了交流。他听了帕格尼尼的小提琴表演之后，也下决心要成为钢琴界的帕格尼尼。但是公平地讲肖邦在弹奏技巧方面一直没有达到同时代李斯特的水平，加上他身体不好，他无法像李斯特那样高强度地演出，因此在那个时代，最出名的演奏家是李斯特而不是肖邦。不过，肖邦创作的钢琴曲极其优美动听，被后来全世界的钢琴迷所喜爱。

当肖邦在维也纳演出时，波兰爆发了反对沙俄的起义，但是很快就被沙皇的军队镇压了。鉴于国内局势的动荡，尤其是沙俄在波兰搞大屠杀，他父亲建议他暂时不要回国，肖邦本想移居美国，这样就要途经法国、英国，然后登船去美国。1831年，当他途经巴黎时，受到了法国人民热烈的欢迎，和波兰人一样，法国人在拿破仑战败后同样憎恨沙俄，加上这里是他的父亲之邦，这样肖邦便有了回家的感觉。肖邦就决定留在巴黎。

图 17.10 《肖邦像》（德拉克罗瓦创作，收藏于卢浮宫）

在巴黎，疾风骤雨式的革命已经结束多年，上层社会又恢复了浪漫而享受的生活，肖邦的音乐比那些德意志作曲家的作品更受巴黎人的喜爱，肖邦也成为法国上流社会最受欢迎的钢琴家。肖邦外表柔弱，但是内心却很坚强，他在心底对沙皇俄国有着刻骨的仇恨，他打算抓住一切机会，向世人展示波兰民族要比侵略者文明得多。肖邦创作了大量波兰风格的玛祖卡舞曲和华尔兹舞曲，这些作品至今仍深受钢琴演奏家和听众的喜爱。

肖邦的作品大多以柔美著称，不过也有例外，其中最有阳刚之气的当数《A 大调军队波兰舞曲》（作品 40 号）和《降 A 大调英雄波兰舞曲》（作品 53 号）。这两首作品，以歌颂波兰历史上反抗外族入侵的英雄为背景而创作，虽然叫作舞曲，但是内容已经远远超出了舞曲的题材，肖邦借此讴歌了那些被压迫的民族不屈的抗暴精神。这是世界钢琴作品中的经典之作，一方面它们情绪激昂，气魄宏大，富于戏剧性；另一方面又体现了肖邦的创作特点，悲壮而细腻，富于诗意。以《A 大调军队波兰舞曲》为例，肖邦在一开始就采用了非常铿锵有力的节奏，这种节奏在他的作品中不多见，接下来是像交响乐一般，非常丰富的和弦音响，这个气势宏伟的主旋律华丽而辉煌，后来被当作波兰的象征而流传于世。在曲子中间的部分，肖邦转到 D 大调上，展示出舞蹈优美的一面，不过同时在低音部分发出阵阵颤音，仿佛是战鼓在敲响。在结束时，全曲再现第一段，整个舞曲在雄壮威武的气氛中结束。这两首曲子成了李斯特的保留曲目，几乎每场音乐会必演。今天，虽然我们无法听到李斯特的表演，但所幸的是，20 世纪著名钢琴大师霍洛维茨演奏的这两首波兰舞曲非常精彩，他在去世前将自己平生最得意的演奏录音精选出来，由 RCA 出版了两张激光唱片，从很多渠道都能够买到。

21 19 世纪欧洲最富有的家族，控制着很多国家的金融。

肖邦在巴黎，虽然刚开始的日子清苦一些，但是他很快就得到了上流社会的赏识，包括罗斯柴尔德家族[21]，这让他进入了上流社会的名利场，结交了很多社会名流而且财源滚滚。但是，当他希望迎娶同样爱着自己的伯爵小姐玛丽亚·沃德津斯基（Maria Wodzińska，1819—1896）时，却遭到了她的父亲老伯爵的拒绝。肖邦一度心灰意冷，再次想要去美国，后来在朋友们的挽留下，他终于留了下来。后来经李斯特介绍，肖邦结识了他生命中最重要的女人乔治·桑（George Sand，1804—1876）。

如果说肖邦是男人中的女人，那么乔治·桑彻彻底底是女人中的男人。乔治·桑原名阿尔芒迪娜·杜班，不过等这位杜班小姐长大了，自己给自己起了个男人的名字。乔治·桑才貌双全，是一位有名的女作家，也是一位女权主义者。她不仅在自己的作品中宣传妇女解放和追求自由，而且在平时穿着男装，叼着香烟，满口粗话，却从来没有得罪过人，也算是奇迹。这位成熟而泼辣的女文豪很快就俘虏了肖邦的心，当然也有人说肖邦像个需要母亲照顾的大孩子，而乔治·桑恰恰扮演了这个角色。（当时肖邦 28 岁，乔治·桑 34 岁。）对于肖邦，乔治·桑将爱情、母爱和友谊混合在一起，全部倾注在肖邦身上。肖邦体弱多病，常常病倒，乔治·桑就像母亲照顾儿子一样不知疲倦地守护着他。这段时期是肖邦创作的高峰期。乔治·桑在回忆录中留下了这样的记录：他的创作能力是天然而不可思议的，他无须酝酿信手即来，但是他的创作又是我见到的最劳神的劳动，为了修饰一个细节，他要不断地尝试，还会发脾气，他有时一连几天将自己关在屋子里，走来走去，一个地方修改了上百遍，最后写上的还是最初草稿上的东西。

图 17.11 巴黎蒙索公园（Parc Monceau）[22]的肖邦塑像，旁边听琴的是乔治·桑

22 地址 35 Boulevard de Courcelles, 75008 Paris。

乔治·桑和肖邦在巴黎有了个“家”，这里一下子成了巴黎最著名的文化沙龙，喜欢交际的乔治·桑喜欢这样的生活，可是这对性格内向的肖邦来讲却是一个负担。在两个人相爱和同居的大部分时间里，他们住在乔治·桑位于巴黎南部一百多千米的住所诺安城堡里。这个城堡四周是一片绿地和森林，宛如世外桃源。乔治·桑和肖邦的生活习性完全不同，但是这不影响他们在最初的十年里相爱。他们的关系可以说是“感情甚笃”，经常出没于他们在艺术界共同的朋友圈里，人们也把他们看成是正式夫妇。当时很多著名的文人和画家都是他们的朋友，包括德拉克罗瓦、大仲马、巴尔扎克，等等。每天早上，肖邦起来，教一些学生钢琴，下午他独自创作，晚上早早就去睡了；乔治·桑则完全不同，她每天晚上的沙龙晚会要搞到快天亮，然后一觉睡到中午，下午才开始用餐，然后搞创作，接下来又是通宵达旦的交际应酬。就这样，两个人每天见面的时间其实很少。

两个人这样的生活在一开始由于彼此兴奋而且互相愿意付出，过得还是不错的。肖邦从乔治·桑那里得到了母亲般的关爱，他在法国不再孤单，同时他也满足了乔治·桑的新鲜感。但是在新鲜感过去之后，时间一长两个人性格上过大的反差带来的问题就暴露了出来。在和乔治·桑相处的后期，肖邦的创作灵感已经枯竭，身体也一天不如一天，乔治·桑也厌倦了照顾肖邦的生活。她写了本小说，讲述女主人公如何辛苦照顾里面的男主人公，而后来当男主人公康复时，身心疲惫的女主人公却病倒离开了人世。很明显，乔治·桑写的就是她和肖邦的故事，不过真实的结局是体弱多病的肖邦在 39 岁那年便因为肺结核而早逝，而乔治·桑则活到 72 岁，而且一直风流韵事不断。

肖邦在法国生活了近半辈子，但是他一直眷恋着故国波兰。根据他的遗愿，他被葬在巴黎市内的拉雪兹神父公墓，而他的心脏被带回到波兰安葬，封在了圣十字教堂的石壁中，上面刻了《马太福音》里的一句话："因为你的财宝在那里，你的心也在那里。"在肖邦的葬礼上，根据他生前的愿望，演奏了他自己创作的《葬礼进行曲》和莫扎特的《安魂曲》。肖邦当初的恋人玛丽亚·沃德津斯基参加了他的葬礼，肖邦曾经为她写下了著名的《告别华尔兹》，而和肖邦生活了 10 年的乔治·桑却没有来。后来肖邦的一位波兰好友专门从故乡带来一罐泥土撒在了肖邦的墓上，使肖邦能够安葬在波兰的土地下。

肖邦一生坎坷，加上长期身在异乡为异客，他的故事总是让人感到伤感，但是他的音乐却没有多少忧伤。他一生创作了很多钢琴曲，成为后世钢琴家在音乐会上表演得最频繁的曲目。根据体裁，肖邦的作品可分为四类。第一类是波兰的民族音乐，包括很多叙事曲和波兰舞曲。第二类是法国的沙龙音乐，包括圆舞曲、即兴曲和夜曲。第三类是炫技性作品，主要是练习曲。第四类是表述内心情感的作品，包括一些叙事曲、波罗涅兹舞曲、奏鸣曲和船歌等。但是，不论哪种形式，都强烈地渗透着肖邦精神世界的情感体验，他对祖国的思念，对自由的渴望，对故土人民的热爱，是贯穿其全部作品的主线。这种通过音乐记述心境的特点，是浪漫主义时代音乐的明显特征。

20 世纪最伟大的钢琴家鲁宾斯坦是肖邦的波兰同胞，他被认为是肖邦音乐的最佳演绎者，和肖邦一样，他在成年后一直生活在国外。在肖邦钢琴曲这个领域中，鲁宾斯坦总的来说是天下无敌的，他演奏的肖邦钢琴曲美妙绝伦，那诗一般的旋律直接来自音乐本身，而鲁宾斯坦对音乐的处理则像是在精雕细琢一颗钻石那样一丝不苟，他让人们享受到最美妙的钢琴音色。著名唱片公司 RCA 将鲁宾斯坦演奏的肖邦作品做成了 11 张金碟光盘，堪称音乐经典，听起来声音清澈而不乏温暖。

演绎肖邦作品另一位权威的大师是女钢琴家阿格丽姬（Martha Argerich，1941—）。这位出生在阿根廷的音乐神童被誉为钢琴界的女大祭司，她演奏的肖邦作品热情奔放，力度和速度都非常夸张，但是同时又具有女性独到的见解，就连鲁宾斯坦对她都产生了爱慕（虽然年龄上大她半个世纪）。当然，我们前面提到的 20 世纪另一位大师霍洛维茨演奏的肖邦作品也非常有特色，尤其是《降 A 大调英雄波兰舞曲》和《A 大调军队波兰舞曲》。我们很幸运地生活在科技发达的年代，可以有机会享受到大师们演奏的名曲。

第四节　丰富多彩的民族主义音乐

到了 19 世纪末，随着欧洲人国家意识的加强，浪漫主义的音乐渐渐演变成了民族主义的音乐。这些音乐不像巴洛克时期、古典主义时期和浪漫主义前期，以德国和奥地利（当时德、奥已分家）风格为主，而是具有各个民族的特色。在欧洲很多国家，都涌现出优秀的音乐家，比如捷克的斯美塔那（Bedřich Smetana，1824—1884）和德沃夏克（Antonín Leopold Dvořák，1841—1904）、芬兰的西贝柳斯（Jean Sibelius，1865—1957）等，而其中成就最高的是俄罗斯的作曲家们。

俄罗斯民族音乐的先驱是格林卡（Mikhail Ivanovich Glinka，1804—1857），但是真正把俄罗斯民族音乐推向世界舞台的却是“五人强力集团”，这五个人是巴拉基列夫（Mily Alexeyevich Balakirev，1837—1901）、穆索尔斯基（Modest Petrovich Mussorgsky，1839—1881）、里姆斯基 - 科萨科夫（Nikolai Andreyevich Rimsky-Korsakov，1844—1908）、鲍罗丁（Alexander Porfiryevich Borodin，1833—1881）和居伊（Cesar Cui，

1835—1918）。和我们前面提到的大多数音乐家不同，这五个人有着各自不同的职业，音乐只是他们的业余爱好。例如，巴拉基列夫是学数学的；穆索尔斯基出身贵族，小时候根据家族的传统上了军校，后来又学习历史和德国哲学，他还在军队医院里任过职；鲍罗丁则是个医生和化学家，他和穆索尔斯基还在同一个医院里任过职。但是他们每个人的音乐素养不在任何职业的音乐家之下。因此，今天所说的跨界有时并不像想象的那么难。五人强力集团的成员受当时俄罗斯民族主义的革命作家车尔尼雪夫斯基等人影响较大，他们的作品多取材于俄罗斯的历史、民间传说、文学名著和老百姓的生活，并从民歌中汲取素养，在音乐表现方式上进行了大胆的革新，创作出大量不同于德、奥风格的优秀作品。

限于篇幅，这里只介绍一部作品，穆索尔斯基的钢琴组曲《图画展览会》。这部作品的创作背景在音乐史上非常独特。1873 年，穆索尔斯基的一位挚友，画家维克多·哈尔特曼（Victor Hartman，1842—1873）去世了，彼得堡艺术学院为他举办了画展，穆索尔斯基作为音乐家和死者生前好友参观了这次画展。他从画展展品中选出十幅对他触动最大的画，写了一部钢琴组曲，以纪念哈尔特曼。穆索尔斯基用钢琴的语言再现了美术作品，他用自己的音乐天才把视觉效果完全融进了听觉艺术之中，这在音乐史上是空前的。这组钢琴独奏曲被誉为 19 世纪最具有俄罗斯风格的作品，也被许多钢琴家所钟爱，后来被改编成很多管弦乐作品。整个音乐的 10 个部分，用“漫步”的旋律串成一个整体，而这个旋律起伏跌宕，时而雄壮有力，时

图 17.12　俄罗斯著名画家列宾（Ilya Repin）为穆索尔斯基绘制的肖像（收藏于圣彼得堡郊外的列宾故居，Penaty Estate Museum of Ilya Repin[23]）

23
地址：Repino（城市名），411, Primorskoe Shosse，俄语 Репино 411, Приморское шоссе.

而悠闲轻松，极富诗情画意，后来变成了很多影视作品的插曲。1995 年，王志文和刘佩琦主演过一个电视剧《无悔追踪》，就使用了这个作品中的旋律作为谍报人员的联络暗号。

在所有的民族主义音乐家中，最著名的当数俄罗斯伟大的音乐家柴可夫斯基，无论从作品的深度还是广度来看，柴可夫斯基都是贝多芬之后世界上最杰出的音乐家。柴可夫斯基一生的作品数量（和古典主义时期的作曲家相比）并不是很多，但是涉及面非常广，包括交响曲（六部）、歌剧（两部）、芭蕾舞剧（三部）、一些钢琴曲、序曲和交响诗。这些作品几乎全是精品，我们在后面会详细介绍。

图 17.13 伟大的俄罗斯音乐家柴可夫斯基

柴可夫斯基出身于俄罗斯的一个贵族家庭，从小在母亲的指导下学习钢琴，但是他的父亲坚持要他学习法律，因此他就进入了法学院，并且后来一度在法院工作过。不过柴可夫斯基并不喜欢这份工作，他在 22 岁时又考入了圣彼得堡音乐学院，跟随著名的音乐教育家安东·鲁宾斯坦（Anton Rubinstein，1829—1894）[24]（不是后来的钢琴家阿瑟·鲁宾斯坦）学习音乐创作。在学院里，柴可夫斯基是最优秀的学生。毕业后，安东·鲁宾斯坦将这名得意门生推荐给他的弟弟、时任莫斯科音乐学院院长的尼古拉·鲁宾斯坦（Nikolai Rubinstein，1835—1881），就这样，柴可夫斯基成为了一位音乐教授。当时的音乐教授薪水很低，而且教学任务繁重。不过即使在这样的条件下，柴可夫斯基依然在 1876 年写出了他最著名的芭蕾舞剧《天鹅湖》，这是最受中国观众欢迎的芭蕾舞剧，剧情大概是这样的：

24 安东·鲁宾斯坦和他的弟弟尼古拉·鲁宾斯坦创办了圣彼得堡音乐学院。

已经成年的王子齐格弗里德第二天要选一位公主做新娘，晚上他到了天鹅湖畔去散步，遇上了被女巫施咒变成白天鹅的公主奥杰塔。奥杰塔只有在晚上才会变回人形，只有当一位男子真心地爱上她时，她身上的魔咒才会被破解。王子被奥杰塔的美貌打动，爱上了她，并邀请她第二天晚上来参加舞会，然后他会向母亲表示，娶奥杰塔为妻。

可是巫婆知道了这件事，让自己的女儿奥吉莉亚（黑天鹅）化装成奥杰塔的模样，在舞会上骗得了王子的相信，并且与她缔结了婚约。当王子齐格弗里德意识到真相时，大为震惊，并马上赶往天鹅湖。王子请求奥杰塔的宽恕，而奥杰塔也原谅了他。这时女巫用魔法卷起大浪，要淹死齐格弗里德。奥杰塔跃入湖内救出王子。终于，爱情的力量战胜了邪恶，白天鹅恢复人形，舞剧以大团圆的方式结尾[25]。

25 该剧早期还有另一个悲剧性的结尾，即奥杰塔和王子双双化成泡沫，消失在湖水中。

《天鹅湖》是一部非常长的芭蕾舞剧，整整两个多小时的配乐非常优美，全曲中最为人们所熟悉的是第一幕结束时的音乐，这是白天鹅的主题，它充满了略带伤感的优美，在竖琴和提琴的伴奏下，由双簧管和弦乐先后奏出。这个主题贯穿全曲，并且在舞剧结束时经过变奏变得高亢起来，表示爱情战胜邪恶，将整个舞剧推向高潮。

《天鹅湖》是柴可夫斯基早期作品中最重要的一部，也是今天最广为人知的一部。但是这部大作在首演时并不成功，在接下来的几十年里也很少演出，直到作曲家去世后，观众对这部作品的反应也是平平。后来，苏联的很多艺术家对它进行了修改和润色，直到 1934 年，这部芭蕾舞巨作才在伦敦获得了巨大的成功。1940 年好莱坞著名的电影《魂断蓝桥》使用了天鹅湖的白天鹅主题曲作为电影的背景音乐，使得中国的观众开始熟悉这个旋律。今天，我们看到的版本（包括芭蕾舞的编排）是俄罗斯圣彼得堡（当时叫列宁格勒）基洛夫芭蕾舞团于 1969 年确定的版本。

柴可夫斯基的处境并没有因为《天鹅湖》和其他作品的完成而有所改善，他的梦想就是能够不被干扰地创作，这个机会终于来了。1876 年底，尼古拉·鲁宾斯坦来到了梅克夫人家，弹奏了一曲柴可夫斯基的《暴风雨》，这位富商的遗孀完全被音乐打动了，她向这位音乐学院院长打听到了柴可夫斯基的很多情况。几天后，柴可夫斯基收到了一位陌生人的来信，在信里对方谈了对他的音乐的感受，柴可夫斯基由衷地感到被理解，并且用激动的笔调回了一封热情洋溢的信。就这样，世界音乐史上最传奇的友谊开始了。

图 17.14　和柴可夫斯基精神上交往了 13 年的梅克夫人

梅克夫人给柴可夫斯基的支持是全方位的，她不仅是后者的知音，而且在财力和精神上给予了他很大的帮助。和很多音乐天才一样，柴可夫斯基不仅多愁善感，而且情绪很不稳定，他在给梅克夫人的信中经常流露出沮丧和悲观，而梅克夫人则在心中不但给他排忧解难，而且鼓励他创作。在物质上，梅克夫人以付稿费的形式给了柴可夫斯基巨大的资助，于是柴可夫斯基辞掉了音乐学院的工作，成为一名专职的作曲家。

1882 年，柴可夫斯基创作完成了著名的《1812 序曲》，以纪念俄罗斯人民在 1812 年打败法国拿破仑入侵，赢得俄法战争的胜利。这个只有一刻钟长度的序曲分成三部分，开头是俄罗斯风格很强的旋律，描述俄罗斯广袤的国土和在这片土地上生活的人民，接下来躁动不安的旋律由远而近，仿佛在告诉人们战争的来临。然后音乐进入发展部，《马赛曲》响起，表示法国的入侵，接下来是另一个进行曲，表示俄罗斯军民奋起抗击法国人，两个旋律的冲突越来越激烈，直到高潮，之后《马赛曲》渐行渐远，表示法国人渐渐退去。最后俄国的国歌在枪炮声和教堂的钟声中回荡，代表了俄罗斯的胜利。这首序曲完成后，柴可夫斯基本人并不很满意，但是日后它却成为俄罗斯民族，乃至全世界最受欢迎的作品之一。1995 年，水星（Mercury）唱片公司和美国明尼安波利斯交响乐团精心制作了一套《1812 序曲》的激光唱片，他们从西点军校借出了 18 世纪法国的加农炮，并使用了教堂的大钟来录制这张经典唱片，水平非常高。这也成为很多人测试顶级音响的试音盘。

我们回过头来讲柴可夫斯基的经历。他的婚姻颇为不幸，他的夫人倒追了四年将他追到手，但是两个人的感情一直不好，而梅克夫人则成了他的红颜知己和倾诉对象。梅克夫人对这位音乐天才也非常倾心，她在给柴可夫斯基的信中很直白地表达了这一点。“你知道吗？当你结婚的时候，我是多么地难受。在我心中好像有什么东西破碎了。想到你和那个女人亲近，我简直忍受不了……当你和她产生了裂痕，我竟高兴起来，我恨那个女人，因为她使你很不愉快，但如果她能使你非常愉快，我会百倍地恨她。我认为她把只应属于我的东西掠夺走了，把我的权利剥夺掉了。在这个世界上，我爱谁都不及爱你，你的宝贵价值高于一切。”

让人不解的是，这两位柏拉图式的恋人虽然相距不远，却从未谋面过，而且他们刻意避免见面。不过，一些传记作家认为两个人之间可能有过一次不期而遇。这完全是一次巧合，两个人同时外出，他们的马车在街上迎面相遇了，两个人的眼睛对视了一下，互相行了个礼，然后又默默地走开了。柴可夫斯基和梅克夫人平生唯一一次见面就这样短暂，他们互相连一句话都没有讲。两个人的友谊维持了 13 年之久，成为千古佳话。

遗憾的是千里搭长棚，没有不散的筵席。终于有一天，柴可夫斯基收到了来自对方的一封冷冰冰的信，说自己即将破产，不能再为他提供赞助了，这让他非常吃惊，他首先还是感谢了梅克夫人，他写道：“我一点儿也不夸张，是您救了我，如果没有您的帮助，也许我早已经发疯了……当我不能再分享您的财富时，我才全力说出我无限热诚的谢意。”但是，柴可夫斯基一直想搞清楚为什么梅克夫人突然变得绝情，因为拥有两条铁路的梅克夫人找的破产借口实在不符合实际情况。一个众所周知的解释是，梅克夫人的小儿子病了，她突然发现自己因为沉溺于音乐和自己的感情，没有照顾好孩子，所以良心上不安，决定把心思转到家庭上来。美国著名的音乐史家约瑟夫·马克利斯（Joseph Machlis，1906—1998）[26]

26 著名的音乐欣赏读物《音乐欣赏》一书的作者。

这样评论梅克夫人的行为：她热爱音乐，尤其是柴可夫斯基的音乐。但是由于她受到那个时代和她那个阶级的约束，她必须向世人表明，她热爱的是一个音乐家，而不是一个男人，因此她一方面爱对方，一方面又严格规定自己不和对方见面。

这时的柴可夫斯基，已经蜚声世界了。当时正赶上美国纽约的卡内基音乐厅落成，美国政府邀请他参加音乐厅的落成典礼，并且在美国巡回演出。在那里，他受到了万人空巷的欢迎，无论是百万富翁、达官贵人，还是新闻记者、贩夫走卒都为他倾倒。在欧洲，他同样获得了巨大的荣誉，无论是在俄罗斯，还是在法国和英国，他都被授予了各式各样的荣誉头衔，他的音乐在欧洲各国的音乐会上不断地被演奏。从此至今，他成为了俄罗斯民族音乐的代表。

1893 年，柴可夫斯基创作了他一生最重要的作品《第六（悲怆）交响曲》，他把自己一生的酸甜苦辣都写进了这部名作。整个乐曲旋律非常低沉而不安分，中间穿插着一些优雅而明快的旋律，表现出音乐家一生痛苦而悲惨的境遇，以及对幸福生活和爱情的强烈追求。全曲在黯淡而绝望的旋律中结束，预示着作曲家的生命行将结束。这部作品对听众极具震撼力，以至于很多听众在交响乐结束之后长时间缓不过神来。就在《悲怆》首演后的第九天，伟大的作曲家柴可夫斯基离开了人世。

柴可夫斯基的音乐是那个时代，那一大批俄罗斯旧知识分子心境的写照，就如同当时俄罗斯那些大文豪们（如托尔斯泰）一样，这些知识分子只能通过作品述说自己对现实的困惑和对理想的追求。柴可夫斯基的音乐和托尔斯泰等人的文学作品都有着鲜明的时代和地域特点，透过它们，我们能够了解当时的社会，当时的俄罗斯。在柴可夫斯基之后，民族音乐在欧洲各国蓬勃发展起来了。音乐不仅彰显着人的个性，而且成为民族文化中最重要的一个组成部分。

结束语

到了20世纪，音乐越来越多样化，以适应各种人群的口味。虽然流行音乐的从业人员和听众都超过了古典音乐，但是创作经典音乐的大师依然不断涌现，比如法国的拉威尔（Joseph-Maurice Ravel，1875—1937），苏联的普罗科菲耶夫（Sergei Sergeyevich，1891—1953）、肖斯塔科维奇（Dmitri Dmitriyevich Shostakovich，1906—1975）和美国的伯恩斯坦（Leonard Bernstein，1918—1990）。甚至中国的冼星海、何占豪和陈钢等人也可以算是古典音乐的作曲家，这里我们就不一一讲述了。相比从巴洛克时代到上个世纪末的音乐大师，今天的作曲家们更强调个性，这和近代以来强调个性解放是分不开的。

人类文明的进步不仅表现在经济和科技上，也表现在音乐艺术上。音乐的发展历程凸显出人文主义的发展和文明的进步。具体到西方的古典音乐，音乐从颂扬上帝（巴洛克之前），到颂扬英雄（古典主义时期），再到个性解放（浪漫主义）和颂扬民族精神、针砭时弊（民族主义），这与欧洲的文艺复兴、启蒙运动、民主和自由思想的确立、民族的觉醒过程完全吻合，佐证了我们人类追求自由、解放和进步的过程。

今天，我无论是在音乐厅、家里或者汽车上听到那些美妙的音乐，都由衷地感谢那些音乐家和表演者。

附录一　贝多芬给他的永恒爱人的书信

我还躺在床上，但我的思绪已经飞向了你，我永恒的爱人。有时喜悦，有时悲伤，等待着命运的消息，不知道它是否会听从我们的心愿。我只能完全和你生活在一起，要不然根本无法生活下去。

是的，我决定漂泊到离你如此遥远的地方，直到我能奔赴你的怀抱，告诉你，我真的回到了你身边，让你紧紧包围我的灵魂，一起进入精神家园。是的，不幸非如此不可，你会比我更坚决，因为你知道我对你的忠心。你应该知道，任何别的女人都无法得到我的心，不会，永远不会！

啊，上帝，为什么要让我与深爱之人离别？我目前在维也纳过着悲凉的生活，你的爱让我成为了世界上最幸福的人，同时，也让我变成了世界上最痛苦的人。像我这个岁数，生活需要的就是稳定和规律，在我们目前的情况下能办到吗？

我的天使，我刚听说每天都有邮车，为了让你尽快收到这封信，我必须到此搁笔。请静下心来想一想，只有平心静气地思考时，我们生活在一起的目标才能越来越接近——冷静——爱我——今天——昨天——撕心裂肺地想念你——你——你——我的生命——我的一切——再见。要一如既往地爱我，不要错判了你的情人胸膛中那颗最真诚的心。

永远是你的，永远是我的，永远是我们的！

附录二　格里尔帕策（Franz Grillparzer，1791—1872）在贝多芬葬礼上的演讲[27]

我们站在这里，站在已故者的墓前，在某种意义上代表了整个民族，代表了全体德意志人民，为丧失了光彩已经减退的故土艺术[28]——这祖国的精神财富给我们留下的那受人高度推崇的一半而悲悼。虽然用德意志语言歌唱的英雄他还健在——我们祝愿他长命百岁！——但是谱写动人的歌曲、用美妙的声音歌唱的最后的音乐大师，亨德尔、巴赫、海顿和莫扎特不朽荣誉的继承者和发扬者，与世长辞了。琴弦在一场声音已经消逝的演奏中折断了，我们站在折断了的琴弦旁哭泣。

一场声音已经消逝的演奏！让我这样来把他称呼！因为他是个艺术家，他生前一切都是为了艺术的。生活的荆棘深深地刺伤了他。呵，你——真和善的姐妹，痛苦人的安慰者，来自上界的艺术！他像一个遇难的落水者去抓堤岸似地，投入你的怀抱。他紧紧地拉住你；甚至当你走到他那里向他说话所必须通过的门户已经关闭，他还拉住你不放。当他由于耳聋致使他不再能看见你的倩影，他还把你的画像扣在心头，当他死时，那画像还贴在他的胸口。

他是一个艺术家，然而有谁能和他并列？他像穿渡五洋四海的河马，冲破了他的艺术的疆界。从鸽子求情彼此娇柔的鸣叫，到滚雷发出的隆隆轰响；从各种奇特的艺术手段的精心交织，致使艺术上的塑造转变为自然力无规则的可怕的任意爆发；一切他都涉足过，领略过。他的后来人是无法继续这一切的，他们必须从头开始，因为他们的这位先行者，只要艺术允许，哪件事没有做过？

27
摘自《你应该知道的最具影响力的经典演讲词》

28
此句翻译得不太通顺，但是原文如此。英文的翻译是“come to mourn the passing of one celebrated half of that which remained to us from the vanished brilliance of the fatherland.”大意是说贝多芬虽然去世了，所幸的是他在一定程度上还和我们在一起，使得祖国的艺术不至于失去光辉。

阿黛莱德和莱奥诺拉！维托里阿英雄欢庆凯旋！弥撒祭献的虔诚歌唱！你们，这些分成四声部、三声部的孩子啊！惊天动地的交响曲！《欢乐女神，众神爆发的美丽的火花！》，你这动人的天鹅之歌！司掌歌和琴的缪斯女神呵，你们站到墓边来吧！把月桂叶撒在他的墓上！

他是一个艺术家，但他也是一个人，一个在这字眼最完全意义上的人。因为与世隔绝，人们把他说成与世为敌；因为他躲避感情，人们便说他无情。唉，只有铁石心肠的人，才不会逃避！正因为他感情太丰富，所以才躲避感情！——如果说，他逃避世界，那是因为他胸怀深处充满了爱，找不到武器来反对这个世界；如果说他躲避人群，那是因为他把一切都给了他们，然而自己却从未在他们那里得到什么。他寂寞，因为他找不到别的什么！但是一直到死，他对一切人怀有一颗富有人性的心，对亲属他怀着一颗慈父般的心，对全世界他献出了他全部的心血。

他的一生就是这样，他就这样地死去，他也会这样世世代代地活在人间。

把他一直送到这里的人们啊，你们不必过分地悲伤！你们并没有失去他，你们赢得了他。只有当生命的大门在我们身后关上，通向永生的庙堂的门户才会打开。现在，他在那里和各时代的伟人站在一起，这是无可置疑的，将来也不会有疑问。你们在离开他的安息地时，心里充满悲伤，但你们也尽可因此而放心。假若一生中，他作品的威力会像那即将到来的风暴使你们受到震动；假若你们的泪水也会在现在尚未降生的一代中淌流，那么请记住这时刻，并想到：当他被埋葬的时候，我们是在场的；当他死去的时候，我们曾为他哭泣。

附录三 经典音乐发烧唱片推荐

不同的演奏家对同一首音乐作品的理解常常会有差异，而他们的技巧和表现手法也不同，因此音乐的表演是一个再创作的过程。一张好的音乐唱片需要满足三个要素，首先是音乐本身要好，其次是演奏家对音乐理解要到位，演奏技巧和水平发挥要高，最后是唱片的制作要尽善尽美。下面是根据我的体验，向大家推荐的一些发烧唱片。

巴赫

《勃兰登堡协奏曲》

李希特指挥慕尼黑巴赫乐团版本，DECCA 公司制作。

莫扎特

《第 40 交响曲》

富尔特文格勒指挥维也纳爱乐交响乐团版本，EMI 公司制作。

《第 41（朱庇特）交响曲》

阿巴多指挥伦敦交响乐团版本，德意志唱片公司（Deutsche Grammophon）制作。

贝多芬

《第三（英雄）交响曲》

富尔特文格勒指挥维也纳爱乐交响乐团版本，EMI 公司制作。

《第五（命运）交响曲》

克莱伯（Carlos Kleiber）指挥维也纳爱乐交响乐团版本，德意志唱片公司制作。

《第六（田园）交响曲》

伯姆（Karl Bohm）指挥维也纳爱乐交响乐团版本，德意志唱片公司制作。

《第九（合唱）交响曲》

富尔特文格勒指挥拜鲁伊特音乐节管弦乐团版本，EMI 公司制作。这部作品也可以考虑美、俄、英、法、德五国的七个乐团为庆祝两德统一的演出实况录音，其场面极其宏大，伯恩斯坦指挥，德意志唱片公司制作。

《第五钢琴（皇帝）协奏曲》

古尔达钢琴，斯坦恩指挥维也纳爱乐交响乐团版本，DECCA 公司制作。

《钢琴奏鸣曲全集》

阿什肯纳吉演奏，DECCA 公司制作。

《F- 大调小提琴浪漫曲》和《A- 大调小提琴浪漫曲》

大卫·奥伊斯特拉赫（David Oistrakh）演奏，德意志唱片公司制作。

肖邦

《最喜爱的肖邦》

霍洛维茨演奏，CBS 出品。

《奏鸣曲全集》

阿格丽姬演奏，德意志唱片公司制作。

《夜曲全集》

鲁宾斯坦演奏，RAC 制作。

《前奏曲全集》

阿格丽姬演奏，德意志唱片公司制作。

《叙事曲全集》

鲁宾斯坦演奏，RCA 制作。

《波兰舞曲全集》

鲁宾斯坦演奏，RCA 制作。

穆索尔斯基

《图画展览会》

朱里尼（Corlo-Maria Guinini）指挥芝加哥交响乐团版本，德意志唱片公司制作。

柴可夫斯基

《1812 序曲》

多拉蒂（Antal Dorati）指挥伦敦交响乐团和明尼苏达交响乐团版本，水星制作。

《交响曲全集》

阿巴多指挥维也纳爱乐交响乐团版本，德意志唱片公司制作。

参考文献

[1] 罗曼・罗兰 . 巨人三传 . 傅雷，译 . 南京：江苏文艺出版社，2012.

[2] 傅雷 . 傅雷家书 . 沈阳：辽宁教育出版社，2004.

[3] 罗曼・罗兰 . 约翰克里斯朵夫 . 傅雷，译 . 南京：江苏文艺出版社，2012.

[4] 聿木，爱玲 . 乔治・桑传 . 武汉：长江文艺出版社，2011.

[5] Edward Garden. 柴可夫斯基传（*Tchaikovsky Second edition*）.Oxford University Press，1994.

[6] Joseph Machlis. 音乐欣赏（*The Enjoyment of Music*）.W. W. Norton & Company，2011.

[7] 马瑾文 . 你应该知道的最具影响力的经典演讲词 . 北京：中国长安出版社，2013.

第十八章　从达维特到麦克斯

绘画的发展和个性的解放

随着文明的进步，艺术和科学都在不断地发展，但两者的发展模式有着根本的不同。艺术没有科学那种积累的效果，即 21 世纪的科学水平一定比 17 世纪的高。今天，几乎所有的物理学家水平都会超过牛顿，可在艺术上，我们就未必敢说今天的艺术家水平超越了前辈艺术家。事实上今天的画家很难超越米开朗基罗，今天的音乐家也很难超越贝多芬。艺术的发展带有明显的时代色彩和地域特点，并且为时代服务，因此对不同时代的人来讲，最好的艺术是他们喜闻乐见的，而不是他们理解不了的。正因如此，艺术不仅浓缩了历史上不同地区的文明特点，而且成为了解人类文明发展过程的一把钥匙，透过一种艺术，我们能够了解产生它的那个时代、那个国家（或地区）的社会经济和文明发展。

艺术和科技在发展模式上虽然有着根本的不同，但也有相似之处，那就是两者都有人才辈出、快速发展的高峰，以及发展相对平缓的低谷。比如在人类的绘画史上有过两个高峰，分别出现在文艺复兴时期的意大利和 19 世纪的法国。关于文艺复兴，第一册已做过介绍，这里我们不妨从人类绘画史的第二个高峰，即 19 世纪从古典主义到印象派的这一百年讲起。通过回顾绘画艺术从古典主义，到浪漫主义和现实主义，再到印象派的发展和演变，我们不仅能够看到人类审美不断完善和进步的过程，艺术家对个性解放的不断追求，而且可以看出近代以来，人类社会都在朝着追求人的幸福和个性解放的方向发展。到了 20 世纪，绘画艺术的发展趋势是个性化、多样性和自我表现主义，这其实折射出整个社会发展的轨迹。现在，就让我们回到18世纪末的法国，体会一下那些古典主义大师所处的年代和他们的代表作。

第一节 标准审美的（新）古典主义

我们在前面介绍古典音乐时讲过，古典主义是18世纪末和19世纪初这一时期文化和艺术的整体潮流。它出现在欧洲启蒙运动之后，强调理性和秩序，这些特点在绘画中体现得非常明显。为了区分古希腊古罗马时期的古典艺术和启蒙运动之后的古典艺术，后一个时期在艺术史上也被称为"新古典时期"，相应的艺术就是"新古典主义"（Neoclassicism）。但是，在不混淆的情况下，艺术家们一般直接称后一个时期为"古典主义"，而称前一个时期为古希腊和罗马时期。

古典时期音乐的代表人物（比如莫扎特和贝多芬）都出现在德国，而在绘画上古典主义大师都出现在法国。第一位也是最重要的一位古典主义大师就是达维特（Jacques-Louis David，1748—1825）。达维特出生在法国最后一个封建王朝波旁王朝末期，他9岁那年便失去了父亲（死于决斗），于是和妈妈一起来到舅舅家生活。达维特从小喜欢画画，在书本上画满了画，并且很早就立志当一个画家。但是他的妈妈和舅舅都反对他从事这个职业，认为当穷画家养不活自己，而是希望他像舅舅那样成为一个建筑师。我的老师、著名书画家王乃壮在讲述幼年经历时，说他自己学习绘画时也遇到过家里人反对的情况，但是坚持做自己喜欢做的事情是日后成功的开始。在达维特的一再坚持下，家里人还是允许他学习绘画了，并且把他送到一位当时颇有名气的洛可可[1]画家那里学习。很快，他的老师就很难再指导他了，于是达维特进入法国当时最高等艺术学院——皇家艺术院继续学习。

在达维特之前，西方艺术的中心在意大利，因此达维特的梦想就是赢得去罗马学习的大奖（每年评选一次的一种奖学金）。他向皇家艺术院申请

1 洛可可，即Rococo或者Roccoco，又被称为晚期巴洛克，是欧洲18世纪时期的艺术流派，最初诞生在巴黎，在路易十五统治时期达到了高潮，这和路易十五的情妇蓬巴杜夫人的大力扶持有关。洛可可艺术突破了早期巴洛克艺术的那种庄严、对称和充满繁文缛节的特点，同时保留了巴洛克艺术精致、优雅和华丽的特征，并增加了轻快、纤柔、甜腻和温柔的色彩。洛可可艺术一度风靡欧洲，被广泛地应用于建筑、雕塑、绘画、文学、音乐、陶瓷、服装设计等众多艺术领域。到了18世纪末，随着欧洲的君主制走向没落，这种艺术流派渐渐被（新）古典主义等其他艺术流派所取代。

了五次，但是都没有成功，其中一个原因是他的风格和当时法国流行的洛可可画风颇有不同。这件事情让达维特非常烦躁，而且后来变成了他对君主制下艺术学院教育系统的反感。当然，最终达维特还是成行了，因为所有的老师都承认他确实非常优秀。在罗马，达维特一方面看到了很多前辈大师的巨作，并且学习到很多受用终身的知识和技巧；另一方面他又不照搬这些前辈的方法，这让他成为了学员中的异类，不过他的绘画天才是大家公认的。绘画史上的很多突破和发展，都是建立在对先前艺术风格和流派否定的基础上的，在这一点上，艺术和科学有相通之处。

在意大利期间，达维特形成了自己的风格，这种风格后来演变成为了新古典主义。它的精髓是讲究布局的平衡，画面线条的清晰，以及色彩鲜艳。绘画的题材主要是古希腊和罗马的传说，以及现实的大事件和英雄人物，既没有宗教题材，也没有男欢女爱。画面中的人物形象（不论是喜剧性的还是悲剧性的），都具有英雄气概，这一点从达维特在意大利时期创作的早期代表作《荷拉斯兄弟的誓言》(简称《誓言》，在第一册“罗马人三次征服世界——罗马法”一章中介绍过）中彻底体现了出来，这幅旨在讴歌英雄主义的作品，色彩庄重，布局平衡，构图严谨，并且体现出一种积极向上的精神。达维特的这种画风一扫当年法国上流社会奢华淫靡的洛可可艺术风格，也正好符合了当时法国大革命的需要，他说过：“艺术必须帮助全体民众的幸福与教化，艺术必须向广大民众揭示市民的美德和勇气。”而在那个时代，绘画能做的事情就是向社会传达一种争取自由、积极向上的精神。

达维特本人的生活也深受他那个时代的影响。在专制制度下，来自中下层社会的达维特对社会的不公平非常反感，因此他渴望着变革。1789 年，法国大革命爆发，憎恨旧体制的达维特成为坚定的革命者，并且加入了激进的雅各宾派。在大革命时期，达维特被选为国民代表，并担任艺术委员，相当于今天的文化部部长。从那时起，他便用画笔作为武器向旧世界宣战，并且忠实记录了许多重大的历史事件。

2
地 址：16 Rue des Francs Bourgeois, 75003 Paris。

图 18.1 《网球厅的誓言》（局部）（收藏于巴黎卡纳维拉特博物馆，Carnavalet Musée[2]）

达维特记录法国大革命历史事件的第一幅油画是《网球厅的誓言》（*The Oath of the Tennis Court*），这幅画再现了法国大革命的原因。要讲述这幅画，就得从法国的三级会议讲起。在历史上法国有三个阶层，包括神职人员（第一阶层）、贵族（第二阶层）和市民（第三阶层）。凡是重大的决定，国王是不能一个人说了算的，而要通过召开三级会议讨论。1789年，法国当时的波旁王朝遇到了前所未有的内忧外患，路易十六债台高筑，作为债主的城市商人要求召开三级会议共商国是。在此之前，法国曾经几次召开三级会议，不过都是由贵族和教会主导。这次会议则与以往的历次会议完全不同，它和上一次会议之间间隔了 175 年，整个法国社会结构已经开始变化。受启蒙运动的影响，法国民众已经接受了平等自由的思想，这一次市民代表们（主要是商人）态度非常坚决，既然国王（和贵族）欠了我们的钱，就要用权力来交换（取消前两个等级的特权）。国王和第一、第二等级的代表当然不干，这样一来会议就开不下去了，于是第三等级的代表跑到皇宫附近的网球厅自己开起了“国民会议”（当时天在下雨）。在那里，577 名第三等级代表中的 576 人签署了一个誓言——史称“网球厅宣誓”，他们发誓不实行宪政就决不休会。达维特的这幅画描绘的便是这个场景，网球厅宣誓通常被认为是法国大革命开始的标志。

作为一幅历史巨画，达维特试图将几百人的场景反映在一幅画中，同时又能突出重点。画面中央是当时在大会上最活跃的几个代表，当然也包括了唯一没有签署誓言的那位代表，而整个画面的背景是激愤的群情。需要指出的是，这幅巨画并没有完成，不过这成为几年后他绘制另一幅场面宏大的巨画《拿破仑的加冕礼》的路演。

法国大革命可以用血雨腥风四个字来形容，各个政治派别和阶级集团，不仅在明面上斗得死去活来，而且还经常搞一些见不得人的暗杀勾当，革命家马拉（Jean-Paul Marat，1743—1793）成为暗杀的牺牲品。马拉被认为是法国大革命时期最坚定也是最有才气的革命家，他为了躲避政敌的追杀，一直躲在地下室里工作，并因此染上了风湿病。为了减轻病痛，他只能在泡满药水的浴缸里工作。不过马拉的藏身之所最后还是被政敌们找到了，一名女刺客刺杀了马拉。法国的百姓们听到马拉遇刺的消息，都非常难过和愤怒。作为马拉的战友和雅各宾派的一员，达维特在马拉遇刺的两个小时后就赶到现场，并被眼前的惨状所震惊，于是他决定用画笔来记录这悲壮的历史场面，同时揭露敌人的残忍。在这样的背景下，达维特创作了油画《马拉之死》。画面表现了马拉刚刚被刺的惨状：被刺的伤口清晰可见，鲜血到处都是，马拉握着笔的手垂落在浴缸外。在浴缸边立有一个小木台，这是马拉的“办公桌”，木台上有马拉刚刚写完的一张便条：“请把这 5 法郎的纸币交给一个有 5 个孩子的母亲，她的丈夫为祖国献出了生命。”这让人想起了一百多年后的宋教仁，他为实现共和而被刺后，留下类似的遗言“我本寒家，老母尚在，如我死后，请克强与公及诸故人为我照料”。

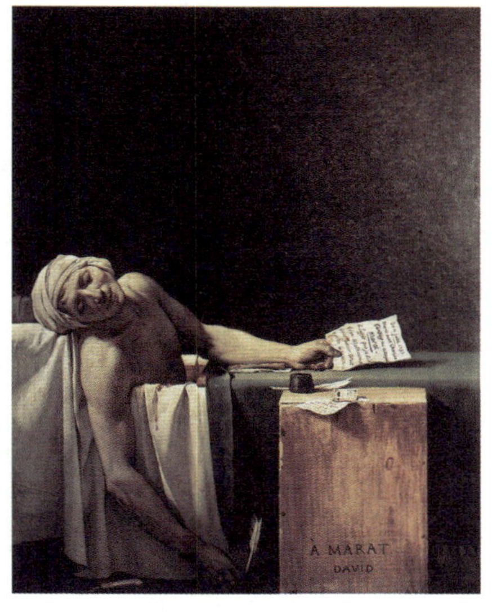

图 18.2 《马拉之死》（收藏于卢浮宫）

《马拉之死》画面非常感人，它成功地塑造了一个能够博得众多人同情的革命领导人的形象。马拉在生前对政敌颇为残忍，但是在历史上的口碑并不差，某种程度上要感谢达维特的这幅名画。达维特在这幅画中将马拉塑造成一个为共和捐躯的悲剧英雄形象。画作完成以后，达维特将它交给接下来召开的国民大会，作为对他的战友的祭奠。在艺术上，《马拉之死》是古典主义的代表作之一，它确立了古典主义的艺术形式，强调理性而非感性的表现，它突出的是人物的形象，而非洛可可时代夸张的色彩。在构图上强调完整性，在造型上重视轮廓的准确，在细节上精雕细琢。

由于雅各宾派的红色恐怖让巴黎的市民天天提心吊胆，1794 年巴黎爆发了热月政变，推翻了雅各宾派的统治，进入相对平稳的资产阶级领导的时代。很多激进的雅各宾派领导人包括罗伯斯比尔被处死，但是达维特并没受到冲击。作为拿破仑的好友和支持者，他以拿破仑为题材创作了两张巨幅传世名作：《拿破仑越过阿尔卑斯山》和《拿破仑的加冕礼》（简称《加冕礼》）。

《拿破仑越过阿尔卑斯山》创作于 1801—1805 年，反映了拿破仑率军翻过阿尔卑斯山，进军意大利的历史事件。在这幅高 2.6 米宽 2.2 米的画作中，拿破仑是唯一的人物，他骑在高头骏马上，右手指向前方，沉着坚毅，那不可一世的神情被描绘得惟妙惟肖。达维特强调绘画要突出英雄人物，体现人类不可战胜的气概，这些特点在这幅画中得到了充分的表现，这幅肖像也因此成为拿破仑诸多肖像画中最著名的一幅，并成为世界绘画史上最出名的肖像画。

图 18.3 《拿破仑越过阿尔卑斯山》（收藏于马迈松宫，Château de Malmaison[3]）

另一幅巨作《加冕礼》则描绘了拿破仑的加冕仪式。在这幅

3 这是拿破仑的一个行宫，位于距离巴黎 8.5 千米的西北郊的小城吕埃。地址是 Avenue du Château de Malmaison, 92500 Rueil-Malmaison, France。

长 10 米高 6 米多的巨幅作品中，画家忠实记录了 1804 年在巴黎圣母院举行的拿破仑加冕仪式。这一年拿破仑称帝。欧洲的皇帝和中国的皇帝不是一个概念，从某种程度上说，欧洲的皇帝是教皇认可的欧洲最高统治者（而不是每个国家都可以有一个皇帝），因此历史上皇帝的加冕是由世俗的皇帝到罗马请求教皇授予。作为革命者的拿破仑，根本不相信什么君权神授，在他看来这一切都是他自己获得的，当然不可能去罗马祈求教皇为他加冕。但是，他又需要借助教皇在宗教上巨大的号召力，让欧洲人民承认他在法统上的合理性。于是干脆把教皇庇护七世（Pope Pius VII，1742—1823）“请”（其实和抓没有什么区别）到了巴黎为他进行加冕。在以往的加冕礼上，都是由世俗的皇帝跪在地上，由代表上帝的教皇把皇冠给跪着的皇帝戴上，但是拿破仑不仅拒绝跪在教皇面前让庇护七世给自己加冕，而且对这位已经被吓得魂不附体、哆哆嗦嗦的教皇（当时教皇已经 62 岁了）没有了耐心，干脆抢过皇冠自己戴到头上，表示他皇帝的位子是自己挣得的，不是什么人恩赐的。接下来，他拿过另一顶桂冠给皇后约瑟芬戴上。《加冕礼》描绘的就是这一瞬间。

《加冕礼》中的人物多达百人，有大臣、将军、中下级官员、王公贵妇、

图 18.4 《拿破仑的加冕礼》（局部）（收藏于凡尔赛宫，卢浮宫有一幅同样出自达维特之手的复制品）

主教与各国使节等。为了保证每个人物的形象精准而不致雷同，许多历史人物被达维特请到画室里来做模特。整幅作品场面壮观，富丽堂皇，画中的人物之多，均为以往作品所罕见。米开朗基罗的《创世纪》虽然规模更加宏大，但是其中的人物并没有《加冕礼》那么密集，而背景的复杂程度也不如该画。为了画好这一鸿篇巨制，达维特专门制作了一座模仿加冕全景的木质模型，以便对画面整体的光线进行调整。这幅画成为新古典主义的代表作，充分体现了达维特对绘画意义的诠释：绘画艺术必须是严肃的、雄伟的、有感染力的。同时它包含着生活的真理，把握着时代的脉搏。它应该用来讴歌和赞美英雄，通过艺术和激情唤起民众。

达维特一生创作非常辛勤，但是他的画作并不算多，原因是他在绘画上精益求精，而且每一幅画都尺寸巨大，一般要占据整整一堵墙。他的画作大多收藏在卢浮宫里，由于画幅巨大，很远就能看见，成为卢浮宫画廊里最抢眼的作品。艺术是时代的镜子，透过达维特的绘画，我们能够体会到法国大革命时代的波澜壮阔。

由于和拿破仑在政见上一致并且保持着非常亲密的私人关系，达维特成为了拿破仑时代法国绘画的掌门人。达维特一生培养了大量的优秀画家，他和他的学生们一扫波旁王朝末期欧洲颓废的画风，将绘画艺术带入一个欣欣向荣的新时代。但是，也正是因为他和拿破仑走得很近，在1815年拿破仑被第二次流放后，达维特也只能亡命他乡。好在他培养的一大批画家都成长了起来，继续主导法国的画坛。其中最杰出的是安格尔（Jean Auguste Dominique Ingres，1780—1867）。

安格尔被誉为古典主义的捍卫者（达维特被誉为古典主义的旗帜），他的画风完全承袭了达维特倡导的那种构图严谨、线条工整、轮廓确切、色彩明晰的理性倾向。但是，在创作的题材上，他和达维特完全不同。达维特以刻画从古代到现实生活中的英雄人物为主，而安格尔则以描绘女性阴柔的美著称。安格尔是一位不折不扣的唯美主义者，他毕生追求和表现理想的美。安格尔认为女性的人体是最美的，在他的笔下，每个女性都画得圆润细腻，温文典雅，健康柔美。从他的画中能看到希腊雕塑的影子。他最著名的画作当数《泉》(*Source*)，在这幅画中，一位赤裸的少女举着一个古希腊式的陶质水瓶，少女的造型遵循古希腊雕刻的原则，但更为细腻微妙。她右臂高举，以弯曲的肘部为顶点，身体略微倾斜，这是典型的古希腊雕塑造型；左边水罐与抬起的手臂组成圆和三角的几何结构，胸部和腹部的转折起落则形成波浪式的曲线，与左边的单纯形成对比。整个画面严格遵守比例对称的原则，少女的体形姿态遵循古希腊雕塑的 S 形曲线美。

图 18.5　安格尔的代表作《泉》（收藏于巴黎奥赛博物馆，Orsay Musée）

安格尔画了大量反映女性的作品，这些作品非常柔美细致，他对皮肤和轻纱的处理达到了绘画史上的高峰，比如油画《浴女》(图 18.6)。不过这些并不表明安格尔只能画女性，他也创作了不少和达维特风格类似的讴歌英雄的画作，比如《拿破仑的座像》，又如反映特洛伊战争的《阿伽门农的使者》，等等。

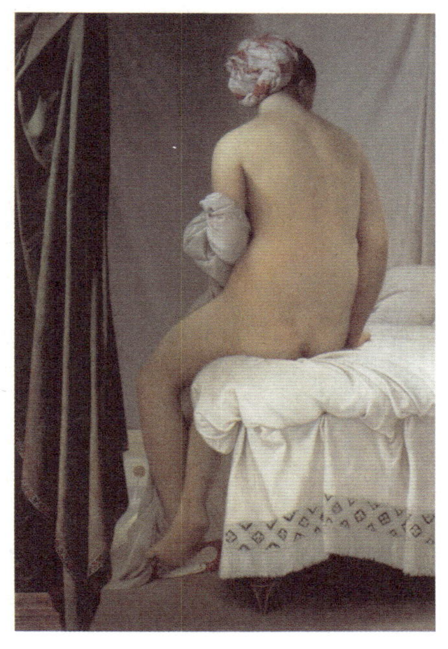

图 18.6　《浴女》（收藏于卢浮宫）

安格尔一生最崇拜的画家就是文艺复兴时期的拉斐尔，他在作画时也像拉斐尔一样注重细节，因此令人看他的画，会觉得非常耐看。在绘画风格上，安格尔承袭了达维特开创的古典主义，他严谨的素描功力充分发挥了线条的表现作用，把人物的形体动态刻画得极其准确，简洁而概括，对后世的绘画，尤其是对20世纪的绘画产生了巨大的影响。20世纪两位最著名的西班牙画家毕加索和达利（尤其是毕加索），都深受安格尔的影响。

古典主义诞生在18世纪末到19世纪初的法国，有着历史的必然性，因为那时社会需要这样的艺术。类似的情况还发生在1949年后的中国。新中国诞生后的十几年里，无论是在视觉艺术（绘画、雕塑等）还是在表演艺术上，发展的历程和法国大革命后欧洲的艺术发展过程都十分相似。革命刚取得胜利，无论是电影还是舞台剧，主题都是讴歌英雄，主人公的形象都是高大全，这和达维特与贝多芬倡导的英雄形象完全吻合。在绘画上，无论是董希文的油画《开国大典》还是刘春华的《毛主席去安源》，都可以与达维特的《加冕礼》和《拿破仑越过阿尔卑斯山》形成对比。中国的艺术家并没有模仿欧洲的古典主义[4]，但是由于处在相似的时代，他们创造出的作品就有共同之处，这就是时代给艺术留下的烙印。

4 虽然董希文1939年曾在越南的巴黎艺术学校学习过半年，但是受法国绘画的影响并不深，他艺术成就提高最快的时期是1942—1946年在敦煌研究和临摹壁画。新中国诞生后，受苏联的影响，中国一度重油画而轻国画，这使得新中国的油画艺术得到了长足的发展，刘春华等艺术家就是在这样的环境下成长起来的。由于当时与西方的艺术交流不畅，中国的艺术家没有机会模仿欧洲的古典主义，但是由于处在相似的时代，他们创作出的作品就有共同之处，这就是时代给艺术留下的烙印。

在古典主义后期，浪漫主义绘画已经在法国兴起，相比注重素描线条和准确性、强调理性和秩序的古典主义，浪漫主义更注重色彩和个人表现，于是在绘画史上就出现了一次非常有意思的争论，争论的双方是安格尔和浪漫主义的代表人物德拉克罗瓦（Eugène Delacroix，1798—1863）。

第二节 张扬个性的浪漫主义

浪漫主义绘画和我们很多人从字面上理解的意思完全不同，说起浪漫，很多人会想到温情脉脉，讲究精致的生活情调，或者想到所谓的小资情调，但是浪漫主义绘画不是指这些。反倒是17—18世纪尼德兰的绘画更接近于很多人心目中的这种浪漫。

要讲清楚浪漫主义绘画的艺术特点，还要再回顾一下古典主义。相对而言，古典主义强调美的共性和客观性，比如女性的人体曲线一定要柔和，肤色一定要健康，造型常常是直线的几何图形和曲线（比如圆）均衡地搭配在一幅画中。古典主义绘画中的男性人物多是英雄人物，他们大都高大而俊美，即使并不高大漂亮的拿破仑在达维特和安格尔的笔下都显得十分英武。古典主义画家绘画的目的，常常是讴歌英雄，反映出时代的精神和歌颂美好的生活，反映出来的美相对都是客观的、写实的，不太掺杂个人的感受。（上个世纪 70 年代之前出生的读者不妨对比一下中国的样板戏，看看是否具有类似的特点。）古典主义在创作技巧上要求线条准确，因此非常强调素描的基本功。

法国浪漫主义时期的绘画，特点则是张扬个性，并希望跳出古希腊和（新）古典时期定义的那种标准的审美。画家追求个人内心的独特美感，他们试图通过绘画揭示独特的自我，实际上这体现了审美的主观性。因此，在画家的笔下，自然的形象，比如英雄人物和历史事件不再是创作的原型和对象，而是体现画家个人情感和思想的一种假托。这一点我们在后面介绍一些浪漫主义代表作时会进一步提到。在创作技巧上，浪漫主义强调色彩，而非线条。

对于绘画来讲，到底是线条重要还是色彩重要，这就是安格尔和德拉克罗瓦争论的焦点。这场争论如同金庸小说里写的华山“气宗”和“剑宗”之争，没有一个结论。因而，两个画派的绘画也就由此特点鲜明。说到这里，可能有人会问，为什么不能同时兼顾色彩和线条呢？这并非做不到（当然会有一些难度），而是没有必要这么做，因为一幅画不可能取悦于所有的观众。坦率地讲，即使是《蒙娜丽莎》也会有人觉得它不过如此。好的画家都懂得取舍，他们会突出自己的风格，加进自我的元素。这么做虽会失去一些观众，却能保证欣赏他们的人不会走开。至于什么风格的绘画在当时最受喜爱，那就要看那些画是否具有时代的色彩，并符合当时人们的品味。在浪漫主义时期，整个欧洲都在强调个性解放，因此，中规中矩的古典主义作品就被浪漫主义的绘画取代了。

正如讲到古典主义不能不提达维特和安格尔一样，说到浪漫主义就不能缺了席里柯（Theodore Gericault，1791—1824）和德拉克罗瓦。席里柯出生于一个律师家庭，从小就热爱绘画，17 岁时全家搬到巴黎，他跟随一位古典主义大师盖兰（Pierre-Narcisse Guérin，1774—1833）学习绘画，不过他从盖兰那里学习到创作的技巧，却没有坚持老师的创作风格。在拿破仑之后，巴黎已经取代意大利成为绘画艺术的中心，文艺复兴时的很多名作也被带到了巴黎。席里柯经常出入于巴黎的各个艺术馆，他对文艺复兴时的大师拉斐尔和提香十分推崇。为了直接从那些文艺复兴大师的真迹中学习绘画，席里柯 27 岁时只身来到意大利，在那里他不知疲倦地临摹米开朗基罗的作品，并且按照自己的理解复制了米开朗基罗的名画《最后的审判》。或许是由于对米开朗基罗的偏爱，他后来被称为“法国的米开朗基罗”。离开意大利之后，席里柯又到英国和比利时游学，尤其是在比利时，他专门去布鲁塞尔拜访了被流放的古典主义创始人达维特。在这个时期，席里柯开始形成自己的绘画风格，他已经不受古典主义的约束，在绘画上开始大胆地表达个人的情感，风格上他的绘画色彩对比强烈，笔法奔放，整个画面富于戏剧性变化。席里柯的代表作《梅杜莎之筏》就创作于他这次游学之后。

“梅杜莎号”是当时法国的一搜军舰，1816 年它作为旗舰带领三条舰船前往塞内加尔，执行接受英国归还该殖民地的任务。船长是一位 20 多年来很少出海的贵族，并不具备丰富的航海经验，结果导致“梅杜莎号”偏离

图 18.7　浪漫主义的经典之作《梅杜莎之筏》（收藏于卢浮宫）

航线一百多海里，在毛里塔尼亚海滩搁浅了，船长和一些高级船员抛下乘客弃船而逃。被丢下的一百多名乘客，只好搭乘简陋木筏在大海上漂泊，等待过往的船只救援。几天之后，因为没有了水和食物，饥饿难耐的人们开始互相残杀，靠吃死者的肉坚持。最后当木筏被救起时，上面只剩下15个人，都奄奄一息，情形非常悲惨。当时拿破仑刚刚在滑铁卢战败，波旁王朝复辟，整个法国处于黑暗的专制统治之下，因此这件事激起了法国民众对专制制度的不满。

席里柯虽然不像达维特那样是个坚定的革命者，但是他富有良知和正义感，同时他对封建专制制度也非常反感，他从这一真实事件出发，创作了这幅世界名作《梅杜莎之筏》，表达对现实的不满和对光明的向往。要在一幅画中将整个梅杜莎事件描绘清楚并非易事，席里柯一开始构思了很多草图，最后他选定了遇难者在见到远处船只时呼救的那一瞬间的场景。在木筏上，遇难者已经奄奄一息，但是当他们看到远方的船只时，求生的欲望让他们挥动一条红巾奋力呼救。席里柯在背景上画了一个风帆，而木筏却是被风逆向往后吹行，这就使得遇难者渴望求生的心情和逆风将木筏往后吹的现实形成了鲜明的对立。这种强烈的对比，正是浪漫主义绘画的特点。与古典主义时期画家通常就事论事地记载史实不同，在浪漫主义时期，绘画的内容常常是画家表达内心的手段，席里柯将《梅杜莎之筏》上的人们比喻成在专制统治下法国的民众，那条红色的围巾寓意着法国的民主思想，远方的船是希望所在，而现实又是逆风的困境。法国历史学家弥列什（Jules Michelet, 1798—1874）赞扬说："席里柯凭一己之力把船引向未来，法兰西本身，我们本身都在《梅杜莎之筏》上被表现出来了[5]。"

5 卢浮宫《梅杜莎之筏》的说明。

为了创作好这幅画，席里科可谓呕心沥血，他不仅阅读了幸存者的回忆文章，访问了其中的一些人，还在他们的指导下，做了一艘类似的木筏，亲自在海上漂泊，以体验真实的环境、气氛。为了准确地描绘那些将死之人的肤色、表情和神态，他亲自到医院实地观察。不仅如此，他还将解剖的尸体浸于海水中观察其色彩变化。在绘画室里，他用黄疸病人做模特，绘制垂死的人。《梅杜莎之筏》在世界美术史上占有重要的地位，这除了绘画本身有着鲜明的时代特点和寓意外，与画家一丝不苟的创作

图 18.8 《梅杜莎之筏》的两个金字塔三角形构图

努力也是分不开的。

《梅杜莎之筏》高五米，宽度超过七米，结构宏伟，气势磅礴，人体塑造坚实而有力度，尤其是在画面上，十几个人构成了两个金字塔式的几何图形，这些是古典主义的特色。另一方面，画中的情节紧紧抓住人心，构思大胆而富有戏剧性，充满动感。光影对比强烈，整个色调阴森沉郁，显示出震撼人心的悲剧力量。这是典型的浪漫主义特点。席里柯生活的时代是从古典主义向浪漫主义过渡的时代，因此，这幅画体现出这种过渡时期的特点丝毫不奇怪。

《梅杜莎之筏》的问世，开辟了浪漫主义的先河。而他的一位同门师弟曾这样写道："在画《梅杜莎之筏》时，席里柯允许我去看他作画，他给我这样强烈的印象，当我走出画室后，我像疯子一样跑回家去，一步不停，直到我到家为止[6]。"这个人就是被誉为"浪漫主义之狮"的德拉克罗瓦。

6 摘自《德拉克罗瓦日记》。

德拉克罗瓦比席里柯小七岁，年轻时也随着盖兰学画，他一生对绘画的色彩有深刻的研究，并且留下一本关于绘画色彩的专著《德拉克罗瓦日记》。如果说席里柯的画风还兼顾了古典主义和浪漫主义，那么德拉克罗瓦的画风则完全与古典主义相对立。比如说古典主义强调理性，而想象力和热情则是德拉克罗瓦的创作之源。他在绘画中，不再坚持安格尔提倡的那种客观的、绝对的美，而认为"美丑皆可入画"。德拉克罗瓦用色彩掩盖了古典主义强调的线条，用动态感很强的颜色对比，对抗古典主义在色彩上讲究的静态和谐。

德拉克罗瓦最出名的画作是《自由引导人民》，在中国知道这幅画的人可能比知道德拉克罗瓦这个名字的人更多，因为他的名字长而绕口，不好记，而这幅画则经常出现在各种场合。《自由引导人民》的创作背景是1830 年法国的七月革命。我们介绍《梅杜莎之筏》时提到，拿破仑失败后法国在波旁王朝统治下非常黑暗，包括资产阶级在内的法国民众对政府的不满情绪日益高涨，到了1830年7月，终于又爆发了革命，巴黎市民再次走向街头进行了武装起义，推翻了查理十世的统治，法国从此结束了波旁王朝的封建复辟，进入君主立宪时代。

作为生于大革命时期的法国人，德拉克罗瓦对自由充满了向往，他决定用绘画来歌颂这次起义。他在写给他兄弟的一封信中谈道："当我努力创作的时候，我的心情便好转了……即使我没有为了我的祖国战斗，我也可以用我的画作来歌颂它。"

这幅画的正中是袒露双乳的自由女神，她右手挥动着法国的红白蓝三色国旗，面向右侧后方。画面右侧的背景是巴黎的地标建筑巴黎圣母院，代表着革命发生的地点是在巴黎。在巴黎圣母院和主要人物之间比较空旷，显出画面场景的深远。画面左侧是一群手持刀枪向前冲的民众。最突出的是前方的两个男人，最左边的一个是工人装扮：敞开的白衬衫，头上是工人们常戴的鸭舌帽。在他右侧的男人则是资本家打扮，头戴黑色卷边圆礼帽，

图 18.9　德拉克罗瓦的代表作《自由引导人民》（收藏于卢浮宫）

身穿黑色正装，手上端着步枪。在自由女神的左侧，有一个正举着右臂的小男孩，他戴着法国少年常戴的小帽，身背挎包，双手各拿着一把手枪。这些人构成了 1830 年革命的主体。人群的前方是倒卧的尸体，其中很多穿着波旁王朝时期的蓝色军装，自由女神正跨过这些尸体，向前迈去。

德拉克罗瓦不喜欢古典主义那种强调精确细致的艺术特征，而倾向于使用更为奔放自由的笔触和明亮强烈的色彩。因此，当《自由引导人民》于 1831 年第一次在巴黎沙龙展上向公众展出时，便引起了争议。有评论家认为它的画面“太过脏乱”。直至 1874 年，这幅画才被收入巴黎卢浮宫。不过，后世对这幅画的评价非常高，因为它集中反映了浪漫主义时期绘画的特点。1980 年，这幅画的局部被做成了法国 10 法郎的邮票，1993 年德拉克罗瓦和他的这幅名画上了 100 法郎的钞票。

图 18.10　1980 年 10 法郎的邮票

图 18.11　1993 年的 100 法郎钞票，画面由德拉克罗瓦和《自由引导人民》局部组成

德拉克罗瓦完成了绘画从讲究素描到加强色彩变化，强调个性的第一步。在德拉克罗瓦之后，绘画进入了现实主义时代。现实主义的出现不仅是绘画发展的需求，也和法国的时代背景有关。1848 年拿破仑三世当政之后，法国完成了工业革命，经济和社会有了突飞猛进的发展，但同时劳资矛盾加剧，贫富分化加剧。在这一时期，法国的知识分子和艺术家们表现出强烈的忧国忧民之心，他们用自己的方式，比如文学和艺术，对现实中不合理的现象进行抨击。就在绘画进入现实主义的同时，法国的文学创作也进入了批判现实主义时期，法国涌现出一大批优秀的作家，包括巴尔扎克、福楼拜和莫泊桑等人。因此，现实主义绘画的出现有着历史的必然性。

图 18.12 现实主义绘画的经典之作《画室》（局部）（收藏于奥赛博物馆）

现实主义绘画的题材更贴近生活，其中的代表人物是库尔贝（Gustave Courbet, 1819—1877）等人。正如达维特颠覆他之前的洛可可风格，德拉克罗瓦颠覆古典主义风格一样，以库尔贝为代表的现实主义也是建立在对古典主义和浪漫主义颠覆的基础上的。库尔贝坚决反对传统的风俗观念，他主张艺术应以现实为依据，反对粉饰生活，他的名言是：“我不会画天使，因为我从来没有见过他们。”库尔贝的代表作是《画室》，他在其中画出了当时法国社会各阶层的人物，还包括画家自己和模特。库尔贝除了绘制很多反映现实生活的大作，还画了很多风景画。

图 18.13 米勒的代表作《拾穗者》（收藏于奥赛博物馆）

和库尔贝同时代的画家米勒（Jean-François Millet, 1814—1875），则进一步把绘画的主题从城市拓展到农村，他的代表作《拾穗者》完美地表现了三个辛勤工作的农妇的形象。这幅作品带有纯朴而浑厚的乡土气息，歌颂了辛勤的农妇，仿佛诠释了歌德在浮士德中的观点“劳动最美”。罗曼·罗兰曾评价说：“米勒画中的三位农妇是法国的三女神。”到了现实主义时期，绘画已经完全脱离了各种条条框框，成为画家表现自我感受，反映社会生活的工具。在这样的背景下，绘画在19世纪末进入了一个高峰时期——印象派。

第三节 光与色交织的印象派

世界上有两种艺术作品几乎为所有人喜爱，一种是青花瓷，另一种就是印象派绘画。不过“印象派”这三个字一开始可并非什么褒义词，而是评论家对这种画风的嘲笑。

欧洲的绘画发展到19世纪后半期，再往前如何发展，画家们都有点迷茫了，而一次偶然的画展让一位“另类”的画家脱颖而出。那时正值拿破仑三世执政时期，法国达到了空前的强盛，拿破仑三世为了营造一个文化繁荣的社会，于1863年在巴黎举行了一次规模空前的画展。不过，由于筛选作品的评委大多来自法国艺术学院，因此入选的绘画还都是传统风格的。为了取悦那些落选的中下层画家，在拿破仑三世的亲自过问下，巴黎举办了一个落选作品的画展。在这个画展中，一位不知名的画家马奈（Édouard Manet，1832—1883）的一幅作品《草地上的午餐》引起了争议，成为轰动一时的作品。虽然它当时没有得到主流画家们的认可，却以大胆写实的风格和准确的光与色的效果得到了一批青年画家和文学家的赞赏。

图18.14 马奈的代表作《草地上的午餐》（收藏于奥赛博物馆）

此后，一批不受传统艺术束缚，追求创新的"文艺青年"，包括年轻的艺术家和作家，便经常聚集在巴黎克利奇大道（Avenue de Clichy）的盖尔波瓦（Gail Bova）咖啡馆里谈论艺术和文学。这些人中包括后来印象派的代表画家莫奈（Claude Monet，1840—1926）、雷诺阿（Pierre-Auguste Renoir，1841—1919）、毕沙罗（Camille Pissarro，1830—1903）和塞尚（Paul Cézanne，1839—1906）等人，以及作家左拉。后来马奈和德加（Edgar Degas，1834—1917）也加入其中。由于马奈年长，在艺术上已经有一些名气了，因而成为这个团体的核心。

这些年轻画家的作品虽然在题材上大多是对现实生活的写实描绘，但是他们对现实生活进行了特殊的艺术再现（这和现实主义完全不同）。在印象派之前的传统绘画，画家创作时大都在室内，在光线处理上比较简单，主要是通过明暗的变化进行处理。在现实主义时期，室外的题材，包括风景画成为绘画中很大的一部分，但是，画家们还来不及细心去研究在室外光线下会产生怎样的色彩效果，而欣赏者也慢慢养成了欣赏这种室内油画的习惯。在这样的背景下，这些年轻的画家不自觉地承担起了尝试在绘画中对各种光和色彩进行搭配的实验。

1872 年，莫奈创作了一幅名为《印象・日出》的绘画，并且在两年后的一次小规模沙龙画展中展出。当时的批评家莱罗伊（Louis Leroy，1812—1885）将这幅画的名称中的"印象"二字放入他评论的标题"印象派的绘画"，这个不经意起的名字后来就成了这种画派的名称。不过当时莱罗伊使用

图 18.15　印象派的代表作《印象・日出》（收藏于莫奈博物馆，Musée Marmottan Monet[7]）

7 地址：2 Rue Louis Boilly, 75016 Paris。

这个词有讽刺的意味，他当时在报纸上这样评价，“这完全是根据印象作画，画面太过随意，即使是海报的草稿也比它更完美”。但是，正是这种当时不被批评家看好的绘画风格，日后却受到了大众的欢迎。有意思的是莱罗伊本人写的美术评论今天已经没有人关心了，大家还记得他，是因为他起了“印象派”这个名字。

印象派画家在绘画上的第一个贡献就是对光线和颜色的处理。在印象派之前，油画的色彩普遍偏灰暗（比如达・芬奇的《蒙娜丽莎》），即使是一些人体画也是如此。这除了上面提到的绘画的色彩是以画室内的色调为背景颜色之外，还有另外两个原因。首先，这和过去画家们观察事物的方法有关。在 19 世纪初期之前，画家们对绘画中不同物体的颜色有固定的认识，比如天一定是蓝色的，树一定是绿色的，花是红色和白色的，因此油画的色彩看上去千篇一律；其次，当时的人们搞不清楚颜色和光亮度的关系，一般的认识是，浅色和鲜艳的颜色就是亮，深色就是暗，所以明暗则通过加入褐色或者灰色等深颜色表示出来，因此，19 世纪以前的油画，基调常常是深褐色的，大家看看本章从图 18.1 到图 18.12 的绘画作品就能体会这一点了。到了 19 世纪后期，由于科学的发展，人们已懂得光的强度和颜色是两回事，物体之所以呈现不同的颜色，不是因为光的强弱，而是由于它们吸收和反射不同的光所造成的。物体吸收全部的日光便是黑色，全部反射回来则为白色，吸收一部分，反射一部分就呈现出不同的颜色。善于观察的印象派画家们注意到，哪怕是同一个光源，比如日光，在早晚不同的时间里，也会在物体上产生不同的色彩影响。而且光照的角度、物体表面的质地（光洁度）均会影响物体色彩的变化。一些敢于挑战传统的画家们，通过自己的作品对光和色彩之间的搭配进行了大量的尝试。比如莫奈就曾尝试在不同的光线和角度下对同一个物体连续创作多幅作品，以寻找最理想的颜色搭配。后来，这种就同一主题重复作画的方法被 20 世纪的艺术家安迪・沃霍尔（Andy Warhol，1928—1987）和麦克斯（Peter Max）等人大量采用。就这样，在印象派画家的尝试中，传统绘画对光和色彩的固定认识就被彻底打破了。我们不妨以莫奈的《印象・日出》为例说明这一点。

图 18.16 转成黑白色的《印象·日出》

我们在生活中有这样的体会，在日出或日落时（尤其是日落时），天是亮的，太阳是深红色的，并不比周围的环境亮很多，这时直视太阳而不会伤及眼睛。那么如果我们画日出或者日落时应该怎么画呢？很显然，这时既要保证突出太阳，又要保证它的相对背景不要太亮了。莫奈在这幅画中对此做了很好的处理，首先整幅画的基色很亮，和日出时基本一致，然后，他用红色突出太阳。和一般人的想象所不同的是，这幅画中的太阳并不比周围的背景亮多少。图 18.16 是我用 Photoshop 把《印象·日出》的彩色图片转换成黑白灰度图片后的效果图，你会发现太阳其实并不是整个画面中最亮的部分，如果不仔细看，太阳好像从画中消失了一般。有兴趣的读者朋友，可以自己从网上下载这幅名画的彩色图片，然后用 Photoshop 转换成黑白灰度的，看看是否如我所说。这个例子说明，到了印象派时期，画家将亮度和颜色完全区分开来了。

由于对颜色有了更深刻的认识，印象派画家自如地应用各种色彩来表现他们内心的感受，这使得绘画的表现力超过了从前，这是印象派对绘画的一大贡献。从印象派开始，绘画中主观的元素越来越多，这也是印象派之后近代的绘画作品比印象派之前的绘画作品更难看懂的原因。

到了 19 世纪末，欧洲涌现出一大批优秀的印象派绘画大师，除了我们前面提到的马奈、莫奈、塞尚和雷诺阿等人，还有后期印象派著名画家梵高等。这些人通过绘画表达自己对世界的看法，并且抒发自己的情感。虽然他们的绘画都同样具有善于使用光和色的特点，但是他们创作的主题和风格迥异，每个人的绘画都是他们所生活的社会的再现。

图 18.17 莫奈的代表作《日本桥》（收藏于华盛顿国立绘画馆）

印象派画家中最著名的可能当数莫奈，他也很幸运，生前他的艺术就得到了社会的认可，因此他的晚年生活过得非常富庶。由于不再需要为生计发愁，莫奈晚年时搬到了巴黎西北郊的乔万尼（Giverny）养老和作画。在他住的庄园里，有一个不大的日本花园，他每天一有闲暇，就以这个花园为题材进行创作。在这个时期他的艺术水平达到了一生的巅峰。这些以日本花园中的景致为题材创作的作品，比如睡莲、日本桥等，独具东方风韵，在莫奈诸多作品中最受人们的欢迎。莫奈在这个时期创作的一幅睡莲图，2008 年在佳士得创下 4000 多万英镑的拍卖纪录。莫奈晚年害了眼病（可能是白内障），虽然经过手术治好了，但是他却从此能看见别人看不见的紫外线，因此他对颜色的识别都偏蓝。在他晚年的一些画作中，原本应该是绿色的荷叶被画成了蓝色，这倒不是他的什么新尝试，只是他的视觉出现了偏差而已。

并非所有的印象派画家都像莫奈那么走运，相比之下，雷诺阿的生活就显得很悲惨了。雷诺阿原本是一个瓷器工厂的画工，但是他想成为一名画家，便只身来到巴黎。在巴黎他一度穷困得连颜料都买不起，第一次画展也不成功。在 30 岁那一年，他赶上了普法战争和巴黎公社运动，有一次在塞纳河边作画时，被当作间谍抓了起来。直到 35 岁，他创作了一生中的代表作《煎饼磨坊的舞会》，这才开始出名。但不幸的是，几年后他在旅行时染上了肺病，从此身体一直不好。

图 18.18　《煎饼磨坊的舞会》（收藏于奥赛博物馆）

虽然自己的生活并不顺利，可雷诺阿是位乐观的画家，一生创作了许多深受大众喜爱的作品。雷诺阿的绘画以人物画最为出名，尤其是那些甜美、悠闲的法国女性，在他的笔下，她们都丰满、健康、神态迷人并且脸上充满了阳光。雷诺阿对光线的处理非常到位，他认为，虽然绘画不是科学的光线分析，但是也不能随意布局，若处理得当，画面上的光亮就会给观众带来愉悦的感觉。他的代表作《煎饼磨坊的舞会》就很好地体现了这些特点。

在这幅画中，光线透过树荫，照射在每个人的衣服上、头上和脸上，这种斑驳的光线充满了整个画面。在这样柔和的光与影中，透露出印象派对光线处理上的那种朦胧的美。在整个画面中，人的脸部都很朦胧，不强调真正肌肤细腻的感觉（这和古典主义完全不同），有些人的五官被影子所遮挡，画家捕捉到人在树下不同的位置时，光线透过树荫射到人脸上呈现出的不同色彩，给人以既真实又神秘的感觉。

历史上的画家们，无论是中国的还是西方的大多比较长寿，这可能与他们通过绘画陶冶性情有关，总体来讲他们是心态平和的艺术家群体。但

图 18.19 梵高的名作《向日葵》（收藏于伦敦美术馆）

是，在画家中也有例外的，他们像音乐家一样通过燃烧自己来创作艺术（音乐家寿命相比画家要短得多），这其中最著名的就是后期印象派大师梵高（Vincent Willem van Gogh，1853—1890）了。

和大多数职业画家从小开始学习绘画不同，梵高 27 岁开始学习绘画，33 岁才进入美术学院正式学习。但是他叛逆的性格和对艺术迥然不同于老师的看法，使得他很快站到了老师们的对立面。梵高是个相当我行我素的人，在这种情况下他很快就退了学，只身来到当时的世界艺术之都巴黎自行学习和创作。在巴黎，他遇到了另外一些印象派画家，包括后来颇为有名的毕沙罗和高更，这些人是他少有的几个知音。然而，梵高的性格使得他很难和别人相处，在一次和高更吵架之后，他割掉了自己的半只耳朵。

在巴黎，梵高接触到很多日本浮世绘的作品，这对他的画风影响很大。他大胆地尝试着各种新的画法和颜色的搭配，虽然每天过着吃了上顿没有下顿的艰难日子，却依然创作不止。在他短短的十年创作生涯中，他创作了将近一千幅油画。梵高创作这些作品的目的，根本不是为了卖掉挣钱，而是像科学家通过实验来探求真理一样，通过从线条到颜色的各种尝试，追求更有表现力的绘画技巧。梵高最成功的实验是在颜色的搭配上，他喜欢把对比度最强的两种颜色放在一起，这使得他的绘画色彩斑斓，波光流泻。比如在他的名作《星空》[8] 中，蓝色和黄色的搭配产生了星光流动的感觉。在笔法上，梵高粗旷的笔下透露出饱满的（甚至是骚动不安的）生命活力。梵高是一个将生命高度有机地融入绘画中的艺术家。

8 这幅画又被译成《星夜》。

梵高的画在很长一段时间内并不被世人所接受，直到 20 世纪初人们的思想得到空前的解放，对新事物的接受能力也大大提高，因而相对超前的梵高的艺术作品，这时才适应了人们的审美需求。因此梵高的出名是在身后，他生前没有享受到快乐，也没有体会到成功。1890 年，梵高 37 岁，他的癫痫病越来越严重，最后终于举枪自杀了。

图 18.20 梵高的《星空》（收藏于纽约现代艺术博物馆）

又过了 37 年（正好是梵高的寿命），第一次较大规模的梵高画展才得以举行，当时一位 26 岁的美国年轻作家欧文·斯通在朋友的怂恿下去看梵高的画展，斯通一下子就被那些充满活力，色彩灿烂的油画吸引了，他对画家的生平产生了浓厚的兴趣并且很快写成了一本畅销书《渴望生活——梵高传》。几十年来这本书销售了上千万本，被翻译成几十种语言，使得全世界对梵高有了全面的了解。因为有这本书，很多人即使不喜欢梵高的绘画，但至少也对他的故事津津乐道。二战以后，梵高的绘画被日本收藏家所钟爱，使得他的绘画作品在拍卖中屡创新高，这或许是因为梵高在绘画中融入了日本浮世绘的元素吧。

印象派作为一种艺术思潮，在 19 世纪末到 20 世纪初对整个西方的文化产生了巨大的影响。在追求绘画艺术新突破的同时，印象派（也被称为印象主义）也代表着艺术家和年轻一代追求个性解放的趋势，这些趋势在当时或多或少被看成是叛逆，但是后来随着时间的筛选和淘汰，其中的一些优秀作品日后成为了经典。印象主义对文学、音乐和舞蹈都产生了连带的影响。在音乐方面，德彪西（Achille-Claude Debussy，1862—1918）的音乐作品《大海》堪称印象派在音乐中的体现。在舞蹈方面，美国舞蹈家邓肯（Angela Isadora Duncan，1877—1927）大胆挑战了传统的舞蹈，她的舞蹈动作让人感觉模糊不清，转瞬即逝。在文学上王尔德（Oscar Wilde，1854—1900）的作品明显具有印象主义倾向，他的一些小说只剩下对印象的朦胧追求。

在印象派之后，强调个性成为绘画艺术发展的特点，在这样的基础上，20 世纪的绘画呈现出了多样性。

第四节 写实人生的新世纪绘画

说到 20 世纪的绘画，大家必然会想到毕加索（Pablo Picasso，1881—1973）。虽然毕加索名气特别大，看过他的画作的人，无论是真迹还是印刷品，也不少，不过我估计如果现在让喜欢毕加索作品的人举手，恐怕不一定多。为什么他的知名度和他在人们心中的喜爱程度有如此大的反差呢？我听到的最多的原因有这样两点。

1. 他的画看不懂。的确，对大部分人来讲欣赏古典绘画比欣赏古典音乐容易，而欣赏现代绘画则要比喜欢现代音乐难得多。

2. 他的画不就是涂鸦吗，我也能画，或者我的孩子也能画。一些艺术家朋友抱定这样一个观点，因为他们觉得学习毕加索，或者成为毕加索似乎不是难事，至于他们没能像毕加索那样出名，是因为怀才不遇。其实他们想错了，并非他们怀才不遇，而是大部分人都没有理解毕加索成功的背后有着非常特殊的原因。

在这一节，就让我们围绕这两个问题说明为什么毕加索能靠看似涂鸦的画成为 20 世纪在西方最受艺术家和收藏家欢迎的画家之一，同时让我们来看看另外一些 20 世纪的绘画大师是如何炼成的。透过他们，我们就能看到 20 世纪的绘画在千差万别表象下的共性。

要看懂毕加索的这些“涂鸦”还真不是一件容易的事情，至少我自己从第一次看到他的真迹到能够比较好地（至今依然不敢说完全）理解这些画，就花了十多年时间，这还不算在此之前我曾经专门上课去学习如何欣赏这些画，如果算上去，又是十年时间。20 多年后回过头来看，我自己走了一个大弯路。我之所以在此自曝“丑事”，是因为很多人有着和我过去类似的困惑，却又不敢开口，生怕别人笑话他没文化。我想通过这个例子说明，对艺术的理解需要一个过程，而在这个过程中无知的天真其实并不可怕。当然，悟性比我好的人，自然是不需要走那么长的弯路的。

先讲讲我和毕加索绘画的“缘分”。在我还是中学生时，就从各种杂志上或者新闻中看到了毕加索的画，当然今天的孩子们第一次接触他的作品的时间可能已经提前到了小学。但是坦率地讲，那时候不会对他的作品产生比“涂鸦”更好的印象。今天一个十几岁的孩子如果说毕加索的画不好看，这也一点都不奇怪，如果这个孩子说如何如何欣赏毕加索的画，倒是奇怪了，这或许多少有点吹牛的成分。

上了大学，我跑去修专门给清华建筑系的学生开设的艺术史课程，讲课的王乃壮先生是徐悲鸿和吴作人先生在建国后最早的学生，如今他是一位很有些名气的艺术家，我要感谢他教会我系统地欣赏和理解西方绘画的知识，并且在那个无法看到真迹的年代，给我看了上千张幻灯片，让我能广泛地接触西方的绘画作品。但是，讲到毕加索的绘画时，他对这种只有“神似”没有“形似”[9] 的作品并不感冒，因此他在讲述毕加索绘画上花的时间远没有介绍米开朗基罗来得多。虽然我那时的鉴赏能力并不算太低，却很难理解毕加索的绘画好在哪里。

9
齐白石讲“画妙在似与不似之间，太似则媚俗，不似则欺世”，强调绘画的形似和神似相结合。

好在我是一个喜欢把事情弄清楚的人。1996 年，我第一次来到华盛顿的国家艺术馆，在那里我第一次看到了毕加索的真迹。虽然看不懂这些绘画，但是至少我从这些真迹中看到了在印刷品和幻灯片上看不到的细节。首先，毕加索绘画时使用的颜色远比印刷品上能看到的丰富得多；其次，他的绘画作品中线条的力度在原作上通过油彩（或丙烯颜料）的厚薄程度是可以看出来的，而在复制品上则完全丢失了。在此之后的十几年里，我在欧美各大艺术馆、博物馆和画廊里，至少看到了100—150幅毕加索的真迹。这期间，我还看到了西方绘画史上七八成最有名的绘画的真迹，并且有幸见到了一些当今一流的画家，应该讲对绘画欣赏早已不是门外汉了，但是即便如此，我对毕加索的绘画还是没有太多感觉。虽然我可以很容易地说出他画的是什么东西，但是很难理解为什么要这么画。直到有一天，一个偶然的机会让我彻底领悟了毕加索的绘画艺术。

那次是在并不出画家的城市悉尼。在那次旅行的最后一天我没有安排什么特别的行程，便去了当地的美术馆，也是全澳大利亚最大的美术馆去看画，正好那段时间有一个专门的毕加索艺术展，主办方从世界各地借来了上百幅毕加索的绘画作品，覆盖了毕加索各个时期的创作，其作品完整性超过了世界上所有收藏毕加索绘画的博物馆。主办方做的另一件看似不经意的事情却对了解和欣赏他的作品很有帮助，就是提供了一个专业水平很高的导游录音和内容非常详尽的书面印刷材料，这些材料不仅从毕加索早年的素描开始渐进地介绍他的艺术历程，而且介绍了他在创作不同的绘画时欧洲（和世界上）大的社会背景。我那天时间非常宽裕，可以一边听着毕加索成长的故事，一边看着他的画，了解他的艺术演变的过程。一天下来，我对毕加索的认识突然开窍了，这就如同武侠小说里讲一个练武之人，怎么练习功力也上不去，突然某天有一个高手给他一点拨，打通了他的任督二脉，从此他就觉得通体舒畅，有了用不完的内力。

好了，我们现在回到毕加索的话题。大多数人的成长都深受大环境的约束和影响，尤其是艺术家们，可以说什么时代什么地点出什么样的艺术家。如果毕加索早出生一个多世纪，他可能会是一位不错的古典主义画家，当然考虑到他的寿命特别长，他晚年的绘画应该带有浪漫主义的色彩。事实上，对毕加索早期绘画影响最大的人物就是古典主义大师安格尔。当然大家会说毕加索的绘画和安格尔的看上去完全没有相似性，一个是细致到了极致，另一个则是随意得像涂鸦。不过如果把毕加索早期的作品（有些只是练习习作而已）和安格尔的绘画作品做一个对比，你就会发现它们之间的相似性。

图 18.21 毕加索早年的素描作品（收藏于巴塞罗那毕加索博物馆，Museu Picasso[10]）

10 地 址：Carrer Montcada, 15-23, 08003 Barcelona。

毕加索早在十几岁时就展现出了非凡的绘画天分，他不仅手法巧，而且脑子特别好使。毕加索非常用功，十几岁时就绘制了大量素描作品，而这些作品严格遵循古典主义对绘画的定义，即线条和比例是绘画的灵魂。毕加索自己也承认他的绘画受到安格尔强调线条重要性的影响，这种影响持续了他的一生。因此理解毕加索绘画的秘诀之一就是从线条入手。

如果当时毕加索生活在 100 多年前的巴黎，他可能会沿着这条艺术道路走下去。但是他出生在西班牙，因此他的绘画后来受到了西班牙画家格列柯（El Greco, 1541—1614）、委拉斯凯兹（Diego Rodríguez de Silvay Velázquez, 1599—1660）和戈雅（Francisco José de Goya, 1746—1828）很大的影响。从毕加索早期的油画作品中，可以明显地看到这些大师的影子，很显然，那时他个人的风格还不明显。毕加索年轻时正值 19 世纪末 20 世纪初，大背景是欧洲处在列强争夺霸权的时代，因此他创造的题材和这个背景有着莫大的关系。而在艺术本身，现实主义和印象派的艺术已经兴起，当时的艺术潮流已经是强调个性发展，因此毕加索就注定了要走自己的创作之路。

1900 年，19 岁的毕加索只身来到欧洲艺术之都巴黎，开始了他在法国的艺术生涯。和大多数艺术家早期都很贫穷一样，毕加索当时也是穷困潦倒，以至于不得不和一位记者合租只有一张小床的陋室。好在他们二人一

11
地 址：111 South Michigan Avenue Chicago, IL 60603

图 18.22 《老吉他手》（收藏于芝加哥艺术学院，Art Institute of Chicago[11]）

个白天睡觉晚上工作，另一个则正好反过来。就是在这样艰苦的条件下，毕加索大量地创作着，在这段时间里，他对绘画中不同色彩的表现力进行了大量的尝试，最初是蓝色，后来是玫瑰色，后人有时又把他这段时期的绘画称为蓝色时期和玫瑰色时期。在蓝色时期他绘制了《老吉他手》，这是他早期的代表作，在这幅作品中，毕加索描绘出一个巴塞罗那街头老年驼背的盲人吉他手憔悴的形象，这幅画很有感染力，让人看了几乎要哭出来。从单纯艺术的角度讲，它的感染力来自于毕加索的三种尝试：首先是绘画的平面化，19 世纪中期以前的画家都在尝试用二维绘画描述三维世界，而毕加索（包括后期的梵高）实际上在反其道而行之，他将一个活生生的人在绘画中压扁了。其次是色彩的使用，毕加索使用了单一而且让人感到忧郁的蓝色，而这并不是梵高那种充满生命力的蓝色。再次是夸张的表现方法，如果大家注意一下这个老人的手，会马上想到骷髅的手。 这三个趋势后来的发展形成了毕加索特殊的（也是很难理解的）风格。这幅画虽然不是他巅峰时期的作品，但是对理解毕加索画风的演变非常关键。这时候毕加索的作品还算不上是现代派的，它们和印象派后期的作品更相像一些。

接下来的几年是毕加索的玫瑰色时期，他受到非洲艺术的影响，开始尝试用简练、有点类似立方体的几何形状作为绘画的基本元素进行创作，这在后来发展成为绘画流派中的一支——立体主义。这期间毕加索的代表作包括《阿维尼翁的少女》（Les Demoiselles d' Avignon）。

在这幅画中，毕加索描绘了巴塞罗那街头一群妓女的百态。对比《老吉他手》，毕加索的风格产生了两个变化，首先线条更加简洁，人体的皮肤的色彩（玫瑰色）更加单一；其次引入了几何图形，尤其是立体的方块（Cubic）来构造人体。这种画法在后期印象派画家塞尚的作品中已经可以看到，不知是谁将Cubicsim这个词翻译成了立体主义，其实更准确的翻译应该是立方块主义。简洁的线条、单一的色彩和立方块为主的构图，使得画中的人体已经完全没有了古典时期的人体美，毕加索牺牲人体美的目的是为了突出主观的情绪，它伴随着画家对女性的一种渴望和恐惧交织的情绪。在那个时期，毕加索经常出入妓院，对女性的渴望是显而易见的，而恐惧则来源于他怕染上性病。早期这幅画的画面上有两个男性，分别代表嫖客（画家自己）和一名医生，医生拿了个骷髅，它代表“罪恶的代价是死亡”，但是最终毕加索选择去掉这两个人。毕加索通过无名裸女轻蔑的眼神给观众以压力，她们似乎在嘲弄那些男性，让观众产生恐惧。

图 18.23　毕加索的代表作《阿维尼翁的少女》（收藏于纽约现代艺术博物馆）

毕加索在这幅画上投入了相当大的精力，他将绘画抽象化的过程并非“胡乱涂鸦”。为了摆放这五个妓女的位置和姿势，毕加索在创作的过程中绘制了上百种的素描和草稿，我们今天看到的这幅作品是他最后定稿的，而其他的草稿则全部销毁掉了。毕加索的很多作品虽然看上去很随意，但是他在创作时却是非常认真的。《阿维尼翁的少女》的创作过程，成为很多美术学院老师教育学生们要用功的例子。《阿维尼翁的少女》不仅被认为是毕加索绘画的一个转折点，因为从此以后，毕加索的绘画开始往越来越

图 18.24 毕加索“古典时期”为奥尔加·科赫洛娃画的坐像，这时毕加索的作品呈现出平和的复古倾向（收藏于巴黎毕加索博物馆，Musée Picasso[12]）

12 注意这是巴黎的毕加索博物馆，不是巴塞罗那的，地址是 5 rue de Thorigny 75003 paris

抽象的方向发展了，而且被认为是绘画艺术进入 20 世纪的标志。

在接下来的大约十年时间里，毕加索的绘画变得越来越抽象，当然这是一个渐进的过程。直到在 1917 年的一天，他邂逅了芭蕾舞演员奥尔加·科赫洛娃（Olga Khokhlova，1891—1955），并且爱上了她。第二年他们结婚并诞下一子。这段时间是毕加索生活比较安逸的时期，正好也是欧洲战后比较繁荣的日子，幸福的生活让毕加索画风为之一转，恢复到了他自己的古典时期。那种压抑、喧嚣的元素不见了，他的画变得宁静并且带着梦幻的色彩，他在创作手法上开始走法国古典主义的路线，毕加索这个时期的绘画风格非常秀美。然而，这段时间他的绘画风格的改变，也使得后人在理解他的绘画时遇到了困难，因为大家感觉他的画风似乎没有规律可循。当然，如果了解了当时欧洲的时代背景和毕加索个人的经历，就能找到他绘画风格变化的线索。毕加索在这一段时期绘画风格的改变，让我想到贝多芬在和特蕾莎恋爱时音乐风格的改变。看来爱情可以改变人的行为和思维方式。

但是，现实并不总是美好的。1930 年之后，欧洲的局势再次开始紧张，毕加索的祖国西班牙发生了内战，德国人为了在军事上支持西班牙的独裁者佛朗哥，对西班牙共和国所控制的格尔尼卡进行了人类历史上第一次地毯式轰炸。毕加索受西班牙共和国政府委托绘制了巨幅画作《格尔尼卡》，描绘了经受炸弹蹂躏之后的惨状。这幅长达七米多的巨画只用了灰、黑和白三种颜色，因为在画家看来世界已经变得如此灰暗。1944 年，一直反抗法西斯的毕加索加入了西班牙共产党。

图 18.25　毕加索的巨幅作品《格尔尼卡》（收藏于马德里索非亚艺术馆）

毕加索在晚年之后的绘画风格变得越发简洁而超脱，在他的笔下无论是人还是物都只剩下了简单的轮廓、简单的色彩和具有象征意义的各种符号式的几何图形，这似乎反映出他那种看透人生的生活态度。

毕加索一生非常勤奋，他尝试了各种绘画的方法和技巧，并且努力将世界各地的艺术融入他的绘画中，如果将毕加索所有的绘画一字排开，得有好几千米长。毕加索的一生，浓缩了从古典主义开始到现代绘画艺术的变化过程，追踪他一个人绘画风格的变化，在某种程度上便能看出过去二百多年以来绘画的发展。反过来，要理解毕加索的绘画，必须把他放到两个历史大环境中：一个是欧洲绘画发展的历史环境，这是他风格变化的依据；另一个是画家本人生活的小环境和当时世界的大环境，这为他的创作提供了现实素材。很多年轻的画家看到的是毕加索“涂鸦”成功的表象，但往往忽视了他在创作时的艰辛。

毕加索的绘画得到一些人高度评价的另一个原因是他对绘画的发展进行的大胆尝试，而这种尝试的核心是将艺术抽象化。我们不妨用一个比喻来说明他这种尝试的意义。远古时代，中国人发明了象形文字，即使不认识这些字的人，从画出来的图形上也可以猜出它的意思，比如“家”字上面是一个房子，里面有一只猪。古语用“豕”字代表猪，而甲骨文的“豕”字非常像一个四脚的动物。因此，如果让一位不认识中文的学者猜甲骨文的“家”字，他有可能根据房子里面有猪猜出这个字的意思，但是如果把今天的写法拿给他看，他猜出来的可能性几乎为零。但是从

图 18.26 “家”字的演变

文字演化的角度来讲，这种简化和抽象（变成两个偏旁）是有意义的。如果我们把这种思路用于绘画，就能理解毕加索绘画在艺术史上的地位了。当然，如果一定要搞懂为什么“家”字从原始的象形文字一步步演变成今天这个样子的，就必须把这个字的甲骨文写法、金文大篆写法、小篆写法和后来隶书的写法放到一起，按时间顺序看过来。在悉尼艺术馆我看到的毕加索绘画作品就是这样按照时间很好地组织起来，而且根据他的绘画发展历程提供了很好的书面说明材料，这就如同将“家”字的写法变化过程从甲骨文开始一路展示下来，看过之后就懂了。而世界上大多数的博物馆（包括毕加索绘画收藏量最大的巴塞罗那毕加索博物馆）也很难将毕加索各个时期大量的绘画作品全部组织好，以至于大部分人看毕加索的绘画作品，就如同把不同时期的不同汉字随意打乱，拿出来一堆让观众辨认。那样的话，观众确实很难理出一个头绪来。

纵观整个 20 世纪的绘画，是画家们自我发挥的百花齐放时代，在这个时代涌现了大量风格鲜明的一流画家。除了毕加索，人们熟知的还有夏加尔、达利、安迪·沃霍尔等人。这些人画风迥异，任何人见了都不会把他们弄混淆。这除了和 20 世纪艺术家们着重追求自我的价值之外，还和他们丰富的人生经历分不开。这些画家，已经不像他们的前辈，比如荷兰著名画家弗美尔（Jan Vermeer，1632—1675）、伦勃朗（Rembrandt Harmenszoon van Rijn，1606—1669）那样一辈子生活在一个城市里。丰富的生活经历给他们的绘画赋予了深刻的内涵。这些画家中最传奇的可能当数夏加尔。

俄罗斯、法国和美国都宣称夏加尔是他们国家的人，而以色列则称他为犹太画家。夏加尔出生在俄国，当时沙皇反感犹太人，将他们安置到今天位于乌克兰、波兰、立陶宛和拉脱维亚之间的四不管地带，那里的犹太人并不是今天大多数人想象中的银行家，而是从事缝纫和手工业的下层劳动者。俄国政府当时甚至不让这些犹太人的孩子在俄罗斯人的学校里上学，因此夏加尔小时候只能上以教授希伯来语和《圣经》为主的犹太学校。在学校里他看到大孩子画画，非常羡慕，就问那些孩子怎么画，那些孩子告诉他，“找本绘画书，照着画就好”。夏加尔从此开始习画，并且告诉父母自己要当个画家。父母虽然觉得他的想法很不切实际，但还是让他去跟一位现实主义画家学画了，由于没有钱，老师也就没有收他学费。不过他对那种科班的绘画训练没有兴趣，不久便退了学。19 岁那年他们家搬到了圣彼得堡，在那里，犹太人的活动范围依然受到限制，夏加尔便在他能够活动的范围里学习绘画并且为人画肖像和风景画。1910 年，夏加尔在别人的赞助下来到巴黎，向当时各种画派的画家们学习。在这期间他受到现代艺术风潮的影响，并且受犹太宗教的影响，形成了他独特的绘画风格。夏加尔的画，大多记录梦幻的感觉，这些画常常让我想起蒲松龄的聊斋故事，作者在人间得不到的欢乐，可以在鬼怪的世界中获得，夏加尔也是如此，他仿佛在告诉人们梦中可以获得生活中所没有的幸福。台湾音乐人姚谦曾经做过一首歌《我爱夏加尔》，歌中唱道：

> 恋爱的人总是浮在城市半空中
> 视若无睹的忘情忘我紧紧眷恋着
> 连公鸡都在温柔歌颂
> 我看爱情爱情看我两头
> 我唱了歌歌给了我美好期待中
>
> 你在哪里呢我们将在哪座城市相逢
> 小猫想作见证趴在窗口
> 流星划过我们就恋爱了
> 你还没来我一个人就跳跳舞解闷
> 你还没来我一个人看着 Chagall 画册
> 虚构着可能属于我的美丽爱情
> 怎么忽然流泪了
> 后来又笑开了

这首歌比较准确地描绘出夏加尔的绘画风格，而也只有看了夏加尔的作

图 18.27 夏加尔的《贝拉》，具有梦幻般的意境（私人收藏）

品后，才能理解姚谦为什么这样作词。

夏加尔很快在巴黎画家成群的环境下脱颖而出，1914 年，他举办了个人画展，并且获得相当大的成功。在巴黎获得成功之后，夏加尔回到俄国和他的未婚妻相聚，这时的夏加尔已经是欧洲绘画界颇有影响力的画家了。几年后，俄国爆发了十月革命，作为犹太人，夏加尔坚决支持推翻沙皇专制的革命。布尔什维克考虑到夏加尔在艺术界的影响力，任命他为政府主管艺术的委员（相当于文化部部长）。夏加尔积极投身到新的工作中，并且创办了苏联最著名的艺术学院——维捷布斯克艺术学院（Vitebsk Arts College）。但是，夏加尔很快就发现，布尔什维克的革命和犹太人理想中的共产主义大同世界完全是两回事，于是夏加尔和很多俄罗斯艺术家一样，开始设法逃离苏联，他悄悄申请了法国的流亡许可，并且终于在 1923 年回到了巴黎。

夏加尔人是逃到了巴黎，但是他的画作和所有的草稿却都留在了苏联。夏加尔试图凭着记忆重新绘制那些作品，但是并不是很成功。夏加尔只有往前看，去创作新的作品。1926 年美国举办他的画展，但是他对美国并没有兴趣，画展期间并未前往美国，而是继续待在法国创作，让他想不到的是，这个当时他并不看好的国家日后将成为他的避难所。在巴黎的十几年中，夏加尔创作了大量的作品，并且成为当时法国现代绘画的代表人物。

1941 年，纳粹德国占领了法国，夏加尔面临双重困境。首先作为犹太人，他是纳粹迫害的对象；其次，德国纳粹在绘画艺术上非常反感现代绘画（当然那些现代画家诸如毕加索也不喜欢纳粹），夏加尔选择了再次逃亡，于是来到了美国。或许是在美国的这段生活，使得他成为了美国收藏家最喜爱的画家之一。在纽约期间，纽约现代艺术博物馆（MoMA）为他举办了大型画展。夏加尔也为这个城市留下了纪念碑式的作品——林肯艺术中心歌剧院的两张巨幅壁画。

1948 年，夏加尔回到了法国，他被法国人看作自己国家最优秀的画家。在欧洲，他和毕加索等人交往频繁，而后者对他赞誉有加。据毕加索的情人弗朗索瓦斯·吉洛特（Françoise Gilot）回忆，毕加索认为夏加尔是马蒂斯（Henri Matisse，1869—1954，野兽派的创始人）之后对绘画颜色掌握最好的画家。1963 年，76 岁高龄的夏加尔受法国歌剧院的邀请，开始创造他一生最宏大，也是最重要的作品——法国歌剧院的天顶画。法国歌剧院建于拿破仑三世时代，是欧洲最豪华的歌剧院。能为这个有百年历史的歌剧院绘制天顶画，是无上的荣誉，因此夏加尔接受了这个任务，这位 70 多岁的老人花了一年多的时间绘制完成了面积达 220 平方米的巨幅作品。这个天顶画中，夏加尔将他喜欢的那些音乐家，比如莫扎特、瓦格纳、穆索尔斯基和柏辽兹等人的形象用他自己特殊的绘画风格描绘出来。这幅现代派作品刚完成时，一些巴黎市民觉得它和歌剧院古色古香的风格大相径庭，但是，今天，这幅画却成为了巴黎人的骄傲。在巴黎，类似的事情还发生过多次。19 世纪末，工程师埃菲尔（Alexandre Gustave Eiffel，1832—1923）提出为当时的世博会建一座能看到巴黎全景的铁塔时，巴黎市民大多持反对态度，因为在这个由大理石砌成的、古典韵味十足的城市里耸立这样一个高大的“铁家伙”，

图 18.28　夏加尔的《巴黎的爱情》（私人收藏）

被认为是破坏了原有的景观，但是今天埃菲尔铁塔已经成为巴黎乃至全法国的标志。到了 20 世纪 80 年代，当贝聿铭试图在卢浮宫中央广场上加入一群玻璃的金字塔时，巴黎市民同样是一片反对声，好在当时法国总统密特朗全力支持，贝聿铭的设计才得以通过。今天，人们已经习惯了这简洁的现代建筑和源于 12 世纪的经典建筑完美的结合。在历史上，如何将现代的艺术和传统相结合始终是一个难题，解决得不好就会煞风景，真正的大师就要能通过他们对未来的预见性，解决这个一般人看似不可能的难题。夏加尔创作的法国歌剧院的天顶画就给后人解决这类问题提供了一个成功的样板。

图 18.29 夏加尔的代表作——巴黎歌剧院天顶画

在创作风格上，夏加尔独来独往，无门无派，不仅前无古人，而且后无来者，一些艺术画派试图将夏加尔纳入其中，但是都被夏加尔拒绝了。夏加尔之后，就再无这种风格的画家了。

任何一位成功的艺术家或多或少地都是时代的产物，夏加尔也不例外，他的绘画是他的人生，以及他生活的时代的一种体现。夏加尔生活的一个世纪（从 19 世纪末一直到 20 世纪末），是全世界从近代到现代，从战争到和平的变化时代。而在这一百年里，犹太人则是受时代变化影响最大的群体，他们经历了从被人歧视、迫害和驱赶到赢得人们尊重的过程。具体到夏加尔，他一生四海为家，从艰辛到成功，在这不断的变迁中，支持着他追求成功的动力是犹太民族对宗教的信仰和坚毅的内在精神。夏加尔自己讲，“如果我不是一个犹太人，那么我就决不会成为一个画家，可能成为一个和今天的我完全不同的人……我在生活中的唯一要求不是努力接近伦勃朗（Rembrandt Harmenszoon van Rijn，1606—1669）[13]、格列柯（El Greco，1541—1614）[14]、丁托列托（Jacopo Tintoretto，1518—1594）[15]以及其他的世界艺术大师，而是努力接近我的父辈和祖辈的精神”。

13 荷兰著名画家。

14 希腊出生的西班牙著名画家。

15 文艺复兴时期威尼斯画派的代表人物。

任何一位有特色的画家或多或少都会从自己民族的文化中汲取养分，同时他们又都具有与众不同的风格，这两点在夏加尔身上都能看到。

在这一章的最后，我们要介绍一位依然健在的绘画大师——彼得·麦克斯（Peter Max，1937—）。在这里我之所以要介绍他，并非他在名气和影响力上达到了毕加索和夏加尔的水平，也并非因为他是当今依然健在的画家中最优秀的一名，而是因为他的绘画具有鲜明的时代特点和与众不同的创作风格。麦克斯的绘画是美国二战后时代精神的集中体现，同时他也是当今最受中国收藏家推崇的画家之一，这可能和他有很长一段在中国的生活经历有关，而他本人对这段经历也是津津乐道。

麦克斯原名彼得·麦克斯·芬克尔斯坦（Peter Max Finkelstein），1937 年出生于德国的一个犹太家庭。他一出生就赶上希特勒迫害犹太人。当时全世界很多国家和地区都不敢或者不愿意接收犹太人，唯独中国的上海给他们开辟了避难之所，于是他们全家于1938年逃到了上海，并且一住就是10年。这一段生活经历让麦克斯走上了绘画之路。

2011年，麦克斯和我讲起了他学画的经历。他的第一个绘画老师是一位中国小女孩。在他家不远的地方，常常有一位中国画家在卖画，他看到那些画都画得特别好，自己很动心。于是麦克斯让自己的父母找到这位画家，要求跟他学画，这位画家就让自己比麦克斯大不了几岁的女儿教他绘画，这就是麦克斯艺术生涯的开始。麦克斯后来经常怀着感激的心情提到这个女孩，几十年过去了他还能记得很多关于她的细节，比如非常瘦弱，穿得很单薄，比他高不了多少，等等，但是他一直没有能找到这位小老师的下落。

到了1948年，犹太人在以色列建国，和全世界很多犹太人一样，麦克斯全家搬到了以色列，不过很快他就来到了巴黎，在卢浮宫系统地学习绘画。1953年，他们全家又移居美国纽约。从此，麦克斯在纽约学习和创作绘画，直到今天。到了60年代末，麦克斯在美国已经非常出名了。那时正赶上美国自建国以来一次大的社会变革时期，整个美国社会都在快速发展，民权运动席卷全美国，年轻人追求个性解放。那个年代的美国社会可以用充满活力来形容，而不是像今天这样有点死气沉沉。在20世纪50—60年代，美国诞生了摇滚音乐和波普艺术，纽约取代巴黎成为世界文化之都。麦克斯的绘画很好地展现了当时美国社会的活力和快速变化。

图18.30 麦克斯的代表作《没有边际》（私人收藏）

麦克斯的绘画属于新表现主义，所谓新表现主义是针对从后期印象派到毕加索的“旧表现主义”

而言。和以往的艺术家不同，二战后成长起来的艺术家对社会和未来更有信心，他们的生活态度也更加积极，而不是一味逃避，这些在麦克斯的绘画中很好地体现出来了。他几乎所有的绘画都采用了简洁的线条和非常靓丽的色彩，每一幅画都能给观众留下深刻的印象。和毕加索不同的是，麦克斯的每一幅绘画都非常容易理解，这是美国艺术最鲜明的特点之一。或许是因为这些原因，麦克斯从三十多岁起就声誉鹊起，得到整个美国社会追捧。热衷于收藏他的绘画作品的，包括美国多位总统，以及很多企业界巨子，比如福特和克莱斯勒公司传奇的总裁李·艾柯卡（Lee Iacocca，1924— ）等人。从 70 年代起，他便为美国历届总统画像，当然是按照他特殊的风格绘制的。

图 18.31　麦克斯后期作品《芦苇、彩虹和打伞的人》（私人收藏）

和梵高一样，麦克斯喜欢尝试各种颜色的组合，对同一主题，他常常使用不同的色彩搭配画出不同版本的作品。他的很多绘画有好几幅相似的“原作”。和 19 世纪末期至今的很多艺术大师一样，麦克斯晚年喜欢在绘画中融入东方情调，他的一幅反映东方隐者（应该是禅师）立于天地大自然之中的作品《芦苇、彩虹和打伞的人》，成为了他后期的代表作。

麦克斯的艺术历程再次证明了艺术（包括表演艺术和视觉艺术）都是和社会大环境以及艺术家的个人经历分不开的。他们的作品都是时代的反映，而不是自己闭门造车的结果。从毕加索，到夏加尔再到麦克斯，无一不是遵循这个规律。和 17—18 世纪画家不同的是，今天一流的艺术家，常常行万里路，都有着丰富的人生经历。

结束语

艺术是语言文字之外的史实记录，是表达思想的另一种方式，有时甚至是比语言更有效的方式。不同国家的人可能因为语言的不同而无法交流，但是他们有可能通过艺术而进行心灵的沟通，这也是艺术的诸多魅力之一。从达维特开始到今天，西方绘画走过了各个时期，产生了很多流派，不过这些变化都遵循着一个趋势，就是越来越强调个性和多样性。这也是世界文明发展的大趋势。

东西方在绘画艺术上有很多相通之处，早期的绘画艺术都有一个从不似到形似的过程，之后都再有一个从形似到神似的过程。而在后一个过程中，审美本身从强调客观慢慢地向强调个性转变。中国完成这个过程的时间要早于西方。我们把讲究理性和秩序的古典主义作为一个分水岭，在此之前的绘画是严格遵循客观的审美，描述客观的事物，和它对应的中国绘画时期则是北宋的院体画和工笔画。在此之后，中国的绘画也是越来越抽象，越来越体现画家的心境。比如明末清初八大山人[16]的绘画和清代扬州八怪中金农[17]的绘画，和毕加索的绘画有很多相似之处。从绘画演变的过程可以看出中西方文化发展过程的相似性。当然，不同文化一定有着自己的特点，比如西方人更多地靠色彩表现自己的思想，东方人则更多地是靠线条。

16 八大山人（约1626年—约1705年），名朱耷，法名传綮，字刃庵。

17 金农（1687年—1764年），清书画家，扬州八怪之一。字寿门、司农、吉金，号冬心先生、稽留山民、曲江外史、昔耶居士等。

东西方艺术不仅是相通的，也是在不断地相互影响的，今天，西方的绘画中大量地融入了东方的元素，尤其是日本的浮世绘对近代西方艺术有着非常大的影响。而在现代东方绘画中（尤其是油画中），则采用了西方的技巧和审美方式，甚至可以说中国的油画就是中西方绘画艺术结合的产物。中国不少优秀的现代画家，比如朱德群、赵无极和陈逸飞等人，后来旅居欧美，成为西洋画界的主流画家，而他们的作品则完完全全是中西合璧的产物。艺术的这种融合其实反映了当今世界上各种文明相互之间取长补短，相互融合的大趋势。

在本章的最后，值得一提的是，中国的油画艺术走过了1949年之后的古典时期，后来也迎来了自己的浪漫主义时期。随着中国人生活的富裕，人性的解放，中国油画素材与风格也不断多样化。所不同的是，中国人在油画上只用几十年的时间便走过了欧美人用了两个世纪所走过的路，这就如同中国在工业发展上，用 30 年的时间走完了欧美两个世纪的历程一样。因此可以说，绘画的发展折射出历史的发展，这又是绘画艺术的一大魅力。

附录一 近代到现代绘画艺术的主要流派

流派	时间	代表人物（和作品）
（新）古典主义	18 世纪末—19 世纪初	达维特（《拿破仑的加冕礼》《马拉之死》《荷拉斯兄弟的誓言》） 安格尔（《泉》）
浪漫主义	19 世纪上半叶—19 世纪中期	席里柯（《梅杜莎之筏》） 德拉克罗瓦（《自由引导人民》）
现实主义	19 世纪中期—19 世纪下半叶	库尔贝（《画室》） 米勒（《拾穗者》）
印象派	19 世纪下半叶—20 世纪初	莫奈（《印象·日出》《睡莲》） 马奈（《草地上的午餐》） 雷诺阿（《煎饼磨坊的舞会》） 梵高（《向日葵》《自画像》《星空》）
野兽派	20 世纪初	马蒂斯（《舞蹈》）
立体主义	20 世纪初	毕加索（《阿维尼翁的少女》《格尔尼卡》）
超现实主义	20 世纪中期	达利（《记忆的永恒》）

附录二 世界著名艺术博物馆馆藏介绍

法国

如果你对艺术感兴趣，到了法国巴黎，一定要去两个博物馆——卢浮宫（Musée du Louvre，地址 Musée du Louvre, 75058 Paris）和奥赛博物馆（Musée d'Orsay，地址 1 Rue de la Légion d'Honneur, 75007 Paris）。卢浮宫是一个综合性的博物馆，不仅有绘画和雕塑，还有很多重要的文物，比如《汉谟拉比法典》。卢浮宫诸多收藏品中，以达·芬奇的名作《蒙娜丽莎》、《米洛的阿芙娜狄忒》雕像（俗称《断臂的维纳斯》）和《萨莫色雷斯的胜利女神》最为出名，堪称是卢浮宫的镇馆之宝。卢浮宫的收藏从数量到质量上都在世界各个艺术博物馆中首屈一指。卢浮宫著名的藏品还包括达·芬奇的《岩间圣母》（两幅中早期的那一幅）、米开朗基罗的《被缚的奴隶》和《垂死的奴隶》、拉斐尔的《圣母子》、文艺复兴时期威尼斯画派的提香和丁托列托的许多作品、尼德兰画家维美尔和伦勃朗的作品、西班牙大师鲁本斯和格列柯的作品，以及法国从古典主义到现实主义时期各位名家的代表作。不过，卢浮宫的馆藏截至现实主义时期之前。因此要看现实主义、印象派和之后的名画就要去奥赛博物馆了。奥赛博物馆原本是巴黎早期的火车站，里面古色古香，现在专门收藏19世纪后期到20世纪初的绘画精品。奥赛博物馆收藏了库尔贝、米勒、莫奈、马奈、雷诺阿、梵高和马蒂斯的代表作。

意大利

全世界在艺术品收藏上能和卢浮宫相提并论的可能只有梵蒂冈博物馆（Musei Vaticani，地址 Viale Vaticano, 00165 Rome）了，那里有教皇们几个世纪的收藏品，其中最值得一看的是西斯廷教堂的天顶画《创世纪》和壁画《最后的审判》，这是米开朗基罗的惊世之作，可以说在人类绘画史上无出其右。此外还有拉斐尔的《罗马学院》、达·芬奇的《在旷野的圣哲罗姆》和古罗马的雕塑《拉奥孔与儿子们》等艺术杰作。梵蒂冈博物馆还保存了大量古希腊和古罗马时期的雕像，包括很多古罗马皇帝的大理石雕像，其中最著名的是奥古斯都大帝（屋大维）的大理石像。梵蒂冈博物馆也收藏了少量当代大师的作品，包括夏加尔和达利等人的作品。

作为文艺复兴之都，佛罗伦萨的乌菲兹博物馆（Uffizi Gallery，地址 Piazzale degli Uffizi, 6, 50122 Firenze）收藏了大量文艺复兴时期的代表作，包括波提切利的《维纳斯的诞生》、《春》，米开朗基罗的《圣家族》，达·芬奇的《三博士来朝》等。乌菲兹美术馆外不远处就是佛罗伦萨市政广场，那里有许多著名的雕塑作品，包括米开朗基罗的《大卫》[18]，切利尼的《帕尔修斯》等。

18
《大卫》像原本放在市政广场，后来有人砸坏了它的一个脚趾，原作就放到了美术学院博物馆里，放在市政广场的是一个非常逼真的复制品。

作为文艺复兴的另一个中心，威尼斯各处的教堂和博物馆均收藏有大量文艺复兴时期的作品。其中威尼斯艺术学院美术馆（Galleria dell'Accademia，地址 Campo della Carità, 1050, 30123 Venezia）的收藏在质和量方面都堪称一流。

英国

英国最著名的是大英博物馆（British Museum，地址 Great Russell St, London WC1B 3DG），虽然它主要是一个历史博物馆，而不是艺术馆，但是里面却有不少艺术品，包括古埃及的《死者之书》，亚述的狮子，古希腊的帕特农神庙浮雕群，雕塑《掷铁饼者》、《狩猎女神狄安娜》，以及中国最早的绘画顾恺之的《女史箴图》的唐代摹本等。不过，要看油画作品，则需要去距离大英博物馆不远处的英国国家美术馆（National Gallery，地址 Trafalgar Square, London WC2N 5DN），该博物馆藏品的数量可以媲美卢浮宫。其中最著名的是扬·凡·艾克的《阿尔诺非尼夫妇像》，这不仅是现存最古老的油画之一，也是英国的国宝。这幅绘画有很多细节值得细细品味，画正中有一面镜子，镜框上雕有10个微型纪念章，每一个画得都非常清晰，更引人注目的是镜子的反射，不仅反射出阿尔诺非尼夫妇，而且还反射出凡·艾克自己的小自画像，和见证婚姻的另一名男子。伦敦国家美术馆其他著名的藏品还包括波提切利的《维纳斯与战神》、达·芬奇的《岩间圣母》(两幅中较晚的那一幅)、委拉斯凯兹的《镜前的维纳斯》和梵高的《向日葵》等。

英国国家美术馆后面是英国国家肖像馆（National Portrait Gallery，地址 St Martin's Pl, London WC2H 0HE），我们在书刊杂志和网络上常见的很多名人的肖像都保存于此，其中不乏艺术精品。

美国

美国最著名的博物馆当数华盛顿的史密森尼国家博物馆群，其中包括国立美术馆（National Gallery of Arts，地址 6th and Constitution Ave NW, Washington, DC 20565）。该馆分旧馆和新馆两部分，中间有通道连接，新馆是著名建筑师贝聿明的作品，里面陈列了20世纪之后的艺术作品，包括毕加索的作品。旧馆则收藏有从中世纪直到印象派的作品，其中质量最高的当数大量的印象派代表作，包括莫奈的《日本桥》和《睡莲》等。

美国在博物馆方面唯一能和华盛顿抗衡的城市是纽约。纽约的大都会博物馆（The Metropolitan Museum of Art，地址 1000 5th Ave, New York, NY 10028）有点像大英博物馆和卢浮宫的结合，它既有大量的文物藏品，尤其是直接将古埃及的一些神庙整体搬运到了博物馆，也有大量的艺术作品，和卢浮宫以及华盛顿国家美术馆的收藏方式类似，这里的收藏截至印象派时期。和欧洲众多博物馆不同的是，大都会博物馆收藏了大量美国和东方国家的精品绘画，包括很多日本的浮世绘。在纽约，要看现代的绘画作品则需要到纽约现代艺术博物馆（Museum of Modern Art，简称 MoMA，地址 11 W 53rd St, New York, NY 10019），这里有达利最著名的绘画作品《记忆的永恒》。

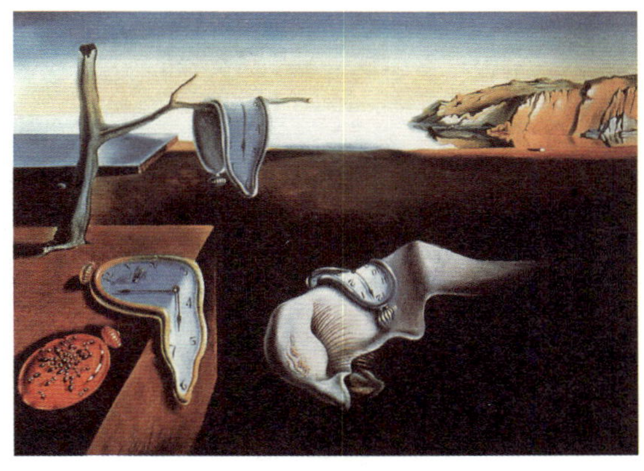

图 18.32 达利受爱因斯坦相对论启发创作的《记忆的永恒》（收藏于纽约现代艺术博物馆）

19
安德鲁·惠氏的作品。

其他著名绘画作品还包括《克里斯蒂娜的世界》[19]和毕加索的《阿维尼翁的少女》等。

除了上述博物馆外，俄罗斯的埃尔米塔日博物馆（即东宫），德国柏林的博物馆岛上的博物馆群以及美国的芝加哥博物馆都藏有大量的艺术精品。

参考文献

[1] Robin Langley Sommer. 毕加索（*Picasso*）. JG Press，2003.

[2] Jacob Baal-Teshuva. 夏加尔（*Chagall*）.Taschen，1998.

[3] Charles A. Riley II. 彼得·麦克斯的艺术（*The Art of Peter Max*）. Harry N. Abrams，2002.

[4] Lawrence Gowing. 卢浮宫（*The Paintings of Louvre*）.Stewart, Tabori and Chang，1987.

[5] Peter J. Gärtner. 奥赛博物馆的艺术和建筑（*Art & Architecture Musée d'Orsay*）. H.F.Ullmann Publishing Gmbh，2013.

[6] William Barcham， Augusto Gen. 英国国家美术馆的绘画（*Paintings in The National Gallery*）.Bulfinch，2000.

[7] John Walke. 华盛顿国立美术馆（*National Gallery of Art: Washington*）.Harry N. Abrams，1995.

[8] Michael Collins. 梵蒂冈：圣城的秘密和宝藏（*The Vatican: Secrets and Treasures of the Holy City*）.DK，2008.

[9] Kiki Smith. 纽约现代艺术博物馆简介（*MoMA Highlights: 350 Works from The Museum of Modern Art*）. New York: Revised Edition，The Museum of Modern Art, New York，2013.

[10] 德拉克罗瓦 . 德拉克罗瓦日记 . 李嘉熙，译 . 桂林：广西师范大学出版社，2002.

第十九章　计算的时代

从算盘到人体的一部分

电子数字计算机（也就是我们平时所说的计算机）的诞生，不仅是 20 世纪最大的技术进步，也是人类文明史上的一次飞跃。在人类的历史上，只有很少的几项发明（比如人工取火、轮子、瓷器和印刷术）能像计算机一样，让我们对它产生如此之大的依赖。

今天，计算机的功能早已超越了科学计算，它的式样也远不止常见的台式机、笔记本计算机和智能手机，可以是一个大机柜、一块电路板或者一颗小小的芯片。计算机存在于我们的城市，存在于我们家中的每一个角落，而且从城市的交通指挥，到飞机、火车和汽车等交通工具；从商场、银行的收款机和结算系统，到办公和家用的各种电器，或多或少都是由计算机在控制。计算机已经成为现代社会生活中不可或缺的一部分了。

计算机不仅遍布我们的四周，甚至还在很多人的身体里。下面是一个发生在我身边的真实故事。几年前，心脏一直不太好的母亲在斯坦福大学医院安装了一个智能起搏器，我们原本以为这只是一个电子装置，按照一定频率发出脉冲信号而已，但是当母亲做术后复查时，我才了解到这其实是一台功能颇为齐全的计算机。这种智能起搏器记录了安装之后患者全部的心电图数据和其他有关心脏活动的数据。在复查室里，医生通过无线通信装置取出这些数据，并且存到医院的仪器中，然后根据这些数据和病人的感觉，调整起搏器的设置和部分程序，最后通过无线通信装置把程序写回到起搏器中，这样病人会感觉更舒服。这个起搏器具有较强的学习功能，可以根据携带者每日的活动情况自行调节心跳速度（以保证供血量）。对于携带者来讲，这种起搏器其实已经成了身体的一部分，它在帮助（甚至取代）病人的神经系统和内分泌系统控制心脏和循环系统，延续病人的生命，让携带者生活得更好。安装了起搏器后，母亲的生活质量大为提高。将来我们的身体内或许会植入更多的计算机，到那时，可能很难说清楚我们是肉体的人，还是机器人。

从第一台电子计算机诞生至今，还不到 70 年。它发展得如此之快，应用如此之广，早已超出了当年所有人，包括被我们称为"现代计算机之父"的冯·诺伊曼（John von Neumann，1903—1957）和阿兰·图灵（Alan Turing，1912—1954）最大胆的想象。历史上其他重大发明，比如轮子和瓷器，从出现到完善再到广泛使用，通常需要上百年甚至更长时间，但是计算机只用短短一两代人的时间就完成了这个过程，应该说是人类文明史上的奇迹。

不过，和人类历史上许多重大突破一样，计算机的出现并不只是短短几年间技术突破的结果，而是靠着上千年来无数代人长期的努力和技术的积累。在美国硅谷中心的山景城（Mountain View）有一个计算机博物馆，一进门，在最显眼的地方放着一个大展牌，上面写着"计算机 2000 年的历史"，意思是说计算机的历史已经有 2000 年了。参观者大多会有一个疑问，既然世界上第一台电子计算机诞生于 1946 年，怎么会有两千年的历史呢？因为人类试图用机器来计算的梦想在几千年前就有了，而人类最早的计算机器大致出现在 2000 年前，此后人类一直在为改进它而奋斗着。

第一节　自动计算——从梦想到现实

著名物理学家伽莫夫在他的科普名著《从一到无穷大》一书中讲了这么一个故事，两个原始部落的酋长要比一比谁说的数字大。一个酋长想了想，先说了一个"3"，第二个酋长想了半天，说你赢了。这个故事说明，人类

图 19.1　人类最早的辅助计数工具——伊尚戈骨（收藏于比利时皇家自然科学院）

早期对数字并不敏感，数字大了就数不清了，更不用说计算了。不过算术和计数工具其实出现得很早，甚至早于文字的出现。在非洲的斯威士兰发现的列彭波骨（Lebombo Bone）和在刚果发现的伊尚戈骨（Ishango Bone）[1]是迄今为止已知较早的计数工具，距今已有上万甚至数万年的历史了。我们的祖先在这些兽骨上面用一道道刻痕记录着不同的数字，以帮助计算，因此历史学家一般把它们作为算术起源的证据。在人类的早期文明中，计算是一件很不容易的事情，所以大部分人都不会计算。即使个别人会计算，算术水平恐怕比今天的同龄人甚至是小学生还差很多。因此，为了方便计算，各种早期文明都在寻求一些可以帮助计算的工具，许多文明都先后发明了算盘和数学用表（九九表就是一种简单的数学用表）。这两种工具我一直用到上小学和上中学。

1 伊尚戈骨出现的年代在前 9000—前 6500 年。

在大部分人的印象中，中国应该是发明算盘的国家。但是更准确地讲，中国人发明的是真正实用的算盘，因为类似算盘的计算工具更早地出现于美索不达米亚地区，但是它们远不如中国的算盘使用方便。到了公元前 5 世纪，希腊出现了和中国算盘颇为相似的铜质（或木质）计算工具（如图 19.2 所示），它实际上是用一些小石块（Marbles）帮助计算过程中的计数，很多计算工作还是要靠心算。

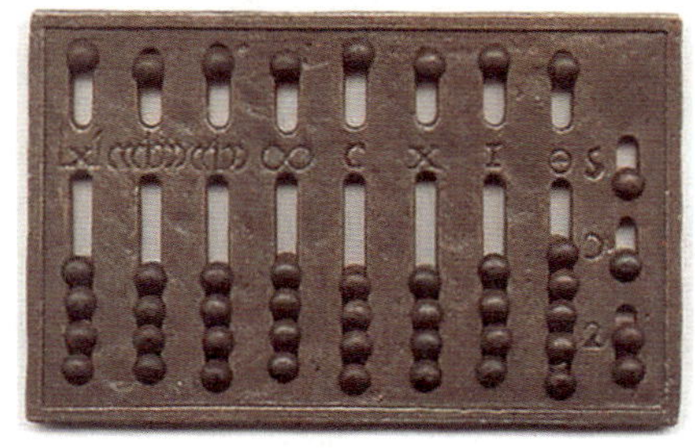
图 19.2　古罗马人复制的古希腊算盘（从右到左的字母含义分别是：十分位、个位、十位、百位……）

中国人发明的算盘不再需要心算，不仅远比其他文明的同类产品先进，而且有本质的区别，因此硅谷的计算机博物馆把中国的算盘（而不是其他文明的类似产品）算成是世界上最早的计算机，只不过它要靠手工操作。

一、算盘——手工计算机

美国作家西德尼·谢尔顿（Sidney Sheldon，1917—2007）在小说《假若明天来临》（*If Tomorrow Comes*）中讲了这样一个故事。20 世纪 70 年代，还没有出现便携式计算机，一个骗子在报纸上刊登了一则邮购广告，宣称几千美元就可以买一台最轻便、最易用也是最可靠的计算机。一些人就去买了，结果收到的却是中国的算盘，于是大呼上当。显然，广告的说法偷换了计算机的概念，因为计算机一般是指电子计算机，但是严格来讲这则广告并无大错，因为中国的算盘确实是一种手动的计算机。

我给算盘这么高的评价，并非要证明中华文化的优越性，而是因为根据英国数学家图灵对计算机的定义，算盘确实具备了现代计算机的一些基本设计思想。1936 年，图灵从数学上定义了什么样的设备可以算是计算机，这就是我们今天所说的图灵机。而所有的现代计算机，无论多么快、多么复杂，在数学的功能上与图灵机都是等价的。算盘虽然不能算是图灵机，但是细说起来，它的原理和图灵机有着很大的相似性。比如，在图灵机的四条原理中，最核心的一条是这样规定的：

> 机器有一套规则表来控制机器的运行，使用这些规则，机器根据当前的状态以及输入的数值计算出一个新的数值，并且让机器进入一个新的状态，同时改变机器（寄存器）所存的数值。

这句话通俗地讲就是，一个工具能否算是计算机，关键要看它是不是不需要人脑而采用一套规则表就能进行计算。而算盘就具备这个特性。我们不妨看看算盘是如何满足图灵机的这一条原理的。

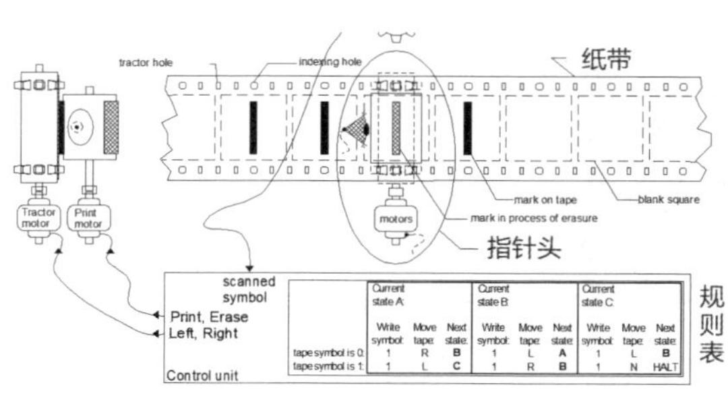

图 19.3 图灵机的原理图

假如我们在算盘上随便拨弄几下，算盘上就有了一个数字，用上面图灵机的术语，我们可以说这时算盘处于状态 1；现在要加上或者减去一个新的数字，操作者根据珠算口诀（而不是人脑的思维），用手指完成一些操作，算盘就处于状态 2。如果还要进行更多的运算，只要用手指头根据口诀不断操作下去即可，而每一次操作结束时，算盘就进入了一个新的状态。而最终的状态就是计算结果。

中国算盘和古希腊或者后来西方的早期算盘最根本的不同点在于，中国的算盘完全是靠口诀来操作的，无须心算，这些口诀对应于图灵机中的规则表。我上小学时还要像背九九乘法表那样背这些口诀，比如加法口诀：

一上一（加一）　　二上二（加二）

三下五除二（加三）四去六进一（加四）

五上五（加五）　　六上一去五进一（加六）

等等。

一个不知道算术的人，如果背会了这个口诀，照样可以用算盘进行准确的计算。他只需要在算盘上先拨（也就是计算机所谓的输入）上 7，然后按照“六上一去五进一”这个由下面三条指令组成的口诀（程序）完成＋ 6 的运算：

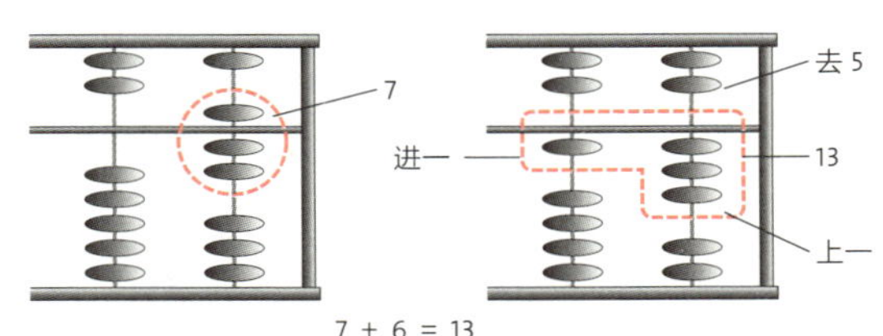

图 19.4　用算盘和珠算口诀计算 7+6=13 的三个步骤（上面每一个珠子代表 5，下面每一个珠子代表 1）

- （在个位拨一个珠子）“上一”，
- （在个位去掉五位数的那个珠子）“去五”，和
- （在十位数的地方增加一个珠子）“进一”。

即可得到答案。

至于为什么这样操作就是对的，操作者其实不需要知道，他只要相信动作正确（珠子没有拨错），算盘肯定不会骗他，给出的答案一定是正确的，这就可以了。这就像我们今天在使用计算机时，没有人怀疑如果程序正确，答案会出错一样。写这个珠算口诀（操作序列）的人，有点相当于我们今天的程序员。在过去，打算盘是一种技能，就如打字一样，而且是一种可以熟能生巧的技能，它和算术水平没有什么关系。算盘打得好的人，无非口诀背得牢，手法练得熟，拨弄算珠准确无误，跟好的打字员没有什么区别，他们都是在做机械性的操作，计算则是算盘完成的。因此，我们说算盘是一个手动计算机，一点也不为过。

中国人很早就发明了这种实用的算盘，按照《计算机的历史》（本章参考文献 [1]）一书中的说法，发明算盘的时间应该在公元前 2 世纪，远远早于很多人以为的北宋时期（这是根据《清明上河图》所画的实物推测的结果）。算盘的发明应该不是某个人某一天忽然就完成的，而是经过了很多代人不断改进，才成为了今天我们看到的样子。遗憾的是，中国诸多史籍和文物都没有记载发明算盘的过程以及为改进算盘做出重大贡献的人，更不用说记载那些编写珠算口诀的人了。

很多科技史学家，比如李约瑟，对算盘本身都称赞有加，但是对珠算口诀给予赞誉的人却非常少，这可能是全社会重视硬件而忽视软件价值的结果。或许因为我自己过去一直在做计算机软件，所以对它特别敏感，在我看来珠算口诀（软件）的重要性绝不亚于算盘（硬件）本身，这才是中国的算盘能够有别于其他文明类似的发明并且被广泛使用的根本原因。珠算口诀完全有资格申请人类非物质文化遗产，因为它其实是最早的计算机软件。

几千年来，算盘这种手工计算机在中国的社会生活中扮演了非常重要的角色，直到 20 世纪 80 年代，算盘还被广泛地使用，那时任何像样一点的商店都少不了算盘。甚至在计算机开始普及之初，还有一种国粹的观点认为计算机在某些方面不如算盘，算盘在中国文明过程中的贡献由此可见一斑。

二、齿轮的机器——机械计算机

算盘毕竟有很多不便之处，比如说使用者必须熟记上百条四则运算的口诀，拨打的过程完全是手工，不仅长时间操作会感到劳累，而且很难避免由于疏忽而产生的错误。因此到了机械时代，欧洲人就开始想办法用机器代替人手拨算盘珠，这就导致了机械计算机的发明。

机械计算机，有时也被称为机械计算器，通过一些齿轮的转动来完成基本的四则运算，其中最早的机械计算机是由法国数学家帕斯卡（Blaise Pascal，1623—1662）在1642年发明的帕斯卡计算器。那一年，帕斯卡还不到20岁。帕斯卡计算器的原理很简单，它由上下两组齿轮构成，每一组齿轮可以代表一个十进制的数字，在齿轮组的上方有对应的一排小窗口，每个窗口里有刻了0—9十个数字的转轮，用来显示（第一个操作数和）计算结果，如图19.5所示。该计算器的动力来自于一个手工的摇柄（图中没有显示）。

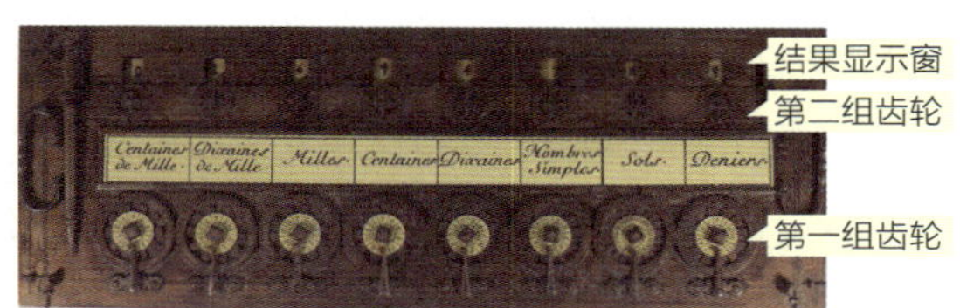

图19.5 帕斯卡计算器（由上下两组齿轮构成，每一个齿轮代表十进制数字中的一位，收藏于美国硅谷的计算机博物馆）

帕斯卡计算器的原理并不复杂，比如我们要做加法运算24+17，就把第一组最后两个齿轮（分别代表十位数和个位数）分别拨到2和4的位置，在第二组齿轮上，类似地将最后两个齿轮分别设置到1和7的位置。然后转动手柄直到转不动为止，在这个过程中，齿轮带动有数字的小转轮运转，最后停到应该停的位置，这时计算结果就出现在计算器上方的小窗口里。类似地，帕斯卡计算器还可以做减法和乘法。

操作帕斯卡计算器很简单，但不是很快，操作者先要把每个齿轮的计数清零，然后仔细地将齿轮的位置拨到运算数字对应的位置，这个速度不会比打算盘更快。但是，帕斯卡计算器却是人类在计算工具上的一大进步，因为它只需要输入数字，不必牢记珠算口诀了，而且齿轮的进位是自动的，这就避免了拨打数字和手动进位可能引起的错误，也就是说，只要输入正确，答案就错不了。

帕斯卡计算器在计算机发展史上占有重要的地位，虽然还有诸多的不足，但它毕竟是历史上第一个自动的计算机器。帕斯卡本人因此被当作计算机工程的先驱，20 世纪 70 年代，一门通用的程序语言还被命名成 Pascal。不过，帕斯卡计算器在商业上算不上成功，虽然帕斯卡本人取得了专利，并且还卖出去十几台，但是这种计算器的应用也就到此为止了。它造价昂贵（相对算盘）却不够快，而且不如算盘那么轻便灵巧，因此无法得到普及。

为了改进帕斯卡计算器，著名数学家莱布尼茨花了足足 40 年的时间，先后制作了两个机械计算器。其中一个后来被人们发现，经过修复后居然还可以工作，但是工程师们发现这个计算器也并不好用。不过，在制作这个机械计算器的过程中，莱布尼茨发明了一种转轮——莱布尼茨转轮，利用这种转轮，工程师们在接下来的两百年中设计了各种各样的机械计算器。直到 20 世纪 70 年代（电子计算器尚未普及），这些打字机大小的机械计算器在欧美科学和工程界仍广为使用。我小时候在父亲的实验室里就见过这种机械计算器，大小与针式打印机相仿。

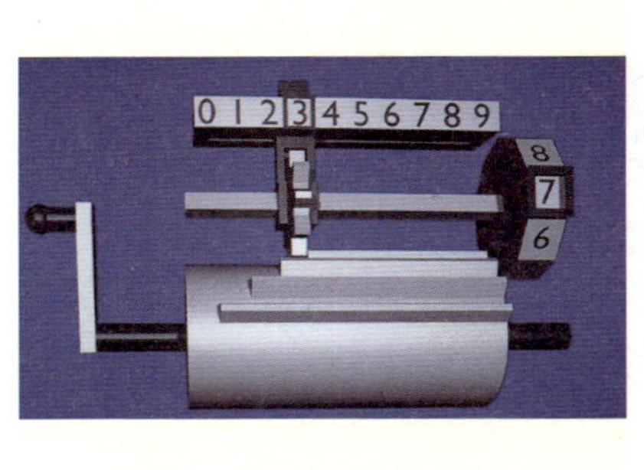

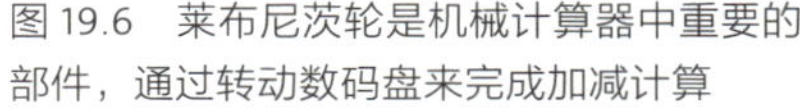
图 19.6　莱布尼茨轮是机械计算器中重要的部件，通过转动数码盘来完成加减计算

图 19.7　莱布尼茨轮实物（收藏于美国硅谷的计算机博物馆）

在莱布尼茨的时代，机械计算器可以完成四则运算，但是对微积分运算还是一点办法也没有，直到 100 年后英国的数学家和发明家巴贝奇（Charles Babbage，1791—1871）设计出差分机（Difference Engine）才解决了这个

问题。不过这个机器重达 4 吨，过于复杂，巴贝奇只完成了 1/7。直到 1855 年，英国发明家舒茨（Georg Scheutz，1785—1873）才建造出世界上第一台可以工作的差分机。

图 19.8　差分机的内部构造，有上千个齿轮（收藏于美国硅谷的计算机博物馆）

到了 19 世纪末，虽然人类在制造可计算的机器方面有了进步，但是所有这些计算机都只能进行一步运算，而不能通过编程自动完成一系列的计算。为了能让计算机执行程序，就需要理论上的突破了。因此，我们先来回顾一下早期和计算机相关的数学理论。

三、二进制和布尔代数

世界上有很多重大的科技进步，都始于工程上的改进，依靠的是经验，这种经验积累到了一定程度后，相关的理论才得以建立起来。这些理论早期一般不会引人注意，直到某一天，一些既懂理论又善于改进产品的工程师（比如改进蒸汽机的瓦特）利用这些理论发明了新一代产品时，人们常常才会回过头来“追忆”这些提出理论的先行者，给他们在文明史上补上浓墨重彩的一笔。人类在计算技术上的进步也是遵循

图 19.9　德国伟大的哲学家、数学家莱布尼茨（收藏于德国乌尔里希博物馆，18 世纪德国画家 Christoph Bernhard Francke 绘制）

了这个规律，先有一些初级的机械计算器，然后有了初级理论，最后应用这些理论发明更高级的计算机。在计算机科学的发展史上，莱布尼茨和布尔就是这样的理论先行者。

莱布尼茨对计算技术最大的贡献不在于改进了帕斯卡计算器，而是在 1679 年发明了二进制。对八卦略知一二的人都知道我们的祖先（传说是伏羲氏），通过三条连续或间断的线段，组合出八种不同的卦象，如表 19.1 所示：

表 19.1 八卦的卦象、编码和含义

卦象	编码	含义
☰	111	乾 qián
☱	110	兑 duì
☲	101	离 lí
☳	100	震 zhèn
☴	011	巽 xùn
☵	010	坎 kǎn
☶	001	艮 gèn
☷	000	坤 kūn

但是，八卦虽然用三个连续或中断的线段表示出八个不同的值，但它并不等同于二进制，因为发明八卦的人既没有用这两种线段表示任意的数字，更没有用它来完成数值的计算，比如给出诸如“艮 + 坎 = 巽”的公式。但是，当八卦遇到莱布尼茨这位热衷于东方文化（Sinophile）的大数学家时，就催生了二进制。

莱布尼茨是在研究哲学而非数学时接触到中国的哲学著作《易经》[2] 的，并且在《易经》中见到了八卦图。莱布尼茨在中国人的八卦以及从八卦衍生出的六十四卦中受到启发，他把中断的短线变成 0，长线变成 1，这样就用 000000—111111，表示出 0—63 这 64 个整数。莱布尼茨进一步将任意一个十进制数字通过 0 和 1 的组合表示出来，这就是二进制。然后，莱布尼茨给出了使用二进制进行加减乘除的方法。这使得二进制可

2 莱布尼茨是通过法国耶稣会 1685 年派往中国的传教士白晋（Joachim Bouvet，1656—1730）接触到《易经》的。

以像十进制一样完成所有的数学运算，以至于今天的计算机可以基于二进制来建造。图 19.10 所示的是他发明二进制运算方法时的手稿。

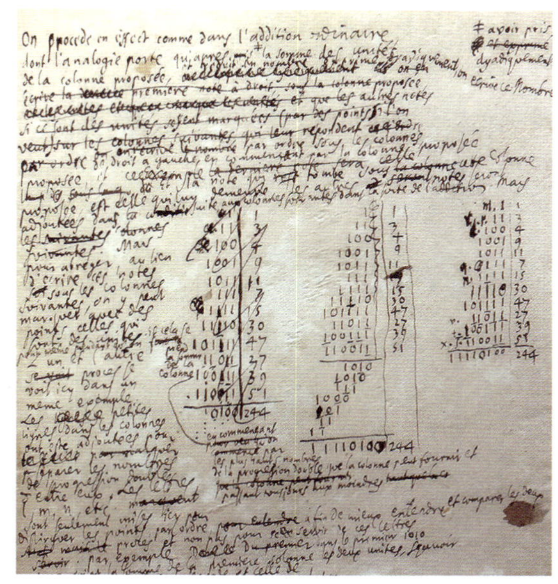

图 19.10　莱布尼茨的二进制计算手稿

为什么是莱布尼茨而不是某位中国人发明了二进制？这是一个科技史专家们喜欢讨论的话题。在莱布尼茨接触到《易经》之前，它在中国已广泛传播了上千年，但是中国人对八卦的认识一直停留在占卜、炼丹或者推演阵法上，而没有上升到完整的算术体系。这里面的原因很多，坦率地讲我也很难给出完美的答案，不过至少我们可以看到这样两个现象。首先，古希腊人思辨的特长在文艺复兴（尤其是科学时代开始）之后对欧洲人的思维产生了重大影响，并且得到发扬光大。中国人虽然在先秦同样具备思辨的特长，却在后世失去了，并且再也没有得到恢复。其次，二进制这种发明要在 200 多年后才看到成果，中国人对这种不能马上应用的发明没有多大兴趣。

言归正传，作为一个信仰上帝的哲学家，对于二进制的用途，莱布尼茨首先想到的是神学。他认为上帝创世的天数 7 在二进制中正好表示成 111，只有 1 没有 0，证明了上帝是全能而没有缺陷的。莱布尼茨对这样的结果非常满意，于是还写了封信通过传教士转给喜欢数学的康熙皇帝，信中除了介绍二进制外，还试图用二进制证明上帝的全能，希望康熙皇帝皈依基督教。莱布尼茨认为中国古代的数学水平应该比当时还要高，因为中国人在几千年前就知道了二进制。

莱布尼茨虽然同时发明了二进制并且改进了机械计算器，但是他并没有把两者结合在一起，甚至没有看到它们之间的相关性，他为计算机设计的莱布尼茨轮还是基于十进制计算的。实际上，对于各种不需要编程的机械计算器来讲，十进制的方便程度甚至超过二进制，因此，二进制在发明后长达两个半世纪的时间里没有发挥什么作用。

二进制最大的好处在于它比十进制更容易用电路来实现。但是将二进制这一数学工具对应于由开关控制的电路，中间还需要一座桥梁，这座桥梁在 19 世纪被英国一个叫作乔治·布尔（George Boole，1815—1864）的中学数学老师建成了。

布尔当过中学数学老师，还创办过一所中学。后来在爱尔兰科克（Cork）的一所学院当教授。生前没有人认为他是数学家，尽管他也曾在很权威的《剑桥大学数学杂志》（*Cambridge Mathematical Journal*）上发表过论文。布尔的研究工作完全是出于个人兴趣，他喜欢阅读数学论著，思考数学问题。1854 年，布尔完成了在近代数学史上颇有影响力的著作《思维规律》[3]。在书中，他第一次向人们展示了如何用数学的方法解决逻辑问题。在此之前，人们普遍的认识是数学和逻辑分属两个不同的学科，联合国教科文组织至今仍将两者严格分开。

3 书的英文原名是 *An Investigation of the Laws of Thought, on which are founded the Mathematical Theories of Logic and Probabilities*。

布尔代数简单得不能再简单了。运算的元素只有两个：真（TRUE，缩写为 T）和假（FALSE，缩写为 F），正好对应二进制的 1 和 0。基本的运算只有“与”（AND）、“或”（OR）和“非”（NOT）三种。后来发现，这三种运算都可以转换成“与非”（AND-NOT）或者“或非”（OR-NOT）的运算。全部运算只用下列几张真值表就能完全描述清楚。

表 19.2 与运算真值表

AND	T	F
T	T	F
F	F	F

表 19.2 说明，AND 运算的两个元素只要有一个为假，则运算结果永远为假。两个元素皆为真，运算结果为真。例如，“太阳从西边升起”这个判断是假的（F），“月亮从东边升起”这个判断是真的（T），那么，“太阳从西边升起并且月亮从东边升起”就是假的（F）。下面两个表是或运算和非运算的真值表。

表 19.3 或运算真值表

OR	T	F
T	T	T
F	T	F

表 19.4 非运算真值表

NOT	T	F
	F	T

那么这种运算和算术有什么关系呢？首先我们可以用它们组成任何想要的逻辑运算，比如说有一种叫作异或的逻辑运算，其真值表如下。

表 19.5 异或运算真值表

XOR	T	F
T	T	F
F	F	T

如果把 T 和 F 对应成 1 和 0，那么用“异或逻辑”就能完成（没有进位的）二进制加法运算，而“与逻辑”则可以解决进位问题，二者合在一起就能解决全部的加减法问题。

在布尔代数提出之后的 80 多年里，它也并没有什么像样的应用，直到 1938 年香农（Claude Shannon，1916—2001）在他的硕士论文中指出用布尔代数来实现开关电路，才使得布尔代数成为数字电路的基础。所有的数学和逻辑运算，比如加、减、乘、除、乘方、开方，等等，全部能转换成二值的布尔运算。

布尔代数的另一个优美之处在于，与、或、非三种二值逻辑运算都可以用另一种二值逻辑运算“与非”或者“或非”来表示。这样一来，只要能用机械或者电路实现一种逻辑运算，就可以实现全部布尔代数的运算，也就等于实现全部二进制运算了。因此（机械）计算机的设计就从原来要设计非常复杂的机械结构，变成了只需设计一种实现布尔运算（通常是与非）的简单模块。然后用很多相同的模块就能搭出整个计算机。这种设计思想一直沿用至今。

布尔代数的第三个神奇之处在于，它可以把一系列控制计算机操作的指令变成算术和逻辑运算，这样就有可能让计算机接受指令序列（也就是程序）的控制。有了程序的控制，计算机就可以计算任何数学问题，而不像过去那样只能完成特定的加减乘除和差分运算。二进制和布尔代数奠定了可编程计算机的数学基础。

当然，除了二进制和布尔代数之外，现代的计算机还用到了两个重要的理论——图灵机和冯·诺伊曼系统结构，这些我们会在稍后介绍，因为早期的可编程计算机并没有用到它们。

四、德国工匠的奇迹——可编程的计算机

在电子计算机诞生之前，出现过两代过渡型的产品，与电子计算机一样，都采用了布尔代数的二值逻辑进行控制。不同的是，这两代过渡产品分别采用了机械装置和继电器。

在 20 世纪两次世界大战之间，世界科技的发展一直围绕着两个中心：欧洲大陆的德国和大西洋对岸的美国（当然美国从英国人那里得到了很大的帮助），很多技术，比如原子能技术和航空技术，双方都是在互不了解对方的情况下独自发展的，在计算机的研制上也不例外。今天，我们熟知在美国（和英国）这一边香农、图灵和冯·诺伊曼等人对电子计算机做出的巨大贡献，而对德国人在计算机技术上的成就所知甚少。其实在电子计算机出现之前，德国在计算机技术和工程上一点也不落后，甚至在一些方面还颇为领先，而这在很大程度上要感谢一件事——德国在制造飞机时遇到的大量计算问题，并且感谢一个人——力学工程师康拉德·楚泽（Konrad Zuse，1910—1995）。

楚泽在大学学的是力学，不过在他那个年代，力学和数学是不分家的（直到 20 世纪 50 年代清华大学的数学和力学还是在一起，称为数力系）。因此楚泽的数学基础很好。大学毕业后，他在一家飞机制造厂从事飞机的设计工作，这项工作涉及大量烦琐的计算，而当时真正能帮上忙的工具只有计算尺。楚泽发现很多计算其实使用的公式都是相同的，只是要代入不同的数据而已，这种重复的工作似乎可以交给机器去完成。有了这个想法后，1936 年，26 岁的楚泽干脆辞了职回家自己去研究这种机器了。

楚泽在此之前对计算机一无所知，他不仅不了解大洋彼岸的科学家们的工作，也不知道图灵的理论，甚至连一百年前的巴贝奇的名字都没听说过，他完全是凭着一股热情，独自一人在家研制能够计算的机器。不过，楚泽知道布尔代数，并将它用于计算机的设计，他想到了用二值逻辑控制机械计算机的开关，这其实比香农提出用布尔代数实现开关逻辑更早。1938 年，在独自工作了两年之后，楚泽研制出第一代电动机械计算机 Z1。这台计算机拥有今天计算机的很多组成部分，比如控制器、浮点运算器、程序指令和输入输出设备（35 毫米打孔胶片）。更重要的是，这是世界上第一台依靠程序自动控制的计算机，在计算机发展史上是一个重大突破。此前的各种计算机无论结构多么复杂，动力来自于人还是电，都无法自动运行程序。不过这台计算机依然存在明显的缺陷，由于楚泽不知道图灵的计算机理论，因此 Z1 并不能实现图灵机的全部功能，比如不具备逻辑判断和逻辑运算功能。此外，这台计算机由电动机带动庞大的机械装置，因此计算速度很慢，电动机每秒钟转一下，也就是说计算速度为每秒一次。

图 19.11　世界上第一台可编程的计算机 Z1（复制品，收藏于德国技术博物馆）

在接下来的第二台计算机 Z2 中，楚泽用继电器取代机械实现了开关电路。要知道开关电路可是今天数字电路的基础，因此楚泽也可以说是数字电路设计的先驱。前面提到，楚泽是一个人闷头工作而很少和同行交流，因此在很长时间里并不知道图灵的理论，他主要是靠自己对数理逻辑的理解和经验来设计计算机的。在功能上 Z2 和 Z1 相比并没有太多改进，Z1 算不了的问题 Z2 照样不能算，不过由于使用了继电器取代机械开关，Z2 的速度是 Z1 的 5 倍，即每秒计算 5 次。

二战期间，为了获得研制经费，楚泽开始跟纳粹德国政府合作，后人考虑到他当时的难处，没有深究他曾经为纳粹工作的事情。1941 年，楚泽研制出了 Z3，它使用了 2000 个继电器。这是世界上第一台功能等同于图灵机的计算机，每秒可以进行 5—10 次运算。有意思的是，即使研制出了 Z3，楚泽依然不了解图灵的理论，这真是令人难以置信，但事实就是如此，否则他应该能在计算机领域走得更远。在历史上，经常会出现有几个人同时独自发明了一样东西，在计算机方面，楚泽和图灵也几乎是同时分别从经验和理论出发，设计出现代计算机原型，真可谓是时势造英雄。

Z3 的诞生标志着人类让机器（在程序的控制下）自动完成一系列计算的梦想变成了现实，尽管它并不快，编程也不方便，实用的意义并不大。楚泽当时还不知道，这时在大西洋对岸聚集了一批世界上最聪明的头脑，他们正在紧锣密鼓地研制一种新的计算机——电子计算机，而这种机器最终将改变人类的命运。

第二节 划时代的发明——电子计算机的诞生

从继电器开关计算机到电子计算机不仅仅是一个元器件的改变，而且是在计算技术上的一次飞跃，这就如同爆竹和洋枪洋炮的区别。完成这个飞跃，既要靠技术的长期积累，还要有一个实现最终突破的契机，这个契机终于在第二次世界大战时出现了。

一、战争的需要

恩格斯说过，“社会一旦有技术上的需要，比十所大学更能推动社会的进步”。二战期间，这个需要早已不是为了一般商业利益，而是关乎许多民族和国家的命运。为了取得对德国的武器优势，美军决定设计和制造更精准、更有威力的火炮，这项研究涉及大量的、重复性的计算，在当时前线不断吃紧的情况下，后方根本不可能让人用计算尺慢慢计算，也不可能用每秒几次的继电器计算机来完成计算，为了抢时间，美国陆军决定建造一个“超级大脑”来完成火炮设计的计算问题。

于是，这项艰巨的任务就由美国陆军弹道设计局（本书第二册中提到的冯·布劳恩也曾经就职于这个设计局）交给了宾夕法尼亚大学的摩尔工学院[4]来完成，当时的经费预算是50万美元，虽然远远低于曼哈顿计划的费用，但是比楚泽从德国纳粹政府那里获得的区区几千马克还是多很多的。和曼哈顿计划一样，军方也为这个项目派来一位协调合作的代表欧文·戈尔茨坦（Irwin Goldstein，生平不详），但是他并不像曼哈顿计划中的格罗夫斯那样直接领导研制工作。其实戈尔茨坦精通技术并且曾经还是密歇根大学的数学讲师，但他还是将研制电子计算机的任务完全交给宾

4 这个工学院是以捐助者阿尔弗雷德·摩尔（Alfred Moore）的名字命名的，和后来提出摩尔定律的戈登·摩尔没有任何关系。

图 19.12　新型火炮和该项目陆军与大学的联络人欧文·戈尔茨坦

夕法尼亚大学的莫奇利（John Mauchly，1907—1980）博士和他的学生埃克特（John Eckert，1919—1995）全权负责。

莫奇利和埃克特的想法是以电子管取代继电器实现数字开关电路，从而将计算机“电子化”。当时这个设备取名为“电子数值积分计算器”（Electronic Numerical Integrator and Calculator），简称ENIAC，由莫奇利负责计算机设计，而埃克特则负责工程实现。用电子管实现开关电路，优点是开关速度可以非常快，不像继电器计算机那样，开关的过程是机械运动，速度受到限制。因此，从这时候开始，计算机才算真正进入了电子时代。

ENIAC的研制过程和以往的计算机不同，它的设计不是根据经验来的，而是有明确的计算机理论做指导的，这个理论来自于数学家阿兰·图灵的图灵机理论。在ENIAC造到一半时，另外一位科学家加入了进来，他就是后来被称为“现代计算机之父”的冯·诺伊曼。冯·诺伊曼的贡献在于为计算机的系统结构奠定了理论基础。因此，在介绍ENIAC时，我们必须要讲讲图灵和冯·诺伊曼的计算机理论。

二、图灵和冯·诺伊曼的贡献

图灵的名字常常和图灵机这三个字联系在一起。那么什么是图灵机呢？它其实不是某一款具体的计算机，而是对计算机的一种数学描述。为了说清楚这一点，我们用汽车来打一个比方。虽然在街上跑着各种各样的汽车，但是它们都有一些共性，比如说它能在陆地上移动，不需要人或者牲畜作动力，能够运载人或者货物，能够转弯、启动和停止。我们把凡是满足这些条件的交通工具都概括成一种虚拟的汽车，比如叫作“约翰汽车”，那么图灵机就是这样一个虚拟的计算机。

图灵机的原理非常简单，它实际上是对人用纸和笔进行计算的过程的一种数学抽象化，我们在前面介绍算盘时提到过部分原理，而图灵对计算机的全部定义一共只有四条，用通俗的语言讲就是这样：

要有一条（无限长的）分成一个个格子的纸带，每个格子里记录着符号或数字，为了清楚起见，可以为这些格子编上号：1，2，3……这就相当于人们计算数学题使用的纸张。

有一个指针（可以想象成铅笔），在纸带上左右移动，它停在哪里就可以改变哪里的符号或者数字，这就相当于人们算题时写写画画的过程。

有一套规则表，根据图灵机当前的状态和指针所指格子中的符号或数字，进行查表后，就知道下一步该做什么，当然完成这步操作后，图灵机也就进入了新的状态。这张表就相当于老师教的算题方法，或者珠算口诀。

当然，图灵机的状态需要记录在一个地方，即寄存器，里头的内容就相当于我们算题的中间结果。

图灵认为这种机器就能模拟任何具体计算的过程，至于如何实现这样一台计算机，图灵并没有指出来。

根据图灵的理论，莫奇利和埃克特就开始设计计算机了。由于当时的任务是计算火炮的弹道，因此他们二人对 ENIAC 的设计完全是为了这个目的，这样一来 ENIAC 就被设计成了一个专用的计算机，只能计算这一类问题，而非今天我们见到的可以计算任何问题的通用计算机。如果不是冯·诺伊曼的偶然介入，计算机的发展可能还要多走几年的弯路。

1944 年，也就是 ENIAC 项目启动一年之后，当时正在洛斯阿拉莫斯实验室研制氢弹的冯·诺伊曼听说莫奇利和埃克特正在研制计算机，因为自己也需要解决大量计算的问题，就参与到研制队伍里。这时，冯·诺伊曼等人发现，ENIAC 的设计使得它无法进行其他的计算，而这时设计已经完成，开始建造了。在二战时，人们没有时间将这个设计方案推倒重来，只能继续按原来的设计做下去，以便按期完成。不过与此同时，美国陆军决定按照冯·诺伊曼的想法再造一台新的计算机，这样冯·诺伊曼和莫奇利、埃克特一起提出一种全新的设计方案：EDVAC（Electronic Discrete Variable Automatic Computer，电子离散变量自动计算机），这个方案彻底解决了计算机通用性的问题。这个方案一般称为“冯·诺伊曼系统结构”（von Neumann Architecture）[5]。

5
1944 年，美国陆军弹道研究所决定按照冯·诺伊曼的设计再制造一台新的计算机，这台新计算机的设计报告 *First Draft of a Report on the EDVAC* 是由冯·诺伊曼、莫奇利和埃克特共同起草的，不过当他们交给军方时，负责人随手写上了冯·诺伊曼的名字，因此以后大家知道的就是冯·诺伊曼，而对莫奇利和埃克特知之甚少。

那么什么是计算机的系统结构呢？如果我们将图灵机比作一种对汽车的抽象描述，那么冯·诺伊曼系统结构就是针对这种抽象描述的一种可行而有效的设计，比如它要求汽车有三个以上轮子，有发动机，有方向盘，有座椅，有刹车装置，等等。总之，它是抽象的“约翰汽车”的一种具体可实现的设计。按照冯·诺伊曼的设计思想，一台自动的计算机应该包括（算术和逻辑）计算器、控制器、存储器和输入输出设备，它是由程序来控制的。我们今天的计算机无论大小快慢，都是用冯·诺伊曼的系统结构来实现一个图灵机。从冯·诺伊曼系统结构开始，计算机科学也慢慢就演变为硬件（计算机本身）和软件（控制计算机的程序）两部分。

到此为止，现代计算机的理论基础已经完备，接下来就是在此基础上造出越来越好的计算机了。

三、比炮弹还快的电脑

ENIAC 当时只好将错就错地造下去，并于 1946 年最终建成了，当时二战已经结束一年[6]，再也不需要计算火炮的弹道轨迹了，因此最初这台计算机用于计算洛斯阿拉莫斯实验室氢弹研制中的数学问题。ENIAC 是个庞然大物，它占地 160 多平方米，重达 30 吨，一共使用了 17000 多个电子管，7000 多个晶体二极管，7 万多个电阻和 1 万多个电容，有超过 500 万个手工焊点。它还非常耗电（150 千瓦），据说每次一开机，整个宾夕法尼亚大学周围的电灯都要黯淡一

6
美国没有预料到日本人会这么快投降，根据中央情报局的解密档案，他们原本准备每个月向日本投三枚原子弹。

图 19.13 世界上第一台电子计算机 ENIAC

些。不过在当时的人们看来，它的计算速度非常快，每秒可运算 5000 次加法，这比以前最快的继电器计算机快了上千倍。它一天能完成几千万次乘法，而以前的继电器计算机要算 40 年。当 ENIAC 公开展出时，一条炮弹的轨道用 20 秒就能算出来。因此，当时英国的蒙巴顿元帅（Louis Mountbatten，1900—1979）将 ENIAC 誉为“一个电子的大脑”，“电脑”一词由此而来。

在 1949 年美国研制出第二台电子计算机 EDVAC 之前，美国搞原子能研究的科学家们都依赖 ENIAC 解决大量的计算问题。虽然按照今天的标准看它还不够快，但是在当时科学家们的眼里，已经是快得出奇了。在 1946 年以前，为了应付大量的计算，费米只能用计算尺，费曼（Richard Phillips Feynman，1918—1988）[7] 则使用机械计算器，而冯·诺伊曼干脆用心算。ENIAC 投入使用后，大大加速了美国氢弹研制的步伐。

7 1965 年诺贝尔物理学奖获得者，他的自传《别闹了，费曼先生》深受中国读者欢迎。

正如同刚出生的婴儿常常是不美的一样，ENIAC 也有很多不足之处。首先，由于它并未采用冯·诺伊曼结构，因此它每算一道新的题目都需要改变电路，而不是像今天的计算机这样直接加载程序。要知道早期的计算机内部连线是非常复杂和混乱的，例如下图就是 20 世纪 50 年代一台真实计算机的内部连接，估计不管让谁来改里头的线路，都会觉得头大。

这样一来，ENIAC 每次计算一道题可能只需要几分钟或十几分钟，但是重新连线的时间却要花几小时或者几天。更致命的是，这个庞然大物还很容易损坏，比如说它使用的电子管，平均几十分钟就要坏掉一个，而找到那个坏掉的电子管又要花好几小时。

图 19.14　一台 20 世纪 50 年代计算机的内部连线（美国硅谷计算机博物馆）

另外，ENIAC 还有一个明显的不足，就是存储量太小，至多只能存 20 个 10 位的十进制数，因为在设计之前，没有人知道大量计算时要用多少存储单元来储存中间结果。ENIAC 的这些不足，为后来计算机设计的改进提供了宝贵的经验。

ENIAC 的诞生具有划时代的意义，它标志着人类从此进入了计算机时代。从算盘的出现开始，人类历经两千年，才完成了让人脑得以延伸的壮举。在这个过程中，无数人做出了贡献，包括中国的很多工匠和技师，包括欧洲近代的科学家和发明家帕斯卡、莱布尼茨、巴贝奇、布尔、楚泽、图灵，等等，当然，完成最后临门一脚的是莫奇利、埃克特、戈尔茨坦和冯·诺伊曼等人。如果没有二战，没有莫奇利和埃克特，没有 ENIAC，电子计算机或许会晚几年诞生，但是不会晚太多。在德国，楚泽几乎以一人之力，在不知道图灵理论的前提下，实现了世界上第一个图灵机，这说明到了 20 世纪中期全世界的理论和经验的积累已经为技术的突破做好了准备。从这个角度来看，电子计算机的发明是历史的必然。

当然，历史也同时带有很大的偶然性，这正是历史的魅力所在，至于 ENIAC 正好在那个时间（二战后），出现在那个国家（美国），而且居然是世界上唯一一台非冯·诺伊曼系统结构的计算机，有很多机缘巧合的偶然因素。

很多人可能会问，为什么第一台电子计算机没有出现在德国？我想，至少有两个重要原因。首先，德国人力和资金的投入不够大；其次，德国的计算机研究主要体现为个人行为，甚至与外界没有交流，不像美国那样是由诸多科学家参与的群体行为。在文明的过程中，集体的力量总是比个人要来得大。

电子计算机的发明，既是很多代人共同努力的结果，也体现出英雄人物的特殊贡献。这个特殊人物就是美籍匈牙利裔科学家冯·诺伊曼，他提出并且实现了一种沿用至今的计算机系统结构，并亲自负责研制了 EDVAC 计算机（1949 年问世）——这是今天所有计算机的祖先。虽然 EDVAC 的速度还不及今天一个智能手机的万分之一，但是从系统结构上，它和今天的计算机没有根本的差别。冯·诺伊曼的设计思想可以称得上是超越时空了，也正因如此，他被后人尊为现代计算机之父。

图 19.15 1952 年冯·诺伊曼（右）和奥本海默（左）在一起，背景是当时的计算机

值得一提的是，冯·诺伊曼被认为是 20 世纪和爱因斯坦齐名的天才（据说他的心算速度从来不输给使用机械计算机的同事们）。他对世界的贡献远远不止在计算机上，至少在七八个（计算机以外）学科领域都有杰出的贡献，包括：

- 发明博弈论
- 发明线性规划
- 建立数理统计的理论基础
- 完善测度理论、格理论和集合论
- 提出量子逻辑和量子机（计算机是一种量子机）
- 提出冯·诺伊曼代数
- 发明连续几何学

同时，他还是美国原子能计划及氢弹工程的主要负责人之一。

和很多天才英年早逝一样，冯·诺伊曼和图灵都不长寿，但是他们在并不长的人生里，完成了人类文明的一次跳跃式进步。

第三节 超越科学计算

虽然计算机最初是为了计算复杂的科学问题而设计的，但后来计算机的主要应用却不是科学计算。我在 20 世纪 80 年代学习计算机科学时，当时世界上大约还有 5% 的计算机主要用于气象预报、核反应模拟等纯粹的科学计算，但是今天这个比例恐怕连 1% 都不到了。计算机的用途从科学计算到超越科学计算的过程，其实就是全球信息化的过程。这个过程长达半个多世纪，可以再细分为两个阶段：首先是从科学计算到商业应用，这也是本节介绍的内容，然后是下一节要介绍的从商业应用到民用。在这两个阶段里，我们会看到，当技术和商业很好地结合在一起时，能够大大加速文明的进步。

一、从政府行为到市场决定

各国早期计算机的研制都是国家行为（虽然有私营公司参与部分项目，但是资金由国家出，私营公司并不承担亏损的风险），可以用“不计工本”四个字来形容。第一台电子计算机 ENIAC 当时的造价是 50 万美元，如果按等价的黄金来衡量，相当于 2013 年的两千多万美元，这还不包括莫奇利等人的工资。这么昂贵的计算机只能给重要的国防项目使用。

像计算机技术这种在战争环境下靠国家大量投入发明的新科技，在二战前后还有很多，比如航天技术和雷达技术。不过大部分这样的技术长期以来一直依靠政府扶持，远离民用，因此半个多世纪下来其实发展并不快，比如直到今天，世界上最先进的火箭依然是 20 世纪 60 年代末研制的土星五号。当然，这对世界经济的影响也不会太大。计算机的发展则不同，它从 20 世纪 50 年代起就开始逐步脱离政府的支持并且按照市场规律来发展，这才最终让它成为了对人类文明影响最大的发明之一。当然这是一个漫长的过程，有很多人或公司参与其中，而 IBM 公司则起了至关重要的作用。

在 20 世纪 50 年代到 80 年代，IBM 一直是计算机的代名词，由此可见它在计算机发展史上的地位和重要性，不过最早将计算机商业化的公司却不是 IBM，而是由埃克特和莫奇利创办的埃克特–莫奇利公司（Eckert-Mauchly Computer Corporation）。这师生二人在发明电子计算机后，显然是看到了这种神奇机器的商机，于是想把它商业化。不过宾夕法尼亚大学认为发明权属于大学，而不是这两个发明者，结果双方闹翻了，莫奇利和埃克特最终选择了辞职办公司。1947 年，他们成立了世界上第一家计算机公司——埃克特–莫奇利公司，该公司研制出一种叫 UNIVAC（起初叫 EDVAC II，后来改名为UNIVAC）的计算机，提供给美国统计局和军方使用，这是世界上第一台商业化的通用计算机。但是，埃克特和莫奇利都不怎么懂经营，很快他们的公司就因为赔钱而关门了。不过UNIVAC本身还是有很多亮点的，尤其是它在通用性上做了重大的改进并且提供了相对完整的指令集，因此在它上面编程变得更容易。当然“更容易”也是相对的，它使用了很不直观的汇编语言。为了方便输入和显示计算结果，后期的UNIVAC还配备了带键盘和显示器的终端（如图19.16所示）。UNIVAC的产品线由此得以维持了一段时间，几经转手后成了优利（Unysis）公司的一部分。

图19.16　UNIVAC的终端（收藏于硅谷计算机博物馆）

埃克特和莫奇利的失败说明并非每一个学者都适合办公司，类似的例子在计算机发展史上还有很多。不过从普及计算机的角度来看，埃克特和莫奇利的失败也许并不是一件坏事，因为在他们眼里计算机只是为计算而设计的，并没有办公、商业等用途。这样，将计算机从科学计算推广到商用领域的历史使命就落到了具有商业头脑的小沃森（T.J. Watson, Jr.）和他领导的IBM身上。

二战后，小沃森接替父亲当上了IBM的总裁，当时他还很年轻，对新技术非常敏感，他敏锐地看到了计算机将在今后社会中扮演非常重要的角色，决定投巨资发展计算机。IBM以前是制造卡片机和其他办公设备的公司，它现有的客户都是未来的计算机用户，这是它的优势，不过公司里没有人懂得计算机技术。小沃森并没有因此就知难而退，他认为只要商业的方向看准了，技术问题是可以花钱来解决的。于是，小沃森将IBM的研发经费从他父亲在任时公司营业额的3%增加到9%，聘请了冯·诺伊曼担任顾问，并与麻省理工学院（林肯实验室，Lincoln Labs）合作研制计算机。莫奇利和埃克特也曾考虑过加入IBM公司，但是因为很复杂的原因他们最终没有能够一起合作。

IBM 时机把握得非常好。由于当时计算机商业化水平不高（埃克特-莫奇利公司也很小），美国军方和政府部门要使用计算机都得自己定制，这样既费时间又费钱，因此，美国社会有这样一个需求 —— 由一家公司来研制和生产大家都用得起的计算机。IBM 恰恰把握住了这个机会。1953 年，IBM 一边和美国空军谈研制计算机的合同，另一边与林肯实验室一起建立了一个专门研制计算机的部门。1954 年，IBM 终于和空军签署了正式的合同，它将为空军开发一种项目代号为 SAGE[8] 的计算机，用于整个北美地区的防空指挥。

为了研制 SAGE，IBM 投入了全公司 20% 的人力，堪称一场豪赌。不过大投入也为 IBM 带来了丰厚的回报。IBM 从整个 SAGE 项目中一共获得了 100 亿美元的收入（相当于 2013 年的 670 亿美元）[9]，这不仅占了当时 IBM 计算机销售额的 80%，而且帮助 IBM 确立了在计算机行业的霸主地位。

第一台 SAGE 于 1958 年交付使用，后来经过改进居然一直用到了 20 世纪 80 年代。相比先前的各种计算机，SAGE 要实用得多。先前的计算机，主要考虑的是计算功能，存储、控制、输出等部分都做得非常简单，因此，计算机更像一个裸露的计算器，而非功能齐备的产品。这些计算机，除了专家，没有人能操作。SAGE 则不同，它除了有更快的（用于计算的）中央处理器外，还采用了当时最先进的磁芯存储器、视频显示器、（通过电话线的）数据传输设备，并且安装了一个实时操作系统[10]。SAGE 是真正意义上的商品，而不再是过去的实验设备，一般的操作人员经过学习和培训后，就可以使用 SAGE 工作了，它的用途也从单纯的科学计算拓展到军事指挥。虽然这些特点在今天看起来稀松平常，但是在当时却是计算机走向商用的关键一步。

不过，虽然 SAGE 可以批量生产，但它还是太贵了，它实际上只有一家客户 —— 美国空军。如果不能解决计算机的造价问题，它还是无法进入商业领域。

8 Semi-Automatic Ground Environment 的缩写。

9 http://www.extremetech.com/computing/151980-inside-ibms-67-billion-sage-the-largest-computer-ever-built。

10 以前计算机的操作系统只能执行预先设定好的批处理，不能进行实时处理。

二、从军用到商用

有两个公司对于计算机的普及和用途的拓展做出了重大贡献，它们就是AT&T 和 IBM。前者在技术上的发明使得计算机的造价大幅降低，而后者在商业上的成功使计算机得以普及。

我们前面提到，早期的电子计算机（又称为第一代计算机）是用电子管搭成的。电子管不仅很贵，还特别费电。如果读者还能找到几十年前的古董收音机，就能够理解这些电子管制作的电器效率有多么低。一个电子管收音机一般使用五六个电子管，这些电子管的输出功率加在一起只有 1 瓦左右，却要耗电 40—50 瓦，其他的电能都转化成热能浪费掉了。电子管还有其他很多不足，比如电子管的电器预热时间很长，打开电源开关，要等一两分钟才能工作。电子管也很容易损坏，这样计算机的可靠性高不了。总之，电子管的计算机可以说是造价高、运行和维护成本高而寿命短的瓷娃娃，很难普及。

因此，要普及计算机就需要有一种比电子管更加便宜、耐用又省电的电子元器件。而恰恰在计算机诞生后不久，一项发明解决了这个问题，这就是 1947 年 AT&T 贝尔实验室的肖克利（William Bradford Shockley，1910—1989）和巴丁（John Bardeen，1908—1991）发明的晶体管。1956 年，他们因此获得了诺贝尔物理奖，这也是贝尔实验室获得的第一个诺贝尔奖。值得一提的是，16 年后巴丁因为发现超导第二次获得诺贝尔奖，成为了历史上为数不多的两次获诺奖的科学家。

在发明晶体管后不久，AT&T 公司在 50 年代研制出世界上第一台晶体管计算机，其速度是以往电子管计算机的上百倍。不仅如此，相比电子管，晶体管还有很多无与伦比的优点，首先它的价格和功耗比电子管低了一个数量级，体积和重量降低了两个数量级，寿命却提高了一个数量级。因此只要能批量生产，计算机的价格便有望降低一个数量级，而且这种计算机的运营和维护成本也降低了很多。

为了保持刚刚在计算机领域确立的领先优势，IBM 很快也研制出自己的晶体管计算机。从第一代电子管计算机到第二代晶体管计算机在短短的几年时间里就能完成，一个重要的原因是计算机的系统结构并没有大的改变，从根本上讲依然是冯·诺伊曼的，由此也可以看出一个超越时代的科学家的影响力是多么的深远。不过晶体管的计算机依然是分立元件的，可靠性还是有问题，而且一旦坏了，很难找到原因。对于银行、证券公司或者航空公司而言，这个缺点是无法接受的。因此，晶体管计算机也只能算是一代过渡型产品。

计算机真正进入商业，是靠集成电路的发明和普及，而集成电路的诞生和发展，在很大程度上成就了硅谷。在 1958 到 1959 年间，德州仪器公司的工程师杰克·基尔比（Jack Kilby，1923—2005）和仙童公司的罗伯特·诺伊斯（Robert Noyce，1927—1990）分别独立发明了集成电路，当时一个纽扣大小的集成电路芯片，内部就集成了上百个晶体管，由此计算机的运行速度更快、体积更小、价格更便宜。最重要的是，它使得计算机的元器件数目减少了两个数量级，这样一来计算机的可靠性就非常高了。

计算机发展到这一步，进入商业领域的硬件技术条件已经具备，但是要让计算机从单纯科学计算拓展到商业和管理上，还需要有一门便于处理商业数据的高级程序语言，而 COBOL 语言[11]便在这时应运而生了。现在，剩下的事情就要看 IBM 等公司能否把这些技术变成有用的产品，并且在市场上推广。在历史上，很多好技术在商业上并没有成功，比如磁悬浮技术。在计算机的推广方面，IBM 公司可以说是功不可没。

图 19.17 创立仙童公司的八叛徒，仙童公司后来成为硅谷很多半导体公司之母

11 COBOL是Common Business-Oriented Language 几个字的缩写，意思是“通用的面向商业的语言”。

晶体管和集成电路都不是IBM的发明，但IBM却是利用这两项技术将计算机做得最好的公司。1964年IBM研制出采用集成电路的大型计算机IBM/360系列以及后来升级的370系列，这两个系列的大型机非常成功，以至于IBM靠它们就占到了全球市场份额的一大半。COBOL也不是IBM发明的——它是基于女科学家格蕾丝·霍普（Grace Hopper，1906—1992）早先的编程语言设计而开发的，但是它被工业界接受并得到普及却是IBM的功劳。在COBOL之前，软件人员使用最多的高级程序语言是FORTRAN[12]，主要针对科学计算，而不是商业应用。到了20世纪60年代，靠着IBM的大力推广，COBOL才被整个计算机工业界接受，并逐渐成为占主导地位的程序设计语言。

12
FORTRAN是Formula Translating的缩写，意思是公式翻译（的语言），从字面上就能看出这是为科学计算设计的。

至于说为什么IBM能成功，主要是因为它发明了以服务为核心的IT商业模式。在20世纪60年代，各行各业刚刚接触计算机，对它既不熟悉，也不大会使用，IBM每进入一个新的行业，一般都会先和行业里比较大的公司合作开发行业软件，然后向全行业推广。为了保证这些客户能把计算机和软件用好，IBM会派人到客户那里提供服务，然后每年收一些服务费。就这样，在IBM的“辅导”下，计算机被推广到一个又一个行业中，1959年进入银行业，1963年进入汽车工业，1964年进入航空业……当一个行业中有一家企业开始使用计算机后，其他企业为了竞争不得不跟进。例如，1964年，美国航空公司（American Airlines）率先采用IBM研制的计算机订票系统，成为全球首家计算机化的航空公司。虽然这个订票系统在运营初期，还有人担心这样是否会增加成本，但是一年以后，再也没有人提出这个问题了，所有航空公司都开始采用计算机订票了，因为这些公司发现，如果不这样做，它们将无法与美国航空公司竞争[13]。计算机不仅帮助了航空公司的售票业务，还及时地为航空公司和旅客提供世界各地机场和航班的信息，大大方便了航空公司和乘客。这样就推动整个社会进入信息化的时代。

13
在此以前，航空公司的订票业务完全依赖人工。各地的订票员接到客户的订票电话后，给客户预留一段时间，然后在航班的座位表上写上客户的名字，各个订票点之间再经常通过电传同步。这种方法既不方便，各个订票点之间还经常发生冲突。在采用了计算机订票后，美国航空公司的各个订票点都通过电话线连到了IBM的大型计算机上，由计算机统一处理，上述问题就得到了根本解决。

随着计算机的普及和发展，围绕着计算机形成了一个大的产业和研究领域，各个大学相继成立了计算机系，在工业界出现了一个新的职业——

程序员。在 20 世纪 60 年代，你只要会 COBOL 语言，就能生活得很好，比今天的程序员日子过得舒服多了，因为当时各行各业使用的软件大多是用 COBOL 写的。一些优秀的工程师的成就也被全世界认可，例如英国工程师托尼·霍尔（Antony Hoare，1934— ）因为发明了计算机算法中的快速排序算法（Quick Sort），被英国女王授予了爵士称号。从 20 世纪 60 年代直到今天，计算机工业一直是全球发展最快的行业。

计算机从 20 世纪 40 年代被发明开始，大约用了 30 年时间，完成了一系列转变：从科学计算到商用、从不计成本的定制品到企业和大学都买得起的商品、从只有专家才会使用的复杂仪器到一般操作员都能使用的办公设备。在这个过程中科学家和工程师的贡献固然是巨大的，而 IBM 等私营公司的作用也是功不可没的。当然，这些公司的动机是为了赢利，但是同时也促进了文明的发展，从这里我们可以看到技术和商业一旦结合在一起，就大大地加速了文明的进程。

第四节 让每个家庭都拥有计算机

由于 IBM 的大型机实在太贵，中小企业和学校根本用不起，因此当时就出现了一些公司，如 DEC 和惠普，制造相对廉价的小型计算机，作为在低端市场对 IBM 产品的补充。但是，即便是后者价格也不菲。图 19.18 所示的是我在硅谷计算机博物馆见到的一台惠普中型机的标价，当时主机的售价是 28500 美元，加上外设价钱在 5 万美元以上。这么昂贵的计算机显然无法进入家庭，即使降价一半或更多，也无济于事。价格至少降至原来的十分之一或二十分之一，同时性能还不能太差，计算机才有可能走入家庭。

图 19.18 70 年代惠普中型计算机主机的售价（美国硅谷计算机博物馆）

价格因素只是妨碍计算机进入家庭的原因之一。抛开价格的因素，如果免费将这个冰箱大小的家伙送给大家，即使你家里有足够的地方放置，并且不考虑耗电量，你可能也不会要，因为它对大家来讲没什么用。要让计算机变得体积足够小，价格足够便宜，而且对家庭还有用，光靠一两个公司是不够的。实际上，这件事最后是由成千上万个公司共同努力完成的，而这些公司的利益并不相同甚至有冲突，但是它们都被一只看不见的手引导着往前走，这只手就是摩尔定律。

一、摩尔定律（Moore's Law）

约翰·霍普金斯大学工学院院长施莱辛格（Ed Schlesinger）讲，正如在牛顿之后的二百年里世界的发展是由牛顿三定律决定的一样，过去 60 年世界的发展是由摩尔定律所决定的。这句话或许有些夸张，但是从一个侧面说明了集成电路的发展对整个世界发展影响之大。

顾名思义，摩尔定律是由一个叫戈登·摩尔（Gordon Moore，1929— ）的人提出来的，关于他的故事我们在后面介绍硅谷时还会具体展开。摩尔曾经和朋友共同创办了两家非常有名的半导体公司——仙童公司和英特尔公司，不过他最出名的是提出了摩尔定律。1965 年，集成电路还不为大多数人所知，这时摩尔就大胆地预测它的性能可以每两年翻一番，后来翻番的时间又缩短到 18 个月。当时没多少人（包括摩尔本人）相信摩尔预测的增长速度会持续很多年，因为连续翻番的事情一旦发生是很可怕的。我们都知道古代印度那个在国际象棋棋盘上放入麦粒的故事，只要后一个格子里的麦粒比前一个翻一番，只要几十次，数量就增长了万亿倍，甚至还多。

过去 50 年里，集成电路就是按照翻番的速度在发展的——每 18 个月性能翻一番，或者说同样性能的产品价格降一半，一连翻了 30 次左右。我们可以想象，当这种翻番的进步进行到某一天时，会出现一个拐点，让计算机便宜到个人消费得起。从这时起，小小的半导体芯片的影响力就不局限于计算机行业了，而是开始改变整个世界的经济结构。这个拐点就出现在 1976 年。

这一年，没有读完大学的天才史蒂夫·乔布斯（Steve Jobs，1955—2011）和一名叫作沃兹尼亚克（Steve Wozniak，1950—）的工程师在一间车库里“整”出了世界上第一台可以商业化的个人计算机 Apple I。与以前各大计算机公司做法不同的是，乔布斯和沃兹尼亚克并没有从计算机的芯片开始设计，而是直接拿来一款代号为 MOS 6502 的微处理器“攒”出了一台个人计算机。Apple I 的速度连今天智能手机的十万分之一都不到，不过却比世界上最早的电子计算机 ENIAC 快了几十倍，而售价只有 666.66 美元。如果不是乔布斯透露沃兹尼亚克喜欢重复的数字，大家还会以为他们请了一个中国销售人员定的价格呢。这个价钱比当时任何商用的计算机便宜 1—2 个数量级，是一个中产家庭所能接受的价格。当然，Apple I 是一台空壳主机，显示器要用家里的电视机，键盘要单买，内存很小而没有外接的存储器，更没有什么现成的软件可以使用。因此 Apple I 的使用者一般都是计算机爱好者，而非普通的老百姓。不过，沃兹尼亚克很快就开发出一种新的机型——Apple II，虽然它的处理器还是和 Apple I 一样，并且需要接电视机作为显示器，但是可以接入家庭的卡式磁带机作为存储设备，也可以配置软盘驱动器，这样写的程序再多也不会丢了。不过对大部分家庭更有意义的是，Apple II 提供了游戏卡的接口，这让它变成了很多家庭的游戏机。虽然 Apple II 的价钱比 Apple I 贵了一倍，不过依然热销。

图 19.19 世界上最早的通用个人计算机 Apple I，当时售价 666.66 美元，今天在 eBay 上售价高达五千到两万美元

Apple II（及其兼容机）可能是史上销量最大、生命力最长的个人计算机之一，它的扩展型 Apple IIe 居然卖

到了1993年。另外，它在中国有一个中国版的孪生兄弟——中华学习机，在20世纪80年代，中华学习机的销量居然是当时中国其他PC销量的总和，因为它是唯一一种家庭可以承受得起的PC，售价在1000元人民币以下，而当时一台IBM-PC兼容机要卖到一两万元人民币。由此可见价格在早期计算机进入家庭时扮演着非常重要的角色。

苹果公司早期的几款计算机的意义不在于它们真的对人们的生活产生了多大的影响（事实上大多数人不过是拿它玩游戏而已），而是证明了计算机是可以进入家庭的，而且这个市场可能比原有的企业级市场还要大。

IBM在历次技术革命中常常不是领跑者，在晶体管计算机和集成电路方面它都是如此，但是它常常是笑到最后的那个选手。不过在PC时代，IBM的这一神话没有得到延续，它在某种程度上是替他人做了嫁衣。

IBM在PC上的起步其实并不晚，1980年IBM的总裁弗兰克·卡里（Frank Cary）就决定开发个人计算机。起初，IBM只是想小打小闹，当时有十多万人的IBM将这件事交给了在佛罗里达一个只有十几人的小组。不过，正是因为人员不足，而且远离公司在纽约州的本部，这个只有十几人的小组不得不打破以前IBM开发计算机时自行设计全部硬件和软件的做法，采用了第三方的处理器——英特尔公司的8088芯片，并且委托独立软件公司为它配置各种软件，尤其是操作系统。IBM找到了当时还只有两个人的微软公司，询问比尔·盖茨是否能开发PC的操作系统，盖茨知道这是一个千载难逢的好机会，就答应了下来，然后转身花了5万美元买了一个叫QDOS的小型

图19.20 被认为是20世纪最具革命性的计算机产品IBM-PC，对比苹果早期的产品，确实高级了很多

操作系统，改名为MS-DOS后，拿去向IBM交账了。就这样仅仅用了一年，也就是在1981年，IBM-PC就问世了。第一批IBM-PC的性能比当时苹果公司的个人计算机好了很多，它与Apple II计算机的差别就如同iPhone和诺基亚老式翻盖手机的差别那么大。因此，IBM-PC从一问世就大受欢迎，当年卖掉了10万台，一下子占领了四分之三的PC市场。《时代》周刊当年就评选IBM-PC为20世纪最伟大的产品，《华尔街日报》也高度评价了IBM的这一贡献。计算机进入家庭，并且能够帮助人们做日常的事情，是从这时候开始的。

如果回到20世纪80年代初问大家，谁将会是个人计算机时代的领导者，十有八九的人会说是IBM，剩下可能会说是苹果。遗憾的是历史和IBM开了个大玩笑，在个人计算机时代的这场大戏中，IBM连头号配角都算不上，而发明个人计算机的苹果也只是头号配角而已。真正的主角是一开始藏在IBM-PC背后的微软公司和英特尔公司。关于这场大戏以及这四家公司的故事，在拙作《浪潮之巅》里有详尽的描述，这里就不重复了。而最终形成这样结局的原因，并非这些公司的领导者能力不济，眼光不够长远（事实上20世纪90年代IBM的CEO郭士纳和苹果的创始人乔布斯都是历史上数得着的优秀领导人），而是因为有摩尔定律在背后起作用。

在个人计算机时代，IBM其实是摩尔定律的受害者，当PC的价格一降再降，而性能不断逼近其大型机时，IBM面临了一个两难，要么放弃这个快速发展但利润却越来越低的个人计算机市场，要么放弃过去的优势，和所有个人计算机厂商站回到同一条起跑线上，无论怎样选择，IBM都将非常痛苦。最后它选择了放弃利润很薄的个人计算机市场，虽然这个市场的规模更大。30年后，事实证明，它的选择是正确的，它舍弃了本来不属于它的，却守住了它应得的市场。不过这样也就将新时代的主角让给了微软和英特尔。

那么这两家公司又是如何“合作”将计算机这个看似高不可攀的高科技产品变成了每个家庭都能拥有，而且还离不开的普通电器的呢？这还得说到在摩尔定律的影响下，这个行业特殊的规律性了。

二、WinTel 王朝

摩尔定律本身只是解决了计算机成本的问题，并没有解决易用性的问题。20 世纪 80 年代的个人计算机在今天看来是很难用的。当时占了大部分市场份额的IBM-PC及其兼容机，绝大部分都采用微软的DOS操作系统，在 DOS 操作系统下，人们要用键盘与计算机不断地对话，当然使用的是计算机规定的语言而不是人讲的自然语言。比如你要找一个文件，然后编辑打印，需要先用“DIR”命令列出目录下的文件，抄下或者记住这个文件的文件名（FILENAME），再用编辑命令“EDIT”打开这个文件进行编辑。当编辑完成后，再用 PRINT 这个命令打印文件到指定的打印机上。各位读者看到我列举的这些枯燥的命令可能已经有点烦了，但是如果每天这样使用计算机大家会更烦。更要命的是，使用者还要将这上百个命令记熟，这个门槛对于一般的家庭主妇、蓝领工人或者老年人们并不低。如果不解决这些问题，计算机的普及就很困难。

公平地讲，这个难题是乔布斯的苹果公司和盖茨的微软公司共同解决的，虽然乔布斯可能不会同意我这种说法（他会认为微软偷了他的想法）。早在 1973 年，施乐公司帕洛阿图研究中心（PARC）就发明了一种图形界面的操作系统原型和可实用的鼠标，但是施乐并不知道它们有什么大用途。1980 年乔布斯将这些技术用到了苹果的 Lisa 个人计算机上，第二年又用到了新设计的麦金托什[14]计算机上。这一年，已经在 IT 领域颇有名望的乔布斯邀请还是小字辈的盖茨来到硅谷洽谈合作事宜。当然乔布斯事先并没有告诉盖茨要谈什么，而是要给后者一个惊喜。乔布斯给盖茨看了新设计的麦金托什个人计算机，以及漂亮的图形界面的操作系统。乔布斯让盖茨大吃一惊的目的确实达到了，后者果然被这种图形界面加鼠标的操作系统迷住了，这比微软的 DOS 不知道要强多少倍。盖茨马上意识到，眼前这种基于视窗的操作系统代表了今后的趋势。不过让乔布斯没有想到的是，原本被找来帮助苹果开发（图形界面）应用软件的盖茨，却在想如何开发类似的操作系统和苹果竞争。

14 Macintosh，加州的一种苹果，后来成为了苹果计算机的代名词，今天说的 Mac 就是 Macintosh 的缩写。

盖茨回到微软后，向同事们展示了苹果的产品，大家也都被这种图形操作系统迷住了，从此微软研发的重心转到了视窗操作系统上。微软的工程师们花了十几年的时间，几经坎坷，直到 1990 年，才做出一款可以媲美苹果操作系统的软件——Windows 3.0，好在他们长期的努力在市场上得到了回报，这个版本的视窗操作系统一上市，就确立了微软在个人计算机时代的领袖地位。在接下来短短的两年里，不仅所有的个人计算机全部由 DOS 升级成了视窗操作系统，而且微软把苹果的市场份额挤得只剩下不到 5%。对于今天的人来讲，操作系统就应该是基于视窗的，但是如果没有盖茨和微软的努力，这一天不会来得这么快。公平地讲，乔布斯发明了一个好东西，但是盖茨将它普及开来，因此他的贡献是不可忽略的。这位志向高远的业界领袖有很多理想，但第一个理想就是“让每个家庭都拥有计算机”，有了视窗操作系统，他的这个理想实现了。

图 19.21 在麦金托什诞生的二十多年后，乔布斯（左）和盖茨（右）两大 IT 巨头再聚首

讲到这里读者可能会有一个疑问，苹果不是早就有了图形界面操作系统，那么为什么它的计算机没有成为主流呢？要说清楚这个道理，我们还要回到摩尔定律，这只控制计算机行业的看不见的手上来。

摩尔定律对于用户来讲是个福音，对于制造计算机的厂家却未必。如果 18 个月后计算机的价格不变，性能翻了一番，或者性能不变价格降了一半，谁还会急着买计算机呢？如果从个人到企事业单位大家都等 18 个月才买计算机，那么这个市场一定发展不快。幸好在 PC 时代，还有一个安迪-比尔定律（Andy-Bill's Law）也在支配这个领域的商业行为。这个定律的原文是“安迪所给的，比尔都要拿去”[15]，其中安迪是指英特尔公

15 What Andy gives, Bill takes away.

司共同创始人兼当时的 CEO 安迪 · 格罗夫，而比尔当然就是比尔 · 盖茨。这条规律的意思是，微软等软件公司的新软件总是要比从前的软件耗费更多的硬件资源，以至于完全吃掉了英特尔等硬件公司带来的性能的提升。事实也是如此，我们并没有觉得今天的 PC 比一年半以前快了很多，而在 18 个月前的计算机上跑最新的软件，大家会发现慢得不得了。

如此说来，似乎软件公司非要和用户做对，其实不然，这是计算机工业发展的需要。我们前面讲，要让计算机真正对个人和家庭有用，必须开发出各种各样的应用软件，而运行这些软件是要消耗内存和处理器时间等硬件资源的。同时，为了管理这么多应用软件和越来越多的用户数据，计算机的操作系统也要做得更复杂，这也要消耗掉硬件资源，这也是大家都感觉微软新版 Windows 总是比老版来得慢的原因。另一方面，随着应用软件越做越复杂，软件开发的难度也就越来越大，因此开发人员不得不采用编程方便但是运行效率降低的程序语言，否则新软件的开发周期和维护成本都会高得让人接受不了。从 20 世纪 70 年代到今天，PC 程序员们（包括比尔 · 盖茨）最初使用汇编语言，然后是 C 语言、C++、Java，再到现在的各种脚本语言，比如 PHP 或者 Python，编程是越来越容易了，但是执行效率却越来越低了，这无疑也要消耗掉更多的硬件资源。由于软件会吃掉硬件性能的提升，为了让新的软件能够运行得比较流畅，设计处理器、内存和硬盘的半导体和硬件公司就必须做到 18 个月让计算机的性能翻一番；同样，当硬件性能提升后，所有的软件公司就必须努力开发出新的软件或功能再“吃掉”硬件的提升，这样软件和硬件就形成了一种非常紧密的相互依存的关系，使得计算机产业能够不断地升级换代，飞速发展。由于摩尔定律和安迪–比尔定律的共同作用，几十年下来，计算机整机的价格不仅没有提高而且还能缓慢下降，占家庭收入的比重越来越低，而计算机的功能却越来越强，用途越来越广，大家就有意愿购买和更新个人计算机了。当然，计算机得到普及的另一个重要原因是互联网的普及，以至于人们为了交流和获取信息，家里必须有一台计算机。关于互联网的内容我们在本书第二十二章会详细介绍。

上面这一环扣一环的产业链堪称完美，但却不是一家公司能够通吃的，这需要大家的分工协作。而在分工协作时，各家厂商既没有一起开会商量，也没有像电信行业那样制定一个整体的标准（当然局部的标准协议还是有的），整个行业完全是靠着一只看不见的手，通过摩尔定律、安迪-比尔定律等几条 IT 行业的规律来维持的。在个人计算机时代，制造计算机的厂商非常多，而开发软件的公司也非常多，不同的 PC 之间，同类功能的软件之间，从功能到质量都没有本质的区别，因此这些公司都不在计算机产业的关键路径上。不过任何 PC 和应用软件都有两个绕不过去的环节，即中央处理器（CPU）和操作系统，而它们分别被英特尔和微软这两家公司控制了[16]。如果不采用英特尔的处理器和微软的操作系统，原有的各种软件就无法运行了。因此没有一家 PC 厂商会选择制造和其他厂商不兼容的机器。这样一来，英特尔和微软就主导了 PC 时代，于是有人发明了一个词来概括个人计算机的时代——WinTel，即视窗（Windows）加上英特尔（Intel）的意思。在这个时代，微软和英特尔就是整个 IT 帝国中两根无法撼动的支柱。

16
AMD 虽然也生产兼容英特尔处理器的产品，但是，它的存在只不过是英特尔出于反垄断的考虑没有并购它。

现在，我们就很容易看清楚为什么苹果公司在个人计算机时代是一个配角。苹果在某种程度上是置身于这个产业链之外的，从处理器芯片的设计到应用软件的开发全要靠自己做，它的计算机自成一体，和其他的 PC 完全不能兼容。这种封闭的做法导致了三个后果：价格贵、软件少和不兼容。因此，即使苹果计算机的界面做得再漂亮，大家也不敢买，按照当时通用汽车公司 CEO 的说法，这是一辆只能在 5% 公路上行驶的汽车。更何况一个公司也很难在方方面面都做得很好，因此以一个公司的智力抗衡整个行业，时间一长就必然落入下风。苹果公司产品的市场占有率从 IBM-PC 诞生之后就一直下降，直到后来它也采用了英特尔的通用处理器，并且在自己的 Mac 机上运行微软的 Office 办公软件[17]，甚至可以运行微软的视窗操作系统，市场占有率才回升到 10%—15%（当然这时的苹果计算机已经部分融入 WinTel 体系了）。

17
虽然微软 Office 套件中的部分程序，比如 Word，很早就有了 Mac 的版本，但是并不全，而且和微软视窗上的版本兼容性并不好（主要是由于苹果硬件的兼容性所导致的），直到 Mac Office98 版，才真正包装了 Office 中的全部套件，并且和微软视窗版本全面兼容。

WinTel 和苹果之争从表面看是产品之争、技术路线之争，而从更深层看是两种商业模式和文化之争。WinTel 代表着开放与分工合作，这是现代工业社会的基本特征，而苹果则是代表着封闭和对技术的垄断，因此，苹果在市场份额上落败是必然的。有意思的是，历史有时会出现惊人相似的一幕：20 年后，苹果在智能手机领域也是因为同样的原因，在市场份额上输给了 Google 采用开放路线的 Android 系统，这是苹果公司的基因[18]使然。不过，虽然苹果不是 PC 时代这场大戏的主角，也毕竟是一个不小的得益者。

18 关于公司的基因理论，读者可以参看拙作《浪潮之巅》。

经过英特尔、微软和众多公司的努力，计算机这种原本非常复杂且用途单一的产品居然成为了家庭必备的电器产品，而且在人们的日常生活中发挥了巨大的作用。从 20 世纪 70 年代初到 2010 年，计算机处理器的性能提升了一百万倍，而且价格还在不断地下降。至于为什么只有信息产业能够一直按照摩尔定律规定的速度发展，不同人有不同的解释，我们这里就不一一说明了。但是有一条是明确的，那就是半导体公司的数以十万计的几代工程师不断挑战极限、超越前人的结果。同时，这也要靠世界上数百万软件工程师通过不断推出新功能的软件，最终使得计算机这个原本只能做科学计算的仪器成为了几乎无所不能的智能机器。今天，没有人会否认计算机是人类文明史上最伟大的发明之一，而在为这项文明成果做出贡献的是上百万人（甚至更多），可能还包括读者你，因此大家可以为自己感到自豪。计算机的普及再次说明文明不只是由几个英雄人物创造的。

与过去很多文明成就不同的是，计算机的发展速度快得超出人们的想象力。盖茨曾经这样说："如果通用汽车公司像计算机行业那样紧跟技术的发展，我们今天的汽车只要 25 美元一辆，而且早就可以用一加仑汽油跑 1000 英里了[19]。"虽然汽车业人士认为这种说法不公平，但是盖茨用一个通俗易懂的说法说明了计算机工业发展速度之快。

19 盖茨说这句话时，一加仑汽油可以跑 30 英里（1 英里 =1.609 千米）。

第五节 "三无"时代

随着半导体技术的发展，计算机的成本、体积和能耗不断下降，它已经变得几乎无所不在了。在互联网尤其是移动互联网兴起之后，计算机和我们的生活开始有机地结合，伴随我们左右，可以说是无时不在。而随着大数据、机器学习和计算机软件技术的发展，计算机已经变得越来越“聪明”，在人们看来似乎是无所不能的。计算机的未来可以用三个词来形容：无所不在、无时不在和无所不能。

一、无所不在的计算机

我想现在大部分人都会同意计算机无所不在的说法。但是，我这里要强调的是用得上计算机的场合要比一般人想象的还要多，而且它们控制着我们身边的一切。

30 年前的汽车不带任何处理器，但是今天出产的汽车，哪怕是最便宜的，也或多或少地由计算机控制它的各项功能，一辆高档的汽车（比如奔驰的 E 系列或 S 系列），大大小小的处理器多达上百个，因为任何一个小的功能都是由一个小的芯片控制。即使是那些生产了很多年的同一款工业产品，今天制造出的产品和几十年前的产品从本质上讲也已经完全不同了。以波音 747 大型客机为例，虽然这是 20 世纪 60 年代末的产品，但是至今仍在不断地升级更新，其原因是今天的波音 747 和 1969 年首飞的机型其实已经是两种不同的产品了。过去那些采用复杂的模拟电路和机械控制的装置早已经没有了，取而代之的是全部由计算机控制的部件，因此今天生产的波音 747 客机要比 20 年前的安全可靠得多。在过去的几十年里，计算机已经悄悄地将全球的工业乃至各行各业完全“数字化”了。从大往小看，国家的管理、城市的管理、大型工业企业的管理，几乎所有设备（汽车、飞机）的控制，一直到我们日常生活中的各种电器，比如电视机、电冰箱、洗衣机、空调、照相机和 DVD 机功能的实现，其实都已经是通过计算机来完成，甚至就连小孩的电子玩具也不例外。

虽然在半个世纪前各行各业没有使用计算机时，人类照样生活，但是将各种控制的功能数字化，并且交给计算机去完成有很多好处。首先是计算机能实现过去看似复杂的控制逻辑，比如全自动洗衣机，如果想用机械的方法同时控制水量、转速、水温、漂洗次数、洗涤时间等各种组合，几乎是不可能的，而有了微处理器，这些控制简直就是“小菜一碟”。在大型工业产品中这种优势更是明显。其次，数字化的东西可以降低成本，而机械的东西，甚至模拟电路的东西成本只会上升不会下降。靠着数字产品成本的不断下降，工业化国家的整体通货膨胀率在二战后才能一直控制得很好。第三，可以提高可靠性，任何系统的可靠性是和器件数量成反比的，比如每个器件的可靠性为 6 个 9，即 99.9999%，如一个设备有 10 个器件，可靠性就降低成 5 个 9 了，如果有 100 个器件，则只剩下 4 个 9 的可靠性了。今天 40 岁以上的人应该有这样的经验，过去的模拟电视机（尤其是分立器件的），用一段时间小毛病就越来越多，因为里面的器件太多。今天的数字电视，里面只有几个解码和图像显示的芯片（都是微处理器），你想等它坏了换一个更新更大的，它就是不坏。当然，相比电视机可靠性，更重要的是保证我们社会运转的各种产品和服务（比如国家的应急和指挥系统、电力系统、火车、飞机和各种医疗仪器）的可靠性，虽然我们还不能说它们是百分之百地可靠，但是比半个世纪前有本质的提高，这主要归功于数字电路和微处理器。在过去的 30 年，全球经济发展的动力其实就是“数字化”，也就是计算机应用到各行各业，而这个过程也提供了全球 GDP 增值的大部分。

当计算机以各种形式不断渗入各行各业时，它不仅仅停留在降低成本、改进产品质量上，而且在不断地让原有的行业产生革命，甚至颠覆这些产业。人们不断惊讶地发现，自己使用多年的东西，忽然有了新的玩法，而这个新玩法就是计算机赋予的。

在利用计算机颠覆原有行业方面，苹果公司堪称创新的典范。苹果公司在 1990 年到 2006 年较长的时间里，一直处于计算机行业的边缘。虽然从 1996 年起，乔布斯回到了苹果公司并且将它办成世界上最赢利的公司之一，但是当时人们关注的焦点依然是微软和新崛起的 Google 的竞争，而不是苹果公司。不过 2007 年，苹果公司再次成为了信息产业中最受关注的焦点，因为这一年它发布了一款新产品 —— 苹果手机 iPhone，这款当年销量只占全世界数量 2% 的手机，在短时间内彻底改变了世界通信产业，也因此创造了乔布斯的神话。

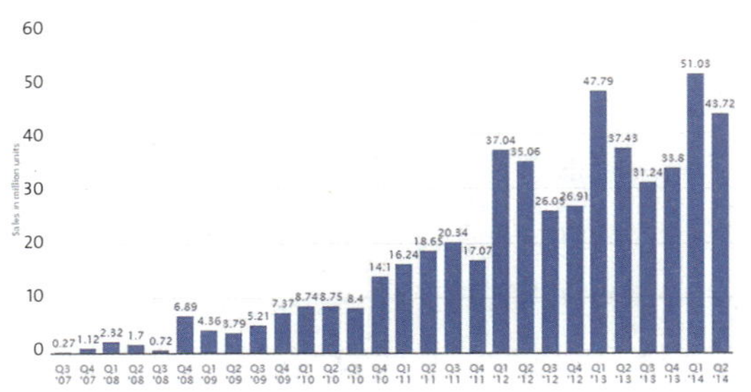

图 19.22　苹果 iPhone 全球销量的增长

很多人，尤其是传统电信行业从业者，曾经怀疑苹果能否在已经非常拥挤的手机市场站稳脚跟。诺基亚当时的首席战略家维尼奥克（Anssi Vnjoki）曾经评论道，手机主要的功能是打电话，苹果的手机界面做得再漂亮也成为不了主流。但是，苹果公司不仅站稳了脚，而且和 Google 一起，将三星除外的全部传统手机制造商逼得几乎没有了活路。苹果 iPhone 的销量从第一年（2007 年第三季度到 2008 年第四季度）的 540 万部，猛增到 2013—2014 年度的 1.6 亿部，六年增长了 30 倍（后来的安卓手机增长速度更快）。而曾经占据手机市场份额四分之三的诺基亚和摩托罗拉，很快跌至不到 10% 了，最后不得不双双被出售了[20]。苹果的这次成功说明了计算机在颠覆现有行业上几乎是无所不能——它会以某种形态（比如手机）进入一个行业中，然后以大家想象不到的速度占据这个行业中心，并将这个行业彻底改头换面。我们不妨以苹果的 iPhone 为例，看看巨大且快速发展的电信行业是如何被计算机颠覆的。

20
诺基亚的手机业务于 2013 年卖给了微软公司，摩托罗拉先是被 Google 收购，然后又被转手卖给了联想。

在 iPhone 发布之前的很长时间里，电信行业和计算机行业基本上是井水不犯河水。手机业务原本是摩托罗拉和诺基亚这些通信设备公司的地盘，不关计算机公司的事情。早期的手机主要功能是通话，里面最重要的部分是数字信号处理器（其实也是一种特制的计算机），虽然手机内还有一个通用处理器管理手机的其他功能，但它不是很重要。那时手机的质量主要取决于数字信号处理器，当然这是通信公司和生产通信半导体的公司的特长。但是随着手机中那个通用的计算机芯片越做越快，它就逐步成了手机的主体，而数字信号处理器的重要性逐渐下降并最终由通用的计算机芯片替代了。这样，在某个时间点，计算机的某些功能，比如上网、查看邮件、玩游戏、听音乐、看视频等，就会超过通话功能成为手机的主要功能，智能手机就是这样出现的。

iPhone 并不是第一款智能手机，日本 NTT 下属的移动电话公司 Docomo 早在 1999 年就开始销售能够上网的智能手机，并且在两年里发展了 4000 万个用户。不过早期的智能手机厂商，无论是日本的 Docomo、加拿大的黑莓（Blackberry）、美国的微软或者欧洲的诺基亚，思维方式还没有摆脱以通信为主（电话、短信加电子邮件）的限制，而不是以计算机为主的思路。当时的智能手机虽然能上网或者玩游戏，但这些都是次要功能，而且用户体验相当差，因此这些手机与传统手机相比，优点并不明显。

但是，智能手机到了乔布斯的手里，就完全不同了。它首先是一部便携的、可以随时上网的计算机而不是电话。iPhone 诞生和普及之后，使用者不知不觉地做出了一个选择——过去在计算机上做的一些事情，比如上网看新闻、查看邮件和聊天，用手机来做了。继苹果之后，Google 推出了开源的智能手机操作系统安卓（Android），让几乎全部的手机厂商停掉传统的手机业务，转向制造 iPhone 那样的触屏式智能手机。再接下来，这些智能手机改变了运营商的商业模式。由于打电话的功能被弱化，运营商的收入就从以话费为主转向以数据套餐为主，不过由于智能手机可以通过 Wi-Fi 和计算机互联网相连，运营商的数据流量收入也受到挑战，迫使它们不得不再寻找新的商业模式。

智能手机在改变电信产业格局和用户习惯的同时，反过来也改变了计算机产业链。随着智能手机的普及（和云计算的兴起），移动互联网逐步取代原来基于 PC 的互联网，成为很多人获取信息的首选渠道，大家每天使用 PC 的时间开始下降。2010 年苹果公司又推出了极具人气的触摸型平板计算机 iPad。早期的 iPad 有一个 9.7 英寸的显示屏，没有键盘，比较轻巧，有大约一本 200 页 16 开书的大小和重量，可以通过触摸输入文字和指令来上网或使用各种应用软件，因此有人说它是一个放大了的 iPhone，但是它对 PC 产业同样是颠覆性的。从功能上讲，小小的 iPad 可以在大多数时间替代人们对个人计算机的需求，却比台式计算机甚至笔记本计算机要便于携带，能在更多的场合使用。在苹果之后，三星等很多厂商推出了基于安卓操作系统的平板计算机。这样，过去由微软和英特尔控制的产业

图 19.23 从 2012 年起全球 PC 市场开始萎缩

链也开始动摇了，因为这些手机既不用微软的 Windows，也不用英特尔高性能但费电的处理器。从 2012 年起，自 20 世纪 70 年代开始一直持续增长的 PC 销量开始下降，这标志着一个旧的计算时代的终结，同时也是新的计算时代的开始。

透过智能手机的发展我们看到，当计算机的触角伸向社会生活的每一个领域时，这些领域甚至与之相关的领域都被改变了。

二、无时不在的计算机

基于智能手机和平板计算机的移动互联网，不仅将人和人的距离拉得更近，而且让人和计算机无时无刻不在一起。在 PC 互联网时代，虚拟世界和现实世界是有一定隔阂的，人一旦离开了计算机，其实就离开了互联网。因此人们的时间可以分为使用计算机和不使用计算机的时间。但是在移动互联网时代，人们总是挂在互联网上的，这时互联网和计算机不仅成为人们最常用的一种工具，而且成为人们日常生活的有机组成部分，我们除了睡觉时，很难分清什么时候不在使用计算机。

既然苹果公司可以将计算机做到手机中，并且让计算机和人的生活有机地结合，那么是否能将计算机做得更小，并且成为人们日常的穿戴物甚至是身体的一部分呢？ 2012 年以后在 IT 行业出现了一个很时髦的名词——可穿戴式设备。苹果公司和 Google 公司开发的智能手表，其实就是一种比手机更小的计算机。虽然它们叫作手表，看时间对它们来讲并不重要，其主要的功能是不断地测定身体的各种数据并且通过云计算分析这些数据，最终达到改善生活的目的。例如，智能手表通过记录人们的生活习惯（每天的运动量、24 小时的心电图、血压、血氧量，等等），不仅让每一个人了解自己的身体状况，同时也会在数据分析后，提示使用者按照更加健康的方式生活。这些大量的数据也将为医生做出更准确的判断提供依据，帮助保险公司优化整个医疗保险行业的经营，降低投保人的平均保费。如果说我们在睡觉时还可以离开智能手机，那么这个智能手表可能连睡觉时都是戴着的，因为它可以监测我们睡眠期间的身体情况。

图 19.24 基于安卓操作系统的 Google 手表

智能手表的出现，从表面上看，是计算机由台式到便携式再到移动终端（手机和平板计算机），最后到穿戴式不断小型化的过程，但更深层的意义在于计算机和人的结合越来越紧密了。

相比智能手表这些以收集和传输个人数据为主的可穿戴式设备，Google 眼镜将人和计算机结合得更紧密。这副只有 50 克的 Google 眼镜，成功地把计算机的绝大部分功能（显示屏、蓝牙、Wi-Fi、GPS、音响、摄像头、麦克风、触摸板等）集成在一起。使用者可以通过手指触摸、语音甚至是眨眼来操作这台特殊的计算机。作为一个联网的计算机，我们常用的功能它都有，比如上网看新闻、看视频、发短信、照相和录像，或者通过语音识别写笔记，等等。在不同的国家旅行时，它的翻译功能还可以帮助旅游者和当地人交流。通过 Google 眼镜，人们可以获得天涯近在咫尺的感觉，因为你可以在眼镜里，看到你远处的亲友，以及周围的环境。

当然，如果它的功能仅仅局限于此，今天大部分智能手机也能够完成。但是 Google 眼镜还可以在生活中扮演另一个角色，就是真正连接使用者自己、互联网，以及他人的媒介。Google 眼镜可以记录人一生看到的所有一切，包括一个人自己可能都没有注意到的生活细节，按照今天的存储器成本计算，存储人一生所看到的世界的成本大约 32 万美元（以人均寿命 80 岁计算），但是按照摩尔定律发展的速度预测，这个价钱今后可以降低几万美元。如果这件事能够做到，它就等于是扩充了我们的大

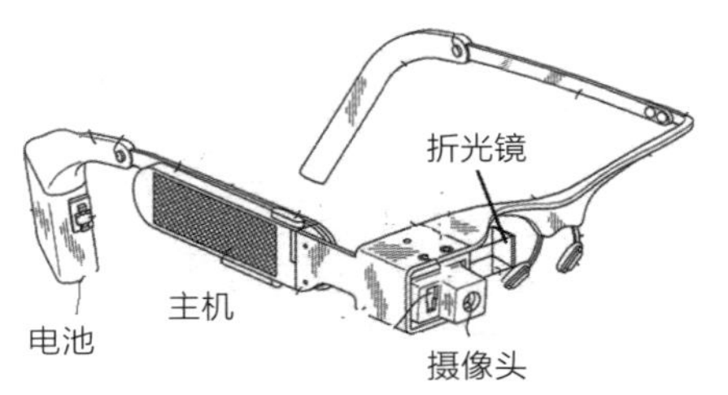

图 19.25 Google 眼镜

脑容量，让我们把以前可能会忘掉的事情全部记录下来，这件事情的影响力会超过 1000 多年前人类开始的记日记的习惯。而且由于不需要再记忆一些琐碎的事情，或许我们的大脑可以想更多的问题。这不仅将彻底改变人的生活，而且会引发整个社会的变革，比如改变人与人之间的关系，改变司法制度，等等。当然，这些事情并非依靠 Google 一家公司就能够办到，而需要 IT 行业的共同努力，这也是 Google 在眼镜产品还没有上市时就很早地公开其公共接口的原因。

无论是简单便宜的智能手表，还是售价高达上千美元功能齐全的 Google 眼镜，这些可穿戴计算机产品将成为人们生活中不可或缺的一部分，它对社会的影响更是不言而喻的，在计算的时代，计算机从无处不在慢慢发展到了无时不在。

计算机无时不在，我们对它的依赖越来越大，我们的很多技能正在因此而丧失，而一些新的技能也在同时进化出来。过去我们能记住很多电话号码，但是有了手机以后，我们甚至记不住自己的电话号码了。过去我们要学习认路，并且记住经常去的地方的路况，但是有了全球导航后，我们认路和记路的本事越来越差了。过去有经验的图书管理员或者书店的售货员，自己就有点像百科全书，他们可以帮助读者找到所要的资料或者图书，现在读者们更喜欢通过互联网找这些信息。过去摄影需要高超的技巧，摆弄照相机是一件技术活，现在几乎所有人都能照出高质量的照片，而对专业摄影者来说，比摆弄照相机更重要的是用软件对图像进行后期处理。这些例子非常多，我们就不一一列举了。美国著名作家尼古拉斯·卡尔（Nicholas Carr）在《浅滩》（*The Shallows*）一书中讲述了这样一个事实，当人们习惯于使用搜索引擎查找信息后，人脑中负责深层阅读部分的脑沟变浅，而负责快速浅层阅读部分的脑沟变深。这说明在我们不断改进计算机的同时，计算机也改变了我们。

三、无所不能的计算机

很多媒体讲 Google 眼镜是第一款成为身体一部分的计算机，如果它的性能可以按照摩尔定律规定的速度提升，其摄像机的分辨率能在几年内超过人眼，并帮助占人口比例 5% 的弱视患者[21]看清楚远景和夜景，这样 Google 眼镜一类的产品就成为了人体的一部分。不过，我们在本章一开始介绍的那种（智能）心脏起搏器，其实已经是身体的一部分了。

21
这些患者因为眼球和大脑之间的信息传输有障碍，一般无法靠佩戴眼镜来矫正视力，他们尤其在光线较暗时看不清物体。

科学家们正在开发更多这类与人体有关的可穿戴式设备。2014 年，Google 又宣布正在测试的原型隐形眼镜将有助于糖尿病人管理疾病。该设备使用无线芯片和微型葡萄糖传感器，通过眼泪测定葡萄糖。这远胜于刺手指的微创技术，或用粗针头嵌入患者胃部监测的方法，也将降低肾功能衰竭和失明的风险。可穿戴设备甚至可能帮助残疾人和重病患者享受原本只能奢望的生活。在以前，美国只有 5% 的心脏病重症患者有机会通过心脏移植而重获生机。2013 年，约翰·霍普金斯大学开始试验一种人工心脏。该人工心脏是一个由计算机控制的泵，代替心脏进行血液循环，可以根据人的活动调节供血量。这是 IT 技术和传统医学结合的典型案例。此类特殊的可穿戴设备还很多，虽然它们离实际应用尚有时日，但长期来看，这些可穿戴设备不仅可以拯救千百万人的生命，也能提高人类的生活质量。

计算机不仅能监控、修补甚至替代我们身体的器官，而且有可能替代人类完成很多需要高度智能才能完成的任务。随着计算机速度和内存容量的不断增加，计算机算法的不断改进，它变得越来越“聪明”[22]，并且最终将拥有智能。当然，怎样判断计算机是否具有了类似人类的智能，在学术界是一个有争议的问题。不少人认同计算机先驱图灵对机器智能的定义。1950 年图灵在《思想》（*Mind*）杂志上发表了一篇论文《计算的机器和智能》。在论文中，图灵并没有提出什么研究的方法，而是提出了一种验证机器有无智能的方法：让人和机器进行交流，如果人无法判断自己交流的对象是人还是机器，就说明这个机器有智能了。这种方法被后人称为图灵测试（Turing Test）。如果计算机通过了图灵测试，那么它就具有了类似人类的智能。

22
当然这是靠计算能力和数据量取胜，而并非真的像人一样去思考。

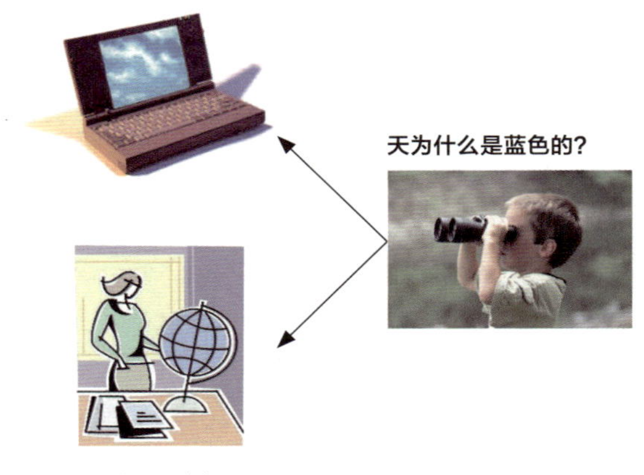

图 19.26 图灵测试

人们根据图灵的这个定义给出了一些实例，比如在国际象棋中战胜人类、识别语音、翻译自然语言或者回答人类的问题，如果计算机做到了这些，就说明它们具有类似人类的智能了。1997 年，IBM 的超级计算机“深蓝”在六番棋中战胜了当时的国际象棋世界冠军卡斯帕罗夫。这是计算机超越人类的一个里程碑。在随后的近 20 年里，计算技术在一个又一个智能问题上取得了突破，先是在语音识别上，然后是在机器翻译中。2014 年，我带领 Google 的一些科学家和工程师部分地解决了计算机自动回答人类提问的难题，比如计算机可以回答“天为什么是蓝色的”或者“海水为什么是咸的”这种相当难的问题。根据图灵的标准，现在的计算机已经有了智能。如果按这个趋势发展下去，计算机将越来越多地完成原本只有人类才能做到的事情，并且将变得无所不能。

计算机变得越来越强大，这也让一些社会学家和经济学家开始担心。2011 年，麻省理工学院的两位学者布林约尔松（Erik Brynjolfsson）和迈克菲（Andrew McAfee）出版了《与机器赛跑》[23] 一书，书中列举了许多事例说明计算机将在未来全方位地超越人类，比如驾驶汽车、处理法律文件，甚至通过医疗图像识别疾病，等等。他们担心未来计算机将抢走人类的饭碗，以致造成社会的分化。当然，我并不同意他们的结论，因为在我看来，计算机越来越聪明可以解放人类，让人类享受科技进步的成功，并不会因为社会上必须由人来完成的工作越来越少而加剧失业。在《文明之光》的前两册中，我们两次提到了美国开国元勋亚当斯的那句话：“我必须学习政治和战争，这样我的孩子才有可能学习数学和（自然）哲学，以及地理、自然历史，等等。然后给我的孙子创造学习绘画、

23 *race against the machine.*

诗歌、音乐、建筑、编织女红和瓷艺的机会。”这句话换一个说法，或许对我们这一代人，以及今后的几代人会适用——我们必须让机器“聪明”起来，这样才能给我们的后代，给我们的孙辈们创造学习绘画、诗歌、音乐、建筑、编织女红和瓷艺的机会。无所不能的计算机将进一步解放人类，就如同历史上很多技术所产生的效果一样。

结束语

计算机的出现在人类文明史上的作用，堪比几万年前工具在人类进化和文明中所起的作用。如果说工具是人类手脚的延伸，那么计算机就是人脑的延伸。有了工具，我们的祖先才开始了文明的进程，人类的寿命也从十几岁提高到现在的 80 岁。而计算机的诞生，导致了后来的信息革命，才有了过去 60 多年全球经济和社会的飞速发展，以及今天人类的繁荣和进步。

美国著名的发明家和未来学家雷・库兹韦尔（Ray Kurzweil）曾多次讲，随着技术变革的不断加速，在人类进化过程中的下一步必然是与机器的结合。或许人和机器会实现真正的现实与虚拟的融合，两者没有明确的区分。在实际意义上，人的衰老和疾病将得到扭转，污染将被停止，世界上的饥饿和贫穷问题将被解决，并最终甚至把死亡变成可溶性的问题。在计算的时代，这一切皆为可能。

附录 计算机大事记

公元前 2 世纪，中国人发明了实用的算盘，并且在世界上使用了两千多年

1642 年， 帕斯卡发明机械计算器

1703 年， 莱布尼茨发明二进制

1854 年， 布尔发表关于布尔代数的论文

1936 年， 图灵提出抽象的计算机——图灵机的概念

1938 年， 楚泽制造出世界上第一台可编程的计算机 Z1

1941 年， 楚泽实现了第一台与图灵机等效的计算机 Z3

1945 年， 冯・诺伊曼提出冯・诺伊曼系统结构

1946 年， 第一台电子计算机 ENIAC 诞生

1947 年， 贝尔实验室的肖克利发明晶体管

1951 年， 埃克特–莫奇利公司推出了世界上第一台商用电子计算机 UNIVAC

1957 年， “八叛徒”成立仙童公司，这成为了所有半导体公司的鼻祖

1958—1959 年，德州仪器公司的基尔比和仙童公司的诺伊斯发明集成电路

1964 年， IBM 推出 IBM System/360 大型机系统

1968 年， 英特尔公司成立

1974 年， 施乐公司发明基于图形界面的操作系统，这成为今天各种苹果、微软和太阳（已被 Oracle 收购）诸多操作系统的原型

1976 年， 乔布斯、沃兹尼亚克和韦恩研制出 Apple I（苹果 -I 型）个人计算机，第二年他们成立了苹果公司

1978 年， 英特尔公司推出 8086 微处理器，成为后来 IBM-PC 的处理器，英特尔公司从此开始占领全世界微处理器市场

1984 年， 苹果公司推出基于图形界面的麦金托什（Macintosh）计算机，今天这一系列的计算机缩写为 Mac

1990 年， 微软公司推出 Windows 3.0，从此基于视窗的操作系统占领了全世界 PC 市场

2007 年， 苹果公司推出 iPhone，这是第一款将计算机和手机功能完美结合的电子产品，第二年 Google 推出 Android 操作系统，并且在之后的几年里主导了全球智能手机的市场

2010 年， 苹果推出 iPad 平板计算机，以其便携性和易用性迅速抢占了 PC 市场的大量份额

2012 年， 可穿戴式计算机 Google 眼镜诞生

2014 年， Google 智能手表上市

参考文献

[1] Ifrah, Georges. 计算的历史（*The Universal History of Computing: From the Abacus to the Quantum Computer*）. John Wiley & Sons, Inc，2001.

[2] 吴军 . 浪潮之巅：第二版（精装本）. 北京：人民邮电出版社，2013.

[3] Perkins, Franklin. 莱布尼茨和中国（*Leibniz and China: A Commerce of Light*）.Cambridge University Press，2004.

[4] Leslie Berlin. 站在微芯片后面的人：诺伊斯和硅谷的发明（*The Man Behind the Microchip: Robert Noyce and the Invention of Silicon Valley*）. Oxford Press, 2005.

[5] Nicholas Carr. 浅滩（*The Shallows - What the Internet Is Doing to Our Brains*）.W.W. Norton & Company, 2011.

[6] 埃里克・布林约尔松，安德鲁・麦卡菲 . 与机器赛跑 . 闾佳， 译 . 北京：电子工业出版社，2014.

[7] 诺曼 . 麦克雷 . 天才的拓荒者 —— 冯・诺伊曼传 . 范秀华，朱朝晖，译 . 上海：上海科技教育出版社，2008.

第二十章　伟大的博弈

华尔街的今昔

人类是介于天使和魔鬼之间的动物，既有天使的一面——这一点我们在前面诸章节中已经介绍了，也有魔鬼的一面——贪婪、自私而且不断地重复错误，尤其是在有巨大利益诱惑下，这个弱点会表现得特别明显。

在人类身上的另一个习性就是好赌。英语里有一个词——博弈（Game），它既含有游戏的意思，比如朋友之间下棋打牌，同时也含有赌博的意味，比如赌场中那些和金钱联系在一起的游戏。不过对大多数人来讲，比这更有趣也更刺激的是在证券市场上的游戏。自从 17 世纪初荷兰人正式发明了有价证券的交易市场，四百多年来人们在这个看不见硝烟的战场上乐此不疲地博弈着，很多人因此而暴富，但是更多的人在博弈中倾家荡产甚至妻离子散。在这四百年间，虽然后人有幸能看到历史上一个个金融泡沫破碎后的恶果，但是依然会在资本市场上吹起一个个新的、更大的泡沫，而且每一次都会给自己找理由——这次和以前不一样，不是泡沫。在过去的 4 个世纪里，这样的荒谬场面反复上演：整个国家全民疯狂地炒作一个个外表漂亮却空无一物的概念（当然是被包装过的），然后，几乎所有投资人都要经历财富大幅缩水。让人难以置信的是，这个游戏永远有人在玩，原因不仅是它满足了人类喜欢玩游戏、喜欢冒险的天性，而且人类天生不长记性。

不过，如果作为一个局外人，来看看这几百年来在资本市场进行的伟大的博弈，你会发现这跌宕起伏的历史很是精彩。虽然每一次资本的泡沫和金融风暴的原因都各不相同，但是在这精彩的背后有两条清晰的主线：一条折射出人性的弱点——自私和贪婪，即魔鬼的一面；另一条则反映了人类理性的一面——不断去规范资本市场。人类自身有一种进步的力量，能够不断地改善投资环境，完善交易的制度，让这场永不停息的游戏从无序到有序，逐渐往公平的方向发展。这个过程反映出了人类文明与进步。因此，我们在了解人类的文明进程时，有必要了解人类在资本市场上的一次次伟大的博弈，这样不仅可以帮助我们了解人类自身的弱点，也有助于我们今后避免诸如2008年那样的金融危机，或者至少降低由此带来的损失。

在世界的金融市场上，华尔街无疑是中心，我们有必要通过它来了解世界证券市场的历史。不过在正式介绍华尔街之前，让我们先从人类的赌性说起，只有深刻了解这一点，才容易理解华尔街历史上那些事件发生的原因及后果。

第一节 庞氏游戏和泡沫

中学时，不少同学都收到过老鼠会的邀请信或者电子邮件，内容大抵是这样的：请你给下面10个人每人寄一份礼物，然后划去名单中第一个人的名字，把自己的名字加到最后，再把信转发给10个朋友。只要这么做了，你很快就能获得成千上万的礼物，否则，你就会遭受这样或者那样的厄运。信里面接下来的内容，无非一些例子，说某人按照要求做便收到了很多礼物，某人没有按照要求做就倒霉，等等。

任何人只要承认物质守恒，就应该知道这些凭空而来的礼物是无稽之谈，不过不仅有中学生上当，还有很多受过高等教育的人也相信并从事类似的活动，比如传销，当然这些人都有一套看似有理的歪理。人们为什么会相信这么荒唐的骗局呢？因为人们常常会迷信自己并非很懂的理论而无视常识。就拿这个例子说，行骗者还真能从数学上找出一点根据，他们的理论依据大致如下：

当一个人发出这样一封信，把自己的名字写在接受礼物的人当中，那么他可以收到他的10个下线的礼物，而假如他的10个下线每个人都这么做了，他又会收到下线的下线送来的100份礼物，只要这个游戏玩下去，他将获得100多亿份礼物。那么，只要所有的人都遵守这个游戏规则，任何参与游戏的人总有一天会获得这样的回报。

这看上去很美，很多人甚至不能发现它的问题所在——要实现上述假设的前提是人口数量要无穷大。具体说，第一个人的后面要有100多亿人玩这个游戏，他才能实现上述利润。（遗憾的是，直到2014年，全球人口只有70亿。）而他的下家，难度就更大了，因为需要1000多亿人才能维持同样的回报。以此类推，第三层的人要有1万多亿人来玩这个游戏，第四层要有10万多亿人参与，才能得到第一个人那样的回报。当然我们知道这是不可能的，也就是说，在人口有限时，处在这个游戏金字塔底层的人是永远收不回成本的。因此当游戏进行到某一时刻，不再有新的傻子来维持这个骗局，那么这个游戏金字塔就轰然倒塌了。在金字塔倒塌的一瞬间，底层的众多玩家将血本全无。这个游戏在西方有个专门的名词，叫作庞氏骗局（Ponzi Scheme）或者庞氏游戏，也就是我们俗称的老鼠会。老鼠会中的每个人就像是击鼓传花游戏中的一员，他们祈祷鼓声不要在自己手里停止，但是鼓声终有停止的一刻，手里拿着花的人要为所有人买单。

说到这里，大家或许会嘲笑那些玩击鼓传花游戏玩家的愚蠢，或许会笑话他们数学不够好，缺乏常识，但是这种简单的骗术并没有因为社会科技的发展和人类知识水平的提高而消失。今天很多人依然不知不觉地（甚至不承认）在玩这样的游戏，而且玩得还很大。这些玩家，除了一般的平头百姓，也包括像牛顿这样绝顶聪明、学富五车的科学家和获得诺贝尔经济奖的经济学家。甚至各国政府也在不同程度上玩——美国的国债和社会保险金其实就是庞氏游戏，只不过它们背后的经济学理论比上面那个简单的数学推理更复杂，更不容易被看穿而已。不过每一次鼓声停止的时候，就是一次次经济危机或者金融危机发生之际。既然人类的这种行为与人的智力学识无关，与社会的科技发展水平也无关，那么我们就只能将其归结于人的本性了。

当然，人们一般不太愿意承认自己上当受骗，因此也不愿意用骗局这样的贬义词，而选择了一个中性词——泡沫，不过庞氏游戏的恶果并不因为换了一个词就消失了。在人类并不长的金融产品公开交易历史上，出现过很多次泡沫，我们不妨看几个有代表性的，便可从中找到共性，看出人性贪婪的一面对市场的影响。下面我们先从有记载的第一次金融泡沫——郁金香泡沫说起。

一、郁金香泡沫

荷兰是第一个全球范围的强国，荷兰人不仅富于冒险精神，而且在金融产品上很有创意，因此第一次金融泡沫出现在荷兰也在意料之中。

郁金香在今天是再常见不过的花了，在美国好市多（Costco）仓储式量贩店里，18 美元可以买到 50 头郁金香，很便宜，也很好养。在荷兰，郁金香深受国民的喜爱，被誉为国花。到了暮春时节（那里的春天来得晚），城市郊外都会有大片大片的郁金香开放，煞是好看。不过很少有人知道这种花原产于土耳其，经过奥地利人的手才传到了北欧的荷兰。郁金香有时会感染一些无害的病毒，于是原本单色的花朵上就会出现火焰般的条纹。荷兰人非常喜欢这些被感染了病毒的郁金香，认为是名贵品种（当时人们还不知道基因这个概念）。

图 20.1　被病毒感染了的郁金香，花朵呈现出火焰般的条纹

17 世纪初期，荷兰从对外贸易中挣了很多钱，全体国民都很富庶，一般市民都会种上一些郁金香来点缀庭院，而富人们则喜欢在自家花园中展示稀有的郁金香新品种。由于民间聚集了大量的财富而暂时又无其他投资渠道，一些郁金香的珍品便被卖到了不同寻常的高价。到了 17 世纪 30 年代，人们购买郁金香不再是为

了其内在的价值或作观赏之用，而是期望其价格能无限上涨从而获利。1634年，人们10月份花10块钱买一头郁金香的球茎，11月份就可能以20块的价钱卖出。既然炒作郁金香挣钱这么快，还要工作干什么？荷兰全国表现出一种病态，各行各业的人们放下手中的工作，开始争相抢购郁金香球茎。

于是，一些机敏的投机商开始大量囤积郁金香球茎，以待价格上涨。囤积果然导致价格进一步上涨。到了1636年，一株稀有的郁金香品种Chider卖到了1600弗罗林[1]的高价。这是什么概念呢？当时一头公牛只要120弗罗林，一辆马车也不过500弗罗林，也就是说，这头郁金香球茎能值13头牛。面对如此不合理的价格，所有人都昏了头，他们即使隐隐地感觉到有点匪夷所思，但是想到下个月就有人愿意出更高的价钱从自己手里买走，很多人便变卖家产，只为买上一株郁金香。也就在这一年，为了方便郁金香交易，阿姆斯特丹的证券交易所干脆开设了固定的郁金香交易市场。

1 即Florin，原本是佛罗伦萨的金币，后来成为荷兰流通的货币。

外国的投机者听说到荷兰炒郁金香能发大财，便纷纷携款跑到荷兰。大量热钱的涌入进一步推高了本来就不合理的价格。对此，当时一位历史学家是这样描述的，“谁都相信郁金香热将永远持续下去，世界各地的有钱人都会向荷兰发出订单，无论多高的价格都会有人付账。在受到如此恩惠的荷兰，贫困将会一去不复返。无论是贵族，还是工匠、农夫、船夫、随从、伙计，甚至是扫烟囱的工人和旧衣店的老妇，都加入了郁金香的投机。无论处在哪个阶层，人们都将财产变换成现金，投资这种原本很普通的花卉。”[2]

2 Mackay, Charles (1841), Memoirs of Extraordinary Popular Delusions and the Madness of Crowds.

郁金香价格上涨的过程就不细说了，总之从1636年到1637年郁金香的价格又涨了60倍。但是好戏有时伴随着黑色的幽默，1637年2月，一株名为“永远的奥古斯都”的郁金香以6700荷兰盾的高价成交，这相当于当时440个荷兰人一年的收入，或者在阿姆斯特丹运河边上买一栋水景豪宅的价钱。要知道当年荷兰政府将各种特权作价给东印度公司，才获得25000荷兰盾的股份[3]。

3 详见第二册“荷英时代——为什么英、荷统治世界”一章。

接下来荷兰人创造了一种伟大的证券——期权。这东西说起来有点啰唆，简单地讲，在价格上涨时，它可以用较少的资本锁定较高的利润，但是如果涨幅没有达到预期（更不用说是下跌），它会放大投资人的损失，甚至让投资人血本全无。有了期权的交易，荷兰人的炒作更疯狂了。

但是，郁金香这东西，既不珍稀，又可再生，可以说是要多少有多少，因此以喜剧开场的大戏注定要以悲剧结尾。没有人知道是什么原因让人们清醒过来，或许是因为不再有资金能够接棒了。这时，郁金香的泡沫就要破灭了。如同房价下跌总是从周边地段开始一样，郁金香价格的下跌也是从一般品种开始，而那些所谓的名种在多撑了一两个月后，也终于难以为继。这时，或许是某个无名小卒，或许是一个无知无畏的青年，如安徒生童话里的小男孩，说了句"国王原来一丝不挂"，其他人马上跟着卖空。接下来，卖空的狂热与此前买进的狂热不相上下。于是，郁金香的价格崩溃了，成千上万的人在这一万劫不复的大崩溃中倾家荡产。最终，喜剧变成了悲剧，而回头看时却是荒诞剧。

郁金香泡沫给历史留下两样东西：期权和博傻理论。我们在后面还会看到期权这种带有杠杆性质的工具怎么让资本市场暴涨暴跌。顺带说一句，作为发明股市的民族，荷兰人发明了今天的很多股市操纵方法，除了期权，还有做空（卖出自己并不拥有的股票，指望股价下跌后平仓）、卖空袭击（指公司的合伙人卖空自己的股票，导致股票暴跌，然后再悄悄买回）、对敲（指公司合伙人之间互相买卖股票，以抬高股价）以及逼空（指多头悄悄买下全部流通的股票，等空头平仓时，不得不以极高的价钱从操纵者手中买进），等等。这些手段我们会在附录中介绍，以方便读者了解证券市场上交易的把戏。关于博傻理论，名字不大好听，也很容易从字面上推测出它的含义，即大家一起傻，具体地说就是在投资时总是期望有人愿意用更高的价钱从自己手里买走原本不值什么钱的产品。按照中国相声演员们的说法就是，"没有最傻，只有更傻"。

这次泡沫有多少人倾家荡产无从得知，当然考虑到这种投机本是零和游戏，早期或许造就了一些暴发户也未可知，但是郁金香泡沫对荷兰经济的危害是巨大的。至于为什么在那个年代一个国家所有的人都会集体贪婪，这是后来学者们一直想搞清楚的课题，也发表了很多研究论文。在这里我们不想讨论它的社会学或者经济学原因，只是要说明一个事实。当荷兰人在 17 世纪财富急剧增长时，很多能够导致价格暴涨暴跌的金融产品被发明出来，在人的贪婪本性驱动下，那种暴涨暴跌的特性被无限地放大了，以致出现了灾难性的崩盘。

虽然人们试图从郁金香泡沫中吸取教训，但是因为人类贪婪的本性没有改变，这种荒诞剧还在不断上演，包括中国早年炒作君子兰和近年来的炒作大蒜、普洱茶、木头和石头，都与郁金香泡沫有着惊人的相似之处。

17 世纪 30 年代为郁金香而疯狂的荷兰人，到了 18 世纪初可能都已经作古了。没有经历过这种庞氏骗局灾难的人可能不会想到它的危害性有多大。以至于近 100 年后，荷兰发生过的荒诞剧又搬到英国继续上演了。

二、南海泡沫

1711 年，英国成立了一家职权和经营范围非常奇怪的公司——“南海公司”（South Sea Company）。这家公司的经营范围原本是海上贸易，但是它又能像英格兰银行一样协助政府融资。根据南海公司注册时定下的章程，它需要等到 6 年后，即 1717 年才能开展贸易，在这之前它没有什么收入，并且根据它和西班牙王国签订的协议，该公司一年只能派 3 条船去西班牙控制的南美地区做生意。到了南海公司真正可以开始做生意的第二年，即 1718 年，由于英国和西班牙的关系已经恶化，公司连这么一点点规模的生意都进行不下去了。但是，就是这样一个不仅当下没有大生意可做，而且今后的前景也不很美妙的公司，在老百姓看来却是一个香饽饽，因为大家觉得它有政府背景。英国人甚至幻想着它能像荷兰联合东印度公司那样给全国的百姓带来可观的红利。南海公司也故意误导投资者，吹嘘自己将来能给股东带来可观的回报。就这样，南海公司的股票开始疯涨，1720 年初还是 128 英镑一股，到 3 月就涨到了 300 多英镑，翻了一番还多。

借着全国民众的信任以及所谓的政府背景，南海公司就开始通过将债券

（Bonds）转换成可流通的股票（Common Stock）的方式向全社会增发股票[4]，大肆圈钱。4 月，南海公司以每股 300 英镑的高价出售了 225 万股股票，但是稀释后的股票非但不跌反而大涨。接下来的事情简直匪夷所思，南海公司越是发行更多的股票，英国上下越是疯狂追捧，有人描述当时的情形是“政治家忘记了政治，律师放弃了打官司，医生丢下病人，商人关闭了生意，牧师离开了教堂，就连平时矜持的贵妇们也放下身段去抢购股票”。到了 5 月，股价上扬到了 500 英镑，6 月到 890 英镑，7 月突破 1000 英镑大关。这时公司的董事会进一步发行了 500 万股股票圈钱，这笔股票价值将达到 50 亿英镑，超过当时英国国内生产总值的 10 倍[5]。

4 关于公司如何通过将债券转换成股票来稀释流通股，读者可以参看附录。

5 根据英国公布的国家核算数据，直到 1831 年，英国的国内生产总值才达到 4.8 亿英镑，数据来源：http://www.measuringworth.com/ukgdp/。

当然，任何股市当泡沫达到一定程度后，如果没有新的资金流入，高股价是维持不下去的。为了维持高股价，南海公司又出“奇招”，借钱给炒股的人买股票。在南海公司的带动下，各种证券公司和海外贸易公司如雨后春笋般地诞生，其中很多根本不做股票交易，只是借着证券公司和贸易的名义，浑水摸鱼，骗取公众的钱财。他们大多模仿南海公司的手法，在市场上发布假消息杜撰大宗生意，从而诱骗市民购买股票。这些公司的生意今天听起来完全荒诞不经，比如发明了永动机，或者干脆是一些空洞无物的吹嘘，比如正在开展“有潜力的生意”，等等。但是当时英国的市民居然也信以为真。就这样，这些皮包公司的股价便跟着南海公司一同上涨。

面对越来越混乱的市场，英国政府决定规范市场行为，以保护南海公司不受到泡沫的伤害。1720 年 6 月份，政府出台了《1719 年皇家交易所及伦敦保险公司法案》（又称“泡沫法案”），但是，这个迟到的法案不仅没能保护南海公司，而且使得正处在资本主义发展初期的英国跌进万劫不复的深渊。该法案颁布后，南海公司游说司法部门，促使法院宣布 86 个皮包公司为非法，并予以取缔。

南海公司的目的达到了，但是自从那些坑蒙拐骗的泡沫公司被取缔后，老百姓对各种股份公司就有了防范之心，这样一来南海公司自己的神话也就破灭了。它的股价下跌的速度比上涨的速度还快，这时就看谁跑得快了，先跑的避免了损失全部财富的厄运，但是稍稍犹豫的人就注定要血本全无了。从1720年7月开始，南海公司的股价一路下跌，到了9月底，跌破200英镑，并最终跌破了上涨前的基准价128英镑，停在124英镑。

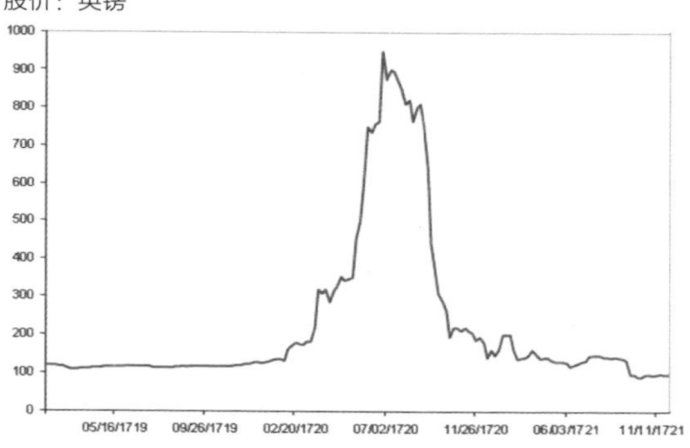

图 20.2　南海公司股价走势

英国政府的本意是保护南海公司这样的“官商”，不料这把火最终还是烧到了南海公司这个始作俑者身上。南海公司还害得英格兰银行也因此被拖累，人类历史上的第一次股市泡沫就这样结束了。这次股市泡沫，让成千上万的投资人血本无归，包括很多上层社会的名流。其中一些人还是靠借贷炒股，因负债太多无法偿还而逃到了国外。著名物理学家牛顿也是南海泡沫的受害者之一，他在第一次进场时赚了一笔（7000英镑），等到股价到达高峰时他再次进场，结果赔了两万英镑。牛顿因此感叹道：“我能算出天体的运行，却无法预测人类的疯狂。”（I can calculate the motions of heavenly bodies, but not the madness of people.）在南海泡沫之后，英国社会各界和舆论都要求调查有关官员和南海公司的董事，以追究其责任，由于民众对政府产生了严重的不信任，当时正在休假的英王乔治一世只好匆匆赶回伦敦主持大局。

或许是连牛顿这样的聪明人都无法避免南海泡沫带来的股灾，而使得这次泡沫格外有名。当然，也有人认为牛顿是科学家，未必懂得金融，因此认为牛顿亏钱只是他不懂投资而已。事实上牛顿并不是那种不食人间烟火的科学家，他还是当时英国的铸币大臣，相当于今天央行的行长，在当时来讲应该是相当懂金融的人。如果说郁金香泡沫证实了博傻理论，那么南海泡沫的教训则说明聪明人一旦被贪婪所控制，在资本市场上的表现并不比常人更好。后来的历史还证明，即使是那些比牛顿更懂金融、更善于操纵资本的人，一旦开始贪婪，其后果常常是聪明反被聪明误。

1994 年成立的长期资本管理公司（Long Term Capital Investment L.P.）就是一个很好的例子。该基金公司的创始人和主要的资金管理者都是金融界和经济学界大名鼎鼎的人物，比如创始人约翰·梅里韦瑟（John W. Meriwether）是当时华尔街活跃的资本管理专家，也是原所罗门兄弟公司的高管，另外两个董事迈伦·斯科尔斯（Myron Scholes）和罗伯特·默顿（Robert C. Merton）因为发明期权价值的理论，获得了 1997 年诺贝尔经济学奖。这家公司的投资策略和兴衰我们在后面还会介绍，不过在这里可以先告诉大家一个结果，就是该公司在美股大牛市的 1998 年破产了，而且差点引发一场大的金融危机。事实上，在资本市场上，聪明和投资回报没有直接的关系，一个聪明的专业人士，常常比不上一个智力平庸但是守纪律的外行。

或许有人会说，郁金香泡沫和南海泡沫的破裂是因为炒作的东西可以源源不断地产生出来（郁金香可以培育，南海泡沫的股票可以稀释），那么，那些供应量有限的物品是否就不会出现这样的泡沫呢？ 20 多年前日本人和炒作日本房地产的人也是这么想的。

三、日本泡沫

20 世纪 70 年代和 80 年代，可以说是属于日本经济的时代。20 世纪 60 年代末，日本已经成为世界第二大经济体，70 年代一大批日本企业成为大型跨国公司，包括索尼、丰田、本田、松下、三菱等。到了 20 世纪 80 年代中期，GDP 基数已经很高的日本依然保持着高速增长，这确实是一个奇迹。相比之下，美国自越南战争以后尼克松、福特和卡特三任总统都没有完成经济复苏的任务，而苏联自从入侵阿富汗之后更是每况愈下，因此全世界都看好日本。大家都在谈论日本能否超过美国成为全球最大的经济体。日本一些右翼人士也开始对美国说不。在这样的大背景下，日本的股市和楼市都屡创新高，出现了严重的泡沫。

我们不妨看看这次泡沫的形成过程。

- 1986 年初，日本日经指数[6]为 13024 点（1 月 6 日），不到一年就涨了将近 50%，达到 18821 点（同年 12 月 1 日）。这一年，东京地区的商业楼宇价格比一年前上涨了 129%，居民住房价格上涨了 45%。上涨的理由是：日本地少人多，土地和房屋是稀缺资源。

- 1987 年初，日经指数突破 20000 点大关（1 月 5 日），到 8 月 2 日再次上涨 30%，突破 26000 点。虽然 1987 年 11 月华尔街的大股灾导致全球股市下跌，但是日本恢复得非常快。

- 1988 年，日经指数突破 30000 点大关，12 月 1 日收盘于 30159 点。东京的房价开始稳定，大阪、京都和奈良等地房价继续攀升。

- 1989 年，东京地区的房价增长已经成了强弩之末，但是整个日本的房价还在创新高，理由是房子是不动产，再跌也跌不到哪儿去。日经指数在这一年年底（12 月 29 日）达到了历史最高点 38957。

6 又称为日经 225 指数或者日经平均指数，是日本股市最重要的指数，包括 225 家在东京证券交易所上市的公司，被认为是日本经济的晴雨表。

这时，日本股市的总市值超过了世界上其他国家的总和。日本股市的市盈率（P/E 值）[7]高达 52（中国 2008 年的股市也是如此的离谱），而美国即使在 2008 年金融危机前，股市的市盈率最高点也不过是 21。

7 市盈率是指一个公司的股价和上一年盈利的比值，比如一个公司的股价是每股 10 美元，上一年的盈利是 0.5 美元，那么市盈率就是 20。

日本的房价更是高的离谱，一代人靠分期付款已经无法买房了，买房需要借所谓的父子债。也就是说，如果家里有一个男孩子（因为有财产继承权），银行可以借钱给他，到时候父债子还；如果只有女儿，那么对不起，银行不能借钱，因为购房所借的钱一代人是还不起的，而当时的日本，女子大部分不工作，也无继承权，因此无法还债。无独有偶，英国

图 20.3 图中的绿色部分为日本东京的御所，它南北长大约 2.1 千米，东西宽度大约 1.6 千米

在 2008 年金融危机前，开始发行 50 年的国债，因此还债也需要两代人。很多人问我中国的房价什么时候会到头，我就给他们讲了上面这两个故事，什么时候中国还房贷需要两代人（在一线城市已经如此了），那房价肯定到头了。当时日本的房价是年收入的 17 倍，而美国在 2008 年金融危机之前，房价最贵的加州地区，不过是年收入的 8.5 倍。最令人不可思议的是，日本东京的御所（相当于故宫），只有 3.41 平方千米，地价超过美国地价最贵的加州地区的总和，要知道加州的面积是 42 万平方千米。

接下来又是喜剧变悲剧的故事了。1990 年新年伊始，在年前下了班的牛没有来上班，改成了熊接替牛来上班。股市从 1990 年 1 月 1 日起就开始下跌，一路跌到 12 月 1 日，跌幅高达 35%，从 37000 多点跌到 23000 多点。虽然房市还坚持了一年，但是到了 1991 年就再也坚持不住了，全国房市普遍小跌。在整个 20 世纪 90 年代，全世界的股市都在增长，唯独日本不仅不增长，反而一路下跌，经济也是零增长。到了 2003 年，日本股市跌到历史最低点，只剩下 7862 点，不到峰值的 20%。而同期美国的股市（标普 500）却涨了 2.5 倍还多。到 2010 年，日本东京和大阪等地的房价依然只有其峰值的三四成。

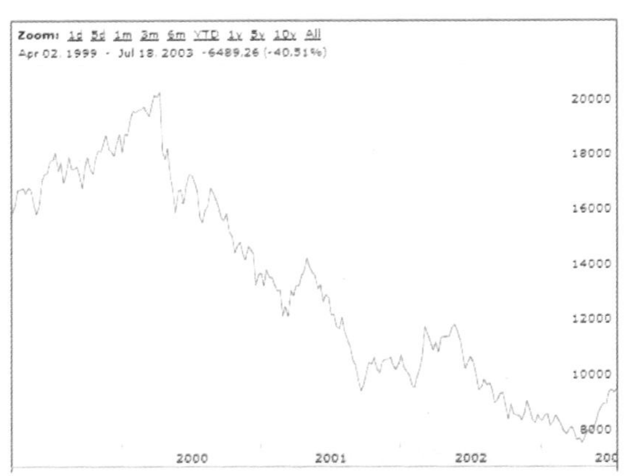

图 20.4 日本股市的泡沫和崩盘（日经指数）

上面这些数据和材料均来自 2011 年初高盛提供给其客户的年度展望报告[8]，高盛报告的目的是说明美国 2008 年的金融危机不会造成像日本资产泡沫那么严重的后果。那么日本那次泡沫破碎后，带来了什么样的后果呢？首先是经济停滞 20 年，增长率基本为零，国民和公司的收入也没有增长，全球竞争力下降，产品占世界市场份额大幅下降。其次，原本要靠股票和

8 Goldman Sachs, 2011 Outlook-Stay on the Course。

房产退休的老人一下子面临老无所依的局面，全体国民的自信心跌到了二战后的低点，而且长期看不到希望。在政治上，从二战后一直领导日本的自民党分裂，政局一直动荡。大家还能找到除此之外的各种后果。如果能再给日本人一次机会，他们一定不会选择泡沫经济。

人类的幼稚通常表现为高估自己的能力和判断力。大家喜欢找“我们和他们不一样”或者“现在和过去不一样”这一类理由拒绝接受历史的教训。几乎就在日本人遭受到空前的房市和股市灾难时，大洋对岸的美国人却正在吹起另一个泡沫——互联网泡沫。

四、美国互联网泡沫

虽然日本人的殷鉴不远，但是美国人对 20 世纪 90 年代疯涨的股市依然信心满满。美国人坚信自己的股市和日本的不一样，因为他们一来有冷战胜利的和平红利做基础，二来发明了一种新的经济模式——互联网经济。美国的一些经济学家甚至宣称在新经济模式下可以杜绝金融危机。

20 世纪整个 90 年代，美国的资产大幅升值，股市泡沫大得惊人。1997 年初，在克林顿总统的第二个任期开始时，以科技股为主的纳斯达克指数（Nasdaq）[9] 只有 1280 点，三年后便突破 5000 点大关，并且在 2000 年 3 月 10 日这一天达到迄今为止的历史最高点（5048.62 点）。当时在美国也出现了几百年前荷兰和英国出现过的怪事，我们不妨看看这些在今天看来非常滑稽可笑的现象。

1. 任何公司只要跟互联网挂钩，不管有没有盈利，股票就一定上涨。

2. 一个公司即使没有什么营业额，更不用说利润，也能上市（和南海泡沫时同出一辙）。

3. 对于没有利润的公司，传统衡量公司价值的市盈率已经没有用了，于是华尔街的投资人发明了用公司价值和销售额之比的衡量方法。比如当时雅虎的市值是 600 亿美元，年销售额是 20 亿美元，即市值和营业额之比是 30∶1，那么没有什么利润的小公司，如果有 1000 万美元

9 全称为纳斯达克综合指数，是美国电子股票交易所（即俗称的纳斯达克）推出的在该交易所上市公司的综合指数。由于在该交易所上市的主要公司多为科技公司，因此该指数被看成是美国科技行业的晴雨表。但是该指数常常和衡量美国整体经济的道琼斯和斯坦普尔 500 指数相差较大。

的营业额，不论是否亏损，那么华尔街也能给它 30 倍的作价，即 3 亿美元。

4. 对于那些连销售额都没有的公司，沙丘路[10]不看这些公司是否有技术，产品将来是否有市场，也能给它估值。他们发明了一种市值和流量比。比如雅虎当时一天的用户访问量是 10 亿页面浏览次数，那么市值流量比为 60∶1；而某家小公司是 100 万次，不论这些流量是自有的还是买来的，根据这个比例也能值 6000 万美元。

10
美国硅谷风险投资公司的聚集地，也成为了风险投资的代名词。

5. 在 3 和 4 的前提下，任何人只要搞个网站，起个名字叫 e-John 或者 e- 张三，只要你每天搞出上百万的流量（哪怕是买来的），也能按照雅虎的市值流量比，被估价几千万美元，然后融资几百万美元。因此当时最容易提升流量的做法就是烧风险投资的钱买流量，然后再拿流量数据去融更多的钱进来。这有点像 2011 年中国的团购网站泡沫。

6. 由于股价上涨很快，小公司滥发期权，并且随意稀释股票。因为他们发现自己印钞票总是有傻子接手。而员工也出现了不要工资要废纸的怪现象，当然这些废纸在那个年代有个好听的名字 —— 期权。有人将自己的年薪下调 20% 甚至更多，以换取几万股的期权。

7. 研究生纷纷退学加入这些股票疯涨的小公司，我当时所在的约翰·霍普金斯大学，1996 年招收 12 名博士生，到了 1998 年只剩下 6 名，1997 年招收了 15 名博士生，到 1999 年只剩下 2 名，其余全都到互联网大潮中淘金去了。教授们看到自己的学生挣到了钱，也纷纷离职创办公司或者加入自己学生所办的小公司。大公司的人更是不断向小公司跳槽。

8. 还在大公司没有离开的高管们，在上班时间都在办公室里悄悄炒股。

9. 股市开盘，大家活跃得不得了，股市关门后，大家应该歇一歇了吧？不对，大家依然挂在网上刷屏。为什么呢？因为当时几乎每天都有公司上市，谁得到了消息马上登录认购就能发财。我在 1999 年访问硅谷时看到这样一个怪现象：上午大家查一下电子邮件，就忙着炒股（偷偷进行），因为美国股市是太平洋时间上午 6:30 至下午 1:00 开门，中午快快地吃个午饭，然后等着股市关门后 IPO（Initial Public Offer，即俗称的“公司上市”）消息的发布，折腾到下午三四点钟，才开始安生。晚上这些员工开始加班做公司里的正事，弄到深夜才能休息会，夫妻一周也见不到几次面，因为谁都怕错过了发财的时机。

10. 餐馆跑堂的、理发店的理发师、家庭主妇都在谈论股票。

当然还有很多其他的怪现象。接下来的事情大家都知道了，美国股市在克林顿的任期还没有结束就撑不住了，2001 年的“9·11”事件将股市进一步推入深渊。到了 2003 年 2 月 13 日的低点，纳斯达克指数只剩下 1277.44 点，跌掉了 75%，十多年后的今天还没有回到 2000 年的高点。股票下跌的不仅仅是那些没有利润的小互联网公司（它们最后大多被清零了），而且包括各种明星公司，甚至一些百年老店。下表是几家大公司的股价跌幅。

表 20.1　互联网泡沫破裂后四家大公司的股价跌幅

公司	2000 年峰值市值（10 亿美元）	2002—2003 年谷底市值（10 亿美元）	跌幅
朗讯	258	15.6	94%
思科	75.39	8.1	93%
雅虎	91.25	4.54	95%
太阳	121	10	92%

这场荒诞戏之后，接踵而至的是公司和个人无穷的灾难，直至今日，上表中的这几家公司的股价也没有一家恢复到哪怕当年一半的水平，而朗讯和太阳这两家公司更是陷入年年亏损，以更低的价格被出售了。很多人为了炒股或购买公司的期权卖掉了自己的房子，自然血本无归；更可怕的是，一些曾经在期权上获利的创始人或者早期员工因为没有及时兑现，不得不为他们实际上并未得到的利润交纳巨额的个人所得税[11]，这些人大部分都破产了，而且到今天还欠着国税局和州政府的税钱。

11
根据美国的税法，期权的所有者一旦行使期权，即使没有出售股票，即被认定有投资所得，须在第二年的 4 月 15 日之前缴纳投资所得税。如果行使期权者当年没有卖出股票，即使第二年股价暴跌，可当年的投资所得税依然不能免除，在这泡沫破裂的情况下，这些人其实并没有足够的钱缴纳所得税。

克林顿时期吹起的另一个泡沫就是美国房市的泡沫，不过这得等到他的下任小布什总统入主白宫时才能看到其恶果，而如今则需要小布什的下任奥巴马来收拾残局了。

这样的泡沫过去有（我们已经从历史上看到了），今天也有（我们正在经历），今后还会有（我们的子孙将会见证）。所有的泡沫都有一个共同点，就是都出现在经济快速发展时期。照理讲，经济的快速发展带来的应该是大众财富的增加，但事实通常是，因泡沫的崩溃而让相当多的人蒙受巨大的经济损失，这样的结局颇有讽刺意味。

每一次泡沫之后，很多投资人和经济学家都会倾向于从技术上寻找解决的办法，比如今天一些经济学家在考虑大数据是否可以防止这些灾难的发生，但遗憾的是迄今为止这种技术上的万灵药并不存在。不管经济学理论在解释经济学现象上是多么的有效，一旦用在股市预测上总是对错各半，这当然是最糟糕的结果[12]。这倒不是因为经济学家们水平不够，而在于世界上的很多东西，包括人的感情和情绪是无法用几条规律来概括的，因此，比较理性的投资人和经济学家，比如威廉·夏普（William Sharpe，1934—）[13]从来不对股市的涨跌做任何预测。所幸的是，当人类了解到自身这个弱点之后，就开始不断地规范人们在资本市场上的行为，这种规范化的过程贯穿了整个证券交易的历史，而人类懂得要约束自己的行为，也是文明的象征。

12 如果预测错的时候比预测对的时候更多，那么只要将这种预测反过来用即可，因此最糟糕的预测是对错各一半。

13 1990 年诺贝尔经济学奖获得者，以发明衡量投资回报和风险的夏普值而著名。

为了向读者朋友们展示这一过程，让我们把目光集中到华尔街这个金融博弈的主战场上。

第二节 华尔街的诞生和发展

华尔街的所在地纽约的曼哈顿岛原本是荷兰人的殖民地，叫作新阿姆斯特丹，因此早期居民大多是荷兰人的后裔，他们喜欢经商，而且喜欢在资本市场博弈。同时他们也很务实，只要有钱挣就好，没有什么民族大义。

17 世纪中叶，英国崛起并和荷兰争夺北美的殖民地，它很快占领了新阿姆斯特丹周边的地区。1652 年，英荷战争爆发，新阿姆斯特丹很快就成了孤城。此地三面环水，只有北边和英国的殖民地接壤，当时荷兰驻新阿姆斯特丹的总督斯特文森（Peter Stuyvesant，1612—1672）担心英国人从北边陆地上打过来，便修建了一个东西贯穿曼哈顿岛的城墙，把城市和周边隔开。不过英国人从海上打了过来，这堵墙也就没有用了，全城都在英国人大炮的射程内[14]。斯特文森是个军人，还想抵抗，但是全城的居民大多是生意人，不仅不愿意和这个城市共存亡，而且还生怕炮弹打坏了他们的财物，于是纷纷要求投降，最后连斯特文森的儿子也反对打仗，这位总督只好开门投降了。从此新阿姆斯特丹就用一个英国约克郡的名字命名了，叫作新约克（New York），音译就是纽约。我们从这件事上可以看出，纽约人关心的是他们的生意，而不是所谓的国家利益。

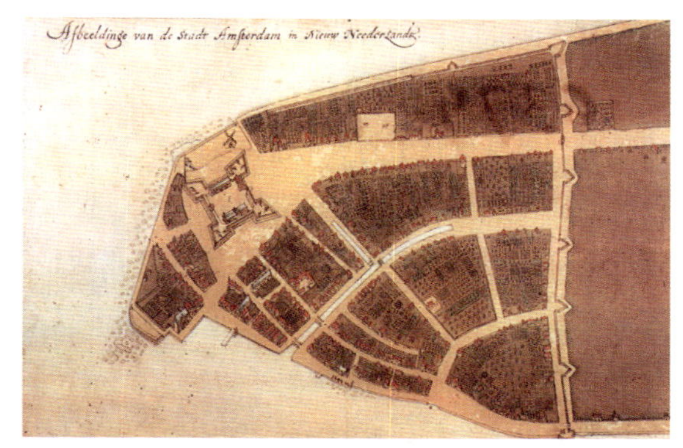

图 20.5 位于曼哈顿岛下城区的新阿姆斯特丹（左边是南方，图中右边的那个城墙就是后来华尔街的所在地）

14
曼哈顿岛只有 2 千米宽。

当英国人占领纽约后，斯特文森建的那道墙就成了废物，被拆除了，不过人们还记得那里曾经有道墙，墙后面原来是练兵的场地，现在也没有用了，被改成了一条街，就取名为墙街（Wall Street），按照音译，就是华尔街。作为荷兰人的后裔，纽约人继承了他们荷兰祖先喜欢冒险、喜欢炒作的特点。这些纽约人跑到墙街的空地上，拿着各种证券（有各国各地政府发行的，有公司发行的）进行交易，这里渐渐就形成了一个交易市场，当然这些交易毫无规矩可言，欺诈也是少不了的。

美国证券市场的发展史其实是一部交易不断规范化的历史。在上述杂乱无章的交易持续了一段时间后，一些著名的交易人，比如平塔德（John Pintard，1759—1844）、哈特（Ephraim Hart，1747—1825）和麦克埃文斯（Charles McEvers，1755—1829）[15] 等开始在华尔街自己的办公室举行

15
根据这份文件给出的日期：http://abish.byui.edu/specialCollections/manuscripts/Collections/CollMss43/PDFs/mcevers_james_and_louisa_howard.pdf。

各种有价证券的拍卖活动，华尔街的证券交易就这样向着规范化的方向迈进了一步。到了 1792 年年初，这些经纪人的办公室演变成了证券交易所的雏形。想要卖股票的人把证券放在交易所里出售，想买证券的经纪人来参加拍卖，经纪人和交易所当然会收取一些手续费。这看上去既规范，又公平，可是却进行不下去，因为无论是出售证券的，还是来参加拍卖的，其实都不想花手续费在这里交易证券，他们大多是为了从这里获取证券的真实价格信息（Fair Market Value Information），然后回头私下里交易，这便省去了手续费。这就像今天很多人到百货店看了货，了解了价钱，然后找网店下单一样。这样一来，这些原始的交易所自然就维持不下去了。这时，一些有远见的经纪人认识到大家必须遵守一个行业规范，并建立一个大家都愿意参与的交易所，才能杜绝私家交易。于是他们在一棵梧桐树下商量出一个协议，就是证券历史上有名的《梧桐树协议》（Buttonwood Agreements）[16]，有 24 名交易人在上面签了名。根据这个协议，在交易所挂牌的中间商必须承诺不进行私下交易，而且收取的佣金不能低于 0.25%。

16 这份协议的原件保留在纽约的美国金融博物馆（Museum of American Finance）。

《梧桐树协议》被看成是美国证券交易规范化的开始。这个协议达成后，经纪人们创建了一个新的交易所，它是纽约证券交易所的前身，这个交易所本身为股东们所有，因此纽约证交所从一开始就具有私营企业的性质，它在很长的时间里和美国政府无关，而且不受美国政府的监管。

图 20.6 经纪人在签署《梧桐树协议》（收藏于美国国会图书馆）

早期在交易所筹款的是当时各个大小银行，因此很大一部分交易是银行的债券，而非工业公司的股票。美国在独立战争之后，经济快速增长，很多公司发展起来了，于是迎来了建国以后的第一个大牛市。不过当时金融秩序非常混乱，一些大家族，比如在纽约最有影响力的利文斯顿家族[17]，开始操纵股市，他们还把钱借给政府官员，包括财政部部长助理杜尔（William Duer，1743—1799），参与投机。后来杜尔为了还钱，直接挪用了财政部 23 万美元的巨资，这在当时是天文数字。这让我们联想起了几年前上海市的陈良宇挪用社保款案件，这两件事有很多相似之处。我们在后面还会看到最近几十年中国发生的很多贪腐案件以及金融诈骗案，在美国 200 年前都出现过类似的事件。虽说后人应该可以通过了解历史而避免错误，但是更多的时候似乎不交点学费就长不了记性。腐败使得美国建国后的第一个大牛市很快就结束了，并且陷入第一次金融危机（史称“1792 恐慌”）。好在财政部长汉密尔顿十分精明，他马上动用手段，通过国家干预化解了危机。汉密尔顿起诉了杜尔并且把他丢进了监狱，而操纵股市的利文斯顿家族则是偷鸡不成反蚀把米。

17
这曾经是纽约州的一个大家族，他们的先辈是签署美国独立宣言的国父之一，并且和发明家富尔顿一起开创了美国的蒸汽船航运业。他们家族的后裔包括老布什和小布什两任总统。

对于这件事，联邦党人汉密尔顿和他的政敌共和民主党的杰弗逊有不同的看法。前者是个精明的商人，他主张要有一个区分好人和恶棍的界限，不能对证券商一棒子都打倒。对于那些他眼里的恶棍，他很乐于和他们斗一斗。杰弗逊是一个嫉恶如仇的人，他认为华尔街是人类本性堕落的大阴沟，里面没一个好人，但是他又强调政府应该让商业独立运行，他更相信看不见的手，而不是政府干预。很难说他们谁的话更有道理，杰弗逊因为相信华尔街人性本恶，因此倾向于在制度上加以限制，但是他又让政府少管闲事，想法颇为矛盾。而汉密尔顿主张由政府做最大的庄家，在经济上加以控制，但是实际上是靠他这样的强人进行人治，因此也不是什么长久之计。美国早期的政治家管理市场的经验远不如今天的领导人丰富。杰弗逊和汉密尔顿两人针锋相对，谁也没占得上风。不过毕竟汉密尔顿是财政部长，而杰弗逊主管的是外交，因此在早期对金融的影响力显然是前者更大。汉密尔顿通过建立美国第一个央行和纽约银行（今天依然在运营），实际上控制了美国的金融业。虽然后来他辞去了财政部长的职位，但还是牢牢控制着这两家大银行。

面对金融这个利润滚滚的行业，自然有人也想分一杯羹。这个人就是后来成为杰弗逊的副总统的亚伦·伯尔（Aaron Burr，1756—1836），他和汉密尔顿一样聪明，一样懂得金融。作为支持杰弗逊的共和民主党人，伯尔也想在纽约办一个银行，这样于公于私都有利，于公他们为纽约市提供了自来水，于私则打破了联邦党人对金融的垄断，他们可以贷款给一些中间派商人，让他们投共和民主党的票。但是伯尔不能让汉密尔顿等人知道自己的动机，否则后者绝不会同意，于是他采用了瞒天过海的方法集资，名义上是办一家公司给纽约市提供自来水。汉密尔顿从来不用权力谋取私利，他看到这是一项利民的举措就同意了，不过他的妹夫却乘机捞了个董事做。坦率地讲，汉密尔顿这种靠人（他自己）而非制度监管美国金融业的做法，无法杜绝金融行业的各种腐败，今天在很多国家依然能看到类似的事件上演。所以每当有人向我抱怨今天中国的腐败现象如何之多，我总是说一切都会好起来的，因为中国今天的问题，两百多年前美国也遇到过，但是改变现实需要时间。

言归正传，伯尔的公司不仅建立起来了，而且为了集资还顺便办了一个银行，结果是自来水管还没有铺，伯尔的银行倒是欣欣向荣。当然，最后这家公司还是给纽约通了自来水，但是伯尔办的银行今天更有名，它就是大名鼎鼎的大通曼哈顿银行。后来伯尔做了副总统就不能再经商了，便辞去了在银行的职务。汉密尔顿和伯尔两个人向来不对付，后来矛盾闹得不可开交，两个人决定以决斗的方式结束一切纷争。最后的结果是，美国第一位天才的前财政部长倒在了枪法很差的伯尔的枪下。这件事导致了美国反对决斗的运动。当然这是题外话了。从这些事情可以看到，在美国早期，权力和金钱是绑在一起的。

美国独立后，经济发展非常快，证券交易也有了很大的发展，当时美国有多个金融中心。在 19 世纪初，巴尔的摩和费城完全可以在金融业上与纽约抗衡。不过纽约率先建立了证券交易委员会，这不仅帮助纽约成为美国的金融中心，也标志着美国股市运作朝着有约束的规范化又迈进了一大步，而促使这个委员会诞生的却是一场战争。

1812 年，美国和英国之间再次爆发战争，英国人一度攻占了华盛顿，并一把火烧了白宫。英国人似乎总是很爱烧别国的建筑，不过英国人的好运并不长，2 年后他们被美国人赶走了。这次战争史称第二次独立战争，美国人虽然赢得了胜利，却欠了一屁股债，大约有 1000 多万美元，相当于当时半年的税收。这些钱是美国政府发行债券募集的，债券数量之大前所未有，为了保证债券的募集和交易，纽约决定成立一个证券交易委员会以规范交易，纽约证券交易委员会就这样成立了。该委员会最早的董事会包括 28 名董事，他们来自 7 个不同的证券公司，因此这个委员会从一开始就是私人性质。当时为了防止过度投机，委员会规定买卖股票的交割是在第二天，和今天中国的股市一样，但是今天美国的股市已经允许同一天买卖。另外，为了杜绝上市公司自己操纵股市，委员会严格禁止对敲，不过在接下来的 100 多年里，这项禁令很难执行。

图 20.7 英国人火烧白宫

总的来讲，美国建国之初经济是持续增长的，在华盛顿任职当总统的 1792 年，美国的税收还只有 367 万美元，到了 1817 年就高达 3300 多万美元了，历经四分之一个世纪提高了 9 倍。即便如此，华尔街和今天一样，也总是牛市和熊市交替出现。有些时候看似经济形势一片大好，其实已经暗流涌动，接下来就是崩盘和萧条。有时看似已经山穷水尽，但是新的发现（比如加州的黄金）和新技术（铁路）的出现，又使得形势柳暗花明。不过从整体上来看，美国这半个世纪经济在快速发展，似乎和股市的起伏无关。这一点也和今天的中国有很大的相似性。

在美国金融史上规范化的重要一步是统一货币，而这件事又是由一场战争——南北战争促成的。

图 20.8 19 世纪 30 年代美国一个地方银行发行的美元钞票

在南北战争以前，美国原则上实行金本位，也就是说，任何银行，如果你有 1 万美元的黄金储备，你就可以发 1 万美元的钞票。独立战争胜利后，美国各地的银行如同雨后春笋般冒出来，这些银行中，虽然有一些准备了足够的黄金储备，但是大部分银行是有 1 万块钱的黄金，就发 10 万块钱的纸币。名义上老百姓可以随时将这些纸币拿到发行的银行兑换黄金，可一旦发生挤兑，银行就要关门了。因此，如果纽约某个银行发行的纸币流通到了 400 千米外的马里兰，那里的人就会犯嘀咕，心想这个钱能不能收，因为一旦发行它的银行被挤兑，坐着马车赶到纽约肯定来不及。这样，纽约银行发行的钱，虽然在纽约还是一块钱顶一块钱用，但是到了马里兰的巴尔的摩，可能就只能值 80 或 90 美分了。同样，巴尔的摩银行的钞票，到了纽约也要贬值。因此，当时每年要出一本书，告诉你不同银行发行的纸币在不同城市的实际购买力。美国当年的金融秩序就是这么混乱。今天有些人，包括诺贝尔奖得主鼓吹全世界货币发行的去中心化，但是如果他们多研究研究历史，就会知道这种无政府背书的货币除了让金融秩序混乱外，没有什么好处。

1860 年，提倡废奴的林肯当选为总统，于是第二年南部各蓄奴州便组成邦联，从合众国中独立了，美国南北战争即内战因此爆发。这次战争历时 4 年多，是 19 世纪世界上自拿破仑战争之后最大的战争，双方死亡 62 万人，超过美国在之后全部战争中死亡人数的总和。内战巨大的开销使得联邦政府债台高筑，战争前美国政府每天的开销为 17 万美元，开战后马上涨到 100 万美元。虽然美国政府向华尔街借贷获得了一些钱，但是等它再去借钱时，华尔街也负担不起了，剩下最好的办法就是印钞票了。好在南北战争之前，美国从墨西哥手中获得了加利福尼亚州，并且在那里发现了黄金，因此美国国库还是有相当多的黄金储备的。美国内战的一个结果，就是在无意中统一了美国的货币。新的货币就是美国财政部为了战争所发行的绿钞票，也即今天的美元。

战争期间，美国政府强制推行财政部发行的绿色美钞，要求商家一律接收绿钞票。当时财政部的纸币和黄金名义上是一比一的挂钩，即面值 10 美元的钞票和 10 美元的金币等值，但是根据格雷欣法则[18]，也就是劣币驱除良币的法则，所有人都留着金币，把绿色纸钞票花出去，这样一来，黄金实际上退出了流通，而美元纸币开始流行。随着北方军队节节胜利，美元取代各个银行自己发行的货币，成为美国唯一流通的纸币。

18 格雷欣法则（Gresham's Law）使用者倾向于保留贵重的货币，而先将手中的价值低的货币花出去。格雷欣（Thomas Gresham）是英国金融家，英国证券交易所创始人。

在战争尚未结束时，华尔街已经走出了战争初期的熊市，开始了美国有史以来最长的牛市。不过在接下来的半个世纪里，华尔街完全被一些金融强人操纵着，公平交易还是一种奢望。

第三节 一个人掀翻华尔街

随便翻开一本介绍华尔街历史的书，里面可以找出一大堆在华尔街历史上翻云覆雨的人，比如曾经一个人拯救了华尔街的 J.P. 摩根，金融史上最成功也是最无耻的股市操纵者古尔德（Jay Gould，1836—1892）和菲斯克（James Fisk，1835—1872）等，但是其中傲立群雄的是范德比尔特（Cornelius Vanderbilt，1794—1877）。

图 20.9 一人掀翻华尔街的范德比尔特

范德比尔特在金融史上的地位相当于亚历山大之于军事史，贝多芬之于音乐史。他创造的最神奇

19 甲骨文公司的创始人。

的纪录是一个人掀翻了整个华尔街。范德比尔特是美国历史上靠自我奋斗实现美国梦的最好范例，他 16 岁时就借钱买了条帆船，开始了自己的航运事业，也因此获得船长的绰号，今天的拉里·埃里森[19]就处处以他为榜样。范德比尔特建立起庞大的航运帝国，在大西洋两岸的很多港口都有他的船队出入，此外，他还控制了美国从五大湖区到东部港口的运输。到了 19 世纪 50 年代，铁路开始在美国兴起，火车取代轮船成为北美最重要的运输工具。范德比尔特这时已经快 60 岁了，一般来讲，这个年龄的人再赶上一次技术革命浪潮的可能性不大了，但是范德比尔特可不是一般人，这个曾经通过托拉斯控制了世界最多财富的人（据估计他曾通过不断地建立信托控制了美国大约十分之一的财富），直到生命的最后都没有落伍。

范德比尔特被称为美国的铁路大王，但是他没有修过一条铁路，而是通过收购的办法从事铁路运输。范德比尔特研究了纽约–哈莱姆铁路公司（New York and Harlem Railway）很久，当时这条连接纽约和五大湖区的铁路并不被人看好，因为它途经的地区都是贫穷的农村。不过范德比尔特敏锐地看到了它的价值，因为它的一头连着纽约，而且这家公司和纽约市官员的关系很好，不仅每年花不少钱贿赂议员们，还将十分之一的收入送给纽约市的小金库。可见当时美国政府的腐败程度，要想获得公共交通的经营权，就要贿赂州议员或者市议员。看到这些价值后，范德比尔特于 1862 年开始悄悄购入这家公司的股票，虽然在此之前他在股票交易上毫无经验。

整个华尔街对这家公司的股票看法和范德比尔特正好相反，他们认为这是一只可以做空的股票。于是就出现了整个华尔街在做空，而范德比尔特一个人在买进的奇观。有意思的是，做空股票背后的黑手竟然是这家公司的董事丹尼尔·德鲁（Daniel Drew，1797—1879）。内部人士做空自家公司的股票，这种行为今天已经被证监会严令禁止，但是当时还没有。经过几天的交锋，做空者卖掉的股票已经超过了这家公司的总股数。比如说这家公司一共发行了 100 万股股票，做空者居然卖掉了 150 万股，那么其中的 50 万股必须在规定时间里购回平仓。不过麻烦的是，这 150 万股都在范德比尔特的手中，做空者必须按照范德比尔特规定的高价回购。一仗下来，范德比尔特不仅控股了纽约–哈莱姆铁路公司，而且还大赚了一笔。

纽约–哈莱姆铁路是范德比尔特控制的第一条铁路，范德比尔特还花了不少经费游说，将这条铁路修到了纽约市中心，并且修建了今天著名的纽约中央火车站（Grand Central Terminal）。之后，范德比尔特控制了多条铁路，并兼任数家公司的董事长。范德比尔特对股票投机没有兴趣，他的目标是建立一个铁路王国。范德比尔特一生都在跟华尔街的投机者对决，最凶险的一次是在 1868 年争夺对伊利铁路的控制权，他和另一个金融集团——德鲁、古尔德和菲斯克展开了殊死决斗，这其实也是美国工业资本家（范德比尔特一方）和金融资本家（华尔街一方）之间的斗争。

范德比尔特资本雄厚，买下这条铁路的全部股份并非难事，但是德鲁等人开始钻空子，他们利用做公司董事的便利，随意稀释股票。美国南北战争之后，政府是一片混乱和腐败，而华尔街则成了权钱交易的平台。大的投机商们控制着法官，随意解释股市上的游戏规则。这样股市上的盈亏，完全取决于各自控制的官员和议员们的无耻和贪婪程度。德鲁在担任伊利公司财务主管时，利用职务之便发行了很多债券。那么这些债券是否能转换成股票，就成了范德比尔特和德鲁等人争斗的焦点。如果债券不能够转换成股票，那么伊利铁路的股票很快就会被范德比尔特买光，反之，债券可以转换成股票，那么德鲁等人就可以不断地借债，然后把债券转换成股票，这样从理论上讲市场上将会有无穷多的股票。因此双方的做法都是控

图 20.10 范德比尔特家族建造的纽约中央火车站，被认为是美国铁路时代的标志

制法官，就这个问题做出对自己有利的判决。范德比尔特控制了一位叫作巴纳德的纽约州法官，让他做出了“债券不能转换成流通股”的规定，然后就放心地去购买这家公司的股票了。但是范德比尔特低估了德鲁的无耻，后者根本不理会法官的裁决，将所有的债券随意转成流通股，并且通过另外一名法官新的判决确认了他这么做的合法性。德鲁等人还随意稀释股票，他们卷走了范德比尔特 700 万美元，这在当时是个天文数字，超过了美国当时国民生产总值（GNP）的千分之一。这让范德比尔特忍无可忍，他把法官从床上叫起来，签署了对德鲁、古尔德和菲斯克的逮捕令，这 3 个人闻讯连夜逃出了纽约。从这些事情可以看到，当时美国金融秩序十分混乱。

至此，德鲁等人卷走了范德比尔特 700 万美元现金，而后者换回了 10 万股凭空发行的股票，看上去德鲁等人赢了一局，不过好戏并未就此结束。范德比尔特控制了纽约州政府，只要他不发话，德鲁等人这辈子就别想回纽约了。当时可没有互联网，可以通过网络交易股票，除非德鲁等人从此退出金融界，否则必须回纽约。最终德鲁等人和范德比尔特达成妥协，伊利铁路公司花费了 900 万美元平息这场官司，范德比尔特最后的所得比他的付出还多得了 200 万美元，他手中的 10 万股原本是废纸的股票也慢慢地被卖出了，他大赚特赚了一笔。最后倒霉的是其他持股人，中小股东们发现经过这场交锋，他们的股票被稀释了 40%（来自于德鲁增发的部分）。

图 20.11　1870 年的漫画，描绘范德比尔特（左）和古尔德（右）等人争夺伊利铁路的所有权

从伊利铁路股权之争上，我们看到了人性中魔鬼的一面——自私和贪婪，在金融市场的行为还没有完全被规范时，一些人会尽可能地利用法律的漏洞肆无忌惮地掠夺他人的财产。在这些

股市操纵者翻云覆雨时，为他们买单的常常是一些中小股东。而具体到德鲁、古尔德和菲斯克等人，简直可以用无耻二字来形容。对比一百多年前美国的股市，中国所有的投资人都应该庆幸当下中国的股市即使秩序再混乱，也比当年美国好得多。说实话，今天人们的道德水准比 100 多年前没有太多的提高，只是大家懂得了建立规范和遵守规范的重要性而已，这便是文明的体现。

范德比尔特其实不是想炒股，而是想通过收购控制公司，然后经营铁路，因此他一旦控制了铁路就远离华尔街，把心思放在经营业务上。而古尔德和菲斯克等人就不同了，他们没有经营企业的远大抱负，只是想通过操纵股市发大财。他们和范德比尔特围绕伊利公司进行了一番较量后，继续通过不断发行伊利公司的新股票来赚钱，纽约股票交易所终于对此忍无可忍，将伊利公司摘牌了。在这之后，《商业和金融周刊》（*Commercial and Chronical*）建议实施以下法律：

1. 除非三分之二的股东同意，董事会无权发行新股票；

2. 现有股东对发行的新股票具有优先认购权，新股必须公开发行，必须给予足够长的预告期；

3. 所有公司都必须在第三方金融机构保存其所有流通股票的总数记录，并且随时接受任何股东的检查；

4. 违反上述任何一条即构成犯罪。

显然这些条款都是针对古尔德和菲斯克滥用职权胡作非为的行为的。他们擅自发行股票，不符合上面的第一条；而发行股票是暗地里进行的，不符合第二条；他们还刻意隐瞒流通股的总数，违反第三条。这些条款后来成为了美国《证券法》的基础，但是这个立法的过程却很漫长，不过纽约股票交易所在立法之前率先对上市公司提出了这些要求。在被交易所摘牌后，古尔德终于同意遵守这些条件。等伊利公司再次回到纽约股票交易所重新挂牌后，股东们发现这家公司的流通股数量其实已经超过了它原来登记数量的两倍。

范德比尔特在后来的交锋中没有再输给过古尔德和菲斯克，虽然后者时不时地给他捣乱。1877 年，范德比尔特去世，享年 83 岁，他留下的遗产估计多达 1 亿美元（在今日约相当于 1 800 亿美元）[20]，超过了当时美国国民生产总值的 1%，在有史以来最富有的人中，他仅次于洛克菲勒排在第二位。他创造了一个人挑翻华尔街的纪录，也开创了一个人控制整个金融的先例。

20 Jackson, Tom; Evanchik, et al., Monica. The Wealthiest Americans Ever. The New York Times. 2007-07-15.

经历了和范德比尔特就伊利铁路的交锋，古尔德和菲斯克名声大噪，并且开始在华尔街呼风唤雨了。他们要做一件不仅是前无古人，而且看上去不可能的大事。玩过纸牌游戏拱猪的人都知道，如果收个满堂红，所有负分数都变成正的了，这两个人类金融史上最大的投机商要做的就是这样一件事，他们试图操纵整个黄金市场。当然，古尔德和菲斯克二人并没有足够的资金将美国所有的黄金买下来，他们的方法在于利用杠杆。而这个杠杆就是当年荷兰人发明的期权。古尔德、菲斯克二人的诡计分为以下三步。

首先买下美国流通的黄金。我们前面说过了，由于在南北战争之后，美钞大量发行，美元与黄金脱钩了，根据劣币驱逐良币的效应，美国市场上流通的黄金量并不多，大约只有几百万美元，这一点黄金以他们的财富是可以买下的。

接下来就是买下所有看涨黄金的期权。当时美国进出口贸易是以黄金（而不是美元）交割的，进出口商为了防止美元和黄金的波动，需要用看涨期权和看跌的期权来对冲。也就是说，出口商为了防止在收到货款后黄金的价格下跌，要提前购买黄金下跌的期权（Put Options）。反过来，进口商为了防止货物进口后，黄金上涨而多付美元，那么要提前购买黄金上涨的期权（Call Options）。因此市场有大量的黄金期权。在当时没有人从数学的角度给出期权到底价值是多少，这件事直到一百年后才由芝加哥大学的费舍尔·布莱克（Fischer Sheffey Black，1938—1995)，哈佛大学的罗伯特·默顿（Robert C.Merton，1944—）和斯坦福大学的迈伦·斯科尔斯（Myron Scholes，1941—）完成，默顿和斯科尔斯也因此获得了 1997 年诺贝尔经济学奖，布莱克因为已经过世而错过了这项殊荣。按照后来古尔德自己所说，在那个年代，当前价格黄金期权[21]（option at current strike price）的价格只有当前金价的1/200，这个价格比期权的实际价值要低很多。在今天的市场上，（一年期的）当前价格黄金期权约为金价的1/10。由于当时期权价格偏低，古尔德和菲斯克二人只花了很少的钱就买下了大量的黄金期权。

21
比如今天黄金价格为每盎司1000美元，明年还按照这价钱交割的期权，就成为当前价格的黄金期权。

看涨期权只有在黄金价格超过期权上规定的价钱时才有用，否则就是废纸。因此，古尔德和菲斯克二人要做的事情就是确保在期权到期时，黄金的价格超过期权规定的价钱。既然他们已经把市场上流通的黄金收到自己的口袋里了，那么黄金的价格上涨应该不成问题，到时候他们就等着收钱了。不过问题并没有这么简单，因为这里面还有两个漏洞。第一个漏洞是美国民间有大量的黄金，对于这一点他们二人并不担心，因为民间的黄金在短期内很难流入股票交易市场；第二就是美国政府的国库中黄金储备非常充足，美国当时一大半的黄金都在国库中，只要政府抛售一点点，黄金价格就得大跌。因此这两个投机商要做的第三件事情就是防止美国政府抛售黄金。

古尔德的具体办法就是设法影响美国当时的总统格兰特。这位南北战争时北方的统帅，在军事上是一把好手，但是对金融却一窍不通。为了接近格兰特，古尔德找到了一个叫作科尔宾（Abel Corbin，1808—1881）的家伙，这个人并无大本领，而且很贪财，不过他的身份很特殊——格兰特的妹夫。古尔德送给了科尔宾一笔黄金期权，如果黄金价钱每涨一美元，后者就将获得15000美元的利润。通过科尔宾，古尔德认识了格兰特，他不断以金融自由为幌子给这位总统洗脑，目的就是不让政府干预黄金的价格。格兰特觉得两个人说得不无道理，但是直觉告诉他似乎哪里不对，因此在这一点上不置可否，不过他最后还是答应了科尔宾和古尔德的要求。古尔德和科尔宾还成功地劝说总统任命了巴特菲尔德（Daniel Butterfield，1831—1901)为财政部部长助理，这个人接受了古尔德10000美元的贷款。由此可见，当年的美国政府有多么腐败。至此，古尔德似乎一切准备就绪。

在 1869 年的夏天，古尔德和菲斯克不断地购进黄金和黄金期权，到了 9 月，这两个人开始对决整个华尔街了。古尔德和菲斯克当时可以说是信心满满，因为他们手中已经有了面值 9000 万美元的黄金债券，这相当于当时纽约交易所每天成交量的很多倍，而且超过美国当年国民生产总值的 1%。如果到时候黄金价格在期权规定的价格之上，古尔德和菲斯克就可以找卖出期权的人按照规定的价格兑现黄金，而对方又没有地方去搞黄金，其结果就是只能让古尔德和菲斯克随意敲竹杠了，这样他们的逼空战术就会成功。等到那些卖空了黄金期权的华尔街大佬们意识到古尔德和菲斯克打算收满堂红，顿时头都大了，因为随着黄金价格的不断上涨，他们的亏损将越来越大，于是他们找到了财政部，希望财政部干预黄金价格。古尔德闻讯马上起草了一封信，阐述黄金的价格需要由市场（其实就是他古尔德自己）决定，然后让科尔宾交送给总统。恰巧这一次格兰特总统身边的一位部长提醒了他，他才发现上了古尔德和科尔宾的当，于是指示财政部干预此事。

古尔德得到这个消息，知道必须见好就收了。他和菲斯克一方面继续造势，一方面悄悄开始卖出。到了 1869 年 9 月下旬，黄金的价格已经从一个月前的 131 美元上涨到了 150 美元，一些“扛不住”的做空者不得不高价平仓。整个黄金交易室乱成了一锅粥，简直就像是葛优在电影《大腕》中描述的那个精神病院，由于交易量过大，很多电子设备过热而烧坏了。这时华尔街出现了有史以来最大的一次恐慌（史称黑色星期五），整个美国都在关注着黄金的价格。古尔德和菲斯克到了这时候还没有收手，还在通过对敲操

图 20.12　1869 年的漫画，近处拿枪的是菲斯克，远处拿着钱袋的是古尔德，后面的背景是美国财政部，牢笼里是被这二人锁住的众多炒家

纵着黄金市场，古尔德悄悄抛出，而菲斯克则虚张声势地买进。黄金的价格已经被菲斯克提到了 160 美元的高价，他的经纪人放了一个以 150 美元的单价买进 500 万美元黄金的大单子托盘，没有人敢接这个大单子，菲斯克的经纪人得意洋洋地一遍遍重复着报价，如果再没人接单，金价只有进一步上涨。但就在这时，一位资深的经纪人跳出来接下来这个大单子，这下轮到菲斯克傻眼了，黄金价格应声而落，一下子就跌到了 140 美元，而就在这时，财政部开始抛售黄金。原来，格兰特总统绕过了接受贿赂的巴特菲尔德，直接动用国库的黄金来平息市场。空头开始平仓了，整个交易所安静了下来。

这次黄金恐慌给美国政府一个大教训，从此美元又回归到金本位上来。作为善后，美国国会开始调查这次黄金操纵案，被古尔德和菲斯克买通的巴特菲尔德辞职了，古尔德本人也花了 8 年时间才平息对他的起诉。没有人知道古尔德和菲斯克两人从中赚了多少黑心钱，但是他们俩却否认自己挣到了钱。在接下来的时间里，古尔德和菲斯克继续在华尔街呼风唤雨。几年后，菲斯克死在了一个女人的手里，他被开枪打死，而古尔德在 56 岁那年死于肺结核，两个人也算是得到了报应。

在整个 19 世纪的下半叶，华尔街就是这么混乱，市场的操纵者能量之大是我们今天无法想象的，他们甚至可以买通总统身边的人并且对国家的经济政策施加影响。拿中国今天的股市对比当年的华尔街，不知道要公平多少倍。不过华尔街的混乱并没有影响美国经济的发展，毕竟在那个年代上市的公司还不多，拥有股票的人也很少，美国靠着第二次工业革命和制造业，终于在 19 世纪最后的 10 年里超过了英国，成为世界第一大经济体。这一点也和今天的中国非常像，有人操纵股市大发不义之财，一个个毫无金融知识的演员和电视主播也大言不惭地自称股神（因为她们有内幕消息），但是这一切并没有影响中国经济的发展。历史常常就是这样，要走的路，要摔的跤是免不了的。而明天的中国，一定会比今天的美国更好。

金融业发展到这一步，大家终于认识到进一步规范金融市场的行为势在必行。1890 年美国国会通过了反托拉斯法，开始限制范德比尔特、摩根这样的大家族操纵美国的经济和金融，而规范金融秩序不仅要完善各种法律，更要动真格地对一些有能力的大家族开刀。

第四节 将鸡交给狐狸照看

在美国南达科他州的黑山地区，有一座海拔 1800 米的拉什莫尔山，山顶上有四位杰出总统的雕像，他们分别是华盛顿、杰弗逊、西奥多·罗斯福（Theodore Roosevelt，1858—1919，即老罗斯福，不是二战时的总统富兰克林·罗斯福）和林肯（下图从左至右）。对于华盛顿、杰弗逊和林肯，可能大家都没有争议，那为什么要将名气似乎不是那么大的老罗斯福并列其中呢？因为在美国人心中，他对社会的公平性贡献非常大。

1901 年，西奥多·罗斯福接替被刺的总统麦金莱（William McKinley，1843—1901）就职美国总统。这位老罗斯福总统，虽然来自一个显赫的家族，但是他一生倾向于为劳工和弱势群体争取权益。老罗斯福深知，虽然当时的垄断公司为公众提供了更便宜更好的服务和产品，但是如果不把美国拉回到自由竞争的轨道上，这个国家就没有未来。他上台后做的第一件事就是反垄断，他要求国会展开行动，但是当时美国政坛非常腐败，大家族和大公司的势力还非常强大，因此国会没有理会他的要求。老罗斯福干脆自己动手，发起针对 44 家大企业的法律诉讼，从此开始了美国历史上的反垄断风潮。老罗斯福在担任总统的近 8 年时间里，一共赢得了 25 场诉讼的胜利，最出名的就是肢解了垄断北大西洋铁路、昆西铁路和芝加哥铁路在内的运输巨

图 20.13 拉什莫尔的伟人山（左起第三为西奥多·罗斯福）

头北方证券公司，这家公司背后是金融巨子 J.P. 摩根。老罗斯福还调解了劳资纠纷，他把劳资双方请到白宫谈判，并且为劳工说话。谈判的结果是将劳工每天的工作时间从 10 小时降到 9 小时。

老罗斯福的继任者塔夫脱（William Howard Taft，1857—1930）虽然在感情上倾向于大企业，但还是坚定地执行了老罗斯福反垄断的政策，把 90 多家大企业告上法庭，并且肢解了美国当时最大的垄断企业标准石油公司（是今天埃克森–美孚、雪佛龙和康菲等数家大石油公司的前身）。该公司的创始人、商业巨子洛克菲勒到死都不能明白为什么美国政府要拿他开刀。他一生热衷慈善，为美国赢得了世界上很多的石油资源，也为美国民众提供了更便宜更好的石油制品。他不懂的是，由于他的垄断（标准石油公司曾经占了美国原油产量的 91%），后来者无法进入这个领域，从此破坏了社会的公平性。在美国，反垄断叫 Anti-Trust 反托拉斯（信托），而不叫 Anti-Monopoly，因为信托是大家族用来控制财富和避税的手段，反托拉斯就是反对富有的大家族，以达到社会的公平。到了伍德罗·威尔逊（Woodrow Wilson，1856—1924）担任总统期间，他超越了老罗斯福和塔夫脱针对个别垄断财团打官司的反托拉斯方法，改为通过联邦贸易委员会预先阻止不公平的交易行为，以此来鼓励竞争。威尔逊还迫使国会通过了克莱顿反托拉斯法案（Clayton Anti-Trust Act），使得美国的商业从此开始规范。而在此过程中，美国政府成了企业规范化经营的监督者。美国联邦储备银行的出现和政府对金融业的规范化，就是在这样的大背景下开始的。

美国联邦储备银行的成立源于 1907 年一次短暂的金融危机。这次危机如果放到今天是根本不可能发生的，但是，当时由于美国没有央行，同时政府对资本的运作几乎是完全放任的，才使得一次很小的事件产生的蝴蝶效应居然让华尔街几乎崩盘。

1907 年金融危机的起源本是一次没有什么新意的股市操纵。这年 10 月份，海因斯（又译作海因策，Fritz Augustus Heinze，1869—1914) 等几个试图操纵股市的人，合计着重复范德比尔特、古尔德和菲斯克当年的神话。这次他们选定了自己控股的美国铜业公司作为操纵对象。海因斯等人将自己拥有的股票借给那些做空的经纪人（设下圈套），然后再试图通过贷款买下市场上的其他流通股，达到逼空的目的，这样等到做空者偿还股票时，会因为在市场上买不到股票而不得不向他们高价购买，到那时，价钱就完全由他们说了算了。当然，他们为了购买股票需要借钱，当时有不少银行都借给他们钱，这里面还包括了当时第三大证券公司尼克伯克信托投资公司（Knickerbocker Trust Company），它的地位相当于 2008 年金融危机前的美林证券，但这家投资公司当时其实已经被海因斯等人控制。众所周知，借钱是需要抵押的，而他们用的抵押品又是美国铜业公司的股票。这就好比一个人用自家的房子做抵押从银行借来钱，把自家的房价炒高，然后再用纸面上价值更高的房子（还是同一栋）借来更多的钱，继续炒作这一栋房子。

读者可能已经看出来了——这其实就是本章开篇时所讲的那种庞氏游戏。如果美国铜业公司的股票上涨还好，一旦控制不住下跌了，那么这些抵押品就成了废纸，各个银行和尼克伯克信托投资公司借出去的钱肯定是还不上的，更可怕的是，该投资公司的钱也不是它自己的，而是投资和存款人的，很多投资人将因此破产。这就是风险所在。

海因斯等人的对手是 J.P. 摩根和约翰·洛克菲勒等人，后者虽然都是美国铜业公司的董事，但对于海因斯等人利用管理公司的便利侵吞他们的资产也毫无办法。后来，海因斯可能真觉得 J.P. 摩根等人是病猫，他把自己在公司里胡作非为的行为搬到了华尔街，决定和华尔街赌一把。一开始，海因斯等人通过逼空的办法抬高了股价，但是他们远远无法控制所有的流通股，这就像玩拱猪的人，原本打算收满堂红，但是一圈圈的牌打下来后，发现还有一人手中的红桃花色似乎很长，这个试图收满堂红的人就可能要精神崩溃了。海因斯他们现在就面临了这样一个困境，他们不像范德比尔特那样用的都是自己的钱，而是靠巨额的借款在支撑，这是一个不折不扣的定时炸弹。当他们债台高筑却还是不能控制所有流通股时，没有人敢再借给他们钱了，接下来，崩盘就开始了。起初，只是那些没有被他们控制的银行开始要他们还贷了，这逼迫他们不得不卖掉一些股票来还贷。一旦他们开始抛售自己的股票，美国铜业公司的股价就开始往下走了，很快海因斯等人抵押出去的股票已经抵不上他们所借的贷款了。损失最大的就是他们自己控制的尼克伯克信托投资公司，这家投资公司的客户担心它拿不出钱，纷纷开始挤兑。很快挤兑的风潮就蔓延开了，凡是借给海因斯钱的银行都遭到了挤兑，再接下来那些信誉很好的银行也发生了挤兑。如此下去，不仅华尔街得关门，美国的银行业也就完蛋了。

当时美国没有中央银行，因此无法为市场注入流动资金来平息这场挤兑风波，这时大家只能把希望寄托在唯一具有威望和实力拯救这次危机的J.P.摩根身上。J.P.摩根的威望来自于他的诚信而不是金钱。他一生在商业活动中所坚持的原则是，要想在商业上获得长期的成功，诚信至关重要。他曾被问及让他给一家企业贷款的决定因素，是对方的资产还是流动资金，他说："都不是，先生。最重要的是品德……如果我不能相信一个人，他就是拿上帝来做抵押也别想借走一分钱。"现在轮到J.P.摩根出来拯救市场了。

虽然摩根和洛克菲勒在海因斯等人的失败中出了口恶气，但是，这时也不得不出来救火。J.P.摩根拿出自己的一部分钱，洛克菲勒也拿出来1000万美元，单从数量上讲仅洛克菲勒的这笔钱就比1791年财政部拿出来拯救华尔街的600万美元还多（当然考虑到通货膨胀，实际的价值没有那么大）。不过挤兑仍然在继续，常常是上百万美元投入一个银行，一会儿就被取光了。摩根只能再次去和财政部交涉，最后说服财政部

图20.14 1881年《帕克》（*Puck*）杂志上的漫画，J.P.摩根和山姆大叔一同掌舵美国这条船，画中山姆大叔相比J.P.摩根显得非常渺小（保存于美国国会图书馆）

将美国政府的3500万美元存款注入这些银行，加上他自己从各家银行筹措的2700万，但是谁也不知道这够不够应对挤兑。至此，J.P.摩根也没有办法了，只好以他的名义把各大银行的老板找来商量对策，大家你看着我，我看着你，都傻眼了。最后在J.P.摩根的保证下，各大银行的老板们同意将各自存在银行结算中心的抵押款8400万美元拿出来。当储户们看到源源不断的现金流到市场上，便停止了挤兑，于是，这次短暂但十分危险的危机算是渡过了。

这件事使得原先反对政府干预金融的政治家们也意识到建立一个中央银行的必要性。虽然历史上美国已经建立过两个中央银行，但目的只是为了还战争的借款而已，一旦任务完成，中央银行也就自行解体了。由于J.P.摩根在平息这次金融危机中发挥了决定性的作用，因此他成为众望所归的美国联邦储备银行系统（简称美联储，Federal Reserve System）的发起人。1913年美联储正式成立，它包括了12家地区性的联邦储备银行（现在为7家）。虽然它是以私有公司性质注册的政府部门，但是它直接听命于总统，它的主席由美国总统提名，国会批准。美联储虽然名字叫储备银行，其实并没有什么储备，和各国的央行一样，它的职责基本上是发行美元和制定利率。也就在美联储成立的这一年，J.P.摩根去世了，他留下了大约6000万美元的财产，远不如人们想象的多。

图20.15 位于华盛顿的美联储总部

就这样，在经历了反托拉斯的高潮和1907年的金融危机，成立美联储之后，华尔街的运作开始受到政府越来越多的监管。不过，美国资本市场真正进入有序还是在美国证券和贸易委员会（即美国证监会）成立以及1933年《银行法》颁布之后。

对于1929—1933年的全球大萧条，我们就不必细说了。下面的几个数据显示了这次大萧条对美国的影响：近1万家银行关门（当时美国有近3万家银行），道琼斯工业指数[22]到了20世纪50年代末才恢复到大萧条前的1929年的水平，失业率超过20%。当然，还有无数华尔街的弄潮儿破产甚至自杀。不过在这次危机中，也有人挣到大钱，其中之一就是肯尼迪家族的创始人，约翰·肯尼迪总统的父亲约瑟夫·肯尼迪（Joseph Kennedy Sr，1888—1969），人称老肯尼迪。美国最终形成比较规范的金融秩序与他有关。

22 全称为道琼斯工业平均指数，由美国财经记者查尔斯·道（Charles Dow，1851—1902）创立，是美国最早的综合性工业指数，1896年该指数创立时只有12家成份股，今天增加到30家。由于该指数所包含的公司数量很少，而且指数的计算采用的是简单平均而不是加权平均，因此今天它在金融上的指导意义远不如标准普尔500指数。不过考虑到它的历史悠久，而且成份股均为大公司，因此它在财经新闻上的影响力较大。

1920年，老肯尼迪刚到纽约市，就差点被无政府主义者搞的一次恐怖袭击要了命。在那个年代，受俄国十月革命的影响，美国的一些激进人士开始搞恐怖活动，计划暗杀资本家，老肯尼迪那时候既不老，也不是什么大资本家，他只是在路上恰巧遇到了那次爆炸，他被爆炸的气流掀翻在地。不过按照中国的古话，大难不死必有后福，这句话果然在老肯尼迪身上应验了。无人知道他早期的财富是如何积累起来的，虽然他自称是银行家，但其实是什么钱都挣。肯尼迪娶了波士顿市长的女儿，进入了上流社会。他渐渐开始在华尔街呼风唤雨。一次他岳父的支持者在股市上被套牢，老肯

图20.16　曾经担任证监会主席的老肯尼迪（左）和儿子约翰·肯尼迪（右）在一起

尼迪指挥着他在全美国的代理人硬是把这家公司的股票炒了起来。最后，空头不得不向他投降，让他狠狠地挣了一票。1928 年，老肯尼迪是当时美国金融界少有的几个嗅出了大风暴即将来临的人。大家后来把他捧为天才，但是他自己却说得很轻松，“当我听到纽约街头擦皮鞋的小童也向我兜售股票经时，我知道该做空了”。他后来回忆当时的危机感，“如果有办法让我保住一半的财富，我愿意放弃另一半”。

但是和前面提到的其他华尔街大亨不同的是，肯尼迪的抱负不仅仅在金融上，而更主要是在政治上。从 1932 年起，他看好了政治新星富兰克林·罗斯福，并且利用他的财力成功地帮助罗斯福当选总统。当然，即使没有肯尼迪的助选经费，罗斯福照样会当选，毕竟经济糟糕到了那样的地步，在台上的总统是不可能连任的。不过肯尼迪却不这么想，这是他后来和罗斯福产生矛盾，并且觉得罗斯福一直对不起他的原因。肯尼迪希望罗斯福让他当财政部长，不过罗斯福却给了他一个职务虽小但是后来证明作用更大的职务——新成立的美国证监会主席。这一下子，美国社会炸开锅了，媒体评价说，这简直是“让狐狸来看小鸡”“从前的投机者现在要制止投机”。社会各界对他的不信任使得国会对他的正式任命延迟了半年。

不过事实证明罗斯福用人还真有独到之处。挣够了钱的老肯尼迪，想的不再是以权谋私去挣更多的钱，而是自己的政治前途。老肯尼迪接手的是一个烂摊子，问题多多，不仅大家对华尔街没有信心，华尔街自身对投资也没有了信心。作为华尔街最有经验的坐庄者，老肯尼迪知道华尔街里全部的猫腻和雷区。华尔街的小混混们，这回如同小偷遇上了贼爷爷，那些操纵市场的把戏再也玩不起来了。他很快在人们心中建立起一个公平而高效的管理者的形象。接下来他必须解决银行不愿意借贷的问题，因为这些银行家都被吓破了胆。没有借贷，经济活动就没有了血液，经济就无法恢复，这在历史上被称作“资本罢工”。老肯尼迪在各种场合宣传罗斯福的新政，重树华尔街的信心，银行的信贷又开始恢复了。老肯尼迪在监管金融的同时，打击华尔街那些维护经纪人利益的保守力量，扶植维护投资人的新生力量，这样也树立了民众对华尔街的信心。两年多过去了，华尔街再次走向正轨，老肯尼迪觉得这份差事已经没有了新鲜劲，辞职去追求更高的政治目标了。罗斯福和老肯尼迪开创了美国政府严格监管金融的先河，从此美国证券交易才真正走向正轨。

第五节 不断重复的愚蠢

金融行为得到了约束，交易开始公平，不等于证券市场的风险从此消失，因为人最大的敌人不是别人，而是自己的贪婪。今天人类的贪婪和愚蠢和两个世纪前相比并没有多少改进。只要有这两条在，金融危机还会周期性地重复下去。

自罗斯福执政起直到今天，这 80 多年华尔街的历史，大家可能都比较熟悉，这里不再全面回顾了，我们只需要聚焦一些重大事件和危机，就不难得出“历史在不断地重复”这一结论。

我们在本章一开始谈到了各种泡沫，其中一个共同的特点就是炒作概念。在 19 世纪美国全民（甚至是全世界）都在炒作铁路和运输的概念。在英国，曾经发生过全民投资和炒作铁路的风潮，这固然集资修建了大量的铁路，却也因为泡沫而带来了巨大的灾害。在第二册“缩短的距离——交通和通信的进步”一章中，我们介绍过英国铁路泡沫带来的股灾，著名作家、《名利场》的作者萨克雷就把全部财产都赔在了铁路股票上，就连著名的惠灵顿公爵也不能幸免，最后只好找铁路投资人帮忙。20 世纪初，炒作的概念是汽车，到了二战后就成了电子产品。

在美国 20 世纪 50—60 年代，什么公司只要和电子挂上钩，股票就疯涨，后来掀起了一场公司改名字的热潮。我们知道电子的英文写法是 electronics，结果很多公司都把自己的名字改成什么 -tronics。比如汽车配件公司改名为 autotronics，股价就能上涨，这些看似荒唐的事情和 2000 年所有公司都自称互联网公司（.com 公司），2007 年所有互联网公司都宣称自己是互联网 2.0 公司，而 2011 年后所有的互联网公司都宣称自己是移动互联网公司，没什么两样。从二战结束到 20 世纪 60 年代末，美国股市经历了长达 20 多年的大牛市。然后随着电子概念带来的泡沫的破碎而结束，1971 年美国股市开始暴跌。

虽然各种规范可以约束人们的贪婪，减少不理性行为带来的恶果，但是并不能从根本上消除人类自私和贪婪的天性。今天，各种概念依然在不断地被炒作，各种泡沫还在不断地被制造。在泡沫期间，不理性的人永远比理性的人多 10 倍，而泡沫制造者们不仅比他们的前辈更加“雄辩”，而且他们还拥有更复杂的金融理论作武装。

除了概念的炒作，依然不断有人试图操控资本市场。我们在前面讲到了古尔德和菲斯克在 19 世纪 60 年代曾经操纵了黄金的价格，而 100 多年后，美国两个最富有的人，得克萨斯石油大王亨特兄弟（纳尔逊·亨特和威廉·亨特，Nelson B Hunt & William Herbert Hunt）又试图操控白银的价格。他们的做法和古尔德、菲斯克如出一辙，就是买下整个市场上全部流通的白银，然后逼空。他们将白银的价钱从 1974 年的每盎司 3 美元出头，炒到了 1980 年的将近 50 美元每盎司。到了 1979 年，他们囤积了两亿盎司的实物白银，这足足有 6000 多吨。亨特兄弟一心要模仿古尔德和菲斯克操控黄金的“壮举”，他们万万没有想到自己的结局也和古尔德、菲斯克差不多。这次他们不是栽在美国政府手上，而是栽到美国老百姓手上。随着银价上涨十来倍，美国老百姓抛出了大量的银器，在美国凡中产以上的家庭，大都有一两千克的银器，比如咖啡具、茶具、刀叉、餐盘，等等。既然这些银子能卖这

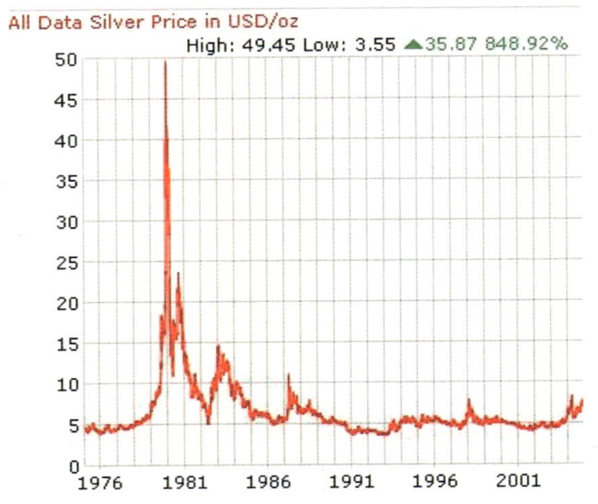

图 20.17　20 世纪 70 年代末到 80 年代初，被炒作起来的美国银价

么多钱，大家就都拿出来抛售。在 2011 年银价飞涨时，这种情况再次出现，在 eBay 上有大量的银器出售。与此同时，原先因为银价低而亏损停业的银矿，在银价上涨了十多倍后，全部变成可以盈利的企业，它们开足马力开采和提炼白银，这也导致大量的白银流入市场。亨特兄弟二人再也没有钱购买白银了，银价开始下跌，而他们欠银行的钱因为银价下跌、抵押金不足而导致平仓。在 1980 年 3 月 27 日这一天，世界银价大跌一半。这次同样造成了股市的恐慌，当天股市大跌。

不过这次操纵对美国经济并没有伤筋动骨，股价第二天就回升了。但是亨特兄弟的命运就没有这么好了，他们在被称为“白银星期四”的这一天就由盈利变成了亏损 10 多亿美元。银行不得不重组他们的债务，给他们 10 年期限还债。但是，这一切是以白银价格未定并上涨为前提的，随着他们操控银价的结束，白银的价钱还在不断下跌。7 年后这两个曾经是美国最富有的兄弟宣布破产。

就在亨特兄弟为偿债苦苦支撑的 7 年间，里根的新政把美国带出了经济衰退的低谷，但是同时美国开始了借债经济，这最终导致了 1987 年 10 月史称“黑色星期一”的股灾[23]。这次股灾虽然没有给美国带来太大的危害，股市也很快得到了恢复，但是，美国经济对债务的依赖却变得越来越严重。到 2013 年 11 月 23 日，美国发行的国债（还不包括各级地方政府的）超过 17 万亿美元，超过了美国的 GDP（2013 年 GDP 预估为 16 万亿美元左右）。很多中国的朋友问我美国政府是否会赖账，是否会还本金。这个答案是显而易见的，美国政府不会赖账，否则以后他们就借不到钱了，事实上美国联邦政府至今还没有赖

23 1987 年 10 月 19 日，美国股市一天暴跌了 20% 以上。

图 20.18 1987 年纽约股市黑色星期一，导致全球股市恐慌

过账。至于会不会还本金，这个答案是“会还”，也是“不会还”。说它“会还”，是因为当债券到期时，美国政府每次都是连本金带上（最后一次的）利息还给债主。但是，这些都是以借到新债为前提的，也就是说美国政府一直在玩借新债还旧债的庞氏游戏，它永远欠着一笔越来越大的本金。事实上美国政府从来就没有打算还掉一部分本金，将债务减少，国会和总统之间争执的只是如何让债务上涨速度可控。而这一切和华尔街没有半点关系，因为借钱的不是华尔街。这件事说起来是和美国的主街（Main Street）即所谓的主流社会有关。

一位美国历史学博士曾经讲过，有什么样的民众就有什么样的政府。比如阿根廷等一些拉美国家有对经济发展漠不关心的民众，就有经常性破产的政府。美国中下层民众只想到享受福利，不打算纳税和通过自己的努力改变现状，而中上层的人则要求减税而不愿意进一步承担社会义务，私营公司有全世界最大的现金储备而四处避税，政府工作人员效率低下却要拿着高得骇人的福利，有这样的民众，就有从来不打算真正还债的政府。这些问题不是通过规范华尔街能解决的。

到了克林顿时代，他除了吹出了互联网泡沫和开始了房地产泡沫外，还开了放纵华尔街利用杠杆做最危险的投资的先例。而在失败前，这些使用超高杠杆的人和机构从来不承认他们的做法有非常大的风险，或者说他们从来不认为最坏情况会发生。但是事实上，坏事总是会来的。说到这里，我们就不得不回过头来讲讲长期资本管理基金公司（Long Term Capital Management）的案例了。

这家基金挣钱的原理其实并不复杂。大家都知道存款或者债券（比如国库券），存期长的利息高，比如年利 4%；存期短的利息低，比如 3%。这家基金就是用这个特点进行对冲。他们通过短期借款集资，然后去买长期债券，从中挣得利息差。当然，这个利息差很小，为了多挣钱，需要利用杠杆大量借钱，长期资本管理使用了 25 倍的杠杆，借了 1200 多亿美元的债。此前，并非别人看不见这种利息差（Spread），而是觉得这个利息差不算很大，为了挣它要去冒很大的风险，人们认为不值得。

长期资本管理在最初的两年里靠杠杆获得了不错的回报，这时人们常常会忽视这种做法的高风险，而这家公司的胆子却越来越大。开始还只是利用美国长短期债券的利息差价，后来发展到利用不同国家的利息差价赚钱，比如日本的利率低，韩国的利率高，那么他们就从日本借钱买韩国的债券。这时，他们眼里只有利润，而完全忽视了风险的存在。在债券市场上有一条铁律，就是只有风险高的债券才愿意付出相当高的利息。1997 年，二战后亚洲最大的金融风暴发生了，长期资本管理购买的亚洲债券暴跌，而他们卖出的美国债券却很稳定。这种事情属于小概率事件，却偏偏发生了。长期资本管理当年就开始亏损，而且资产快速缩水。第二年，又一个小概率事件发生了，俄罗斯宣布破产，所发债券全部赖账了。这下子引发了欧洲债券市场的剧烈震荡，当一个资本市场不稳定时，优质低回报的债券价格上涨，而低质高回报的债券价格下跌，结果是长期资本管理购买的那些高风险、高回报的债券，比如意大利债券价格暴跌，而它做空的低风险、低回报的债券，比如德国债券价格上涨，这一进一出就让这家公司亏了 20 亿美元，同时净资产快速缩水，债务和资产的比例一下子扩大到 200：1 以上。

图 20.19 是 1000 美元投资在这家公司净值的变化，蓝线为长期资本管理、红线为道琼斯、橙色线为美国国债。在 1998 年，长期资本管理的净值一跌千丈。

至此，长期资本管理只能找华尔街的同行救助，他们先找到股神巴菲特来收购，巴菲特愿意出的钱连他们期望的一半都不到。他们又找到对冲基金的领袖索罗斯，索罗斯正在和中国香

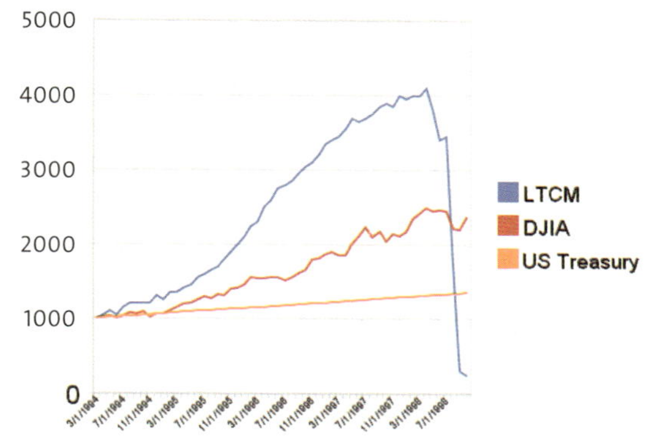

图 20.19 投资长期资本管理不同时期所剩的净值

港特区政府打汇率战，根本没有钱帮助他们，何况亚洲金融风暴和俄罗斯主动破产幕后的始作俑者就是索罗斯。看来长期资本管理公司免不了要破产了。更可怕的是，这家公司偏偏和华尔街的主要投资银行都有商业往来，而它的投资人也是各大银行，因此它一旦破产，可能第二天华尔街就无法开门了。1998 年 10 月 23 日，在高盛、美国国际集团（AIG）和伯克希尔·哈撒韦（巴菲特的旗舰公司）牵头下，由纽约的美联储协调，各大银行和投资公司一共凑了 36 亿美元的救市基金，帮它暂时维持一段时间，到 2000 年，这家公司解体。而瑞士最大的银行瑞士联合银行（UBS）因为投资它亏损了7.8亿美元，导致其董事会主席的辞职。在救市过程中，贝尔斯登（Bear Stearns）是唯一一家拒绝出资的公司，这被华尔街同行普遍诟病，在 2008 年金融危机时，没有公司愿意救助贝尔斯登。

长期资本管理的失败说明，不论多么聪明的人，一旦贪婪起来，眼里就只有利润，而看不到风险，他们可能成功一时，但是最终都是以惨败收场。长期资本管理事件背后一个更深层的问题是，为什么美国政府会允许基金使用 25 倍的杠杆？在这家基金失败之前，所有人都低估了这种杠杆潜在的风险，但遗憾的是，在此之后大家依然没有意识到这一点。华尔街人士对长期资本管理的失败进行了技术分析，虽然他们看到了杠杆对投资亏损的放大效应，但是他们认为这只是因为长期资本管理的模型还不够完美，而不认为这种利用杠杆的冒险终究要出问题。为了弥补模型上的缺陷，华尔街在设计新的金融衍生品（比如美国次级贷款的信用违约互换[24]）时对自己的投资进行了再保险，这样就可以在遇到下行风险时保底[25]，当然为了逐利，他们依然采用了长期资本管理高杠杆的投资方法，岂不知保险公司也是会倒闭的。当整个华尔街都开始玩这种冒险的游戏时，当全世界各大银行都纷纷加入进来时，最终导致在 2008 年爆发了二战后最大的金融危机。

金融危机过后，全世界从投资界到学术界都进行了深刻的反思，一些有识之士承认这些看上去很完美的模型其实不过是一种新的庞氏游戏的复杂包装而已。当然，依然有人觉得依靠技术的力量可以预测今后的风险并防止

24 信用违约互换（Credit Default Swap，即常说的CDS）是债券市场中最常见的信用衍生产品，通俗地讲就是金融产品的保险。在CDS交易中，购买者将定期向出售者支付一定费用（相当于保险金），而一旦出现债券的发行者出现违约事件，CDS 的购买者可以将债券以面值上的价格卖给 CDS 的出售者，从而有效规避信用风险。

25 因为根据它们和保险公司的协议，当这些投资公司和基金所投的金融产品亏损超过一定程度时，保险公司将支付它们的损失。

金融危机的发生。但是，正如牛顿所说，“我可以预测天体运动的轨迹，却无法预测人性的贪婪”，而人类的贪婪依然是左右资本市场的重要因素。金融危机是过去了，但是造成金融危机的根本原因并没有消除，比如其中一个原因是美国原本没有经济实力购买房屋的低收入者，靠借次级贷款拥有了房屋，却无力供养房屋。而奥巴马政府解决这个问题的方式，并非让那些人能够面对现实，过相对简朴的日子，并通过自身努力来改变现状，而是用更低的利息让那些人能够拥有住房。这其实不过是一个更大的庞氏游戏而已。而在金融史上，任何庞氏游戏最终的受害者恰恰是那些曾经认为自己讨到便宜的人。

不过，金融危机改变了世界的格局，加速了中国的崛起和欧洲的进一步衰落，当然这是题外话了。关于 2008 年这次金融危机的细节，读者可以参看拙作《浪潮之巅》。

结束语

关于华尔街，还有很多可以写的内容，比如巴菲特、索罗斯和西蒙斯（James Simmons）[26] 等人的投资神话，比如计算机的使用对交易的影响，比如美国对股市的监管，等等。我们把这些精彩的内容省去，除了篇幅受限，也因为它们和我想强调的这一章的主题关系不大。

26 世界上最成功的对冲基金文艺复兴技术公司（Renaissance Technologies）的创始人。

如果对这一章提到的这么多历史事件做一个总结，那就是整个资本市场总是在疯狂的上涨和令人绝望的下跌中循环。这里面有两个原因，首先是由人的天性决定。冒险是人类的天性之一，就像人类不会因为雪崩而停止攀登珠穆朗玛峰一样，人类也不会因为有金融危机而停止投资和对资产的炒作。资本市场的博弈是所有博弈中最伟大的一种，人们在游戏规则内不断追求自己的利益，而后面那只看不见的手（市场规律）其实才是资本市场真正的庄家。第二个原因是早期游戏的无序。回顾这 200 多年资本市场的历史不难看到，几乎所有的玩家都在作弊。为了让这个游戏能够不断地玩下去，大家就制定出各种规则，并且严抓作弊现象，而政府则成了游戏的裁判员。由于利益的驱动，永远有人试图作弊，或者打擦边球，不过应该看到，这场游戏还是越来越规范了，这便是人类文明的进步。不过，正如中国著名思想家王阳明所说,“破山中贼易，破心中贼难”，设定游戏规则、监管资本市场容易，克服人性的弱点难。如果人真的没有了贪婪和恐惧，那么他就不是介于天使和魔鬼之间的动物，而是神了。不过，正是人类的这些弱点，给了后来者无穷的机会。

回顾美国金融历史的另一个目的，就是借此展示人类文明有时需要走过一个曲折的过程，而这个过程可能会经历相当长的时间，但是，最终人类身上属于天使的那一半——一种向上和向善的力量，使得文明在不断地进步。对比今天的中国和 100 多年前的美国，读者可能已经发现中国今天遇到的问题，当年美国都遇到过了，但是这些问题最终得到了较好的解决，我们有理由相信，不仅未来中国的金融秩序会变好，而且中国的社会也会更加进步。

附录 一些金融术语的含义

期权，是一种特殊的金融合约，是合约的一方给另一方在一定期限里按照某个价钱购买（Call）或出售（Put）股票的权利。

比如，股票 A 今天的价格是每股 50 元，某家证券公司（Underwriter）给期权的买家两年内任何时候，以 55 元的价格买进这家公司股票的权利，不管到时候股价涨到什么地步。当然，作为回报，买家要付给该证券公司每股 5 元。也就是说，买家花了 5 元钱，买了一个两年 55 元买进的期权（Call Option）。假如在两年内某个时候，这家公司的股价涨到了 70 元，那么期权持有者可以要求以 55 元的价格买进，便可得到 70−55=15 的价差，而他付出的只是当初付给证券公司的 5 元，他的回报率则高达（15−5）/5=200%。如果这两年内 X 公司的股票从来就没有超过 55 元，等到这个两年的期权到期后，期权自行作废，证券公司获得 5 元。如果两年后股价为 58 元，买家依然可以以 55 元的价格买进，他在股票的差价上赚了 3 块钱，但是由于他购买期权花掉了 5 元钱，他实际上还亏了 2 元。卖出期权（Put Option）的操作方法类似。期权是一种使用杠杆的投资手段，风险较高，没有经验的投资者不建议使用。

做空，指卖出自己并不拥有的股票，指望股价下跌后再买回股票平仓。

比如股票 A 今天的价格是每股 50 元，如果某人（机构）预计今后这只股票将会下跌，而他手上又没有这只股票（或者数量不多），他可以从其他股票所有者手上借股票，以现在的价格卖出。当然，他必须抵押一些现金。如果将来股票真的像想象的那样价格下跌，比如跌到了 40 元，那么他可以按这个价钱回购还给股票的所有人，然后每股可赚 10 元。如果很不幸，该股上涨，那么他就赔钱了。做空是一个非常危险的股市操作，因为它的损失率从理论上讲可以是无穷大，没有经验的投资者不建议做空。

卖空袭击，指公司的合伙人卖空自己的股票，导致股票暴跌，然后再悄悄买回。在 19 世纪，一些公司的董事甚至自己印股票来做空它。现在各国都已经禁止这种内部交易了。

对敲，也称相对委托或合谋，指几个人（常常是公司合伙人）之间互相买卖股票，制造虚假的成交量，以抬高股价，美国现已禁止这种操作。2001 年，L&H 两个创始人进行对敲，事情败露后公司破产，两个创始人被捕。

逼空，指多头悄悄买下全部流通的股票，等空头平仓时，不得不以极高的被操纵价格买进。这是多头常用的手段。

参考文献

[1] 伯顿・G. 麦基尔 . 漫步华尔街 . 张伟，译 . 北京：机械工业出版社，2012.

[2] 约翰・S. 戈登 . 伟大的博弈 . 祁斌，译 . 北京：中信出版社，2011.

[3] Arthur T. Vanderbilt II. 幸运的孩子们（*Fortune's Children: The Fall of the House of Vanderbilt*）. William Morrow Paperbacks，2012.

[4] 2011 年高盛展望（内部客户报告）.

[5] David Wessel. 我们相信美联储（*In FED We Trust: Ben Bernanke's War on the Great Panic*）. Crown Business，2009.

[6] Peter Lynch. 在华尔街上（*One Up On Wall Street: How To Use What You Already Know To Make Money In The Market*）.Simon & Schuster，2000.

第二十一章　亘古而长青

硅谷的奇迹

1968 年的一天，41 岁的罗伯特 · 诺伊斯（Robert Noyce，1927—1990）找到投资人阿瑟 · 洛克（Arthur Rock，1926—），后者曾帮助诺伊斯和七位同事一起创办了他们的第一家公司。

“鲍勃，听说你要辞去公司总裁的职务。”洛克问。

“是啊，阿特[1]，华尔街找来的这些老爷们只会玩政治，我的话他们已经不听了，戈登和我想离开了。”诺伊斯回答。

1 阿特（Art）是阿瑟（Arthur）的昵称。

“好啊，”洛克说，“你们下面有什么打算？”

“戈登三年前就说，集成电路的性能会两年翻一番，可是有些人不相信。我们想自己干，设计超大规模集成电路。”诺伊斯说。

“鲍勃，这确实听起来让人难以置信，不过集成电路你们是行家，我相信你们的判断。需要我帮什么忙吗？”洛克想进一步了解诺伊斯的意图。

“是的，阿特，我们需要 1000 万美元。”诺伊斯开始狮子大开口，要知道当时的 1000 万美元大约相当于 2013 年的 1 亿美元。

“哦，鲍勃，这可不是个小数目，就你们两个人？”洛克虽然这么说，却并没有要拒绝诺伊斯的意思。

“是这样，阿特，我们打算把一个叫安迪 · 格罗夫（Andy Grove）的小伙子带出来，”诺伊斯补充道，“这小子超级棒。”

不久之后，诺伊斯和他提到的戈登（摩尔）离开了公司，创办了他们的第二家公司，洛克也为他们筹到了所需的1000万美元。诺伊斯和摩尔这段时间一直在说服格罗夫离职加入他们的新公司，格罗夫开始很犹豫，但是后来他还是被说动了。这恐怕是格罗夫一生中最正确的决定。

上面这一幕是曾经发生在硅谷的真实故事，很多朋友可能已经猜到故事中的主人公是谁了，不过即使不知道也没有关系，在读完这一章后就会对他们有更多了解。故事中诺伊斯先前的那家公司和后来他又创立的公司在科技史上都是鼎鼎大名，它们改变了硅谷，也改变了世界。这样的故事至今还经常在硅谷发生，帮助硅谷崛起并持续发展。

硅谷的崛起和人类历史上很多地域的崛起都有相似之处，它们都是依靠一个产业再加上很多偶然的因素而兴起。比如，欧洲中世纪末期，纺织业和金融业将佛罗伦萨变成了文艺复兴的中心，高岭土的发现和靠近长江便利的交通让景德镇成为元、明两朝的世界瓷都，19世纪末到20世纪初，钢铁工业和汽车工业分别造就了钢铁之城匹兹堡和汽车之城底特律。而具体到硅谷，它的崛起靠的是集成电路，也就是半导体工业，当然也有很多的机缘巧合，比如上面故事中提到的诺伊斯，以及他们两次的“叛逃”行为。不过，硅谷的发展和结局与佛罗伦萨、匹兹堡和底特律这些城市不同，那些城市和地区会随着原有支柱产业的衰退而衰落，硅谷却不断地由一种产业催生另一种产业，于是当旧的支柱型产业消失后，它反而具有了新的活力，这可以算是人类文明史上的一个奇迹。

图21.1 底特律废弃掉的剧院，从它的内饰可以想象出当年的繁华

今天已经剩不下多少“硅”公司（半导体产业）的硅谷在世界上的地位比1968年还要高。这个不到美国国土面积千分之

一、人口不到400万的地区，每年创造了大约8000亿美元的财富（包括硅谷公司的海外分公司的收入。如果不包括海外的收入，大约为4000亿美元）。更重要的是，这里是世界高科技公司的摇篮。在过去的50年里，硅谷创造了无数的神话。

- 硅谷平均每天都有十几家公司注册，大约每10天便有一家公司上市。
- 美国纳斯达克前100强公司中，硅谷占了四成，财富全球100强公司中，硅谷占了两成，例如苹果、Google、惠普、英特尔、甲骨文、基因泰克、吉利德科学（Gilead Sciences, Inc.）、Facebook、eBay、思科、雅虎、VISA国际组织、应用材料公司（Applied Materials）、Twitter和LinkedIn等，可以说是明星璀璨。
- 硅谷有凯鹏华盈（KPCB）、红杉资本和NEA（New Enterprise Associates）等世界上最著名的风险投资公司。
- 硅谷地区的斯坦福大学和加州大学伯克利分校（University of California at Berkeley，简称UC Berkeley或Cal），按照顶尖专业的数量，在全球排名前两名。此外，硅谷还聚集了大约50名诺贝尔奖获得者。
- 在文化领域，硅谷有世界上最著名的动画制作公司皮克斯（Pixar），不过这里更出名的是20世纪60年代末的嬉皮士文化。

在过去的两年里，我接待了几十个来自中国的大大小小的政府代表团，以及上百名中国的企业家和公司高管，他们来到这里都想搞清楚两个问题：首先，为什么硅谷能创造出上述的奇迹；第二，这个地方的高科技产业为什么可以长盛不衰。当然，他们的目的是回国后复制一个硅谷。我想，对于这两个问题我给了让他们满意的答案，但是听众们在得到答案后常常也会有些泄气，他们发现硅谷的成功是难以复制的。因为不断创造奇迹的硅谷，它本身也是人类文明的一个奇迹。为了讲清楚这一点，我们先要从硅谷的所在地旧金山湾区说起。

图 21.2　硅谷众多的公司

第一节　旧金山湾区

美国旧金山市的东边是一个狭长的海湾，南北长大约 80 千米，东西最宽的地方不过 16 千米。海湾南部的两岸，即分别从旧金山和伯克利往东南方向延伸到圣荷西市，是宽度不过 8 千米的狭长谷地。外面的人喜欢把这里称作硅谷，但是这里的人更喜欢称它为旧金山湾区（San Francisco Bay Area），简称湾区（The Bay Area）。

1769 年，西班牙探险家加斯帕·德·波特拉（Gaspar de Portolà）[2] 首次发现旧金山海湾，几年后西班牙人开始在这里定居。他们用 13 世纪意大

2 今天旧金山湾区的一个城市就是以他的名字命名的。

利圣徒方济各（Saint Francis of Assisi，1181—1226）[3]的名字命名了这座新城市，在英语里它被称为圣弗朗西斯科（San Francisco）。当地属于地中海式气候，冬暖夏凉，四季如春，成为全球为数不多的最适合居住的地区。到了1777年，西班牙人在旧金山南端的圣荷西（San Jose）建立了定居点，这样整个旧金山湾区就成为了当时被称为“新西班牙”的殖民地（包括今天的墨西哥和加利福尼亚等广大地区）中的一部分。这就是今天硅谷地区的地名大多来自西班牙语的原因。

3
全名是亚西西的方济各（意大利语：Francesco d'Assisi），又常常简称为方济各、方济。

图21.3 美国发行的纪念圣荷西市成立200周年的纪念邮票

1828年、1835年和1842年，在北美西海岸加利福尼亚的圣地亚哥、旧金山和洛杉矶等地先后发现了金矿。一开始，只是当地的人在淘金，规模也较小，但是到了1848年，在美洲就掀起了到加利福尼亚的淘金热，史称Gold Rush。涌入加州的淘金者，除了来自美国东部各州，还来自南边墨西哥，甚至远到秘鲁和智利。当然其中最早来的一批冒险家（历史上被称为49人[4]）确实是发了大财，他们每天能淘到价值上千美元的黄金，这相当于今天的大约10万美元，真可谓是日进斗金。为了纪念这些早期冒险者和开拓者，今天旧金山的职业橄榄球队取名为49人队，就如同费城的职业篮球队叫76人[5]队一样。

4
其实不止49人，但是人数不多，不会超过百人。

5
以纪念当年在费城签署独立宣言的76位代表和秘书。

图21.4 旧金山49人队徽标，队名是为了纪念早年的淘金者

又过了一年，也就是1849年，包括华工在内的新的一批淘金者跨越重洋来到了这里，他们把自己住的城市称为金山，后来因为在澳大利亚的墨尔本也发现了黄金，便把这里改称为旧金山，而称呼后者为（新）金山。除了华工以外，很多欧洲人和拉美裔人

也来到这里，他们有的是为了逃避欧洲 1848 年的革命，有的就是为了冒险和发财，不论是什么原因来到这里，他们都带来了各自的文化，从此这里开始了第一次文化的融合。也就是在这一年，整个加州黄金产量超过美国自 1792 年到 1847 年美国黄金产量的总和（37 吨）。

图 21.5 华工在淘金

在加州掀起淘金热的同时，美国和墨西哥之间爆发了一次战争，战争的结果是美国从墨西哥手里夺得了包括加利福尼亚在内的大片土地，1850 年，加利福尼亚正式加入美国，成为了它的第 31 个州。从这以后，大量的美国人源源不断地从东部跨过密西西比河，穿过北美中部的大平原，再艰难地越过犹他州的荒漠来到西海岸。当时，不仅没有通往西部的火车，甚至没有道路，整个旅行全靠马车和步行，即使一切顺利，完成穿越整个北美大陆的旅途也需要大约半年的时间。很多人走一半就没了钱，只好在当地住下，还有很多人丧生于西部的马匪和强盗之手。因此当时选择到加州淘金的这些人，血管里都流淌着喜欢冒险的血液，他们也把这种基因传给了后人。由于大量人口涌入，加州的黄金产量大幅增长。在 19 世纪高峰期，加州的年黄金产量高达 76 吨。要知道，全世界有史以来的黄金总量不过十几万吨，而我们在第二册“荷英时代 —— 为什么英、荷统治世界”一章中提到，西班牙人在南美洲几十年也不过开采了上百吨黄金。

淘金热同时带来了对整个美国西部的大开发。和中国西部远离沿海的情况不同，美国的西部濒临太平洋，交通便利，气候适合农作物生长和人们居住，因此美国西海岸的加利福尼亚州和华盛顿州很快成为全国发展速度最快的地区。加州的电话、电报和铁路也相应发展起来。在这个过程中世界各地大量移民的涌入对当地的发展起了巨大的作用，但是同时也引发了一次种族冲突，并且通过了美国历史上唯一一部针对某个国家族群的歧视性法案 ——《排华法案》。这里需要指出的是，华人对加州的开发和发展有着巨大的贡献。淘金热和铁路热带来的一个结果就是旧金山湾区人口结构的多元化，这也为后来吸引世界各国的移民创造了便利。

19 世纪末，随着美国西部的铁路热，加州出现了一位铁路大王，他就是（老）利兰德·斯坦福。他于 1861 年当选加州州长，第二年，林肯总统为了增强北方的实力，签署了“太平洋铁路法案”，目的是修建密西西比河和太平洋海岸之间的铁路。一年后，即 1863 年，斯坦福为了实现林肯的设想，成立了中央太平洋铁路公司，经过多年的建设和经营，成为了加州的铁路大王。除了修建铁路，斯坦福还经营金矿和港口，因此变得十分富有。1883 年，斯坦福夫妇唯一的儿子在去欧洲旅游的途中不幸病逝，晚年丧子让斯坦福十分悲痛，为了纪念爱子，他决心创办一所大学。1886 年的夏天，斯坦福捐出 250 万美元，作为创立斯坦福大学的基金。1893 年，斯坦福去世，将全部财产捐出来办学，这才有了今天著名的斯坦福大学。关于斯坦福大学的故事，拙作《浪潮之巅》中有详细的记述。

到了 20 世纪，加州的淘金热和铁路热都已退去，但是由于气候条件优越，加州渐渐撑起了美国农业的半壁江山；同时，加州的新兴工业，包括军事工业、航空工业和电子工业也开始起步。洛克希德·马丁公司（Lockheed Martin）[6]、诺斯洛普·格鲁曼公司（Northrop Grumman）[7] 和惠普公司在这里相继诞生。由于地处太平洋沿岸，加州成为了对太平洋沿岸国家开展贸易的桥头堡。到了二战前，加州有了 4 所比较好的大学，它们是旧金山附近的加州大学伯克利分校和斯坦福大学，洛杉矶的加州大学洛杉矶分校和加州理工学院。但是，相比美国东北部发展较早的各州，加州还是非常落后的。

6
美国著名的军火商，产品以军用飞机和包括雷达在内的多种电子设备为主。

7
美国著名的军火商，产品以军舰、飞机和卫星为主。

加州的腾飞很大程度上得益于第二次世界大战、朝鲜战争和越南战争，以及亚太地区经济的发展。由于地理原因，加州形成了以洛杉矶和旧金山为中心的一南一北两个都市，中间是广阔的农村。而南北加州经济结构也迥异，南部因为靠近圣地亚哥军港和喷气推进国家实验室，最终发展成国防和航空航天工业的中心，而北部的旧金山地区则以发展电子工业为主，在这样的大背景下，硅谷诞生了。

第二节 硅谷的诞生

硅谷为什么能在二战后诞生于旧金山湾区，一直是人们研究的课题。这方面的书，包括很多硅谷老兵们写的书，一共不下百种，大家总结的原因也有十几种，包括历史、气候、地缘政治等各种原因，应该讲这些原因都有道理。不过，除了这些客观必然性，人类活动的一些偶然因素也对硅谷诞生起了很大的作用，其中特别值得一提的有三件事。

第一件事是 1952 年 IBM 公司决定在西海岸建立一个实验室。当时，IBM 的计算机业务刚刚起步，需要研制磁存储器，因为这是个新的领域，IBM 决定干脆找一个远离纽约总部的地方建立实验室，这样可以不受固有思维的影响。经过考虑，IBM 选择了圣荷西南部的 Almaden 山区，这个实验室最初叫作 IBM 圣荷西实验室，后来改用它的所在地命名，即现在的 IBM Almaden 实验室。这个实验室的建立，给旧金山地区带来了大量高层次的科技人才。在过去的半个多世纪里，Almaden 实验室成果不断，包括很多新的计算机、各种存储设备和 DB2 数据库系统等。应该讲，在 IBM 来到旧金山湾区之前，这里只有无线电技术，没有计算机技术，更缺少大批的 IT 正规军。IBM 的到来让硅谷的科技产业上了一个大台阶。

第二件事就是 1953 年斯坦福科技园的建立。

很多人对硅谷有一个误解，以为“因为有世界一流的斯坦福大学，所以在它的边上出现了硅谷”。这其实是颠倒了因果关系。

在美国众多大学中，斯坦福大学算不上历史悠久。到二战后，斯坦福大学的历史才不过 50 多年而已，虽然它有不少不错的专业，包括电机工程，但是它依然排不进美国一流大学的行列。斯坦福的邻居加州大学伯克利分校当年无论从名气上讲还是从水平上看都比它强多了。曼哈顿计划的一半领导，包括奥本海默、劳伦斯和康普顿等人[8]都来自伯克利。因此，斯坦福大学并不能给早期的硅谷提供什么技术上的支持，而 20 世纪 50 年代初的实际情况是斯坦福大学都快维持不下去了。

8 他们的事迹详见第二册第十五章“打开潘多拉的盒子——核能的使用”。

斯坦福大学是一所完全靠捐赠办起来的私立大学。美国私立大学的经费主要有三个来源——学费、研究经费和捐赠，并不像公立大学那样主要来自于州政府的税收。斯坦福当年的名气并不大，学生人数也不多，学费收入还不够学生的开销（今天依然如此）。由于远离华盛顿，斯坦福得到的政府研究经费远比美国东部的名校少很多[9]。私立大学在捐赠上的收入主要来自于那些有名有钱的校友，可是当时斯坦福的校友中有钱人并不多，因此捐赠也指望不上。二战后，斯坦福大学真的到了山穷水尽的地步，如何解决财务危机成了校长和董事会的难题。

斯坦福大学其实有一笔很大的财富，那就是斯坦福夫妇留下的8000多英亩[10]地，相当于两个澳门大小的土地，而斯坦福大学自己使用的土地至今也不到它的十分之一。但是斯坦福夫妇的遗嘱规定学校永远不许出售土地，这样，学校便只好眼睁睁地看着这些土地荒着却无法变现发挥作用。后来，工学院院长特曼（Frederick Terman，1900—1962）教授仔细研究了斯坦福夫妇的遗嘱后，发现里面并没有限制大学对外长期出租土地，于是特曼提出了一个解决财政危机的办法——建立一个科技园，向公司出租土地。为了让租赁土地的公司感觉自己拥有了这块土地，斯坦福大学允许租期长达99年，而且以后还可以续约，租户（公司）可以按自己的意愿盖工厂、盖办公楼或者做其他用途。我们前面讲到，旧金山湾区非常窄小，可用的土地并不多，因此这个方案在1953年一经提出，马上就有很多公司和学校签了租约。第一批公司包括大名鼎鼎的柯达、通用电气、肖克利晶体管（晶体管和集成电路的先驱）、洛克希德·马丁和惠普等公司。这件事影响深远，对斯坦福大学来讲，这不仅解

图21.6 被誉为“硅谷之父”的特曼

9 在美国，一所大学从美国联邦政府获得的研究经费与它到华盛顿的距离成反比。即使在今天，斯坦福大学的政府科研经费也只有约翰·霍普金斯大学的1/3左右——后者虽然办学水平不如斯坦福大学，但是距离华盛顿市只有70千米。

10 相当于五万多亩，或者32平方千米。

决了它的财政问题，也成了该校跨入世界一流大学的契机；而对工业界来讲，它促成了硅谷的形成。特曼本人后来还当过斯坦福大学的教务长，但是大家记住他，是因为他乃“硅谷之父”。

斯坦福工业园是美国第一个专门划出一块地来吸引公司的科技园，并且在较长的时间里它是唯一的创业园区。直到20多年后的20世纪70年代末，在波士顿的128号路附近诞生了很多创业公司，天然地形成了一个创业园。但是波士顿128号路附近的创业园，在公司的数量和规模上一直没有达到硅谷的水平，以至于我们说不出在过去的几十年里，那里诞生了什么大的跨国公司。

第三件事就和本章开篇讲的那个故事有关了。1956年，曾为贝尔实验室赢得第一个诺贝尔奖的科学家肖克利因为家庭原因，离开了新泽西的AT&T公司，在加州办起了自己的公司——肖克利晶体管公司。作为晶体管的发明人，肖克利利用自己的名气，网罗了一大批英才。但是他非常有个性，不仅很难共事，在管理上也非常糟糕。第二年他手下的八个年轻人就忍受不了他的领导作风，集体叛逃，并且成立了一个新的公司——仙童半导体公司（Fairchild Semiconductor）。这些人史称“八叛徒”[11]，他们后来都成了大名鼎鼎的人物，其中包括发明集成电路的诺伊斯（就是开篇提到的那位，他两次和诺贝尔奖失之交臂[12]）、英特尔公司的共同创始人戈登·摩尔、凯鹏华盈的共同创始人克莱纳（Eugene Kleiner，1923—2003）等人。肖克利和“八叛徒”的故事在硅谷形成了一种说法，“坏的管理不一定是缺点，而是特点”，因为这样会派生出更有竞争力的新公司，肖克利和“八叛徒”的经历验证了这一点。以后这类

图21.7 “八叛徒”在仙童公司（面对大家的是诺伊斯）

11
他们是摩尔、罗伯茨（Sheldon Roberts，1926—）、克莱纳、诺伊斯、格里尼奇（Victor Grinich，1924—2000）、布兰克（Julius Blank，1925—2011）、霍尔尼（Jean Hoerni，1924—1997）和拉斯特（Jay Last，1929—）。

12
诺伊斯第一个应该获得诺贝尔奖的发明是隧道二极管。诺伊斯和日本科学家江崎玲于奈（Esaki Reona，1925—）同时发明了这种今天被广泛使用的二极管，但是由于肖克利的干扰，诺伊斯的成果没有被发表，于是这个诺贝尔奖授予了江琦等人。他的第二个发明是集成电路，等到诺贝尔奖委员会将2000年的物理学诺贝尔奖授予集成电路的发明时，诺伊斯已经过世了。

叛逃和集体跳槽的事情在硅谷层出不穷，这在客观上推动了人才的流动。

今天知道仙童公司的人可能不多了，不过它在 IT 史上的地位却非常高，因为它开创了全世界的半导体行业。这不仅因为仙童的八个创始人都是响当当的人物，让这家公司执半导体行业的牛耳。更重要的是，仙童公司像一只非常能下蛋的母鸡，孵化出许许多多的半导体公司，因此它被誉为“世界半导体公司之母”。20 世纪 60 年代，全世界各大半导体公司的老板们在一起开会时，大家发现三分之二的与会者都先后在仙童公司工作过。

仙童公司在早期发展得非常快，然后开始大量地引进职业经理人，这样一来，它的几个创始人诺伊斯、摩尔等人对公司就失去了控制，于是就出现了本章开头描述的那一幕。最后的结果是诺伊斯辞去了 CEO 一职，与摩尔跳出来创办了一家鼎鼎有名的半导体公司——英特尔公司。而那位开始很不情愿离开仙童的格罗夫，后来成就了英特尔帝国。诺伊斯等人再次开了一个“坏”头，一年后，又一批仙童公司的员工，为首的是一名销售主管桑德斯（Jerry Sanders，1936— ），也跑出来自己办公司，这就是今天英特尔的对手 AMD 公司。到了 20 世纪 60 年代末，旧金山湾区涌现出一大批由仙童公司的员工办起来的半导体公司。图 21.8 所示的是不同年代从仙童公司派生出来的部分公司的关系图。到了 2014 年，这些公司有 92 家上市，其市值总和高达 2.1 万亿美元[13]，比印度、加拿大或者俄罗斯的 GDP 还高[14]。

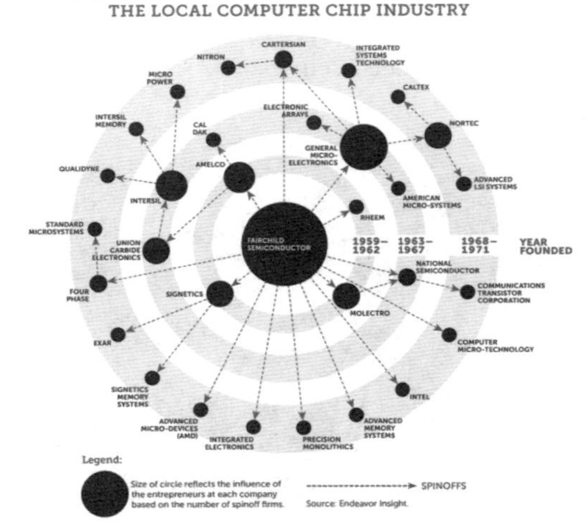

图 21.8 从仙童公司派生出来的部分公司

可以毫不夸张地说，是仙童给旧金山湾区带来了半导体产业，

13 以 2014 年 6 月 15 日这些公司的市值为准，数据来源 Endeavor Insight。

14 2013 年印度 GDP 为 18420 亿美元，加拿大为 18210 亿美元，俄罗斯为 20150 亿美元。

由于半导体的材料是硅，因此到了 20 世纪 70 年代，这个地区得到了一个新名称——硅谷[15]。有人也把肖克利和特曼并称为“硅谷之父”，意思是肖克利逼走了诺伊斯等八叛徒，从而导致了硅谷半导体产业的兴起，这当然多少有点讽刺意味。

图 21.9　英特尔公司三巨头（从左到右：格罗夫、诺伊斯和摩尔）

15
硅谷这个名字最早是由当地的企业家瓦尔斯特（Ralph Vaerst）创造的，并且在 1971 年首次出现在媒体上。

今天我们回过头来冷静回顾硅谷诞生的过程，就会发现这个过程其实在世界其他地方是很难复制的。IBM 公司到美国西海岸开设研发中心这种事不常见，因此硅谷的出现占到了天时；而当时在世界气候最好的地方居然空着几十平方千米的土地，现在是不可能了，因此硅谷占到了地利；一个诺贝尔奖获得者靠自己的名气聚拢了八个世界上最优秀的半导体技术人才，然后又把他们赶出去办了公司，这件事也很难再发生了，因此硅谷当年占到了人和。今天再遇到这样的天时地利人和就难了。如果说硅谷的诞生是中了一次头彩，那么它在接下来靠不断的成功转型而长盛不衰，相当于不断地中头彩。硅谷是如何做到这一点的呢？让我们回顾硅谷的发展历程，探寻其中的原因。

第三节　硅谷的发展

硅谷的发展可以分为三个阶段。从它诞生到 20 世纪 70 年代中期为第一个阶段，以半导体工业为主，这时它是名副其实的“硅”谷。从 20 世纪 70 年代中期到 2002 年互联网泡沫破碎为第二个阶段，它以软件和互联网为主。2003 年之后进入第三个阶段，为后互联网时代，这时它的创新覆盖了很多领域。

一、硅谷 1.0

硅谷刚成形时，虽然有很多创新的小公司，但是根本算不上是世界科技产业的中心。硅谷从小到大，成为公认的创新之都，用了三四十年的时间。因此，要复制一个硅谷（如果能够成功复制的话），至少也需要有几十年的耐心。

20 世纪 70 年代中后期，硅谷大部分公司除了搞半导体的，就是做计算机硬件和系统的。如果在 1975 年对硅谷的公司按营收排个座次，次序大概是这样的：惠普、IBM Almaden、英特尔、洛克希德·马丁、国家半导体、仙童（自从它分出很多公司后，自己的排名反而落后了）……那时，这些公司在硅谷除了研发外，还建有工厂，真有点像当年的底特律。但是随着硅谷当地劳动力成本的上升，半导体制造业很早就开始向外转移了，先是往周围的各州，比如俄勒冈州、亚利桑那州迁移，然后就往日本和中国台湾地区等东亚地区迁移。1965 年，从硅谷回中国台湾的半导体工程师还不到 50 人，但是到了 1967 年，每年回中国台湾的半导体技术人员已经超过 1000 人了。随着一些亚洲公司，特别是日本公司和中国台湾公司的兴起，硅谷在世界半导体市场的份额从绝对的主导地位开始萎缩，而且越来越小。到了 20 世纪 80 年代，世界上前三大半导体公司都是日本公司。很多人开始猜测硅谷会步匹兹堡和底特律的后尘，但是后来证明这是杞人忧天。

硅谷得以维持长青的秘诀之一，就是在发展半导体工业的同时，培养了它自己的风险投资人。在此之前，投资仙童等半导体公司的投资者都是外来的，并非硅谷土生土长的。在这些外来投资人中，最著名的就是前面提到的阿瑟·洛克。这位来自华尔街的金融家最初只是把风险投资当作副业，不过他有自己的一套投资理论，即“为了获得最大的利润，就得在别人还没有动起来之前投资”，这在后来被认为是风险投资的理论基础。洛克曾经为了兼顾他在东部的工作和在加州的投资，每周乘坐夜班飞机横跨北美大陆，后来他终于受不了这样的生活，来到加州成为专职的风险投资家。洛克一生最成功的投资是英特尔和苹果。硅谷早期的外来投资人还有威廉·德雷珀（三世）（William Henry Draper III，1928— ），坦率地讲，他近半个世纪的投资记录乏善可陈，最成功的是 Hotmail 和 Skype[16]，但是他先后创办了两个风险投资基金公司[17]，并且提出了 3 个风险投资的原则，即“投资就是投人”、“储备人才”（即今天的创业孵化器思想）和“多家风险投资一起参与项目”（即把原来由一家承担的风险分散到几家风投公司），因此他和洛克一样被尊称为“风投之父”。

16 这两家公司均被微软收购。

17 分别是德雷珀 – 约翰逊投资公司和萨特 – 希尔风险投资公司。

20 世纪 70 年代之后，硅谷风险投资的格局开始发生变化，一些在著名半导体公司工作过的成功人士改了行，或者用今天的话讲就是“跨界”，成为硅谷培养出来的新一代风险投资人，他们在很大程度上帮助硅谷成功转型。

1972 年，国家半导体公司的创始人之一、担任过仙童公司副总裁的瓦伦丁（Don Valentine，1932— ）在硅谷创办了著名的风险投资公司红杉资本，瓦伦丁也因此被称为硅谷风险投资的先驱。后来像瓦伦丁这样从科技公司跑出来做风险投资的人越来越多，他们构成了硅谷 1.0 后期风险投资的主体。同年，“八叛徒”之一、仙童公司的共同创始人克莱纳和惠普的高管珀金斯（Thomas Perkins，1932— ）创办了凯鹏华盈，而从英特尔跑出来的约翰·多尔（John Doerr，1951— ）后来加入了他们的团队。当时，风险投资的钱远没有今天的多，相比现在的投资规模，只能算作天使投资，一次投资常常是几十万到上百万美元。瓦伦丁等人决定是否投资，主要看技术是否符合未来发展的趋势以及技术水平是否足够领先，对这两方面的把控是硅谷早期风险投资人的专长。这些投资人的投资回报都非常高，比如瓦伦丁投资成功的公司包括苹果、甲骨文、思科和艺电游戏（Electronic Arts）等，多尔则在康柏（Compaq[18]）、网景、赛门铁克、太阳公司、亚马逊、Intuit[19] 和 Google 等公司上创造了神话。那时，不仅是瓦伦丁和多尔，其他风险投资人也经常打出“本垒打”，也就是说投资之后一路成功，直到上市，平均回报在 50 倍以上。

18 曾经是全球第二大个人计算机制造商，后来被惠普公司收购。

19 全球最大的财务软件公司。

外来投资人在进行新的一轮技术投资时，不一定非要投到硅谷，但是硅谷本地的投资人则不同，他们不仅在本地投资，而且还要求所投的外州的项目搬到硅谷来。因此，硅谷投资人逐渐引导该地区从单一的半导体工业向IT 全方位发展。反观底特律和匹兹堡，都不曾培养出自己的投资人，一直守着单一的工业，所以渐渐地就衰落了。

二、硅谷 2.0

从 20 世纪 70 年代末到 80 年代初，硅谷一方面遭遇半导体工业外移的困境，另一方面又遇到了信息革命带来的机遇。当时的硅谷面临着一个选择，一方面半导体工业虽然已经开始外移，但是硅谷在世界上依然很有竞争力，如果一定要把半导体行业留在硅谷，那么它还能再为硅谷地区多做几年贡献，另一方面，这样就可能错失新技术革命的良机。如果硅谷有个权力很大却平庸的行政领导，他可能会尽力保住这些半导体行业的工作机会，以赢得选票，就如奥巴马不合时宜地试图保住美国一些低端制造业机会一样。如果这么做，今天的硅谷会有一个每况愈下的半导体产业，以及大量低水平的工人，就如同今天的俄亥俄州一样。好在美国大部分地方政府对商业没有太大的发言权，硅谷的发展也从来没有被政府干预，这件蠢事才没有做成。

从 20 世纪 80 年代开始，随着世界全面计算机化，最需要的是各种计算机软件，美国主要的软件公司都是在这个大环境下产生并且快速发展的。这些公司，除了微软在西雅图，其余基本上都在硅谷地区，比如做图像处理和排版软件的 Adobe、做财务软件的 Intuit、做安全软件的赛门铁克（Symantec）和做电路设计的 Synopsis 等著名软件公司。就连 IBM 这样以前以硬件和系统为主的公司，也转向软件开发，其 Almaden 研究中心原来主要开发计算和存储设备，在这次浪潮中逐渐转向开发数据库软件DB2 并从事各种 IT 服务，这帮助 IBM 一度成为最大的软件公司，直到2000 年前才被微软超过。当然在所有这些硅谷软件公司中，最有代表性的是甲骨文公司。

甲骨文对世界的贡献不仅在于它是最大的数据库软件公司，而且在于它发明了一种新的商业模式——用出售软件使用权的方式取代 IBM 收取服务费的“合同制”。合同制在全社会计算机水平不高时是非常必要的，但是，IBM 等公司的服务特别贵，一年的服务费可以高达系统售价的 10% 以上。甲骨文为了和 IBM 竞争，给了用户一个选择，即一次性购买软件的使用权而不需要每年再缴纳服务费。这种商业模式今天说起来简单得不能再简单了，在当时却是对 IBM 模式颠覆性的革命。甲骨文就是靠这种“卖软件”的方式迅速占领了市场，成为世界上第二大软件公司。关于这个变革的细节，读者可以参看拙作《浪潮之巅》里介绍甲骨文和微软的章节。总之，甲骨文的商业模式，让硅谷的这些纯软件公司都有钱可挣了。

到了 20 世纪 90 年代，硅谷的就业人员发生了巨大的变化，与集成电路和硬件系统有关的工作在不断减少，而软件工程师的工作机会却在大幅增加。后来，即使在那些以硬件产品为主的公司，比如思科、3Com 和 Novell 公司，大部分员工也变成了软件工程师。至此，硅谷开始由硬变软了，而在这个过程中风险投资起了很大的作用。

关于风险投资的作用，瓦伦丁和多尔给了很好的解释。瓦伦丁说，他在仙童和国家半导体公司任职时，仔细观察了工程师们所做的事情，他发现工程师们总是有无限创造力的，也就是说，如果没有人限制这些工程师，你不用担心创新的问题，因为他们自己会去尝试新的东西。但是，对大多数工程师来讲，要将创造力转换成商业上的成功，他们缺乏两样东西：一是资金，二是放弃目前高收入高福利工作的动力。因此，瓦伦丁等人就需要创造一个体系，让这些工程师有足够资金来实现自己的想法，同时有足够大的诱惑让他们跳出来“单干”。多尔讲，我们需要让他们“合法地暴富起来”，注意，他讲的是迅速暴富，而不是一般的富有。瓦伦丁和多尔等人就在做这件事，他

图 21.10　硅谷著名投资人瓦伦丁

们实际上是鼓励员工的背叛行为，而且为“长了反骨”的员工的行为保密。这种背叛的行为，对于原有的公司无疑是损失，但是却让硅谷在整体上受益。像诺伊斯这样的人如果不离开仙童公司，就不会有今天的英特尔公司。因此，风险投资人其实是不断地在挖大公司的墙角，用其中最好的砖石来搭建更新更好的大厦。事实上，他们自己也是一群背叛了原有职业的人。

硅谷在从半导体到软件工业的转型过程中，没有刻意地做出艰难抉择，一切显得那么自然。虽然半导体和软件是两种不同的东西，但是其内部却有着很强的联系。半导体工业的发展导致计算机成本的下降和普及，进而导致对大量软件的需求。而在硅谷，众多工程师最擅长把握技术的发展方向，只要有资金和制度帮助他们，从半导体到软件的转型就在不经意间完成了。在这个过程中，并没有谁高瞻远瞩地建议硅谷该如何发展，一切都是靠着商业的力量，靠着每一个人在最大化自身利益的同时对社会带来的正向效应。毫无疑问，在这个转变的过程中，得益的是风险投资人和创业者，而损失的是现有的大公司。

到了硅谷 2.0 的后期，即 20 世纪 90 年代，互联网开始爆炸式地发展。全世界第一个得益于互联网的大型跨国公司是硅谷的思科，它从成立到上市只用了 6 年，而且还创造了许多股市上的神话，比如业绩和股价连续十年上涨，打破全球市值增长最快的纪录，等等。思科之后，各种互联网公司如雨后春笋般在硅谷诞生，然后上市。这时，加州移民的冒险精神再次显露出来了，年轻人和一百多年前的祖辈一样，为了自己的梦想，当然也为了经济利益，投身到互联网这个金矿中。到了 20 世纪 90 年代后期，在硅谷最热门的事情是自己办公司，然后是到雅虎等互联网公司工作，最后才是去 IBM、惠普和苹果等大公司。

需要指出的是，硅谷 2.0 的后期风险投资已经完全变味了。由于硅谷几十年的成功，大量风险投资的钱像潮水般涌入硅谷。这么多的钱，如果像当年瓦伦丁等人那样一家一家地细细研究各公司的技术特点，恐怕 10 年也投不完，而且硅谷也没有那么多懂技术的行家来评审创业项目。于是，这些风险投资公司饥不择食地大量引进华尔街的人士。这些人大多不懂技术，无法准确了解公司的技术特点和内在价值，只能看看这些公司做的事情是否时髦，有无炒作的空间。在本书第二十章“伟大的博弈”中我们提到，这些华尔街的炒家还发明了很多荒唐的公司估值方法，比如公司价格和流量比。总之，本来以技术和价值为主导的风险投资变成了纯粹烧钱的炒作。图 21.11 显示了从 1995 年到 2013 年间，每年美国风险投资的金额。从图中可以看出，1999—2001 年这 3 年间，是历史上风险投资额度最高的时期。2000 年风险投资的强度不仅是历史最高水平（高达 1050 亿美元），而且远远超过 2013 年的水平（300 亿美元）。

图 21.11　1995—2013 年美国风险投资规模（数据来源：普华永道）

这么多风险投资基金要在 3 年里投出去，一个大问题是找不到那么多值得投的项目。因此这 3 年也就成了创业者最容易拿钱（甚至是骗钱）的 3 年。只要有一个小点子，不论是自己的，还是模仿他人的，只要和互联网沾上边，都能找到投资。这样一来，风险投资就成了危险投资了。2001年之后，互联网泡沫破碎，大部分风险投资都打了水漂。那个时期红杉资本回报最好的一期融资，融资金额接近 20 亿美元，除了投资 Google 算是幸运地打出了一个本垒打，剩下的几乎都失败了，要不是 Google 给投资人带来了足够多的回报，这一轮红杉资本融资的回报也是负值。

就这样，硅谷 2.0 以一次成功的转型（半导体到软件）开始，却以一次巨大的科技泡沫崩溃而结束，因此毫不奇怪当时有很多人怀疑硅谷的科技神话是否还能延续[20]。不过对互联网的投资带来了非常积极的社会效益，这些投资让互联网行业在开始的几年里为用户提供了免费的服务（当时被戏

20
不过事后证明，事情没有像想象的那么糟糕，投到硅谷的钱并没有浪费。红杉资本和凯鹏华盈在 Google 投资的 2500 万美元如果持有到 2014 年夏天，价值在 1500 亿美元以上（按照 2014 年 6 月 Google 的股价计算），超过了风险投资最高的 2000 年，全美国所有风险投资的总和（1050 亿美元左右）。只不过挣钱的风险投资人是少数，而赔钱的占大多数。

称为免费午餐），不仅让互联网以难以置信的速度发展起来，而且保证了互联网免费和开放的运营发展的模式。可以讲没有风险投资，就没有今天的互联网。

硅谷 2.0 时代的另一个特点就是行业内的竞争变得非常激烈。这个时代的硅谷可以用四句话来概括：过度投资，自由竞争，优胜劣汰，赢者通吃。过度投资的现象是普遍的，我们就不再多说了。自由竞争原本就是硅谷的一大特点，历史上它没有得到政府什么资助，不过 20 世纪 90 年代之后的过度投资和大量年轻人开始创业，则进一步加剧了硅谷公司的竞争。当然，自由竞争的结果必然是优胜劣汰，这本身没有什么奇怪的，只不过在硅谷 2.0 时代，由于互联网带来了商业效率的提升，这个淘汰的过程变得非常快。当然，公司胜出的速度也是同样地快。当某个行业里一旦有一个公司开始胜出，它就以极快的速度开始通吃市场，成为大型跨国公司，这成为了硅谷的一大特点。硅谷过去的英特尔、思科等公司如此，后来的雅虎、Google 和今天的 Facebook 公司依然如此，只不过通吃的速度也越来越快。这四个特点，使得硅谷成为全球最具竞争力的地区，虽然它的办公和生活成本不断地提高，但是它依然活力无限，世界上依然找不到第二个地区能够取代它的位置。

三、硅谷 3.0

硅谷是 2001 年经济危机的中心和重灾区，大部分互联网公司都倒闭了，只有少数现金充裕的公司还在苦苦支撑。位于硅谷中心的圣塔克拉拉县，2002 年失业率超过 10%，这还不包括那些持工作签证、没有资格领取失业救济的人。很多来自印度的工程师，干脆把分期付款购买来的新车扔到机场，然后坐飞机直接回国了，一时间旧金山机场出现大量无主的新车。很多经济学家还猜测硅谷是不是要完蛋了。

但是，硅谷在短短 6 个季度后就走出了危机。从 2003 年初开始，雅虎等优质的互联网公司率先走出亏损，恢复了盈利，同时股价开始猛涨。而当时还没有上市的 Google 一直都在盈利，同样一直都在盈利的硅谷互联网公司还有 eBay。经济危机帮助硅谷淘汰了那些人云亦云、缺乏竞争力的跟随者，造就出一批互联网时代全球最具影响力的公司。整个硅谷地区的经济结构乃至社会结构也发生了翻天覆地的变化。从 2003 年起，硅谷进入了它的 3.0 时代。

硅谷 3.0 时代最显著的特点，就是这里的公司拉大了和美国以及世界同行们的距离。在硅谷 1.0 时代，虽然硅谷的半导体业领先于世界，但是 IT 整体水平却比不上美国东部传统的发达地区，比如新泽西和纽约。到了硅谷 2.0 时代，虽然硅谷的软件业和互联网在整体上已经领先于世界，但是世界上最大的软件公司微软并不在硅谷。然而 2003 年之后，硅谷在技术和产品上在全世界可谓风光无限，遥遥领先。下表列出了纳斯达克指数成份股中的前十大公司，其中有六家（根据流通股价值计算）来自硅谷。

表 21.1 纳斯达克指数成份股中的前十大公司

公司	地点
苹果	硅谷
微软	西雅图
Google	硅谷
英特尔	硅谷
亚马逊	西雅图
Facebook	硅谷
吉利德科学	硅谷
思科	硅谷
高通	圣地亚哥
Comcast	费城

2003 年之后，硅谷第一颗耀眼的明星是 Google。这家以搜索引擎起家的公司，今天几乎成了互联网的代名词。全世界大约有 70% 的网民直接或间接地在用它的产品。即使在那些无法使用它的搜索引擎，或者 YouTube 视频服务和 Gmail 邮箱服务的地区，依然有大量用户在使用基于 Google 安卓操作系统的手机。在这家公司身上，浓缩了硅谷很多的优点——创新、活力、多元化和全球眼光。

在 Google 之后，互联网进入了一个崭新的时代，被人们称为互联网 2.0。在互联网 2.0 时代，基础的网络服务和互联网上面的内容以及应用开始分离。而最能代表这种技术趋势的是 Facebook 公司。这家在互联网泡沫之后才诞生于硅谷的公司，在短短的两三年时间里，就成为全球最大的社交网络公司，同时也成为在移动互联网出现之前承载各种互联网上的应用程序（包括游戏）的公共平台。Facebook 的诞生，使得很多互联网公司不再需要搭建自己的网站，而是通过 Facebook 把自己的服务推向市场。

硅谷另一颗耀眼的明星就是今天炙手可热的苹果公司，虽然这家发明了实用化个人计算机的公司曾经一度濒临破产，但是在硅谷 3.0 时代，它成为史上市值最大的公司。而且从 2000 年开始，苹果的产品，从笔记本计算机到手机再到平板计算机，一直是时尚和品质的代名词。

硅谷优秀的公司非常多，如果要一一仔细道来，足足可以写成一本书，这里我们就略过了。值得一提的是，当下硅谷的这种创新力不仅体现在上面几个明星公司里，而是普遍存在于湾区的每一个角落。相比 2.0 时期，今天硅谷的创新力在进一步增强，这一点从这些年硅谷诞生的众多明星小公司就能看到。像 Snapchat[21]、WhatsApp[22] 和 Dropbox[23] 等只有几十人或者上百人的小公司，在短短几年里就获得了上亿甚至超过十亿的用户，并且在各自的领域成为世界第一的公司。

促成硅谷创新力增强的原因是创业的成本变得非常低，而帮助创业的相关服务达到了空前完善的地步。

四五十年前，在硅谷创业开发一款芯片，没有两三百万美元的投资是无法做出样品的。英特尔公司成立时获得了 1000 万美元的投资，这在当时是一笔大钱。当时风险投资的整体规模并不大，加上集成电路的开发周期一般都比较长，很多公司做了四五年，依然拿不出一款销量很大的芯片，因此硅谷每年诞生的公司数量并不多。

30 年前，开发一款软件，至少要把几个人集中到一起，如果没有 100 万

21
一个图片和视频分享应用的公司，和一般多媒体分享服务不同的是，上传者可以限定上传内容的有效时间，通常不到 10 秒钟。

22
其产品类似于腾讯的微信。2014 年，这家不到 100 人的小公司被 Facebook 以 190 亿美元的高价收购。

23
世界上最大的针对个人用户的云存储公司，用户数量超过 3 亿。

美元，就无法购买计算机并且雇上几个专职的软件工程师。整个软件开发的周期，通常需要一两年。当开发完成后，在较长的时间里软件的销售额可能还抵不上开发的成本[24]。

20 年前，虽然计算机便宜了很多，但要创办一家互联网公司，哪怕只服务于几十万用户（用户再少的话公司也就做不起来了），购买服务器的钱也不少，加上网络带宽等支出，费用甚至不比创办一家甲骨文这样的软件公司低。事实上，2000 年，风险投资平均每一笔投资为 1300 万美元，远高于今天的每笔 700 万美元。

今天，做一款下载量上百万的应用软件，除了几个创始人需要没日没夜在家写程序之外，其他成本非常低。他们甚至连车库也不用租了，可以在家干活，通过网络远程办公，即使需要租用办公室，那些收费很便宜的孵化器也可以提供帮助。很多孵化器一个座位一天只收 5—10 美元，比在星巴克喝两杯咖啡贵不了多少。和十年前不同的是，今天办一个公司的 IT 成本更是低得令人难以置信，亚马逊和 Google 提供的云计算服务近乎是免费的。如果从亚马逊租用 1000 台服务器（8000 个核），按照 20% 的使用率[25]计算，一年的费用是 15 万—20 万美元，只相当于这些服务器（加上空调）一年的耗电量，加上半个系统管理员的工资。如果只是搭建一个为少量用户提供演示的系统，费用更是低得惊人。我本人支持过一家做大数据处理软件的小公司，他们从开发到完成在亚马逊上的演示系统，云计算费用只用去 500 多美元。

当然，创业成本的降低对全世界都是一样的，那么为什么硅谷能诞生那么多成功的公司呢？这就涉及创业的环境了。正如同硅谷 1.0 时代造就了一批风投专家，为硅谷后来的发展创造了条件一样，Google、eBay、思科和 Facebook 等公司的成功为硅谷缔造了一批新贵。他们既有钱，又懂技术，对硅谷的继续发展起到了巨大的作用。这些人中，有的成功地第二次、第三次创业，比如特斯拉和 SpaceX 的创始人马斯克（Elon Musk）[26]、Twitter 的创始人威廉姆斯（Evan Williams）[27]和 YouTube 的创始人赫利

24 Dropbox 用户数量超过 10 亿。根据 http://soft.zol.com.cn/412/4125283.html。去年年底用户数突破 2 亿。

25 世界上大部分互联网公司的服务器还达不到这个使用率。

26 马斯克在 Paypal 卖给 eBay 后挣到了大约1亿美元的现金。

27 威廉姆斯将他的 Blogger 卖给了 Google，获得了他的第一桶金。

（Chad Hurley）和陈士骏[28]等，但更多的人则成为了当今活跃的风险投资人和天使投资人。与 2000 年前后从华尔街来的那些基金管理者不同，这些人不仅对技术目光敏锐，而且有过去成功创业或者在那些明星公司工作的经验，因此他们在做风险投资的同时，还有能力对创业者进行辅导，大大提高了这些创业者成功的概率。这里面最著名的是计算机专家和作家保罗·格雷厄姆（Paul Graham）[29]创办的 YC 创投公司（Y Combinator），它聚集了硅谷很多有经验的创业者、法务和财务专家以及公司里的资深人士，对旗下的小公司进行全方位的辅导，因此投资的成功率比其他的早期风险投资要高不少。从 2005 年成立到 2014 年，它的总回报率大约是 14—30 倍[30]，这些小公司中最著名的是云存储公司 Dropbox。

28 赫利和陈士骏把 PayPal 卖给 eBay 后，挣到了上千万美元。

29 《黑客与画家》一书的作者。

30 YC 孵化器一共在 500 多家小公司投入了大约 10 亿美元，今天这些小公司的估值为 137 亿—300 亿美元，因为不同人的估计偏差较大。

图 21.12 创业者们在 YC 孵化器接受培训

像 YC 创投这样的风险投资基金在硅谷有很多，它们的背后大多有一些大公司高管和成功企业家在参与。这些资深人士亲自挑选有前途、愿意创业的年轻人，加以培养。他们深知自己的公司需要什么技术，而由于种种原因，不适合在公司里开发，他们就让自己培养的这些年轻人在外面做，给予投资和指导，如果达到了预期，就由公司出面收购。我们常常看到这些年 Facebook 花高价收购的一些似乎不很知名的小公司，其实这些公司的一些投资人和顾问都是 Facebook 的高管。今天，在硅谷这类合伙人团体非常多，这些人是连接创业者和潜在收购者的桥梁。

我在《浪潮之巅》中曾经讲过，创业并非易事，有很多杂事需要创始人自己处理。但是在硅谷 3.0 时代，创业不再那么难，创业者们只要做好两件事即可：第一，想出真正有创新（而不是抄袭）的点子，并拥有过硬的技术；第二，以最快的速度去实现它。正是因为创业的大环境比以往任何时候都好，硅谷在过去的 10 年里，开始“批量制造”创新公司。至此，“硅谷”这个词已经成为了一个历史的称谓，创新才是它最重要的元素。

应该讲，硅谷在 3.0 时代比以往任何时候都更繁荣，以至于在 2008—2009 年全球金融危机时它可以独善其身，这似乎已经跳出了世界各地区都难以避免的“从兴起，到繁荣，再到衰落”的周期律。至于它有什么常青的秘诀，我们后面会仔细讲。

在这一节的最后我们需要指出的是，从硅谷 2.0 到 3.0，我们依然能够看到一种“叛逆”的力量，因为支持创新的人和资金都来自以往成功的公司，他们的行为实际上是对过去公司的一种叛逆，甚至对过去具体的每一家公司会有伤害，却在整体上保证了硅谷的活力，不断产生新的技术。当然，光靠叛逆或许能够摧毁一个旧的行业，却未必能开创出一个新的行业。20 世纪 60 年代的嬉皮士运动也是叛逆的体现，但是时过境迁，事实证明并没有产生什么正向的社会影响力。硅谷不断推陈出新，必定有其内在的优势。这里面，最重要的应该是多元文化、机会均等和拒绝平庸。

第四节　常青的奥秘

一、多元文化

硅谷吸引人的地方除了气候宜人，更关键的是倡导多元文化。

在加利福尼亚，人种的分布非常多元化，白人占不到人口的 40%，与来自拉美的西班牙裔相当，亚洲裔和非洲裔一共占人口的 20% 左右。在硅谷地区，亚裔和第一代移民占人口的比例更高。一般认为，斯坦福大学所在的帕洛阿尔托市是硅谷的中心，这里亚裔人口约占 30%（其中 3.8% 的家庭由亚裔和其他族裔组成）。往南 5 千米处的库帕蒂诺市，即苹果公司所在地，亚裔人口占一半以上，在一些好的学区，亚裔甚至占到 60% 多。20 世纪 90 年代，该市曾经为是否将汉语作为中小学必修课进行过公决，虽然没有被通过，但也说明了亚裔在当地的影响力。即使在白人族群中，真正土生土长的美国人（来到美国两代以上）也只占白人的一半左右，剩下来的，一半来自于东欧（包括苏联）地区和中东地区，另一半则来自于德国、法国和北欧等欧洲发达地区。在每次移民入籍的仪式上，由于申请者要按照原国籍一个国家一个国家地起立宣誓，在硅谷地区的仪式持续时间就特别长，因为每次有来自 60—80 个国家的移民。

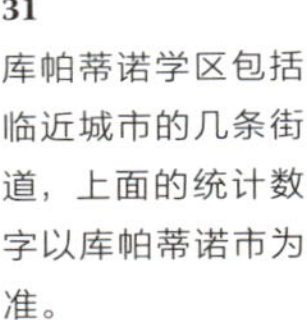
31
库帕蒂诺学区包括临近城市的几条街道，上面的统计数字以库帕蒂诺市为准。

32
有微小的进位误差。

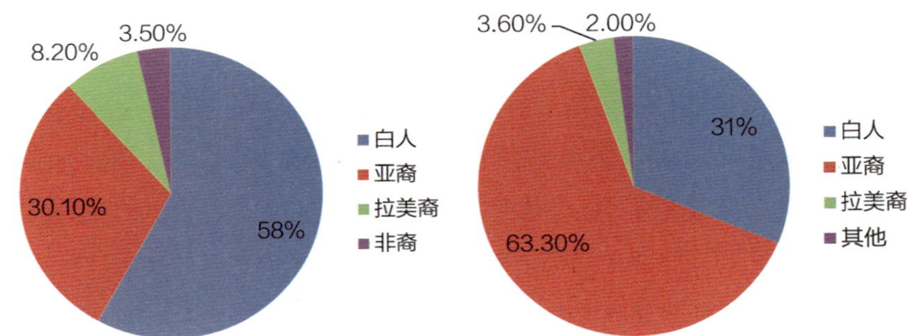

图 21.13 帕洛阿尔托学区（左）和库帕蒂诺学区[31]（右）学生中各族群的比例[32]

在人类的历史上，很多人口多元化的地区遇到的首先是麻烦而不是好处。历史上的诸多战争都是因为民族混居而引起，而小的冲突更是不断发生。即使是在旧金山周围，一个多世纪前民族矛盾也是很尖锐的。19 世纪末的加州排华法案，并非完全是白人资本家的种族歧视，而是体现了各国劳工与中国传统文化的冲突。在意大利记者欧利阿尼和斯达亚诺所著的畅销书《不死的中国人》（*I Cinesi Non Muoiono Mai*）中，详细讲述了文化差异导致其他族群对中国人产生的巨大误解。让多种文化融合，产生正向的合力而不是矛盾，是一件非常难的事情。直到 20 世纪末，在加州南部的洛杉矶还发生过种族冲突，但是在离洛杉矶不远的硅谷地区，人口的多元化带来的却是好处而不是问题，那么这一点又是如何做到的呢？

首先，从各自家乡千里迢迢（甚至是万里迢迢）来到这个地区的移民，是为了“淘金”和生活的，而不是来打架的。在历史上，移民到硅谷的有钱人很少，大家都是两手空空来到这里，谋求发展，以进入社会上层，因此大家需要和平共处。这是避免种族之间矛盾的大前提。

历史上造成种族矛盾的一个重要根源是宗教信仰的不同，不同宗教之间的纷争可以超过国家之间的纷争。美国早期从欧洲来的移民大多是为了逃避宗教迫害跨越重洋而来的新教徒，因为自身受过宗教迫害，故而容易抛弃宗教上的一些负面观念，比世界其他地区更容易做到对各种宗教和文化的尊重。加州原本是西班牙人的殖民地，当地的移民信仰天主教，因此当美国东部的淘金者来到这里时，新教和天主教在这里就产生了一次碰撞，好在大家都忙着淘金，因此对宗教事务看得相对比较淡漠。大家采取的是一种折中的态度："我尊重你的宗教自由，但是你不要干涉我的宗教信仰。"后来各国人、各种宗教的信徒都来到了这里，大家依然保持着"你信你的教，我信我的教，但是我们一起挣钱"的想法。今天，世界上大多数宗教和教派的教堂和寺院，在硅谷都可以见到。硅谷既是各种宗教最混杂的地区，也是大家对其他宗教和文化习俗最好奇的地区。2014 年，少林寺住持释永信方丈率代表团来到硅谷，在 Google 和苹果等公司受到了热烈的欢迎。这两家公司的佛教徒很少，但是几乎所有员工都对佛教非常好奇，苹果的 CEO 库克还与释永信作了深度的交流，这些都体现着硅谷对外来宗教和文化的尊重与认可。

不同国家、不同文化背景的人，生活习惯上也有很大的差异，在一种文化中广受喜爱的风俗习惯，在另一种文化中就可能遭人反感，因此，自律和宽容就成为多元文化共存的必要条件。比如说，燃放烟花鞭炮是中国人过春节的习惯，对于是否允许燃放烟花爆竹，各个城市的规定不尽相同。在一些城市（包括我所住的城市）是允许的，这是对中国文化的包容。而大家也知道如果在大年三十晚上放一通宵，则不仅影响

图 21.14　库克和释永信方丈

邻居，而且容易引起火灾，因此大家放个几分钟就好，不会过度，这是自律。在硅谷每一家公司里，都有来自不同国家的人，一起出去吃饭时各个人的忌讳就多了，穆斯林不吃猪肉，印度人不吃牛肉，素食主义者和一些环保主义者什么肉都不吃。那么大家一般遵循的原则是，如果分餐（自己点自己的），你不要管我吃什么，这是宽容；如果没有条件分餐，最好安排大家都能够接受的食品，而这一般只有奶酪比萨饼和蔬菜色拉了，这是自律。因此，这两样食品成了硅谷乃至全美国最流行的食品。

节日是各个民族文化中颇具代表性的特征，虽然不可能将所有民族的节日都定为法定假日（这样一年就没有几天时间上班了），但是在中小学里，老师都会和学生家长们在各个民族节日期间开展介绍各民族文化的活动。比如在中国的春节，学校会请华裔家长到学校介绍春节的由来、习俗和食物等，通常在这天学校会让学生们尝尝中国的饺子。在中秋节，一些学校则会向学生发放月饼。虽然华裔占美国总人口的比例还不到2%，但是在每年春节前，美国邮局也会像中国邮政一样，发行一枚生肖邮票。在爱尔兰传统的圣·帕特里克节[33]，学校和公司会希望（不是强求）大家穿绿色的衣服。同样，在印度的杜尔迦节、东正教看重的复活节[34]、犹太人的光明节和穆斯林的斋月，学校和社区都会开展相应的活动。当然，美国邮局也会发行相应的纪念邮票。

33 在清明节前后，庆祝基督教传到爱尔兰，同时相当于中国的寒食节，要禁食一天并且穿绿色的衣服。

34 虽然这是整个基督教世界里仅次于圣诞节的重要节日，但是东正教徒的庆祝活动比其他教派更隆重些。

语言是传承文化最重要的工具，生长在硅谷的第二代移民，大多能通晓三门语言，除了英语外，还有父母原住国的语言，加上西班牙语[35]。硅谷绝大部分人都认同国际化的必要性，大部分中小学都和世界不同国家的中小学建立了交换学生计划（Student Exchange Program），一般是由双方的家长提供住宿、交通和饮食。大部分参与这些计划的学生，除了到国外学习语言之外，更重要的是了解世界上不同的文化，以便为今后的国际化工作做好准备。一些有条件的家长会自己出钱将孩子放到其他国家生活更长的时间，比如惠普公司的CEO惠特曼（Whitman）就曾将自己的儿子送到一个中国家庭生活和学习了一个暑假。

35 在加州有四成人口平时使用西班牙语，而不是英语。

多元文化是硅谷发展的必要条件，它的好处非常多，这里我们不妨从创新、国际化和吸引人才这 3 个方面看看它的重要性。

我们在第一册介绍青花瓷时讲过，青花瓷的成功很大程度上得益于多种文化的融合，硅谷的很多创新也是如此。最有代表性的是苹果公司的很多产品。作为从 iPod、iPhone 一直到 iPad 的设计者，乔布斯本人就受益于多种文化，尤其是东方简约的艺术风格和接近自然的生活方式。乔布斯认为他在为期不长的大学生涯中上过的最有意义的课程就是书法课，他从这时候开始喜欢上了东方的文化，并且后来多次到日本，从日本的工匠精神中汲取养分。他设计的产品简洁实用，同时具有艺术美感。乔布斯从来没有强调自己的产品技术指标是最高的，或者质量是最好的，但是他给大家的是一个在整体上最好的产品。我曾经在各种场合讲，在乔布斯的时代，之所以没有人（和公司）的产品超越苹果，是因为他们的境界达不到乔布斯的高度，在当时（甚至直到今天），在技术和艺术的结合上，世界上没有人超过乔布斯。而乔布斯身上艺术的细胞，一半来自于多元文化。乔布斯的继任者库克曾经向释永信透露，自己每天要打坐 20 分钟，这样的沉思和冥想给他带来远见。硅谷很多公司的成功得益于多元文化，犹太人的精明，亚裔的勤奋，西班牙裔的吃苦耐劳，德国人的一丝不苟，以及美国西部牛仔后代（和传人）的开创精神，都是硅谷公司成功不可或缺的条件。

硅谷公司的另一个特点就是国际化。世界上大多数公司，包括美国东部的一些老公司，都是在周边市场、本土市场逐渐饱和后才开始国际化。但是硅谷的公司，几乎从一开始就定位在为全世界（而不只是美国）打造产品，大部分 100 来人甚至规模更小的公司就已经是一个国际化的公司了，比如我们前面提到的 WhatsApp、Snapshot 和 Dropbox 等。硅谷一位华裔工程师发明了一种精度极高的计算机时钟芯片，他的公司只有几个人，产品却是面向全球市场的。他的客户大多数是在亚洲的计算机硬件生产厂商，而他的芯片代工厂也在亚洲，其亚裔背景帮助他得以将产品推销到各大计算机厂商中。

国际化成功的一个因素在于文化的多元化。在硅谷大部分公司一半左右的高管出生在美国之外的国家，比如苹果公司的首席财务官梅斯特里（Luca Maestri）、甲骨文的第二号人物萨夫拉·凯兹（Safra Ada Catz）、英特尔公司执行副总裁苏爱文（Arvind Sodhani）、Google 八个产品线中的六个负责人都是移民。这些高管教会了公司如何和世界各国的人们打交道，而员工们则不得不在公司内和各国人打交道，因此硅谷的公司相比其他公司更容易想到国际化，也更容易做到国际化。

从世界各国来到硅谷的移民（以中国和印度最多），都是原来国家里最优秀的人，这些人专业技能强，而且具有冒险精神。他们不仅成为了硅谷科技公司研发的主力军，而且很多也成为新公司的创始人。为什么这些人愿意到硅谷安家落户呢？除了看重硅谷快速发展的机会外，生活方便是一个重要原因，这里的多元文化给他们提供了和家乡非常相似的生活环境。我曾经在美国东部生活多年，在整个华盛顿周围地区（俗称大华府地区，包括华盛顿、弗吉尼亚北部和马里兰的南部），最好的中餐馆饭菜的水平连北京街头一个家常菜馆都不如，而一位印度同学带我去吃一顿“正宗”的印度饭，需要驱车 40 千米。但是在硅谷，各个族裔都会觉得生活很方便，亚洲人会感觉这里还是亚洲，墨西哥人会觉得自己就在墨西哥，就连一些法国人也认为这里虽然没有巴黎的繁华和文化沉淀，但是生活却比法国更方便。靠着这样的多元化文化，硅谷不断地从全世界吸引优秀人才，因此很多公司在和硅谷公司竞争时都感觉很吃力，因为他们其实不是在跟哪个国家的公司竞争，而是在和全世界竞争。

二、机会均等

硅谷成功的另一个重要原因是为每一个人提供了相对平等的机会。任何人、任何国家和制度都无法保证我们的社会绝对公平（事实上也没有必要追求绝对公平），但是，一个好的制度要保证每个人有均等的机会，尤其是要保证新的人、新的公司能够崛起。

硅谷是一个到处可见权威却从不看重权威的地方。这里不仅有像约翰·亨尼西（John Henessey，斯坦福校长，RISC 处理器系统结构的发明人之一）那样的科技界泰斗，拉里·埃里森（Larry Ellison，甲骨文的总裁）和思科总裁钱伯斯那样的出类拔萃的工业界领袖，还有被称为风投之王的约翰·多尔和迈克尔·莫里茨（Michael Moritz，红杉资本的合伙人）。这里集中了近百名诺贝尔奖、图灵奖和香农奖得主。各国科学院和工程院院士多如牛毛。你在星巴克喝咖啡，坐在你对面桌子旁的，可能就是一个大人物。

但是，硅谷却从不迷信权威，也不太看重学历和资历。任何人要想在这里获得成功，都得真刀真枪地拿出真本事干出个样子，这一点不仅和世界上大部分国家不同，也和美国其他地方（尤其是东部和中部传统产业）普遍不同。这种现象也可以说是对传统工业社会的一种反叛，其背后的原因是，在硅谷大家不觉得有什么技术可以长期发展下去，有什么技能可以使用一辈子。很多技术的生命期远远短于人们一生的工作时间（35—40 年），而工作所需的技能变化更快，因此，一个人过去十年的工作经验在新公司看来算不上什么财富。坦率地讲，硅谷是一个在大街上非常尊重老人，而在公司里非常不尊重老人的地方。硅谷公司的这种做法在传统的价值观看来，确实有些不人道，但是如果看到一个大公司的生命期可能不超过 20 年，就能理解这种做法中的合理因素。因为只有这样才能更多地吸收新鲜血液，让公司充满活力，而不至于被淘汰。

机会均等对于鼓励创业更加重要。四十年前，很多风险投资倾向于把钱投给从大公司出来的一些明星，比如高管、技术骨干或手上有大把客户的销售人员，从仙童出来的诺伊斯和桑德斯都是这样的人，但是这样一来实际上人为地降低了年轻人成功的机会。然而，今天的风险投资家们普遍承认“自古英雄出少年”这样一个事实。年轻人除了他们的学识和勤奋，没有什么值得炫耀的资本，但是他们有很强的饥渴感和想发财的愿望。因此，今天硅谷的风险投资人最喜欢的是那些有着强烈的成功欲望，有足够多的专业知识和新思想，而且还能“像狗一样干活”[36] 的年轻人。事实证明，在硅谷最容易成功的也是这批年轻人，而不是功成名就的精英们。

36
美国人把干活勤奋辛苦的人比作狗，中国把他们比作老黄牛。

三、拒绝平庸

拒绝平庸是硅谷在整体上获得成功的另一个重要原因。当然做到这一点并非靠行政管理，比如给一些所谓的高科技企业以政策倾斜，而完全是靠市场规律来调节的。

硅谷地域狭小，整个硅谷的可利用面积大约只有北京的十分之一到五分之一，硅谷气候非常好，因此世界各地的人都想来，加上之前成功的公司炒高了房价，导致这里生活和办公的成本非常高。最后的结果就是只有最具竞争力的公司和人可以留在这里。

先谈谈高成本对人员构成的影响。在美国，拥有住房是美国梦的重要组成部分，美国 70% 的家庭拥有自己的住房，但是在加州这个比例不到 20%，在硅谷就更低了。在硅谷，一个家庭没有足够的收入就买不起房子，更别说在帕洛阿尔托或者库帕蒂诺这样的好学区了，而且越往后越买不起。1999 年，帕洛阿尔托市一个中等价位的独立屋价格大约是 50 万美元，相当于当时该市中等家庭年收入（11 万美元左右）的 4.5 倍，有两份工作的家庭省吃俭用还是买得起的。到了 2014 年，虽然该市中等家庭的年收入增加到了 16 万美元左右，比全美国工资增长得要快，但是房价却涨得更快，中值房价到了 200 万美元以上，大约是年收入的 13 倍，因此最近两年在这里买房子的人除了个别外来的富豪，就是 Google 或者 Facebook 这类明星公司的早期员工或者职级较高的人士。帕洛阿尔托周边的城市库帕蒂诺和洛斯阿尔托斯（Los Altos）情况也类似。这么重的生活负担也促使每一个人必须发挥自己最大的潜能去获得成功，与同事们一起努力让所在公司的股票涨上去。高昂的生活成本迫使退休人员必须搬出硅谷，为年轻人腾出生活空间。从 2013 到 2014 年，硅谷的美国人减少了 5000 名左右（主要是退休人员的离开），而外国移民增加了 18000 人左右（主要是新增加的工作机会）。

高成本也在不断地调整硅谷的产业结构，尤其是把一些利润率低或者发展缓慢的产业和公司淘汰出去。硅谷中心地段办公室的租金是西雅图地区（微软所在地）的五六倍，是南加州洛杉矶地区的两三倍，因此，当一个行业或公司的利润率无法维持硅谷高昂的费用时，它就没有留在硅谷的必要了，只有将生意挪到成本更低的地区。比如硅谷地区原来有一家丰田汽车的组装厂，虽然丰田公司在世界汽车行业里算是利润率较高的企业，但是它的利润不足以支撑待在硅谷的成本，因此在 2008 年金融危机后它便搬走了[37]，而将厂房和部分生产线卖给了毛利率和利润更高的特斯拉公司。这其实有助于硅谷完成技术的更新换代。

37
2009 年 11 月，丰田宣布关闭在硅谷的工厂，此前它已经将部分生产线移到了成本更低的得克萨斯州和密西西比州。2010 年 4 月 1 日，当最后一辆 Corolla 轿车从生产线上下线后，丰田在这里的生产就终止了。该工厂原本卖给思科公司和当地的职业球队建一个体育场，后来特斯拉表示愿意接手，丰田也愿意用它来换取和特斯拉的合作，部分生产线得以保留并转手给特斯拉。

图 21.15　在佛利芒市的特斯拉工厂（原为丰田在美国的合资工厂）

最早搬离硅谷的产业是半导体制造公司，接下来是低端（如存储器）或者产量低的半导体设计公司。有趣的是，硅谷人从来没有为缺少了“硅”而发愁过，更没有像某些行业那样给公司施加压力将这些工作机会留下来。再接下来，很多软件开发和 IT 服务的职位被外移到中国和印度去了。但是苹果、Google 和 Facebook 的新增职位使得硅谷的失业率不断下降，同时有更多的人涌到这里来。如今，通过云计算、移动互联网、可穿戴式设备和生命科学技术，硅谷又有很多新公司诞生。尤其值得一提的是，目前一些将 IT 和生物医疗相结合的公司在硅谷最热门。在 Google 边上有一家小公司 23AndMe，任何人只要向它提供自己的唾液，它就可以解读提供者的基因，并且告诉他（她）未来得各种病（心血管疾病、糖尿病、癌症和老年痴呆等）的风险，这对于医疗保健有非常重大的意义。由于采用了大数据的技术，基因解读的收费只要 100 美元，而一般医院里则要 2000—5000 美元。这样的公司在硅谷还有很多，它们被看成是今后解决人类健康问题的希望所在，因此就连 Google 著名的机器翻译专家奥科（Franz Och）都跳槽到这样的小公司去了。虽然这里面的很多公司今后可能会失败，但是剩下的成功的公司可以确保硅谷在即将到来的新技术革命中的领先地位。硅谷的一些大公司在这方面也不甘落后，2014 年 Google 投入了一大笔资金，成立了一家利用 IT 技术解决医疗保健问题的子公司 Calico，并且聘请了基因泰克的前 CEO 李文森担任 CEO。

在不久的将来，硅谷的产业结构还会再进一步调整，现在的部分一线公司将来不得不搬出硅谷，给那些新的热门公司挪地方。硅谷的这种淘汰机制，实际上否定了现代工业企业试图通过成功转型而达到基业长青的想法。在硅谷的投资人和企业家看来，如果一个公司没有了竞争力，一个行业正在萎缩，最好的办法是让它们死掉或者离开硅谷，而不是通过转型而复兴，因此新的技术交给新的公司去做效率会更高。这对每一个公司来讲未必是好事，但是对硅谷作为整体确实是有利的。经过这样不断地淘汰，那些平庸的企业不断为最有活力和创造力的企业所取代，从原有公司、原有行业获得成功的投资者和创业者会及时卖掉公司，兑现他们的收益，而一般的从业人员会另谋高就，所有这些人都已经习惯了这种快速的产业变迁，他们不再是试图维持一个百年老店，而是不断地寻找着下一个思科、下一个 Google 和下一个 Facebook。当然他们寻找的领域不仅包括 IT 行业，也包括生物制药、新能源、电动汽车等新行业。

拒绝平庸不仅体现在引领技术潮流上，也体现在同一个行业内，各个公司都力争在技术和商业模式上不断创新，而不是跟在别人后面模仿。对硅谷的大部分人来讲，模仿是可耻的，以至于他们不好意思去找投资人融资。对于这些由其他小公司发明的新技术，大公司的做法一般是收购而不是自己在内部开发类似的技术，因为它们知道时间比金钱更重要。

硅谷的成功让不少地方政府萌生了发展自己的科技园的念头。在过去的几十年里，很多国家都按照硅谷的模式，投入了大量的资金和土地建造科技园，以鼓励创新，不过其水平和硅谷相比差距依然很大，这里面固然有天时（二战后亚太崛起和加州 IT 工业发展的大前提）、地利（良好的气候，斯坦福和伯克利等大学的技术力量）和人和（多元文化）等诸多的因素，但是舍不得淘汰旧的产业是无法取得成功的重要原因。中国有句古话："旧的不去，新的不来。"创新本身意味着破旧，只有拒绝平庸，才能成为真正的常青树。因此，从这个角度上讲，硅谷也是对那种追求百年老店、基业长青的现代工业制度的一种否定。

如果说一定要在世界上找一个类似于硅谷的地方，那就是在地球上正好与之在经度上相差 180 度的以色列了。以色列和硅谷从地理、文化和环境上没有什么可比之处，却是全球除美国之外在纳斯达克拥有最多上市公司的国家。如果说它和硅谷有什么共同的特点，那就是拒绝平庸。硅谷拒绝平庸的原因来自于对技术的特殊喜好和对财富的追求，而以色列则是出于生存的考虑。以色列处于一个强敌环伺的地区，没有战略纵深可言，凡事如果不做到最好，就无法生存。用以色列人自己的话讲，"即使成功 99 次，一次失败也会导致亡国灭种"。正是在这样的忧患意识下，以色列人养成了拒绝平庸的习惯。不过，由于自身没有巨大的市场，加上地缘政治的原因，以色列的公司大多是技术突出的小公司，而非大型跨国公司，这一点又是它和硅谷的不同。

顺便强调一句，硅谷的成功和政府没有半点关系。这句话对美国人来讲是多余的，因为在很多美国人看来，"政府不能解决问题，政府本身就是问题的根源"。（里根语）但是，我接触的来自中国的政府官员们都会问"政府是否对硅谷有扶植政策"，因此不得不费一些口舌澄清。喜欢抬扛的朋友会拿"政府把互联网技术免费提供给了大众"为理由，说明政府的作用。但是，这项技术免费提供出来，不仅仅是给硅谷，而且给了全美国乃至全世界，因此谈不上是对硅谷的扶植。政府的扶植肯定对产业的发展有好处，但在硅谷地区，它没有沾到政府的光，而是完全靠每一个人的努力聚集起来的力量不断发展的。

结束语

今天，旧金山湾区已经不再有人去挖金矿了，虽然这片土地的地下还有黄金存在，"旧金山"这个名字只能代表它过去的历史。而"硅谷"这个词在今天看来，其实也只是一个历史的称谓而已。今后它或许还会有新的、更合适的名字，但是不管叫什么名字，这里都是世界科技之都。硅谷的崛起除了天时地利的原因外，它也得益于多元文化的融合，得益于不同国家、不同民族的人们相互宽容、自律和合作，从这个角度来讲，它不仅是美国文明的体现，也是全世界人类文明的成果。硅谷能够长盛不衰，真正的秘诀或许要从“叛逆”二字中寻找，从硅谷 1.0 到 2.0，然后再到 3.0，靠的是那些早期的创业者和风险投资人离开了原有的行业另辟新路。硅谷不断地淘汰旧的产业，从来不试图挽救一个百年老店，这是对现代工业制度的一种叛逆行为。而在各种变化、各种机会中，唱主角的永远是个人而不是集体，这也是对现代工业制度下劳动力成为社会大机器中的一个螺丝钉这种现实的一种否定。或许，对现代工业社会的否定，恰恰是后工业时代的特点，而硅谷又正巧具有这个特点，才能在二战后的历次技术革命中引领潮流。

人类对未知世界不停的探索精神、敢冒风险不断进取的精神在硅谷得到了很好的体现。无论是在过去、今天还是未来，这里都是年轻人梦开始的地方。

附录 硅谷大事记

1952 IBM Almaden 实验室在圣荷西成立

1953 斯坦福大学把闲置土地租给了工业界，硅谷的前身斯坦福工业园建立

1957 八叛徒创立仙童半导体公司，它开创了全球的半导体行业，硅谷从此得名

1968 诺伊斯、摩尔等人创立英特尔公司，它后来成为全球最大的半导体公司，并且一度成为市值最大的公司

1972 风险投资公司凯鹏华盈和红杉资本在沙丘路成立，风险投资从此在硅谷快速发展，沙丘路也成为了风险投资的代名词

1976 伯耶等人创立基因泰克公司，它后来成为了全球最大的生物制药公司。同年，乔布斯和沃兹尼亚克创立苹果公司，它后来成为全球市值最大的公司

1977 埃里森创立甲骨文公司，随后很多软件公司在硅谷成立，硅谷的软件业也开始腾飞，硅谷进入 2.0 时代

1984　思科公司成立，它后来成为全球最大的网络设备公司，并一度成为全球市值最大的公司

1995　互联网在硅谷兴起和发展，同年雅虎公司成立，并成为了互联网 1.0 时代的代表

1998　Google 公司成立，它是今天全球最大的互联网公司

2001　互联网泡沫破碎，硅谷一度进入发展低潮

2004　Google 上市，很快硅谷再度繁荣。同年，扎克伯格等人创立 Facebook 公司，它是世界上最著名的互联网 2.0 公司

2005　互联网 2.0 和云计算在硅谷等地兴起

2007　苹果推出智能手机 iPhone，移动互联网兴起

2012　Facebook 上市

参考文献

[1] Robert X. Cringely. 偶然的帝国（*Accidental Empires*）. HarperBusiness,1996.

[2] Rand Richards. 历史上的旧金山（*Historic San Francisco: A Concise History and Guide*）. Great West Books，2007.

[3] 吴军 . 浪潮之巅：第二版（精装本）. 北京：人民邮电出版社，2013.

[4] 阿伦・拉奥 . 皮埃罗・斯加鲁菲 . 硅谷百年史 . 闫景立，侯爱华 , 译 . 北京：人民邮电出版社，2013.

[5] 硅谷指数 . Silicon Valley Index. http://www.siliconvalleyindex.org/.

第二十二章　互联网时代

没有人能够想象美国当初连接几个大学、几百台计算机的网络会改变世界。在这个网络上建立起来的互联网，在过去的 30 多年里，几乎以指数增长的速度在发展（如图 22.1 所示，注意纵轴坐标不是等比例的，而是指数的）。截至 2013 年，互联网已连接了 10 亿台主机，27 亿的用户[1]。互联网不仅仅是一种将各种计算机连到一起的技术，也不只是为人类提供了一种全新的通信手段，而是从经济、文化和政治上根本地改变了我们的社会，并且带动了全世界的社会进步。

1 http://www.internetworldstats.com/stats.htm.

从经济上看，在过去的 20 多年里，互联网可以说是带动世界经济发展的火车头，想必许多读者朋友对此都有体会。2012 年，仅是基于互联网的电子商务一项，全世界的产值就超过了 1.2 万亿美元[2]。从文化上看，互联网不仅方便了文化的传播，比如把美国的电视剧传播到亚洲国家或者反过来，而且产生了基于互联网的新文化，比如韩国鸟叔的江南体表演或者中国的网络视频脱口秀（如《罗辑思维》

2 http://www.emarketer.com/Article/Ecommerce-Sales-Topped-1-Trillion-First-Time-2012/1009649.

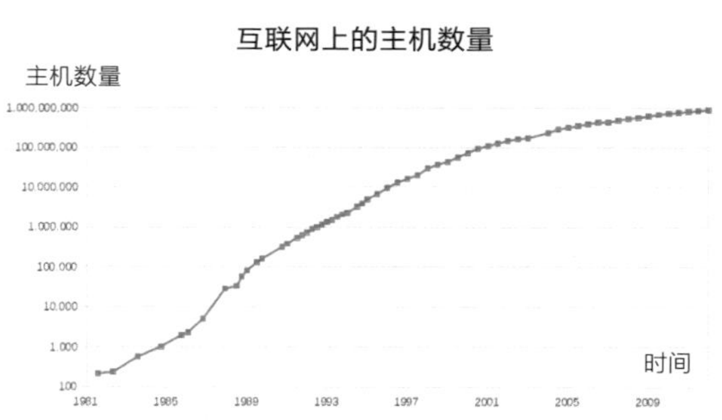

图 22.1　互联网的规模快速增长（以互联网上的主机数量。图片来源：https://www.isc.org/solutions/survey/history）

和《晓说》等）。从政治上看，它不仅帮助美国总统奥巴马竞选成功，帮助中国政府反贪污反腐败，而且在加速中东地区许多政权的更替上，起到了过去通过军事手段达不到的作用。不管大家是否喜欢，毫无疑问，互联网都已经改变了世界。

那么这个无所不在的互联网是如何产生和发展起来的呢？它为什么能够在短短的几十年里遍及全球，并且深刻地影响社会生活呢？很多人都试图回答这两个问题，但是大部分回答都停留在表面，缺乏对深层原因的挖掘。中国中央电视台在拍摄大型电视纪录片《互联网时代》时，试图通过采访搞清楚互联网是如何产生和发展起来的。他们在全球范围内搜寻那些早期“发明”互联网的人，但即便是采访了上百名为互联网做出巨大贡献的科学家、工程师、企业家和其他相关人士，他们发现居然还有很多的遗漏。其中的根本原因就在于：互联网不是一个人、一个研究机构或者公司，甚至不是一个国家的发明，而是世界各国共同贡献的结果。要讲清楚互联网是如何影响世界的，难度就更大出许多了。因此，我也只能试着从我个人的角度来回答这两个问题。为了讲清楚互联网，让我们先从它的诞生说起。

第一节　互联网的诞生

互联网的雏形是美国在 20 世纪 60 年代建立的 ARPAnet。ARPA 是美国高等研究计划署（Advanced Research Projects Agency）的英文缩写，也就是今天美国 DARPA（Defense Advanced Research Projects Agency，国防高等研究计划署）的前身。在鼓吹“星球大战”的里根时代，DARPA 是炙手可热的政府研究管理组织，今天它对世界高科技依然有很大的影响力。ARPAnet，顾名思义，是由 ARPA 出资建设的计算机网络，因此有些文献中也将它译作 ARPA 网络。虽然在此之前世界上已经有了计算机网络，但是 ARPAnet 还是有着自己的技术特点，主要体现在它是世界上最早实现分组交换（Package Switching）的网络，同时也是第一个实现了 TCP/IP 的网络。在此之前，很多网络使用的是电路交换（Circuit Switching），比如电话网络就是如此。大家不必关心分组交换和 TCP/IP

的含义，只要知道它们是现今互联网的技术基础，并且为不同网络的互联互通提供了技术保障，这就足够了。

至于为什么 ARPA 要建设这个网络，今天有很多错误的传言，包括一些阴谋论。其中流传最广的传闻是，在冷战期间美国害怕核战争造成指挥系统的瘫痪，国防部（ARPA 的上级）决定建设一个网络，以防止在传统通信网中断时，指挥失灵。DARPA 对这一类传言从来不确认也不辟谣，不过这个说法今天还是被证实为误传，“互联网简史”[3]一文指出这种说法其实是无稽之谈。ARPA 当时建设这个网络的初衷很简单，就是为了尝试在远程的计算机上共享处理器和存储器资源。

3 http://www.internetsociety.org/internet/what-internet/history-internet/brief-history-internet.

虽说是共享资源，20 世纪 60 年代计算机的那点资源在现在看起来，就如同今天的亿万富翁看待原始人的贝壳钱币那样。ARPAnet 最早连接的几台计算机是霍尼韦尔公司（Honeywell，早期制造计算机的七个矮人之一）的 DDP-516 小型机，个头高达两米，但是只有 24KB 的内存和 5MHz 的主频，内存容量和计算速度分别相当于今天笔记本计算机（英特尔 i7 处理器，8GB 内存）的 1/320000 和 1/10000。整个工程有两家公司竞标，最后波士顿地区的 BBN 公司中标，并且在 1969 年铺设了第一条 ARPAnet 的网络线，当时的传输速率为 50kbit/s，只有如今家庭用同轴电缆（10Mbit/s）的 1/200。最初接入 ARPAnet 的只有美国西部的 4 所大学，其中 3 所位于加州，它们分别是斯坦福大学的斯坦福研究中心（Stanford Research Institute，简称 SRI，今天是一个独立于斯坦福大学的研究机构）、加州大学的洛杉矶分校（UCLA）和圣塔芭芭拉分校（UCSB），第四所大学是犹他大学，所在地犹他州也跟加州相邻。图 22.2 是当时 ARPAnet 的设计草图。

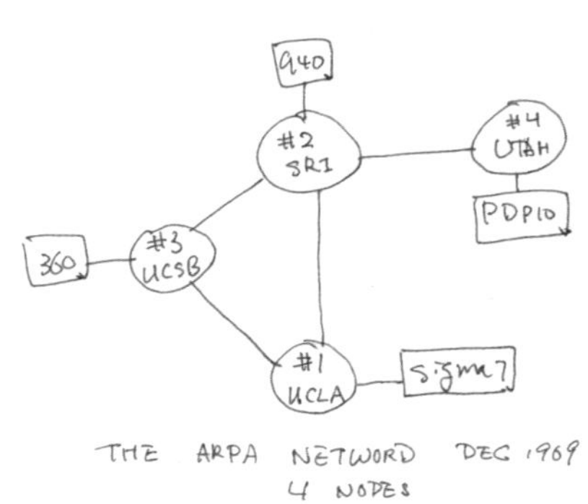

图 22.2 ARPAnet 的设计草图

1969年10月29日，UCLA计算机系的学生查理·克莱恩（Charley Kline）向斯坦福研究中心发出了ARPAnet上的第一条信息——login（登录），遗憾的是这条5个字母的信息刚收到2个，系统就崩溃了。工程师们又忙乎了一小时，克莱恩再次尝试，才将这5个字母发送过去。

回想这一段历史，我们不禁感慨，当年互联网的技术是如此的落后和不稳定，但就是这个当年并不起眼的新鲜事物，却成了今天世界经济和社会的支柱。今天除了做语音识别和机器翻译的学者，可能没有几个人听说过BBN公司[4]，不过它在信息产业的历史上还是留下了浓墨重彩的一笔。除了铺设了最早的互联网外，BBN还发明了电子邮件（E-mail）的地址写法，即在邮件地址中加入@符号分隔收件人和其所在机构或公司，当然BBN也发出了人类第一封电子邮件。BBN接下来要做的事情，就是把ARPAnet连回到公司所在的麻省坎布里奇市（Cambridge，MA），那里有美国著名的哈佛大学和麻省理工学院（MIT）。在当时，这项工作的难度并不小，因为从加州到麻省要横跨整个美国，距离相当于从中国的哈尔滨到新疆西部。不过仅仅到了第二年的3月，横跨美国东西海岸之间的这条网络线便开通了。我们在本书第二册“缩短的距离——交通和通信的进步”一章中讲过，当年电报线从美国东海岸拉到西海岸，可是花了十几年的时间。

4 今天，BBN公司以语音识别和自然语言处理而出名，业务和互联网几乎无关。

接下来，ARPAnet以每年增加几个到十几个节点的速度发展，并不是很快，而它的用户也只有少量的科研人员，包括学生。而与此同时，在欧洲也出现了基于分组交换和TCP/IP的远程计算机网络，其中包括英国的NPL（国家物理实验室）网络和法国的CYCLADES[5]网络。尤其值得一提的是后者，它的设计思想

图22.3 被誉为互联网之父的瑟夫

5 法国最早的全国性科研网。

和 ARPAnet 不同，它是靠网络上的主机，而不是（像 ARPAnet 那样）靠网络来保证传输的可靠性，这种设计思想对早期的远程网络有很大影响。不过早期各国建造的这些远程广义网络彼此之间并不是互联的。互联网（Internet）这个词要直到 1974 年才被后来成为互联网之父的瑟夫（Vinton Cerf，1943）等人提出[6]。

6 Specification of Internet Transmission Control Program, by Vinton Cerf, Yogen Dalal, and Carl Sunshine.

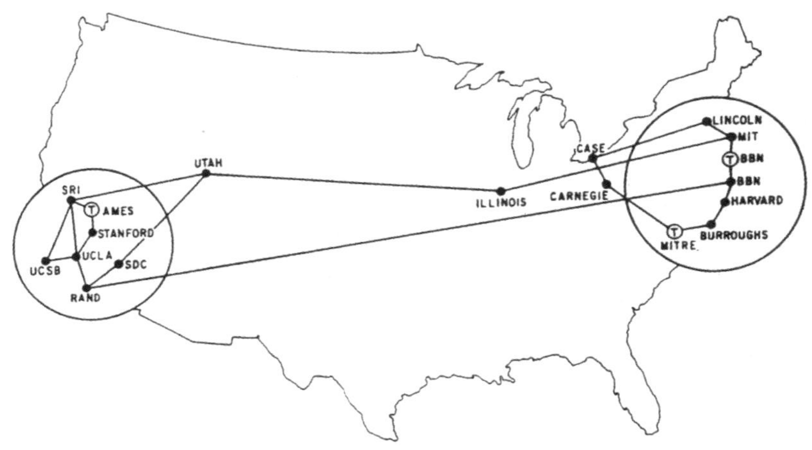

图 22.4 1970 年 9 月的 ARPAnet，还只有十几个节点，和今天的互联网无法相比

20 世纪 80 年代初是全球互联网诞生的关键时期。1981 年，美国自然科学基金会（National Science Foundation，简称 NSF）首先在 ARPAnet 原有基础上进行大规模的扩充，形成了后来的 NSFNET。建设这个网络的直接目的是为了方便研究人员（主要在大学里）远程使用美国几个超级计算中心的计算机。生活在今天的人们很难想象 30 年前计算资源有多么稀缺和昂贵，就如同今天的欧洲人无法想象他们的祖先所食用的胡椒粉有多么昂贵一样。在美国，一所名牌大学的工学院所具有的计算能力，比今天游戏玩家自己攒的计算机强不到哪里去。因此，美国建立了一些超级计算中心，供全国的科研人员使用。在 20 世纪 80 年代以前，使用者必须亲自到那些超级计算中心去上机才行，因此，机票钱和旅馆费的开销自然不会少。直到 20 世纪 90 年代末，我在约翰·霍普金斯大学的一些朋友，还会通过互联网远程登录到匹兹堡的超级计算中心，计算他们那些运算量

极大的题目。当然，为了学习使用这些超级计算机，教授和研究生们还得先到那里接受培训，这又是一笔不小的食宿差旅开支。于是，在申请科研经费时，教授和科学家们会申请一笔特殊的款项用于支付使用超级计算机的费用。美国自然科学基金会最初建设 NSFNET 的目的，就是为了方便这些人使用计算机，同时节约差旅费。

到了 20 世纪 80 年代初，美国各大学、各大公司都有了自己的局域网，为了让这些网络能够连接到一起不至于互相冲突，1982 年，大家同意将 TCP/IP 指定为 NSFNET 上的标准通信协议。这样各个大学就连入了 NSFNET，而这个网络也成为了真正意义上的互联网。早期互联网的建设和维护都是由 NSF 出资，大学免费使用。由于没有商业的投入，80 年代互联网的发展并不快，NSFNET 主干网最初的带宽为 56kbit/s，很快升级到 1.5Mbit/s，然后到 45Mbit/s，即使是 45Mbit/s 的速率，也还不及今天一个小公司对外的带宽呢。到了 20 世纪 80 年代末，一些公司也希望接入互联网，当然 NSF 没有义务为他们买单，因此就出现了商业的互联网服务提供商。不过，那时互联网上不允许从事商业活动，比如做广告卖东西，因为 NSF 建设 NSFNET 的初衷是为教育和科研人员提供便利。

就如同 20 世纪 50 年代计算机的商业化得益于政府将这个产业交给了私营公司一样，互联网的商业化同样得益于政府的退出。1990 年 ARPA 退出了对互联网的管理，NSF 也在 5 年后退出了。从这时起，整个互联网迅速开始商业化，大量资金的涌入使得互联网开始爆炸式地增长。互联网的发展说明，产业的发展更多地是靠市场机制而不是政府的扶持。

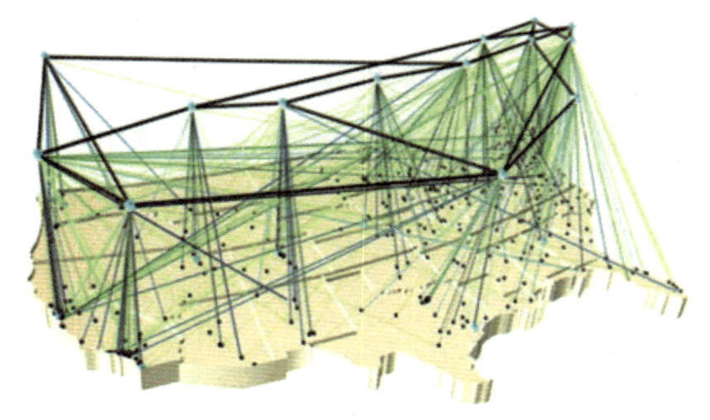

图 22.5　互联网的雏形，美国的 NSF 网络，图中的粗线是主干网

中国互联网的发展历程和美国非常类似。20 世纪 90 年代初，

诺贝尔奖获得者、美籍著名物理学家丁肇中教授和中国科学院高能物理所开展科研合作。为了方便双方每天及时汇报交流实验结果，经批准，高能物理所通了一条 64kbit/s 专线直连到美国斯坦福大学线性加速器实验室（SLAC），这样中国就和互联网开始联系起来（当时还只能访问美国指定的一些网站）。1994 年初，高能物理所允许所外的少数知识分子使用该网络，这是中国社会第一次接触互联网，我也成为了中国第一批网民，大家当时使用的电子邮件地址还是 stanford.edu 的。也就是在这个时候，当时的教育部副部长韦钰提出要由教育科研机构建立互联网，并且派了一个包括吴建平、李星等中国最早研究互联网的学者在内的代表团到美国考察互联网，订购了路由器等网络设备。几个月后，中国教育科研网最初的几个站点就建成了，这便是中国互联网的雏形。顺便说一句，当时并没有一个机构来为中国教育科研网的运营买单，因此在 20 世纪 90 年代中国的大学里，通过教育科研网访问国外的网站是要收费的（当然常常是由科研经费出），而且费用不低。

互联网的普及要解决两大问题，一个是主干网的建设，另一个是互联网连到每一个家庭。前面提到的各个国家在互联网上的努力其实还只是在解决第一个问题，没有涉及第二个问题，因此在很长的时间里，宽带网络电缆并没有通到每一个家庭，即使现在这个问题也还未彻底解决。为了解决第二个问题，电信科学家和工程师们提出了一个临时解决方案，那就是利用电话线上网。

我们知道，电话线传输的是模拟的电信号，而我们使用互联网传输的文本、图像和视频都是数字信号，因此在计算机和电话线之间需要加入一个设备将数字信号转换为模拟信号，这个设备就是调制解调器（Modem，也就是我们常说的“猫”），这个词的英文写法实际上是调制（modulation）和解调（demodulation）两个英文单词前几个字母的组合。图 22.6 说明了利用调制解调器上网的原理。

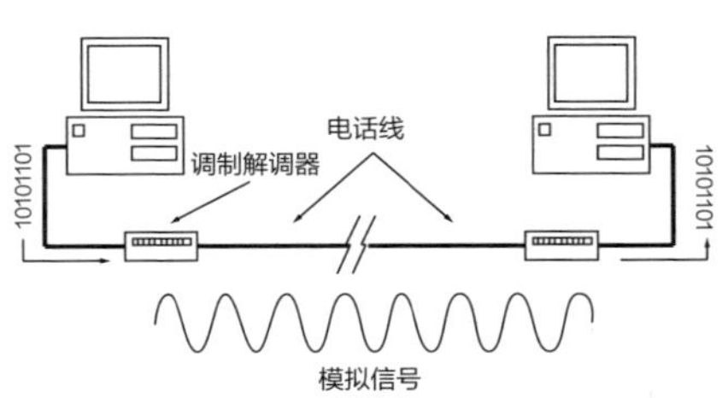

图 22.6 利用调制解调器和电话线上网的原理

使用调制解调器上网问题很多。首先是占用了家里的电话线后，电话就打不进来了。其次是上网的速度太慢。根据香农信息论的原理，在电话线上数据传输的速率不会超过电话线的带宽（64kbit/s），因此大家无论怎样改进调制解调器的性能，传输的速率也无法突破这个上限，事实上调制解调器改进到 2000 年（最后一代），传输率也没有超过 56kbit/s，在这个速率下聊天是没有问题的，收发纯文字的电子邮件尚可，但是浏览哪怕只有纯文本的网页都嫌太慢，更不要说看图片和视频了。使用调制解调器上网的另一个问题是经常掉线。这些问题不解决，互联网用起来会很不方便，以至于很多人没有动力去使用它。

当然，可以将计算机网络的同轴电缆（甚至是光纤）拉到每一个家庭，不过这项大工程需要时间和大量的资金，在这项工程完成之前，科学家们找到了一种过渡性的替代方法，解决家庭上网的网速问题，这个解决方案就是数字用户线（Digital Subscriber Line，DSL）。简单而言，DSL 技术就是利用扩频技术突破电话线 64kbit/s 带宽的限制，然后用更好的信道编码算法实现数字信号和模拟信号之间的相互转换。从理论上讲，使用 DSL 技术可以在电话线上以 10Mbit/s 左右的速率传输数据，是原来调制解调器的 200 倍左右。这项技术原本是由贝尔实验室发明的，但是这个著名的实验室既没有找到它的用途，也没有解决实用的问题。将 DSL 技术用在互联网上，是由斯坦福大学的查菲（John Cioffi，1956－）教授完成的，他也因此被称为 DSL 之父。我之所以花这些篇幅介绍调制解调器和 DSL 的一些技术细节，是为了说明互联网的普及需要很多关键技术，它们是由很多人先后发明的。DSL 的广泛使用不仅使个人和家庭上网变得比较顺畅，而且促进了多媒体技术在互联网上的发展。

互联网的完善，远不是把计算机物理地连接起来那么简单，它还有好多技术问题要解决，首先要把互联网上的内容都连接起来。今天互联网上的内容，比如超文本文件，都是通过链接相互关联在一起的。从理论上讲，通过一个网页的链接可以遍历互联网上几乎全部的内容，这样，我们才具备了网上冲浪的可能性。但是早期的互联网却不是这样的，不仅内容很少而且是相互孤立的，比如早期的一些网络操作命令（比如 FTP）只是针对获取或者发送一个文件的操作，并不具备通过一个文件自动找到另一个文件的功能。这种情况的改变得益于一个应用协议——超文本传输协议（Hyper Text Transfer Protocol，HTTP）的发明。这种超文本的信息表达方式虽然可以追溯到 20 世纪 60 年代[7]，但是直到 1989 年，英国计算机科学家伯纳斯 - 李（Tim Berners-Lee，1955—）在万维网（World Wide Web，WWW）项目中，才正式提出 HTTP，并且发明了针对该协议的超文本置标语言，即我们今天制作网页所使用的 HTML（HyperText Markup Language）。

7 1965 年美国信息检索专家尼尔森在 Xanadu 项目中提出了超文本的概念。

上述这些发明创造，对互联网真正得以实用起到了关键作用，这一点在任何介绍互联网历史的书籍中都会提到。但是互联网的普及光靠这些技术还远远不够，有两项看似和互联网无关的技术其实也起到了非常重要的作用，却常常被人们忽略，那就是多媒体技术和信息加密技术。如果没有多媒体技术，今天互联网上的内容恐怕还是以文本为主（早期的互联网就是这样），这样大家不仅无法在网上购物，而且看新闻都会觉得不方便。而如果没有加密技术，不仅电子商务开展不起来，而且很多人发邮件都会提心吊胆的。

今天，在大多数人看来互联网是一种继电话之后新的通信工具，但是它的诞生和历史上其他通信手段的发明完全不同，以前的电报、电话、电视或者其他什么通信手段，常常可以找到一个或者几个关键的发明人，以及几项重大的技术突破，而且这些发明常常始于一两个国家，然后推广到全世界，当然，它们在全世界普及往往要用上几十年甚至将近一个世纪。在这样的行业里，发明者和早期进入行业的公司，比如经营电话的 AT&T 公司和经营电视的 RCA 公司（曾经是 GE 的子公司），则成了行业的领导者和中心，整个产业都是围绕着它们展开的。正因为有中心，政府对它们也容易规范。但是互联网则不同，它并不存在一个或者几个明确的发明人，虽然瑟夫和尼尔森（Ted Nelson，1937—）这样的科学家贡献很大，但是他们对于互联网的重要性远不如摩尔斯对于电报或贝尔对于电话那么重要。互联网不是靠几项特殊的、关键的技术就能让它从无到有发展起来，互联网的发展是一个平行、渐进的结果，是很多国家、很多科学家和工程师合作的结果。这个特点使得互联网在一开始就不存在技术的垄断，因此在互联网行业，后来的公司有可能利用新的技术快速地超越先前的公司，这在客观上帮助了互联网的快速发展。当然，互联网得以快速发展，还有一个重要的原因，即它有一个特殊的商业模式。

第二节　商业模式之争

当互联网开始面向公众时，各国政府便渐渐停止了对互联网的补贴，接下来用什么商业模式维持互联网运营的费用就成了一个无法回避的问题，并且决定了互联网的发展方向和发展模式。

1994 年，当杨致远和费罗（David Filo）的雅虎还在斯坦福大学的实验室里时，美国在线已经开始发展它的付费拨号用户了。美国在线的商业模式和当年的 AT&T 公司一样，每个用户每月收 20 美元左右的上网费，外加一些莫名其妙的费用，比如不打招呼就从你的信用卡上划走 50 美元，然后给你寄一本没用的网络指南。即使如此，美国在线在互联网初期的发展速度也很快，它一度在全球有上亿的用户，至今还有上千万老用户。在中国，我的同学龚海峰等人办起了一个中国版的美国在线——东方网景，不过收费是按小时（或者按流量）计算，更贵。如果像今天很多人那样没事就泡在网上，每个月的上网费要上千元甚至更高。

图 22.7　雅虎的创始人杨致远和费罗

按这种模式发展下去，互联网是很难快速普及的，因为只有那些收入超过一定水平的家庭，才会考虑每个月花那么多钱来使用它。有线电视比互联网早发展几十年，但直到 2010 年，全世界也只有 4 亿的用户[8]，不到当时互联网用户的四分之一（同期全球互联网用户数为 19 亿）。退一步讲，即使经过更长的时间，互联网采用美国在线的商业模式发展起来了，它至多不过是家庭的第二种电话，很难引发后来的商业革命。美国在线这种商业模式不是孤立的，至今，AT&T、Verizon、Comcast 和其他一些电信服务商还企图像控制电话网一样控制互联网。好在互联网刚刚商业化时有了雅虎，也有了风险投资。雅虎及其追随者们把互联网办成了开放、免费和营利的产业，这样一来美国在线那种像发展电话和有线电视那样发展互联网的做法就没有了市场。

8
2010 年后，随着宽带互联网进入普通家庭以及网络视频的兴起，有线电视观众数量基本上不再增长。

为什么雅虎能够把互联网办成开放和免费的呢？这里面有客观和主观两方面的原因。从客观原因上看，这与 ARPAnet 和 NSFNET 从一开始就是免费的有关。因为这些早期互联网的用户（包括杨致远和费罗）已经习惯了免费使用这两个网络，如果在互联网商业化后停掉他们的免费午餐，很多早期的用户会在感情上难以接受。另一方面，中国的互联网早期不是免费的，而且收费非常昂贵（1994 年我通过高能物理所上网，收发一封邮件需要一块钱以上），因此中国商业性的互联网公司，比如东方网景，从一开始就是收费的。

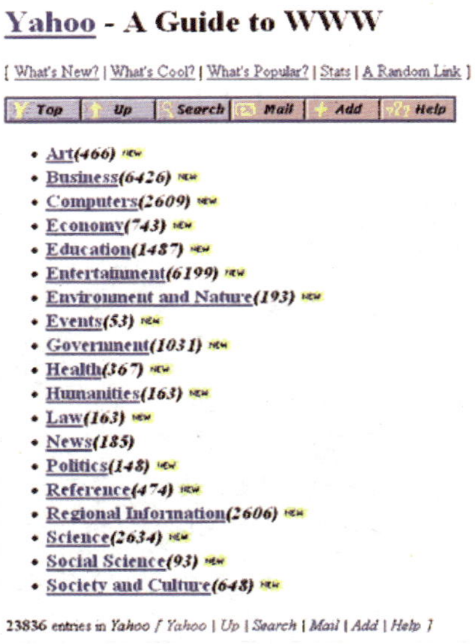

图 22.8　1994 年的雅虎，当时互联网上只能找到两万多个网站

当然，主观的原因也非常重要，因为当时并非所有人都认定互联网应该是免费的。雅虎的创始人杨致远和费罗一开始搞互联网，并不是为了像美国在线那样明确地要挣钱，很大程度上是出于自己的兴趣，正因如此，他们才

愿意拿出自己的工作成果免费让大众使用。作为斯坦福大学电机工程系博士生的杨致远和费罗本来不是学习网络的，当年他们和另一个同学搞起雅虎完全是为了好玩。1994 年，三个人趁着导师离校学术休假一年的机会，悄悄地放下手上的研究工作，开始玩起互联网。杨致远很快发现互联网上的内容已经很多了，需要做一个分类整理和查询网站的软件，这就是后来雅虎的技术基础。这个工具放在斯坦福大学校园网上供大家免费使用，互联网用户发现通过雅虎可以找到自己要去的网站或有用的信息。这样，大家在上网时，先去雅虎，再从雅虎进入别的网站。这样，门户网站的概念就此诞生了，雅虎的流量像火箭一样上蹿。网景公司发现这个现象以后，便来找雅虎合作，网景公司在自家浏览器上加了一个连到雅虎的图标，这样，雅虎的流量增长得就更快了。很快，斯坦福大学服务器和网络就处理不了日益增长的流量了，只好请杨致远等人把雅虎搬走。这时，网景公司送了雅虎一台服务器，雅虎公司就正式成立了，这是 1995 年的事。

有了独立的公司，资金就是一个问题。杨致远找到了红杉资本，并成功融资 200 万美元。几年后，红杉资本又成功地投资 Google。和美国在线不同，雅虎所有的服务（包括邮箱服务）都是免费的，它不仅将搜索引擎（采用 Inktomi 的技术）和网站目录向全世界开放，无条件地为全世界的网页建立索引，而且免费提供电子邮件业务以及很多原本收费昂贵的专业服务（比如金融股票信息）。在 2001 年网络泡沫破碎以前，雅虎甚至在美国主要的都市提供免费的拨号入网服务。今天，吃惯了互联网免费午餐的我们觉得免费得到这些服务是理所应当的，可是一直追述到有文字记载的历史的尽头，世界上也没有过这样的免费午餐，因此，互联网的挣钱手段，或者用专业术语说是商业模式，是一个奇迹。每当我享受这些免费的互联网服务时，从心底里感谢雅虎当年把这种免费模式确定下来。

雅虎这种开放和免费的商业模式，使得雅虎的流量呈几何级数增长，不过，随着用户数量的剧增，红杉给的 200 万美元很快就花完了。雅虎再次从日本最大的风投公司软银（SoftBank）集团融资，软银开始只占了雅虎 5% 的股份，但是后来它在雅虎快上市时，发现这家公司前途无量，强行将股份占到了近30%，并且在雅虎上市后，它没有抛售反而增持雅虎的股票，一度占了雅虎近40%的股份，成为雅虎第一大股东。顺便提一句，软银也是中国阿里巴巴公司的投资人和最大股东。1996年，成立仅一年的雅虎在纳斯达克挂牌上市，当天股价从13美元暴涨到33美元。各大媒体争相报道雅虎上市的盛况，雅虎一下成了互联网的第一品牌。而杨致远和费罗也双双迈入亿万富翁的行列。

当然，任何可持续发展的产业不能总是靠烧钱来维持，它必须能够挣钱，进而将利润再投回这个产业的发展中，然后才有可能做大做强，互联网也是如此。那么雅虎等公司靠什么挣钱呢？具体到雅虎本身，它靠的是在线广告，但是从更广义上讲，几乎所有的互联网公司都是从（网上和线下的）商家那里挣钱，来补贴为用户提供的免费午餐，只有腾讯是一个例外[9]。直到今天，雅虎的商业模式都是将商家的广告放在自家网站上，按照每千次展示收钱。当然，要想多挣广告费，就必须设法增加网站的流量。除了前面提到的网站分类和搜索之类的服务，雅虎这些公司还要尽可能多地提供互联网用户喜欢的内容，这就促使各种门户网站都逐步演变成了网络媒体，并最终导致了新闻业的变革。在雅虎的商业模式里，网站的流量是核心，只要每天有足够的流量，就能有足够的收入支付它提供免费服务所需的费用。

9 腾讯90%以上的收入来自于个人用户。

雅虎为全世界互联网公司树立了榜样。Excite、Lycos和Infoseek等公司纷纷效仿雅虎的做法，一年中，各种门户网站相继出现，两年后，中国的三大门户网站搜狐、新浪和网易也先后成立了。而同时，采用美国在线商业模式的东方网景却开始亏损并被出售。从1994年到2000年，可以说是互联网的大时代。各类网站相继出现，从政府部门、学校、公司到个人都在搭建自己的网页，原来通过各种报纸传递的信息，通过网页以更快的速度传播开来。互联网上的内容呈几何级数增加，人类真正进入了信息爆炸的时代。杨致远和他的雅虎公司在这次革命中功不可没。首先，雅虎定下了互联网这个行业的游戏规则——开放、免费和营利，制止了美国在线和同类公司试图把互联网办成另一个电话网的企图。雅虎开放、免费的模式刺激了后来电子商务的出现和蓬勃发展。其次，雅虎建立了互联网自己的产业链，使得互联网上大大小小的网络公司可以不依靠其他 IT 公司而独立生存和发展。当然，这些公司最终只有少数生存了下来，因为互联网上的总流量有限，不足以养活那么多公司。

就在雅虎快速发展的同时，美国在线却没有放弃它按照传统通信公司的商业模式来经营互联网的努力，除了上网要收费外，它还采用了电话公司注册索引词的方式来查找公司。（有些读者也许并不熟悉美国的电话号码注册方法，即一个公司为了方便消费者记住自己的电话，常常用公司的名称做电话号码，比如 AT&T 的服务电话是 1-800-CALL-ATT，用户可以通过电话键盘上的字母对应出数字，即 1-800-2255-288。一家公司要取得这种号码，必须向电话公司购买。）过去使用美国在线的用户不仅必须记住公司的网址，还得记住它们在美国在线的注册词，直到美国在线 2002 年采用 Google 的搜索引擎为止。

雅虎的做法带来的另一个结果其实是连杨致远和费罗一开始都想象不到的，那就是他们让互联网这个行业变化得特别快，以至于在这个行业中，是那些跑得最快的公司，而不是资金和资源最强大的公司最终可以获胜，因此任何互联网上的服务都必须以最快的速度获得大量的用户。这样一来，不仅后来进入这个行业的公司会倍感辛苦，而且原本领先的公司也感到压力巨大，不敢松懈。比如微软在互联网时代前进的速度已经跟不上雅虎和美国在线了，其结果就是在短短几年内它就严重落后于雅虎等公司。在电话时代、计算机早期时代甚至是 PC 时代，落后几年的差距还是有希望追上的，比如戴尔和联想就后来居上地超过了早期 PC 制造商康柏。但是在互联网时代，公司一旦落后，就很难再有第二次机会了，因此，为了适应这样的快速变化，互联网公司改变了 IT 行业的工作方式，它们用诸如敏捷开发的方式取代了传统软件工程的工作流程。

微软是一家很好的公司，但是按照乔布斯的观点看绝对不是一家有创意的公司，它一方面看到了互联网的重要性，但是另一方面对于“在互联网上做什么”这个问题，一直也没有搞清楚，因此直到今天微软都不能算是一个真正意义上的互联网公司。这样一来，微软只能仿照其他公司的做法亦步亦趋。在微软进入互联网领域时，雅虎的免费模式和美国在线的收费模式还没有分出胜负，毕竟免费的模式在以往的商业史上从来没有过。不过善于商业化的微软明白，不管采用什么模式，快速获得用户是关键，而新的公司要想后来居上，简单的办法就是烧钱买用户。好在当时微软正如日中天，财大气粗，它能够同时学习雅虎和美国在线两种不同的方法。微软一方面和美国全国电视新闻网 NBC 合办了在线媒体 MSNBC，学习雅虎做门户网站，另一方面，它也学习美国在线提供家庭上网的接入服务。不过，作为后来者为了与雅虎和美国在线抢用户，微软使用了它惯用的经济补贴的手法来排挤竞争对手，对于那些新购买 PC 的个人用户，如果和微软签订三年通过 MSN 上网的合同，它就返还 400 美元的购机费，要知道当时一台便宜一点的计算机不过七八百美元而已。微软靠这类办法，着实抢到了不小的市场份额。但是，这种靠补贴抢用户的方法毕竟不能持久，在 2001 年互联网泡沫崩溃后，微软逐渐停止了这种补贴，并且退出了上网接入市场。直到今天 MSN 也没有找到好的赢利手段，以至于现在人们在谈论互联网时，已经很少能想到它了。

可以讲，雅虎为互联网开了一个好头，确立了对用户开放和免费的服务方式。这样，互联网的核心竞争力不再是计算机时代所强调的技术和稳定性，而是快速获取用户的手段。但是雅虎最终没有成为互联网最大的受益者，它制定的这两条规则使得它快速崛起，也让它被快速地超越，因为有人对互联网本质的理解比它要深刻得多。

第三节 互联网的本质

一、互联网就是平台

对于互联网这样一个庞大的、无所不在的、任何人既看得见摸得着却又无法完全找到其边界的“怪物”，不同人肯定会有不同的认识。当然，这些认识有正确的和错误的，有深刻的和肤浅的。第一个深刻认识互联网的人是亚马逊的创始人杰夫·贝佐斯（Jeff Bezos，1964— ）。

由于互联网获取信息快速、便捷和形象的特点，大家在互联网上冲浪和逛商店一样爽快，因此非常适合将商品放到网上销售，电子商务应运而生。在各种网店如雨后春笋般诞生的20世纪90年代后期，纽约商人贝佐斯在1995年创办的网上书店只不过是其中之一。不过，贝佐斯对互联网的认识却比他的竞争对手们深刻得多。在贝佐斯看来，互联网并不仅仅是一个方便购物、能为客户省掉一些中间费用的新媒体，更重要之处在于，它是一种很容易将一个领域的成功经验推广到另一个领域的平台，这样一个平台可以节省大量劳动，大大提高整个社会的效率。因此，亚马逊绝不仅仅是一个网上书店或电商，而且是一个平台公司，不过为了说清楚这一点，我们还是要先从贝佐斯卖书说起。

亚马逊的员工喜欢讲一个笑话，说当年贝佐斯听说硅谷有许多优秀的工程师，于是驾车横跨北美大陆，从大西洋边上的纽约一直开到美国西部太平洋的海岸，在快开到美国西海岸时，贝佐斯走错了路，本来该南下到加州硅谷，却北上来到了西雅图。后来他发现西雅图同样有大量优秀的工程师，于是就决定在那里发展了。笑话归笑话，亚马逊选在了既有科技基础而人口又相对稀少的华盛顿州西雅图附近，是为了给占美国人口八分之一、在线购买力占全美五分之一的加州人省去8%—9%的销售税[10]，以刺激自己的销售。这种跨州邮购该不该缴税，当年在美国一直有争议，但是卓有远见的克林顿总统搁置争议，让这些电子商务公司先发展再说，这在一定程度上帮助了电子商务的起步。后来志大才疏的奥巴

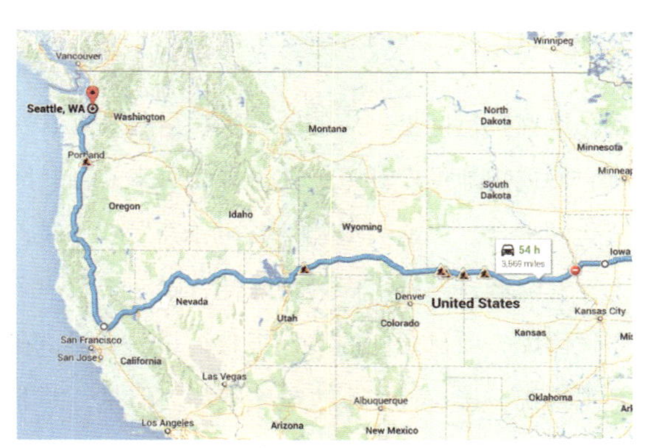

图22.9 传说中贝佐斯从纽约到西雅图的行车路线，他在进入旧金山湾区前拐错了弯，北上来到西雅图

10 根据美国的法律，如果是从外州邮购来的商品，而那家邮购公司在本州没有实体店的话，用户可以暂时不交销售税。

马总统开始贪图在线销售税的蝇头小利，大大降低了美国电商的竞争力，当然这是后话了。

亚马逊一开始规模很小，无力控制货源、物流和仓储，于是选择以图书这种特殊的商品作为网上销售的起点。相比其他商品，图书更适合在网上销售，原因很多。首先，它不像食品那样会腐烂，需要特殊的执照，也不像大电器那样害怕磕碰，便于运输。其次，读者都是知道自己要买什么书的，书不像衣服和鞋子那样需要试穿，这样，退货的比例就比较低。另外，在美国，图书价格和毛利都很高，而传统书店因为店面的成本很高，书价难以下降，因此网上销售的价格优势较大。除了这些众所周知的原因，贝佐斯选择先在网上售书还有两个特殊的原因。第一，贝佐斯最终的目标是建立一个网上的沃尔玛，当然这件事不是一天能做成的，因此他选择先解决其中简单的问题，然后将成功的经验推广到困难问题的解决上，图书是很好的切入点。第二，贝佐斯看中了互联网上内容的重要性，他希望通过售书最终能拥有数字化的内容，包括图书、音像和新闻内容。他显然比微软的鲍尔默要高明，没有在互联网泡沫时随大流，办一家二流的媒体，而是通过销售图书、音像制品逐步进入数字内容的市场。今天，它不仅向用户出售电子书，而且一个用户每年只需要交 99 美元（2014 年以前是 79 美元）的年费，就可以在线观看电影和电视、听音乐和借教科书。2013 年，亚马逊终于买下了一家很有影响力的媒体——华盛顿邮报，向着拥有自己的新闻内容迈进了一步。

亚马逊在打造网上书店的同时，积累起了互联网技术和零售业的经验，并将它们成功地推广开来。在贝佐斯看来，互联网是一个非常好的将工程规范化的平台。以前大型软件公司在开发软件时，不同的项目和产品的负责人常常强调自己辖区内的特殊性，以至于每一个项目和产品都有独立的程序代码库，项目之间的接口很难统一。当然，在互联网时代之前，要让各个项目统一接口，成本也确实很高。但是，并非工程师出身的贝佐斯却看到了互联网的平台效应，他要求亚马逊所有的项目在互联网这个平台下必须统一接口，并且在亚马逊内部强制推行。这个做法的好处很快就显现出来，因为所有的接口都标准化（当然是亚马逊内部的标准）后，很容易就将亚马逊的系统提供给类似的商家使用。这些标准化的接口就是今天亚马逊云计算服务（Amazon Web Services，AWS）接口的雏形。

图 22.10 亚马逊的仓储中心（图片来源：路透新闻）

亚马逊利用互联网这个平台做的另一件事情是将几乎所有的商品搬到互联网上。有了卖书以及为其他线下连锁店建立网店的经验后，亚马逊最终建立起了世界上最大的“网店”。亚马逊在全球有很多的“仓储中心”，每个仓储中心都有好几个足球场大。

当然，光靠这些仓储中心还不能完全发挥互联网的平台效应，在贝佐斯看来，互联网不仅仅是一个小商家们可以开网店的平台，更是一个可以重新整合零售业中各个环节资源的平台。在对互联网的理解上，贝佐斯的境界比一般从事电商的老板以及建设网站的创始人要高得多。作为平台，亚马逊要做的第一件事是把其他大小商家都拉进来。当然，这些商家也不傻，如果亚马逊在自己的平台上和其他商家打价格战，那么吃亏的自然是这些外来的商家。为了打消商家们的这个顾虑，亚马逊一直坚持不在价格上和商家竞争，以至于在亚马逊平台上大多数网店商品的价格要低于亚马逊自营同款商品的标价。至于用户是从哪个商家购买，则要看各商家的服务和信誉了。除了吸引商家入驻，还要统一电子商务一些至关重要的环节，这样才能为买家提供一站式服务。事实上，对于诸多的商业环节，亚马逊只把控了两个——付款和送货。对于一个买家来讲，他们的付款方式（比如信用卡）只存在亚马逊，不需要提供给商家们，这样就大大降低了信用卡信息被盗的可能性。其次，商品递送的价格由亚马逊和物流公司统一谈好（在美国是统一的 3.99 美元），这样既避免了商家乱收费的可能性，也让商家在物流上享受到了“大宗批发”的价格优势。

当然，亚马逊对互联网的理解并不是从 1994 年成立的第一天就形成的，而是在 20 年的发展过程中不断深化、不断完善的结果。不过早在 1998—1999 年各互联网公司在烧钱抢流量、花钱买用户时，亚马逊对自身定位就有了相对清晰的认识。它那时做的两宗并不起眼的收购，今天看来都符合它后来十几年来的战略，其中的一次是并购在线电影数据库 IMDb 公司，这和亚马逊后来控制图书音像内容的宗旨相吻合，另一次是并购监控互联网流量公司 Alexa，使亚马逊得以了解互联网上各网站的流量分布以及用户上网的行为。

2000 年前后，那些烧钱与亚马逊抢用户和打价格战抢流量的电商公司，由于缺乏清晰的战略，要么在烧完钱后倒闭了，要么成为了今天亚马逊上众多的商户之一，而亚马逊则成为了一个平台。

和亚马逊同时的电子商务网站还有 eBay 公司。它采用了与亚马逊完全不同的商业模式——网上拍卖，在美国以外的地区，这种模式还没有成功的案例，主要原因是其他国家既没有美国那么完善的信用体系，也不像美国人那样关注信用记录。不过 eBay 很快将自己扩展成一个为小商家提供服务的电子商务平台，并且在全球互联网哀鸿遍野的 2000—2003 年间，成为唯一一个连续十几个季度股票跑赢大盘的公司。和亚马逊不同的是，eBay 只是提供了一个交易平台，既没有控制物流和商品的供应，也没有提供数字内容的服务，因此它的发展速度渐渐趋缓。

与亚马逊和 eBay 非常相似的公司还有中国阿里巴巴，大家对它都不陌生，在此不再赘述。

不同人对互联网的认识也不同，贝佐斯看到的是平台，而 Google 的创始人佩奇和布林看到的则是数据和信息。

二、互联网就是信息和数据

我们在“伟大的博弈”一章里介绍过，当 2000 年整个互联网行业的营收和风险投资的资金不足以维持数量庞大的 .com 公司集体烧钱时，互联网泡沫很快就破碎了。从 2000 年到 2002 年，每天都有很多互联网公司关门，大量上市公司被迫下市，不下市的，股价也一落千丈，就连领头羊雅虎也亏损了几个季度，股价跌掉了九成以上。然而，就在这时一家不大的公司从雅虎手里接过了开放、免费的旗帜，而且将它进一步发扬光大了，这就是 Google 公司。

讲到互联网，无论是现在和将来，都不能不提 Google 公司，它是互联网时代的巨无霸，2013 年全年利润达到 129 亿美元，几乎等于亚马逊、eBay、雅虎、Facebook、腾讯、阿里巴巴和百度的总和[11]。当然，它不仅是最大的互联网公司，而且被认为是最好的科技公司，它总是给人以惊喜：从搜索引擎，到安卓（Android）操作系统；从可以看清楚地球上每一个角落的地图服务，再到容量近乎无限大的电子邮箱；从神奇的眼镜计算机，再到无人驾驶汽车。不过在这一切的背后则是数据和信息。

11 2013 年，这些公司的利润如下：亚马逊 3 亿美元，eBay 29 亿美元，雅虎 14 亿美元，Facebook 15 亿美元，腾讯 21 亿美元，阿里巴巴 30 亿美元（估计），百度 18 亿美元，共计 130 亿美元。

关于 Google 的故事，在拙作《浪潮之巅》里有非常详细的介绍，这里重点介绍 Google 是如何通过利用数据和整合信息引领互联网发展的。

佩奇和布林进入互联网行业要比他们的学长杨致远和费罗晚了三年，就是这三年的迟到，让他们错过了对决美国在线和微软，来确定互联网运营模式的大时代。但是，正如我在前面讲到的那样，由于互联网快速发展变化的特点，后来者如果能对互联网的某个领域有深刻的理解，同样有可能把握住互联网的下一次机会，而佩奇和布林就是这样的人。

当佩奇和布林决定在互联网这个领域找一个博士论文题目做研究时，互联网上的内容已经不少了，比杨致远和费罗创办雅虎时多了成千上万倍，而当时查找信息就成了一个大问题。虽然当时已经有包括 AltaVista 在内的各种搜索引擎，但是搜索结果很不令人满意，十次搜索能有两三次找到想

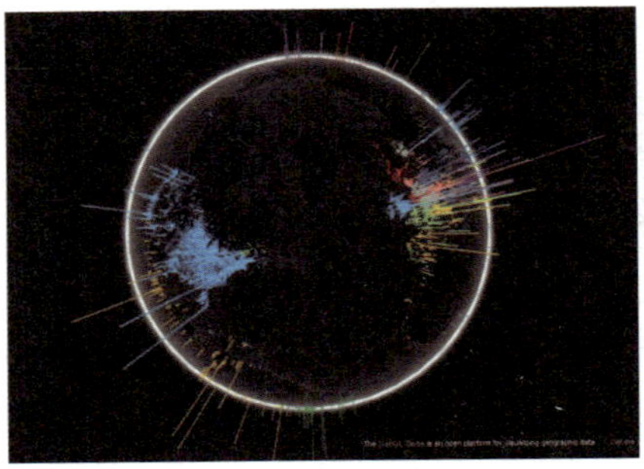

图 22.11 Google 总部的演示屏，背景以地球，上面的颜色表示不同地点、各种语言的搜索量

要的东西就不错了，因此佩奇和布林会选择在这方面做研究就毫不奇怪了。最终他们从搜索引擎出发，创办了 Google 公司。

佩奇、布林和很多 Google 早期的员工从一开始就体会到数据的重要性。2001 年，在互联网行业尸横遍野的时候，NASA 的人工智能专家诺威格博士却选择加盟 Google，负责机器学习和后来的 Google 研究院（Google Research）[12]。后来他的伯克利校友们问他是出于什么原因做出这样（明智）的决定时，他回答道："这个决定做起来很容易，你们知道在大萧条[13]时，那些买银行股票的人后来都发了大财，后来人们问他们为什么敢在经济危机最严重时买那些随时可能倒闭的银行的股票，他们说，因为钱都在银行里。对我来讲，因为数据都在 Google。"在 Google 内，持这种观点的人非常多。比如 Google 早期的副总裁霍尔斯（Urs Horlse）博士就曾经说："我们拥有网上所有的数据，我们还拥有 70% 用户[14]部分的搜索习惯，这些是 Google 最宝贵的资产，只要善加利用，我们的产品就能达到其他公司无法超越的水平。"就在霍尔斯说这番话的同时，刚刚从剑桥大学毕业的西蒙·童（Simon Tong）博士已经开始行动了。2002 年，我提出借助用户点击数据提高搜索质量，同事们告诉我，西蒙·童正在做这件事了，事实证明采用了用户点击搜索结果的数据后，搜索质量有大幅提升，而且其他的公司没有这么多的数据，因此在搜索质量上很难追赶 Google。关于点击数据在提高搜索质量上的作用，读者朋友可以阅读拙作《数学之美》(第二版）中的第 31 章"谈谈数据的重要性"。西蒙·童还发明了一个利用大数据进行机器学习的工具 SETI，以方便大家都用数据来改进产品。这个工具后来帮助提高了 Google 诸多产品的质量。在 Google 内部，有大量像西蒙·童这样的工程师，他们并非天生就对数据那么敏感，但是到了 Google 这个环境中，不知不觉地把互联网理解成信息和数据了。

12 Google 并没有像贝尔实验室那样严格意义上以研究为主的研究院或者实验室，而是将它的研究工作分散到各个产品线中，Google Research 今天其实是属于 Google 知识产品领域（Product Area）的一个部门，主要从事和机器学习、图像处理以及自然语言处理相关的研究和产品开发。

13 指 1929—1933 年世界经济大萧条。

14 当时 Google 为雅虎和美国在线提供搜索业务。

Google 的创始人和早期的工程师们，最终把“互联网就是信息和数据”这个朴素的想法上升成了 Google 的使命，即“整合全球信息，使人人皆可访问并从中受益”。当然，这句话的原文“to organize the world's information and make it universally accessible and useful”其实含义更丰富，尤其是 universally accessible 可以理解成随时随地访问。为了实现这个目标，Google 在很多城市提供免费的 Wi-Fi 服务，大力发展包括 Android 操作系统在内的智能手机技术，并且努力推动光纤入户。在外面很多人看来，Google 内部的项目特别多，而开发的产品涉及各个领域，似乎毫无关联，但是如果用整合、处理和使用信息（包括数据）这条主线串起来，一切都可以理解了。

先谈谈 Google 的商业模式，大家都知道它主要的收入来自广告，这和雅虎没有什么区别，但不同的是，广告在 Google 看来不过是一种商品和服务信息而已。Google 第一个广告产品是搜索广告，对于它的处理（投放）可以大量使用搜索技术，因为搜索和搜索广告（AdWords）同为信息处理，它们之间是相通的。正因如此，Google 可以在极短的时间（半年）内开发出广告系统，而且能做到很好的广告投放效果。Google 的第二个广告产品是根据网页内容投放的广告 AdSense，其核心是对网页内信息的分析和处理。

Google 的其他产品（包括并购来的）都是与信息处理和访问相连的。比如 Google 地球和地图，实际上是地理信息的处理和应用，即便是自动驾驶汽车，其实核心技术之一也是依靠街景信息定位汽车的当前位置，并规划后续的路径。当然，Google 地球最初的数据是通过并购 Keyhole 公司获得的。Google 的 YouTube 实际上

图 22.12 Google 的数据中心

是视频信息的存储和服务，当初正是因为YouTube上有大量的视频信息，而且每天还在不断地增加，Google才抢在微软之前并购了它。另外，在Google众多并购中，最早期收购的博客软件公司Blogger也是信息的提供者，其用户创造了大量的博客（另一种信息），而Google在2013年并购Nest智能家居公司，则是因为它的产品是收集（家庭）信息最好的工具。当然，除了收集和处理信息外，如何让用户可以方便地访问和共享这些信息，也成为了Google业务的重点。它的电子邮箱服务Gmail，在线办公套件Google Docs，都是为了方便用户访问和共享信息的。为了做到随时随地访问和使用信息，Google并购了一家很小的手机操作系统公司Android，并且投入大量人力物力将其打造成为智能手机市场的主流操作系统，借由智能手机实现了随时随地使用信息的可能。在Google诸多的并购中，唯一一个例外是收购摩托罗拉，那是为了获得这家老牌移动公司的专利，而不是跟什么信息有关。因此，在达到获取专利的目的后，Google又卖掉了这家与自身使命没有什么关系的公司。

Google成功的另一个原因是它拥有无比强大的全球系统架构（Global Infrastructure），这包括它在世界各地的巨大的数据中心，以及在数据中心硬件之上的云计算服务，它们是Google得以不断推出新产品的技术保障。在Google和其他公司工作过的人估计都会同意，Google的系统架构是任何公司无法比拟的。而搭建这样强大的系统架构的目的也是为了方便信息的存储和处理。

为了实现上述使命，Google一直在大量地招聘一流的人才，并且大规模建设全球互联网的基础设施，这些都需要大量的资金，而且远不是通过烧风险投资人或者华尔街的钱就能满足的，它需要有很稳定的收入来源。我们今天知道，Google大部分的收入来自于在线广告。为什么Google能从广告中挖出那么多真金白银呢？其他一些互联网公司，比如雅虎、Facebook和腾讯，流量也很大（甚至一度更大），为什么广告收入只有Google的一个零头呢？因为Google的广告比较有效——Google搜索广告单位流量产生的价值比传统的展示广告高出两个数量级。相对来讲，

Google 的各种服务在界面上是最干净的，而广告收入却是最高的，这在很多互联网公司看来是不可思议的事情。而这种不理解恰恰说明了两者之间境界的差异。Google 懂得一个道理，就是在一切看似免费的互联网中，什么东西最值钱，那就是人的关注度。互联网上的内容可以无限制增长，服务可以无限制增加，但是每个人上网的时间是有限的，因此每个人每天能关注到的网络信息是有限的。对于广告这种商业信息，与其强行灌输给用户，不如在他们真正需要时提供。因此，Google 的广告系统和其他互联网公司类似产品在理念上的一个根本不同之处是，其他在线广告是向用户推送，而 Google 的则是由用户在有广告需求时拉取，这个差别导致了广告效果的天壤之别。用 Google 主管销售的高级副总裁科斯坦德尼（Omid Kordestani）的话讲，“客户永远是喜欢买东西，而不是被卖东西的”。

有人说 Google 是幸运的，因为它碰巧找到了搜索广告这么好的挣钱方式，然后再利用充足的资金，围绕信息的处理和使用打造了完整的互联网生态链。但是光有运气显然是不够的，因为运气可以给它带来一次成功，却不能给它带来后来很多次的成功。或许恰恰是因为有了 Google，互联网的广告业才变得如此之大，才能长期维持提供许多免费服务。根据我对这家公司十几年来的密切观察，牢牢把握住用户是 Google 长期立于不败之地的根本原因。

和以往的公司不同，Google 严格地将自己的“用户”和自己的“客户”分别开来。以前大多数公司是把用户和客户画等号的，比如 AT&T 的用户就是给它付钱的客户，如果你像乔布斯年轻时那样，不打算给钱就偷偷使用它的电话服务，小心被抓。只有在互联网时代，用户和客户是可以分开的，Google 的用户就是你、我和他这样的每一个人，对于用户，Google 的服务基本上都是免费的。Google 的客户是那些向它付钱的广告商和使用其云计算增值服务的企业，对于企业是收钱的。当然雅虎的用户和客户也是分开的，但是在用户的利益和客户的利益发生冲突时，两家的做法就完全不同了。雅虎和绝大多数早期互联网公司的做法是维护客户利益，其结果就是在网站上放满了广告。而 Google 的原则是先保证用户的利益。Google 认为，它对于客户的价值在于那些客户可以通过它渗透到它广大的用户，只要用户在自己的手里，客户即使有流失也会再回来，而没了用户，就什么都没了。这样，尽可能地获取广大的用户，不仅是 Google，也是有志向的互联网公司的不二选择。而获取用户最好的办法，就是为他们提供最好的免费服务。因此，从一开始，Google 就为用户提供干干净净的搜索服务，不带有商业功利，它后来一直坚持这个原则，比如开放并免费提供安卓操作系统。实际上，今天最成功的互联网公司都是拥有大量忠实用户的公司，除了 Google 外，Facebook、腾讯、阿里巴巴无一不是如此。Google 将用户和客户分开的做法，其实是今天互联网商业模式的精髓。

当然，Google 对互联网本质的理解也是有限的，比如它对互联网的通信功能理解就未必深刻，因此也有很多它不擅长的领域，而在那些领域能够做得好的公司必定是对这些领域有深刻认识的公司。因此，在 Google 快速发展了近 10 年后，它遇到了自成立以来最大的一次危机，而这次它的对手是一个不到它十分之一大的小公司 Facebook。

三、互联网就是通信

Facebook 不仅是互联网时代的一个奇迹，也是金融史上的一个奇迹，这家每年仅有 20 亿美元利润的公司，居然有将近 2000 亿美元的市值。如果按照人均市值计算，它人均 2700 万美元的市值不仅在全世界所有公司中高居榜首，而且远远高于第二名 Google 的人均 800 万美元。2012 年 Facebook 的上市也成了金融史上最轰动的事件，很多股票承销商最后亏损为它“打工”，目的只是为了获得该公司早期员工的资产管理权。说到这里大家可能会有一个疑问，为什么这家似乎不很大、也不很赚钱的公司这么受投资者们追捧呢？排除其中资本泡沫的因素，Facebook 必然有很多“过人之处”值得大家这样做。那么，Facebook 是一家什么样的公司呢？

关于这个问题，很多人首先会想说 Facebook 是一家非常成功的社交网络公司，这一点没有错，因为 Facebook 起源于社交，并且它的故事已经被拍成电影《社交网络》（*Social Network*）。但是 Facebook 并不像那部电影里描述的那样，仅仅是贴了哈佛金字招牌的又一家 Friendster[15]，否则它的命运也不会比 Friendster 好到哪里去。当然使用过 Facebook 的人都知道这家社交网站胜过之前诸多类似网站的一点是，Facebook 每个用户的脸谱下，是一个实实在在的人，而不是像 Friendster 等社交网站那样，虚拟世界的人和现实世界的是连不上的。在 Facebook 之前，我们常常看到一些关于网络交友上当的报道，原因就是源于这种不实的脸谱。Facebook 起初只对在校大学生和教授开放（当然后者不是它的发展对象），因为它要求有一个 .edu 的 E-mail 账号才能登录，而大多数人一旦离开了学校便不再拥有这样的账号。Facebook 根据大学和大学的系把用户分成组，一个人可以得到自己同学的真实资料，而无法直接获得其他大学学生的资料。由于每个用户的 E-mail 是真的，而且早期几乎所有资料（包括年龄、性别、地址和电话）都是真的，便为大学生们谈恋爱提供了方便。不少本科生对我讲，他们去“早期”的 Facebook 的原因是需要真实的性爱（他们的原话是 Young people need sex）。这就如同 Facebook 共同创始人的女朋友也是这么找到的一样。由于 Facebook 早期只对大学开放，甚至在不同的大学之间也无意识地通过 E-mail 的域名筑起了一道虚拟的围墙，大学生们通过 Facebook 交往是安全的。Facebook 就这样发展起来了。这其中，原 Napster 的创始人，Facebook 的首任总裁肖恩·帕克（Sean Parker）对 Facebook 的快速发展做出了巨大的贡献，

15 在 MySpace 和 Facebook 之前最大的社交网站，今天已经没有人在上面进行社交了，在东南亚还有些人在上面玩游戏。

图 22.13　2006 年 Facebook 首次向全社会开放，当时这家才创办两年的公司已经是一个全球化的公司

使 Facebook 得以迅速从哈佛扩张到欧美各大学。当 Facebook 第一拨用户从大学毕业后，Facebook 便渐渐向全社会开放。这时 Facebook 的性质才由原来以交友为主的网站，变成了一个虚拟的社会，但是在这个虚拟社会下，一直具有着真实性。相比之下 Orkut[16] 和 MySpace 则是割裂了虚拟世界和现实世界，因此虽然它们是 Facebook 的同一代产品，而且规模一度远超 Facebook，但是很快就被 Facebook 超越并且被永远地甩在了后面。

16 Google 2004—2014 年间的一个社交网站，Google 已经宣布在 2014 年 9 月 30 日关闭其服务。

不过，虚拟社会的真实化虽然让用户感觉在这样的网站上交友踏实，但并不能保证这个社交网站就比竞争对手发展得快。在中国，腾讯的 QZone 是一个完全虚拟的世界，而和它同时代的人人网却是一个类似 Facebook 的、比较真实的社交平台，但是人人网从来不曾对腾讯构成什么威胁，这又作何解释呢？有人试图把人人网的不成功归结于腾讯的垄断性以及对竞争对手的毫不留情。不过，要知道 Facebook 刚起步时情况比人人网好不到哪儿去，Google 的 Orkut 领先于 Facebook，而且有 Google 众多的财力和用户资源在支持，但是却丝毫没有能阻止 Facebook 的崛起。因此，只能说社交网站的真实性并非 Facebook 成功的根本原因。事实上，腾讯也推过一个实名制的社交产品“朋友”，而且还是由负责 QZone 的同一个 VP 主管，也有充足的资源，但是做得也很不成功，以至于可能很多读者都没有用过。

当然，今天回过头来看 Facebook 的发展，我们都知道它除了社交网络的功能外，还是一个很好的互联网 2.0 公司。关于互联网 2.0，我们会在下一节中详细介绍，这里要强调的是，在互联网 2.0 的网站上，内容和服务都是由第三方提供的，而不是像当年雅虎和 MSN 那样由自己产生的。应该讲，Facebook 为用户和软件开发者提供了一个很方便的网络平台。在这个平台上，任何人不但可以提供内容，而且可以提供服务。按照 Facebook 前总裁帕克的话讲，他们其实不需要知道用户想在 Facebook 上做什么，只是让用户感到酷，至于在这个平台上用户需要什么，就让他们自己去开发好了。这样，Facebook 就不必承担任何产品决策错误的风险，而是一门心思专注于把这个平台做酷、做好。到了 2008 年，为 Facebook

提供服务的各种软件技术人员多达十万人，并且在短短的几年里，为 Facebook 提供了上万种大大小小的服务，这才是 Google 最担心的事情。

太史公在《史记·货殖列传》中论述管理者和商人的关系时讲道："故善者因之，其次利道之，其次教诲之，其次整齐之，最下者与之争。"意思是说，好的管理者应因势利导，不干预商业活动，次一等是对商人和企业家诱之以利，再下一等的是对商业行为指手画脚，差的是将商业管得死死的，而最差的是自己跳进去和商人争利。作为一个互联网公司也是一样，好的公司不需要提供具体的内容和服务，而是让用户自行解决，这是互联网 2.0 的精髓所在。伪互联网 2.0 公司一方面提供平台，另一方面思维还停留在互联网 1.0 时代，身兼内容和服务的提供商，与用户争利，中国很多视频网站都是如此。从这个角度看，Facebook 做到了互联网公司的最高境界。

接下来我们还有两个问题必须回答。第一个问题是，为什么 Google 不能够同样搭建这样一个平台。事实上 Google 在互联网 2.0 时代并不落后，它从很早就开始布局了，并且在很多方面（比如视频）还颇为领先。关于这方面的细节，大家可以阅读拙作《浪潮之巅》第 18 章"挑战者——Google 公司"。第二个问题是，在智能手机和移动互联网兴起之后，Facebook 的平台效应被大大地削弱了，因为更多的开发者从 Facebook 上转到 iOS 或者安卓上开发应用程序，而更多的互联网用户使用手机或者平板计算机，而不是 PC 上的服务。那么在这样的情况下，为什么 Google 和苹果还是无法撼动 Facebook 的根基呢？

其实，答案很简单。Facebook 从本质上讲是一家互联网上的"通信"公司，而 Google 不是。同样的道理，在中国只有腾讯是互联网上的通信公司，而百度和阿里巴巴都不是。根据我的"公司基因理论"，没有通信的基因就做不好通信的事情。人类和其他动物的一个非常大的差别就在于人类有很强的通信能力和需求。Facebook 在帮助大家交友和提供互联网 2.0 平台服务的同时，它实际上在很大程度上取代了电话和电子邮件成为了 30 岁以下的年轻人通信的工具。在很多国家，大学生和高年级高中生每时每刻都挂在 Facebook 上，以便通信交流，就如同今天中国的手机用户都挂在微信上一样。当然，在互联网时代，通信的形式不只是语音和文字，而且包括多媒体和游戏这些应用。应该承认，在通信功能上，Facebook 做得比 Google 同类产品要好。

从 2008 年起，Google 开始感受到来自 Facebook 的威胁，但是 Google 最初看到的只是 Facebook 利用社交网络这个平台吸引了大量的大学生"泡"在上面，以至于流量上涨很快，而并没有看到 Facebook 其实填补了 Google 在互联网上的一个短板，那就是通信的功能。Google 当时甚至认为，在 Facebook 上浪费时间是年轻人打发时间的表现，佩奇甚至说过，我从不玩 Facebook，因为它已经不是我这个年龄的人的兴趣所在，当时佩奇只有 36 岁。不过，到了 2009 年，随着越来越多的所谓"成熟的"互联网用户开始使用 Facebook，而自己的社交网站 Orkut 在南美洲和印度以外打不开市场，Google 倒是真的有点着急了，一方面和 Facebook 的竞争对手 MySpace 合作，另一方面打造了一个后来颇有争议的 Buzz 社交工具。应该讲这款产品的通信功能还是不错的，但是在对个人隐私的保护上有所欠缺，因此 2010 年初上线不久就惹了官司，很快便下线了。

2011 年，Google 又推出了一款社交网络产品 Google+，这是迄今为止 Google 最成功的社交产品，不过在很多 Google 忠实用户的印象中，这款产品除了非常积极地"拉用户"外，没有什么亮点。按照 Google+ 自己的讲法，它在商业上是成功的，因为在短短的 3 年时间里就发展了 5 亿以上的用户，并且有效地抑制了 Facebook 的势头。但是从产品上讲，却非常不成功（如果不算失败的话），因为它的 5 亿多用户大多是僵尸用户——他们是通过 Google 的其他产品，尤其是从 Gmail 上强拉过去的。公平地讲，Google+ 的功能并不少，但是为什么没有人用呢？主要是 Google 对互联网的通信本质理解不够深刻。

Google 看到了 Facebook 这类的社交网络在建立和使用用户关系链上的

重要性，以及通过社交网络这个平台将网上的各种应用串联到一起的功用，因此它的 Google+ 在这两方面下了大功夫，应该讲效果还是不错的，但是它的通信功能非常弱。2012 年，我回到 Google 之后向主管 Google+ 的高级副总裁冈多特拉（Vic Gundotra）介绍了腾讯的微信产品，建议 Google+ 放弃 PC 的市场，把重点完全转到移动互联网上，并且学习腾讯做一款类似微信的通信产品。冈多特拉对我讲，微信的这些功能，在手机版的 Google+ 上都有，于是我们一一做了对比，对比之后我承认他所言非虚。但是，我和他都奇怪的是使用这些功能的用户很少。他的看法是这说明通信功能对 Google+ 不重要，而我的看法是这正说明 Google+ 的通信功能没有做好。举例来说，在微信上两个人聊天时，要再拉进来一个人一起聊非常容易，但是在 Google+ 手机版上却很难办到。总的来讲，Google+ 依然没有跳出 Google 分享信息的框框，在使用 Google+ 时，一头是用户，另一头是组织得当却有点冰冷的信息。而在使用腾讯或者 Facebook 的产品时，用户感觉到另一头也是一个人。这便是这两类公司非常大的差别。

2012 年后，Google 成功地抑制了 Facebook 毫无阻力的扩张势头，但真正起作用的是 Google 的安卓操作系统，而非 Google+。至于为什么这么讲，会在下一章详细分析。而正是因为来自安卓的压力，Facebook 才耗资 190 亿美元收购了不到百人的小公司 WhatsApp，因为这家小公司不仅在运营一款类似腾讯微信的产品，而且它的活跃用户数比腾讯还多。

分析到这里，我们可以对 Facebook 做一个总结。它是一家互联网时代的通信公司，在它的眼里，互联网的本质是通信。

亚马逊、Google 和 Facebook 对互联网有着自己独特却非常深刻的理解，正因如此，他们才能在各自的领域里引领风骚。相比之下，雅虎虽然开发了无数互联网产品，在历史上它的产品线几乎涵盖了 Google、Facebook 和亚马逊三家的总和，但是这些产品都没有什么特色，做得比较平庸，而且各产品之间彼此没有什么联系，给人的感觉是，只要是能带来流量的产品，雅虎就会去做，这种做法延续至今。业界很多人调侃说，雅虎开发了很多排名第二、第三的产品，但是这么多第二、第三加起来不如一个重要领域的第一名，而做到第一名就必须有第一名的境界和水平。

互联网在本质上讲，除了平台、信息和通信这三个核心，是否还有其他的本质未被发现？对此我现在也无法给出答案。但是有一点是肯定的，如果有这样一个本质，那么把握住这个本质的小公司就是下一个 Google 或者 Facebook。

第四节 互联网从 2.0 到 3.0

一、互联网 2.0 的特点

关于互联网 2.0 的细节，读者朋友可以阅读拙作《浪潮之巅》的第 21 章“互联网 2.0”，这里不再赘述。为了说明它在互联网发展中的作用，我们这里简单地对比一下互联网 2.0 公司和互联网 1.0 公司的差别。

在互联网刚刚发展时，网站处于互动的主动一方，而用户处于被动的一方。门户网站除了提供上网的服务和主要的网络应用（比如电子邮件），还提供内容。从信息的流向分析，总体来讲是从门户网站向二级网站以及用户推送，这和传统的媒体——报纸、广播和电视完全相同，只是信息的载体变成了互联网。在这个时代，网民（包括个人和团体）要想拥有发言权，最好的途径是自己创办网站，因此到 2000 年前后，全世界各种网站如雨后春笋般涌现出来。当然，全世界并不需要这么多网站，而众多小网站的服务是很难保障的，因此，在 2000 年，当风险投资的钱和通过上市行动融资得到的钱烧完了以后，大部分的网站也就都关门大吉了。

互联网 2.0 始于互联网泡沫破碎之后，它是对互联网行业各公司业务的一次重新洗牌。在互联网 2.0 时代，网络的基础服务，包括上网的服务、网站的托管、用户的登录服务等，由一些大型的平台级公司，比如 Google 和 Facebook 来提供，而内容服务和各种具体的应用，则由具有专业知识和经验的专业网站提供。用传统媒体的术语讲，就是制播分离[17]。

17
指影视节目的制作和传播由两家不同的公司完成。

互联网2.0的这种服务模式带来了非常大的好处。首先对于有能力提供优质原创内容的个人和公司，他们自己就可以办报纸或者电视台。今天，那些著名作家和评论家的博客，以及自己制作视频的自媒体从业者，将自己创作的内容放到豆瓣、新浪或者YouTube和优酷这样的互联网2.0网站上，就相当于自己办了一份报纸或者一个电视台。

对互联网的用户来讲，互联网2.0的好处也是显而易见的，博客和自媒体新闻的及时性和全面性极大地方便了用户获得新闻或者其他内容。以前，一家公司的执行官要做一个新闻发布是一件颇为费时费力的事情，因此他们对于一些“小事”，不愿意轻易麻烦媒体。而博客则弥补了这个不足，任何人都能最及时最准确地发表自己的动态和观点。以往传统媒体的报道，经过记者和编辑一转手，有时和讲话人的原意难免出现偏差，很多误会就是这么产生的。博客既然是自己写的，无论对错，都是讲话人自己的言辞和观点。正是由于博客的这些优点，它得到了各个层次各种职业用户的喜爱。美国总统奥巴马和很多大公司的首席执行官都通过这种方式发表言论，作为对传统平面媒体的补充。在博客里，不仅作者可以自由发表言论，读者也能直接与作者互动交流，因此它的有效性大大超过了传统的印刷媒体。今天，在世界上所有互联网发达的国家，几乎所有的印刷媒体，包括那些有上百年历史的著名报纸和杂志（如《华尔街日报》、《纽约时报》和《时代》周刊等），读者数量都在下降，而博客的流量却几乎呈几何级数上升。在中国，博客的出现催生了一批意见领袖。

在中国互联网2.0最好的代表是微博，相比美国最早的微博服务推特（Twitter），中国的新浪微博和腾讯微博虽然起步稍晚，却有十足的创新。在中国以外的国家，微博的社交性较强，而媒体特征很弱，虽然推特有几次及时地发布了传统媒体传不出来的一些新消息，但这种时候并不多，平时大家还是通过电视、在线视频和在线报纸获得第一手新闻。但是在中国则不同。因此，微博对传统的媒体，包括在线新闻媒体造成了极大

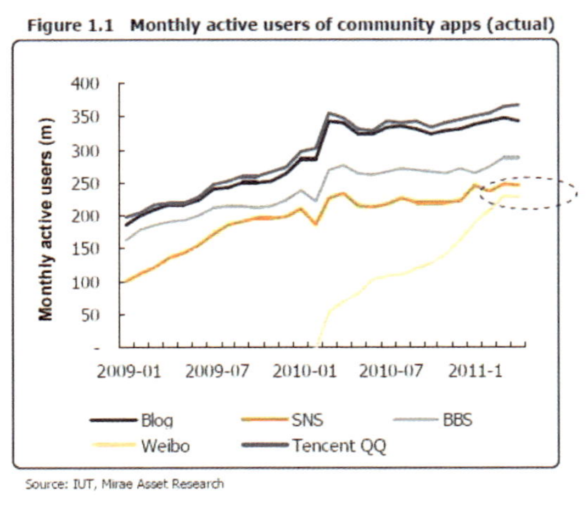

图 22.14 微博用户的增长速度超过以往任何互联网产品

的冲击，成为了老百姓最喜闻乐见的新闻渠道。同时中国老百姓在微博上也非常活跃。在美国，一个博主能有一两万粉丝就不错了，票房最好的演员汤姆·克鲁斯不过四百万粉丝，连中国大V几千万粉丝的零头都不到。在中国，微博改变了整个社会的生活方式，由于这种可互动的媒体的出现，很多原来关注不到的社会问题得到了关注，民众对社会的责任感明显提高。李开复著书讲“微博改变一切”，多少有点夸张，但是，微博改变中国，却是实实在在发生了的。

互联网 2.0 的公司还有很多，概括起来，这些公司都有以下特点。

首先，它们是一个平台，可以接受和管理用户提交的内容，并且这些内容是服务的主体。当然，这里面用户的内容不是指在 BBS 灌水，而是实实在在的新闻、信息和基于各种媒体的娱乐内容。一个很好的例子是 YouTube，它提供了一个很方便的平台，让用户可以发布自己的视频录像，但 YouTube 自身并不拥有什么视频内容。和以往各个视频托管（Video Hosting）网站不同的是，YouTube 允许用户在 YouTube 上开设自己的频道，这样它就完完全全扮演起电视台的角色了。近 90 岁高龄的英国女王最喜欢 YouTube 的这项功能。以前，即使是女王要想告诉公众什么事，无论是节日的问候还是她日常的生活，都得找 BBC 电视台，约好时间到她的王宫，制作好节目后，让她审核，然后再广播出去。也就是说，个人包括女王的声音，必须通过媒体才能传达给大众。哪天女王心血来潮，想谈谈她的起居，那是很难实现的。现在，女王自己在 YouTube 上开设频道，让王宫里的录像师把自己的日常生活告诉给民众。在她的频道上，经常讲的是皇家如何做点心、种花这类琐事。

其次，这个平台是开放的，方便第三方在这个平台上开发自己的应用程序，并且提供给互联网的用户使用。这一点也是 Facebook 最大的特点。

第三，也是最重要的一条，那就是非竞争性和自足性。互联网 2.0 公司是通过提供交互的网络技术和资源，将互联网用户联系起来的，允许这些用户自己提供、拥有和享用各种服务和内容，是一种自足的生态环境。互联网 2.0 的公司不应该过多主导内容和服务，不应该参与和用户的竞争。以 YouTube 为例，它托管的内容是用户（包括个人和专业的传媒公司）提供的，它自己并不制作和拥有内容，与其他提供内容的用户竞争。从这个角度看，它们更像一个单纯的传播渠道，而不是传统的传媒公司。

互联网 2.0 对整个互联网生态链来讲是一场革命，它导致了这个行业明显的分工。概括地讲，就是每一个人或者一个公司做自己所擅长的事情。如果你擅长做内容，那么就专注于产生内容，然后放到 YouTube 或者博客上；如果你擅长做服务，那么就把它变成大众可用的应用软件（和应用服务），放到 Facebook 上。这样一来大家都可以发挥特长，而不需要做很多自己不在行的事情（比如演员办网站等）。作为在技术和产品上实力强的公司，比如 Google 和 Facebook，则专注于做好平台，为大家服务。这样，整个互联网行业变得更加有序。

作为互联网 2.0 时代最好的代表，Facebook 无疑是一颗耀眼的明星，不过它的光辉还没有来得及照耀太长的时间，就被另一片光芒盖过去了。这不是因为 Facebook 进步得慢，而是因为时代进步得太快——互联网 3.0 开始了。

二、互联网 3.0 时代

2008 年的时候，我自己还反对互联网 3.0 这个提法，因为我从当时炒作的语义互联网的概念里看不到什么实质性的东西。不过今天，我要说互联网 3.0 已经来了，相比几年前，它有了本质的变化。那么互联网 3.0 的明显特征是什么呢？用一句话来讲就是通过云计算和移动互联网，使得互联网由机器的网络真正变成人的网络。

通过手机访问互联网本身并没有什么技术难点，这和通过电话线上网一样，因此早在 1996 年互联网刚刚开始普及时，诺基亚就推出了一款带有上网功能的手机诺基亚 9000 通信者（Nokia 9000 Communicator），不过当时的互联网还不值得大家花大价钱随时随地去访问，这款手机卖得很不好。1999 年，日本 NTT 公司下属的移动子公司 Docomo 建立了第一个移动互联网，而且卖掉了不少能够上网的智能手机，但是当时日本用户通过 PC 上网和通过无线上网时所做的事情完全不同，在 PC 互联网上，干的是“正经的工作”，除了处理公务外，还包括写正式的邮件，阅读网页内容以及网上购物等个人的事情，而智能手机的功能除了收发邮件和短信外，就是满足年轻人在地铁上打发时间。由于数据服务费非常昂贵，当时的年轻人在下班或离开实验室前，会通过 Wi-Fi 将路上要读的新闻从 PC 发到自己的手机上。2004 年，Google 组织大家访问日本了解日本人使用互联网的习惯，我们惊奇地发现了这个有意思的现象。那时，日本的大学生们即使想尽了办法省钱，打工挣来的钱有一半（平均每个月 200 美元左右）还是要用来支付手机的流量费了。因此直到 2008 年，世界上通过手机上网的互联网用户比例并不高，而且除了玩游戏，就是使用黑莓查看邮件，如此而已。

但是从 2006 到 2008 年，几件事情让互联网迅速向移动化转变。第一件事是在 2006 年 Google 的前 CEO 施密特提出了云计算的概念，并且很快得到了亚马逊和 IBM 的响应。第二件事情是 2007 年夏天，苹果公司推出了它的第一款智能手机 iPhone。Google 原本也计划在这一年年底推出基于安卓操作系统的智能手机，只是后来安卓的负责人安迪·鲁宾（Andy Rubin）觉得安卓操作系统和苹果的相比太土气，硬是将产品的上市压后了一年，不过 Google 的安卓操作系统的成型是在这一年。第三件事情是在 2007—2008 年，包括中国在内的 40 多个国家都开始了移动网络从 2G 或者 2.5G 向 3G 的升级。很多事情在这短短的两年时间里发生，导致了移动互联网井喷式的发展，移动互联网的潮流很快便席卷全球了。

图 22.15 施密特（右）在谈论云计算

为什么云计算对移动互联网来讲那么重要？因为只有将原本是由自己在 PC 上完成的工作和所存储的数据搬到云计算的数据中心（也称为云端），才可能通过移动设备（比如智能手机、平板计算机等）随时随地访问、处理和分享这些信息。在云计算出来之前，无论是个人还是单位，需要由计算机完成的大部分工作是在本地计算机上完成的。如果这个单位的工作涉及的计算量大，那么它就要多买些计算机，对个人也是如此。如果将计算（和存储）能力抽象地看成是一种资源，就如同水和电一样，那么在这个时期，相当于是各个单位或者个人拥有发电站和水井。今天，我们说起过去各个单位自己发电，各个院子自己有水井，觉得是一件不可思议而且显得颇为落后的事情，但是，在 20 世纪 80 年代，北京的供电紧张，经常停电，北京很多单位（也被称为大院），包括清华大学，都会自建发电站（在清华北门的位置）。当时不少人还认为自己掌握发电的主动权既方便，又靠得住，而且不受供电局的控制，当然那时人们很少虑及这么发电不仅成本高，对环境的污染非常大，而且真是遇到要在短时间里大幅提高用电量的情况，自己的小电站是无法做到的。当然，在今天电力供应充足而稳定的前提下，已经没有单位保留自己的小电站了。或许再过 20 年，下一代看到在 21 世纪初，每个单位都要购买一大堆计算机，同样会觉得是件不可思议的事情。

云计算的好处我们在前面“计算的时代”一章里已有介绍，这里就不再赘述了。正是由于云计算的种种好处，它普及的速度比想象的要快得多，很多原本运行在个人计算机上的程序，比如字处理和表格处理软件 Office，都可以安装在云端。这样一来，个人计算机就不需要那么“强大”了，因为真正大量的计算可以在云端完成。有了云计算之后，轻巧的便携设备才能完成原本需要高性能 PC 完成的复杂工作。因此，云计算是移动互联网普及的一个必要条件。

当然，这一切得以实现的必要条件就是互联网足够发达，同时移动通信的网络要足够快。在 1999 年日本 Docomo 公司开始推广移动互联网时，这些条件都没有具备，因此当时的移动互联网只是 PC 互联网的一个补充而已。

等到 2007 年苹果和 Google 进入智能手机市场时，这些条件都已经具备了，因此这两家公司“轻易地”主导了移动互联网的时代。从结果看，似乎是因为苹果和 Google 运气特别好，在市场上需要智能手机时，它们正好进入了这个市场。但是，在现象的背后有着很多外人不知晓的原因。

首先，苹果公司和 Google 公司“盯着”移动互联网市场已经很长时间了。早在 2004 年 Google 刚刚上市不久，当时的 CEO 施密特就在公司内部强调无线产品的重要性，并且预测几年后无线的流量就将超过 PC 的流量。为了把握移动互联网时代的制高点，第二年，也就是 2005 年，Google 收购了安迪·鲁宾的小公司 Android，开始正式开发手机操作系统。而苹果手机的起步时间甚至稍早于 Google。苹果和 Google 手机最终上市的时间与云计算的推广和 3G 移动通信网络的建设进展非常吻合，这并非巧合，而是这些公司对互联网未来的发展把握得准确。

其次，苹果和 Google 在有意识地促成用轻便的移动设备取代过去的 PC。在 PC 时代，起决定作用的是微软和英特尔，我在拙作《浪潮之巅》一书中讲过，当一个公司处于一轮科技发展的浪潮之巅时，没有其他的公司可以挑战它，也就是说，只要 PC 时代的 WinTel 体系在，苹果和 Google 就要被微软压在底下。苹果和 Google 要想超越微软，就要让用户少用 PC，进而颠覆掉 WinTel 体系，而它们的希望就在移动互联网上。事实证明，随着移动互联网的推进，IT 的格局被重新洗牌了，苹果和 Google 在市值和影响力上都超过了微软，而产品以手机和平板计算机芯片为主的高通公司，也超越了以制造 PC 芯片为主的英特尔公司，成为全球市值最大的半导体公司。

苹果和 Google 的初衷或许是为了自身的发展，但是在客观上极大地推动了互联网的移动化。相比之下，诺基亚等传统的电信企业对互联网的发展毫无把握，诺基亚甚至在 iPhone 刚出来时质疑它的必要性。可是，就在 iPhone 问世仅仅五年（即 2012 年）后，智能手机的销量便超过了传统手机（市场占有率分别为 53% 和 47%）[18]，达到 9.1 亿部，而且远远超过 PC 的 3.5 亿台。也就是在这一年，PC 的销量首次比前一年下滑。

18 http://marketingland.com/global-handset-sales-fall-but-smartphones-continue-to-gain-33364.

智能手机因为屏幕（同时也是触摸输入的键盘）较小，还无法实现 PC 的一些功能。不过不要紧，苹果当年的 CEO 乔布斯似乎想到了这一点，2010 年初，苹果公司又推出一款对 PC 冲击更大的移动终端——触摸式平板计算机 iPad，你既可以把它看成是放大了的手机，也可以把它看成是没有键盘的笔记本计算机。随后三星、HTC 等公司先后推出了基于安卓操作系统的平板计算机。这些 25.4 厘米（10 英寸）左右大小、不到 1 厘米厚的计算机，尺寸介于

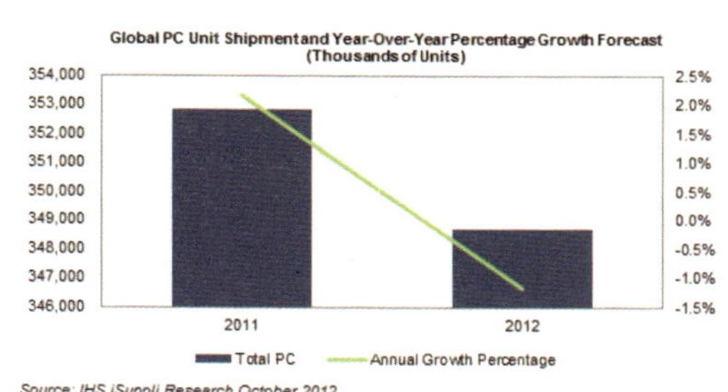

图 22.16 2012 年 PC 销量首次下降

智能手机和笔记本计算机之间，但使用习惯更接近于智能手机。重要的是，它具备 PC 的几乎所有功能，再配上一个外接键盘，它就是一台小笔记本计算机。虽然不能完全取代笔记本计算机，却比笔记本计算机有很多优越的地方。在平板计算机问世的短短几年里，它的用户数量快速上升。根据 IDG 的估计，2013 年全球平板计算机的年销售量达到了 1.7 亿部[19]，大约是 PC 销量的一半，而到了 2016 年将达到 2.8 亿部，赶上 PC 的销量。今天人们使用智能手机和平板计算机的时间越来越长，似乎更习惯于苹果操作系统 iOS 和安卓的用户界面，以至于微软在它最新的 Windows 8 操作系统中不得不使用类似苹果平板计算机 iOS 或者安卓的用户界面，各个 PC 厂商也纷纷把自己笔记本计算机和台式机的显示屏做成触摸式的。智能手机和平板计算机终于反过来影响 PC 市场了。

19 http://bgr.com/2012/12/05/tablet-market-share-2012/

图 22.17 微软新版视窗界面很像手机的操作系统

云计算加上移动互联网，不仅使得人们随时随地访问互联网上的各种信息成为了可能，而且信息更加容易分享，并且有助于工作效率的极大提升。我们不妨看这样一个实际的场景：

市场经理王晓华要赶到外地签合同，在以前，她需要通过电话或者邮件和对方敲定会面的日程安排，然后手工加到自己的日历上。她的公司的产品介绍需要提前准备好，然后用电子邮件发给对方，对方在收到后会存到 PC 上。另外，销售合同的草稿需要用微软的 Office 编辑好，提前发给对方，并且经过很多邮件的讨论基本上确定下来，否则她这次出差可能会毫无收获。这样在出发前，她必须把所有这些工作做完。在过去的几十年里，大公司的销售人员基本上就是这样有条不紊却慢条斯理地工作着。但是，如果在半中间跑进来一个竞争对手，王晓华要马上赶去和客户见面，这样的做事流程就有问题了，比如她的产品介绍可能还没有准备好，在出发前给对方的只是草稿，而合同也还没有来得及和对方沟通，最后她和对方会谈的时间地点都有待确认，王晓华现在可能要抓瞎了。

但是在云计算和移动互联网时代，王晓华和对方的很多工作可以并行地一起做。比如她的产品介绍可以通过基于云计算的 Google Docs 来写，并且分享给客户；如果她需要更新内容，她可以随时更新，对方马上就能看到；由于使用了移动互联网，她可以在旅行的途中来做这件事。对于合同，双方也可以用 Google Docs 来起草，王晓华只要将这个合同的修改权限授予对方，对方就可以对有异议的条款进行修改，而不需要用电子邮件来回讨论。至于王晓华的行程和会议安排，就更简单了，双方在电子邮件上或者电话里讨论的会议安排可以随时加到自己的日历上，而不需要手工操作，如果某个会议安排在时间上有冲突，日历会提示她，也会提示对方。因此这件事情，她甚至可以在旅途中完成，不需要提前好几天。如果王晓华要为对方做个产品介绍的报告，也非常简单，因为所有的文件都存在云端，也没有兼容的问题，只要客户给她提供一个投影仪就好。如果王晓华要演示什么大系统，并不需要带很多用于演示的服务器或者 DVD 安装盘，只要通过一个浏览器就可以调动在数据中心的多台服务器完成演示。

在移动互联网时代，不仅原本主要通过 PC 上网所做的事情，如看新闻、收发电子邮件、购物和聊天等，都可以用手机和平板计算机代替了，而且随着众多的软件开发商和个体开发人员为智能手机和平板计算机开发了越来越多的应用软件，像办公、软件开发、图像处理、语音识别等不需要上网得用 PC 完成的工作，也能借助于云计算在移动终端上完成，而用户手中，只需要一个移动终端而已。

在移动互联网时代，互联网乃至 IT 行业的格局发生了变化。2012 年，IT 行业发生了两件不太引人注意的事情，第一件是全球 PC 销量首度下滑，第二件是为移动设备提供芯片的高通公司超过了为 PC 提供处理器的英特尔公司，成为全球市值最高的半导体公司。这两件事情其实意义深远，它标志着以 WinTel 为核心、主导 IT 行业长达 20 多年的 PC 时代的结束，而从 PC 时代到移动时代的新旧交替已经完成。曾几何时，几乎所有人都认为英特尔和微软搭建的 WinTel 体系是无法被撼动的，但是到了 21 世纪的第二个十年，这座大厦在不知不觉中就坍塌了。回到我们这一节开头的那句话，一切变化只因为互联网发展太快。在互联网 3.0 时代，一切皆有可能。

图 22.18 Google 的手机支付系统 Google 钱包，将线上交易和线下交易联系起来

在移动互联网时代的另一个格局变化是，在互联网 2.0 时代发展落后于 Facebook 的 Google 重新获得了竞争的优势，因为它基于移动互联网的 Google Play 应用软件平台（以及苹果的 App Store 平台）在很大程度上取代了原来 Facebook 的应用软件平台，越来越多的人使用移动设备上的应用软件，越来越多的开发者从 PC 平台转到手机和平板计算机上。因此 Google 走出 Facebook 给它带来的阴影，根本不是靠它那个使用率很低的 Google+，而是靠它的安卓操作系统，并得益于整个移动互联网的快速发展。

移动互联网不仅改变了 IT 行业的格局，也改变了我们的上网习惯，比如从 PC 移到手机上，从连续几小时泡在网上改成了利用碎片时间上网，等等。不过，更重要的是，移动互联网把互联网从机器的网络变成了人的网络，这无疑是一场了不起的革命，因此我把它称为新一代的互联网，或者说 3.0 时代的互联网。

回顾在 PC 互联网时代上网的经历，我们实际上有现实世界和虚拟世界之分。当用户泡在互联网上，他在很大程度上进入了一个虚拟的世界，和他的日常生活多少会脱钩。反过来，一旦用户从 PC 前面离开，比如在下班回家的路上，他们就脱离了互联网。因为从本质上讲，互联网连接的是机器，而每一台用于上网的计算机，虽然有着各自的 IP 地址，并没有和人完全对应起来，因此每次查看电子邮件，相应的网站要求用户每次都要登录（使用 Cookie 自动登录是另一回事，那是计算机浏览器提供的功能）。

移动互联网时代情况就不同了，几乎所有的移动设备（比如手机）都是和人紧密联系在一起的，因此当这个设备连到了互联网，就等于将这个人连进了互联网，这样移动互联网实际上就将人实实在在地连接了起来。为此，各个互联网公司开发出很多专门针对移动互联网特点的应用软件，比如腾讯公司开发的微信。这些软件和服务对人的帮助是过去 PC 互联网各种服务做不到的。这款原创于中国的手机通信产品，不仅聚集了你能想到的各种通信方式，文字、语音、图像和视频，而且是一个很好很方便的社交平台，它可以承载各种游戏和应用软件，如果不是因为它是源于一家缺乏国际化经验的中国公司，微信已经可以在全球挑战 Facebook 了。

除了智能手机和平板计算机，各种可穿戴式设备将人和互联网更加紧密地联系在了一起。另外，由于人和移动设备绑定在一起的特性，在移动互联网上使用各个网站的服务，尤其是那些需要登录的服务，要比以前容易得多。今天使用互联网的方式早已不是几年前用 PC 联网，打开浏览器，登录网站，然后使用服务这种刻意的行为，而在更多的时候是不知不觉地在使用着它。可以毫不夸张地讲，未来移动互联网将取代 PC 互联网，成为互联网时代的主角。而在这个时代，互联网的格局在改变，它的游戏规则也在改变，这对于新进入这个行业的人和公司来讲应该是件好事，因为他们可以和原来的大公司重新站到同一条起跑线上，一切奇迹皆为可能。

结束语

互联网在过去的十几年里是世界经济的晴雨表和经济发展的火车头。在《浪潮之巅》中我详细讲述了互联网发展和世界经济增长的关系。但凡互联网产业有长足进步时，世界的经济都是向上的。虽然它们之间并不是什么因果关系，但是这说明互联网的发展对世界经济的重要性。当年只有几台计算机连接起来的 ARPAnet（互联网的前身），已经成为二战以来继计算机之后，带动全球 IT 行业乃至整个经济发展的动力。而这一切，是我们今天每一个人都见证到了的。

互联网还带来了重大的社会变革，这一点是我们今天每一个人都有切身体会的。今天很多事件、很多社会现象受到关注，都要感谢互联网。比如原本不可能被注意到的“郭美美事件”“表哥事件”，不仅引发了全社会对慈善、对廉政的关注和大讨论，而且唤起了民众的社会责任感——这是现代社会最重要的标志。互联网增加了社会的透明度，使得正义的力量在社会上得到伸张，这是技术对社会进步起推动作用最好的例子。

互联网能够快速发展到今天，得益于免费和开放这个宗旨，而将互联网这样一个强大的工具（很遗憾，我们很难找到一个词来描述这个从渗透率来讲无所不在、从功能上来讲无所不能的互联网）免费地提供给全世界的人使用，恐怕还是人类历史上的头一遭。不仅如此，很多公司还致力于让一些落后地区的人能够上网。因此，在介绍互联网的发展之余，我们不禁要说透过互联网的发展，我们再一次看到人类身上一种向善的力量。互联网能做到免费和开放这件事本身，标志着我们人类不仅在物质的层面，也在精神的层面进入了一个新的文明高度。

附录 互联网大事记

1969 ARPAnet 传送了第一个数据包

1970 英国互联网的雏形 NPL 网络建成

1973 法国互联网的雏形 CYCLADES 建成

1974 互联网的概念首次提出

1982 TCP/IP 组发布

1984 为互联网提供网络设备的思科公司成立

1986 NSFNET 开通，主干网带宽只有 56kbit/s

1991 有超文本链接的 WWW（World Wide Web）文件格式开始在互联网上使用

1994 中国教育科研网 CERNET 诞生，雅虎公司成立

1995—2000 美国形成互联网泡沫

1998 Google 公司成立

2004 Facebook 公司成立，互联网 2.0 开始蓬勃发展

2005 云计算出现

2007 苹果公司推出 iPhone 智能手机，次年，基于 Google 安卓操作系统的智能手机上市，标志着移动互联网时代到来

2012　全球 PC 销量首度下滑，同年，为移动设备提供芯片的高通公司超过了为 PC 提供处理器的英特尔公司，成为全球市值最大的半导体公司，标志着以 WinTel 为核心的 PC 时代的结束，从 PC 时代到移动时代的新旧交替完成

2014　阿里巴巴公司在美国上市，成为全球市值及营业额最大的电商公司

参考文献

[1] 吴军 . 浪潮之巅：第二版（精装本）. 北京：人民邮电出版社，2013.

[2] Katie Hafner. 术士们熬夜的地方 —— 互联网络传奇（*Where Wizards Stay Up Late: The Origins Of The Internet*）. Simon & Schuster，1999.

[3] Steven Levy. 在 Google 总部（*In The Plex: How Google Thinks, Works, and Shapes Our Lives*）. Simon & Schuster，2011.

[4] 布拉德・斯通 . 一网打尽：贝佐斯与亚马逊时代 . 李晶，李静，译 . 北京：中信出版社，2014.

[5] Ben Mezrich. 偶然的亿万富翁（*The Accidental Billionaires: The Founding of Facebook: A Tale of Sex, Money, Genius and Betrayal*）. Anchor, 2010.

第二十三章　上帝的粒子

希格斯玻色子和希格斯场

图 23.1　《我们从何处来？我们是谁？我们向何处去？》（高更绘制于 1897 年，收藏于波士顿艺术馆）

上面这幅画是著名的后期印象派大师高更（Paul Gauguin，1848—1903）的代表作。这幅画之所以出名，除了单纯的艺术成就外，还因为高更在画的左上角用法语写下了三个非常具有哲理性的问题“D'où Venons Nous, Que Sommes Nous, Ou Allons Nous”，即“我们从何处来？我们是谁？我们向何处去？”这三个问题从人类诞生开始就困扰着我们，并被认为是难以回答的终极哲学问题。

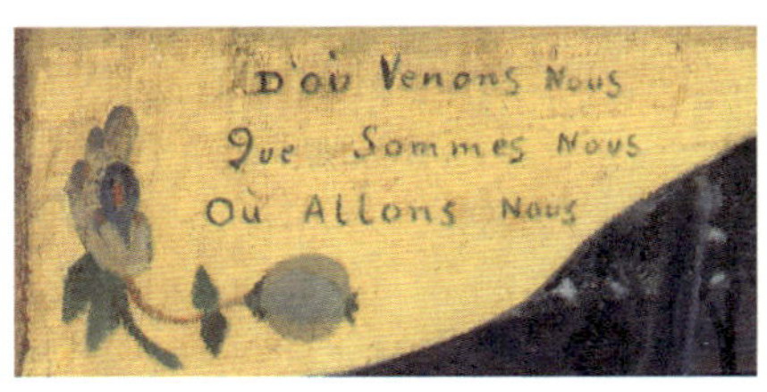

图 23.2　高更在画的左上角写下了三个终极哲学问题

在几千年的文明过程中，人类在很多领域的研究和科学实践其实都是为了回答这三个问题。从远古，到早期文明，到近代的科学时代，再到当代的科技大爆炸，人类对这三个问题的认识越来越深刻，离问题的答案也越来越接近。从某种意义上讲，对这三个问题的回答其实成为了衡量我们社会文明程度的标尺，相信有一天人类能够圆满地回答它们。

图 23.3　恩格勒特和希格斯（右）在诺贝尔物理学奖颁奖现场

要了解我们从何而来，往何处而去，不能不了解我们所生活的宇宙：它的构成、它的起源、它的运动规律和它的归宿。如果说 300 多年前牛顿揭示了宇宙中星体宏观运动的奥秘，那么彼得·希格斯（Peter Higgs，1929—）等人则揭示了宇宙基本粒子构成的奥秘。后者的学说回答了关于宇宙的一些基本问题：为什么基本粒子有质量？为什么能量和质量能互相转换？等等。彼得·希格斯在 20 世纪 60 年代提出的模型希格斯场（和希格斯玻色子），终于在他有生之年得到证实。2013 年，他和另一名物理学家弗朗索瓦·恩格勒特（Francois Englert，1932—）众望所归，获得了诺贝尔物理学奖。这可能是半个世纪以来，含金量最高的诺贝尔物理学奖。

那么，什么是希格斯场（Higgs Field）？它为什么这么重要，以至于全世界花掉了上百亿美元来做实验？这还得从我们生活的宇宙谈起——它是由什么构成的？它是怎样产生的？它未来的命运如何？

第一节　世界是能量的

关于构成宇宙的基本元素是什么，它们能否无限制地分下去，这个问题几千年来一直困扰着人类。早在 2400 多年前的中国，就有了惠子和庄子之间一次著名的争论。庄子又名庄周，是中国古代著名的哲学家和道家的始祖之一。惠子名叫惠施，虽然他的名气比庄子小得多，不过他是中国诸子百家中名家的代表人物，以善辩著称。惠子认为宇宙中的万物由最基本而不可分的粒子组成。“至大无外，谓之大一；至小无内，谓之小一”，他所说的至大，可以理解为整个宇宙，宇宙之外没有东西；他所说的小一，可以理解为基本粒子，基本粒子之内是不可再分的。而庄子则认为，“一尺之捶，日取其半，万世不竭”，也就是说基本粒子是一层套一层，可以永远分下去的。他们两人的争论都没有证据的支持，因此谁也说服不了谁。

图 23.4 惠子和庄子的争论

在古希腊，不少人持类似惠子的观点，其代表人物就是德谟克利特（希腊文：Δημόκριτος，约前 460—前 370），他提出了朴素的原子论。他注意到水汽蒸发以及香味传递等现象，推测出物质应该由很小的颗粒组成，他把这种颗粒称为原子。他还认为在宇宙中，有的地方有原子，有些地方没有，没有的地方就是真空。和惠施一样，德谟克利特的结论主要源于他的哲学思想，而非科学证据。至于原子是什么样的，有什么性质，无论是惠施，还是德谟克利特，或者是印度的学者，都无法想象。早期各种关于物质组成的学说还有一个非常含混的地方，就是搞不清分子和原子之间的区别，很多对原子的描述其实是针对分子的。

近代物理和化学的发展，让我们认识到了构成物质的基本单位——分子，它是维持物质化学特性的最小单位。将分子再往下分，物质的性质就变了，比如一个氧原子和一个碳原子构成一氧化碳，这是一种毒性气体，而构成它的氧是无毒的，而且是我们新陈代谢必需的元素，碳也是无毒的。当我们试图将一个分子继续分下去时，得到的物质已经不再是原来的物质

图 23.5 意大利邮票上的阿伏伽德罗

了。分子非常小，不仅肉眼看不见，而且任何光学显微镜都看不见。虽然意大利科学家阿莫迪欧·阿伏伽德罗[1]（Amedeo Avogadro，1776—1856）和英国科学家约翰·道尔顿（John Dalton，1766—1844）等人在19世纪初都提出了现代分子学说，尤其是后者的学说非常完备（今天的中学物理课本关于分子的理论基本上来源于道尔顿），但是仍然缺乏有力的证据证实分子的存在。在19世纪，物理和化学都有了许多重大发现，虽然人们看不见分子，但是各种实验结果表明，如果分子论是正确的，那么这些实验结果就解释得通，否则就解释不通，因此科学家们普遍接受了道尔顿的分子理论，并以此指导自己的研究。我们在前面提到，任何科学的结论，最终必须有办法证实或者证伪，否则就是伪科学。在道尔顿之后科学家们就一直试图找到间接的证据来证实分子的存在。（在没有电子显微镜的条件下，无法直接看到分子。）1827年，英国生物学家罗伯特·布朗（Robert Brown，1773—1858）在显微镜下发现灰尘或者花粉等小颗粒在移动，开始他以为自己发现了一种微生物，但是很快证明这种毫无规律的运动并非微生物在移动，而是另有原因。直到半个世纪后的1877年，德赛尔（J. Desaulx，生平不详）提出了水分子随机的热运动导致花粉运动的解释。1905年，爱因斯坦给出了分子热运动带动花粉布朗运动的数学模型，几年后法国物理学家让·佩兰（Jean Perrin，1870—1942）在爱因斯坦理论的指导下进行了大量的试验，证实了分子的存在，他也因此在1926年获得了诺贝尔物理学奖。爱因斯坦可谓是继牛顿之后科学的集大成者，虽然人们了解他一般都局限于相对论，但是他对世界科学的贡献远不止于此，对于分子论的确立，爱因斯坦居功至伟。

1 意大利著名物理学家，以物理学中的阿伏伽德罗常数而著名。

宇宙中的分子有成百上千万种，而构成分子的基本单位原子却只有几百种，包括100多种元素和200多种它们的稳定同位素（即便考虑到不稳定的放射性同位素，自然界中不同的原子也不到3000种）。化学家们发现两种或多种不同的物质发生化学反应，会产生新的物质，因此他们认识到分子是由更基本的单位——原子组成的。最早科学地论述原子论的还是英国化学家约翰·道尔顿，1803年他在《化学哲学新体系》一书中提出了科学的原子论。道尔顿在进行各种化学实验时注意到，在任何化学反应中，发

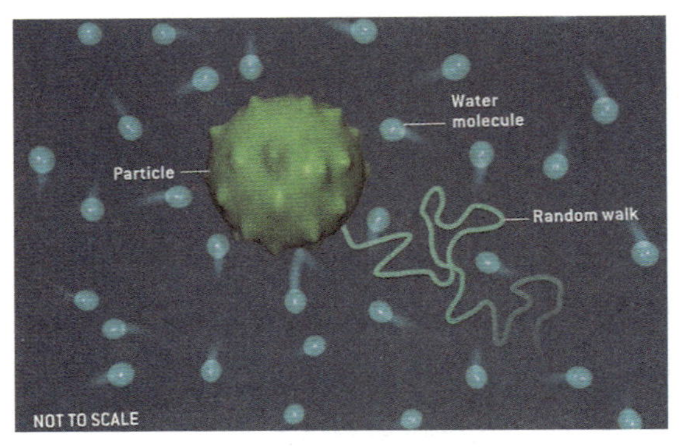

图 23.6 布朗运动（大球体为花粉或者灰尘，小的是水分子）

生反应的不同物质都是呈整数倍，而生成的各种物质也是如此，即符合倍比定律（Law Of Multiple Proportions）。因此他提出一种科学的解释，即不同物质的分子都是由若干个原子组成，不同的原子对应不同的元素，而化学反应是这些原子的重新组合，只有这样才能很好地解释倍比定律。他还提出，物质有单质和化合物之分，如果一种物质只包含一种元素，则称为单质，而不同元素的原子相互结合，就形成了化合物。道尔顿还用原子论解释了为什么某些气体比另外一些更容易溶于水。在道尔顿之后，原子的概念已经被科学界普遍接受，可以说整个近代化学都是建立在“原子构成分子”这个前提之下的。

19 世纪，化学得到了很大的发展，科学家们在化学实验中，认识到不同化学性质的元素其原子质量也不同，有些原子比较重，有些比较轻，同时化学家们也发现一些元素之间的化学性质很相近，而其他一些元素之间的化学性质则相差很大。1869 年，俄罗斯伟大的化学家门捷列夫（Dmitri Mendeleev，1834—1907）根据自己多年的研究和教学经验，并总结了以前的很多科学家如安托万 - 洛朗 · 拉瓦锡（A.L. Lavoisier，1743—1794）等人的贡献，提出了第一张元素周期表。在元素周期表中，一些元素的位置当时是空缺的，根据门捷列夫的理论，这些元素应该存在，虽然暂时没有找到。门捷列夫的元素周期律，给科学家们寻找这些元素提供了一个理论指导，这样科学家们很快就发现了很多新元素，元素周期表上的空位也都被填满了。

在发现原子以后，人们便好奇它的内部结构是什么样的。当然，并没有一种显微镜可以看清原子的结构，更没有一把“刀”可以把原子切开。怎么办呢？ 1909 年，著名的实验物理学家、诺贝尔化学奖获得者欧内斯特 · 卢瑟福（Ernest Rutherford，1871—1937）设计了一个实验，解决了这个难题。

卢瑟福的实验说起来很简单。为了更好地理解它，我们先打一个比方。假如我们想知道一个草垛子里面到底有什么东西——它是实心的，还是空心的？一个简单的办法是用一挺机关枪对它进行扫射。如果所有子弹都被弹了回来，那么我们知道这个草垛子是实心的。如果所有子弹都穿过去，并且没有改变轨迹，那么这个草垛子应该就是空心的了。卢瑟福把原子想象成一个草垛子，不过“扫射”用的是一把特殊的枪——α 射线[2]。卢瑟福用 α 射线轰击一个金箔做的靶子。如果所有的 α 粒子都被弹回来，那么说明原子是实心的；如果所有的 α 粒子都穿过了金箔靶，打到了靶子后面放置的感光胶片上，那么就说明原子内部是空心的。至于为什么卢瑟福使用金箔，那是因为金原子“个头”比较大，而且金箔可以做得很薄。有意思的是，实验的数据显示，有很少量的（大约只有八千分之一）α 粒子被反弹回来，大部分基本按照原来的轨迹穿过了金箔靶，还有一些拐了弯四处乱溅。这说明原子核内部既不是完全空心的，也不是完全实心的，而是有的地方空心，有的地方实心。卢瑟福根据 α 粒子反弹和溅射的轨迹（通过感光照片获得），推断出在原子的中心有一个很小的原子核，在原子核四周是密度很低的物质（后来证明是电子云）。中间那个核，直径只有整个原子直径的几万分之一。这相当于一个足球场中间竖起的一支铅笔。卢瑟福的整个实验过程持续了两年左右，收集数据的照片多达几十万张，直到 1911 年卢瑟福才发表他的结果。由于这个发现，原子的模型便以卢瑟福的名字命名了。

2 能量很高的粒子束，每个粒子包括两个质子两个中子，即氦原子核。

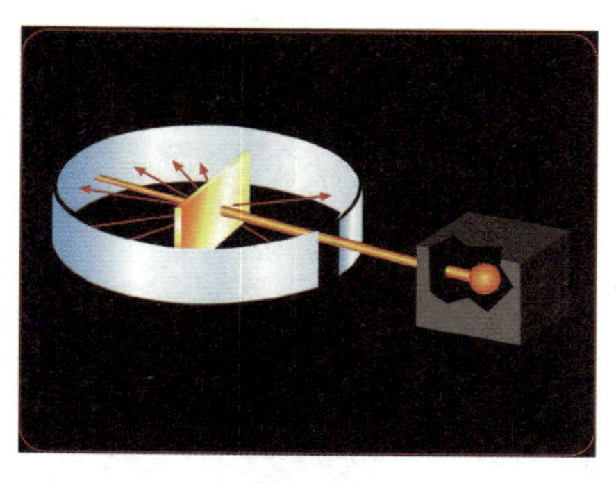

图 23.7　卢瑟福实验示意图

后来，随着近代物理学的发展，人们进一步了解到原子核是由质子和中子（统称强子）构成的。至于质子和中子内部结构如何，一直到 1968 年才被破解[3]。原来它们都是由一种叫夸克的更基本的粒子构成。美国物理学

3 模型是在 1964 年提出的，1968 年在斯坦福大学线性加速器实验室得到证实。

家穆雷·盖尔曼（Murray Gell-Mann）也因为提出夸克模型获得了1969年诺贝尔物理学奖。至此，似乎庄子的结论是正确的，因为我们的实验数据表明基本粒子似乎可以不断地分下去。但是，就这样下结论还为时尚早，夸克的结构又是什么样的，它是不是由更小的粒子构成的呢？科学家们很快得知夸克是一个像圆锥形状的螺旋结构，一个强子由两个头朝上和一个头朝下的夸克组成，或者反过来，由两个头朝下和一个头朝上的夸克组成。至于这个螺旋结构里面是什么，在很长时间里大家都无从了解。后来有科学家又想到了卢瑟福当年的老办法，于是使用更高速的粒子轰击夸克，看看里面到底有什么。让所有科学家惊诧的是，夸克内部空无一物！也就是说夸克不可再分了。于是，似乎又是惠子的结论对了。到了这一步，我们已经得到了按照今天物理学认知所确定的标准模型（Standard Model）。对于物质，不论怎么分，最终总会得到一大堆夸克和一大堆电子之类的粒子。除非今后物理学的发展能否认这一点，否则这就是结论了。

图 23.8 提出夸克理论的盖尔曼（左）和量子电动力学的奠基人费曼在一起

图 23.9 夸克（三个夸克构成一个强子）

事实上除了构成质子和中子的上述两种夸克（通常被称为上夸克和下夸克），另外还有4种夸克[4]。从20世纪60年代开始，很多物理学家因为发现了新的夸克或者研究发现了夸克新的性质而获得诺贝尔奖，其中包括美籍华裔科学家丁肇中——他发现了粲夸克（Charm Quark），俗称J子。在标准模型中，电子则属于另一个

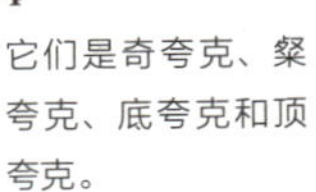

4 它们是奇夸克、粲夸克、底夸克和顶夸克。

家族，即轻子家族，因为它们的质量较小，这个家族也有 6 种粒子[5]。所有这 12 种物质粒子，被统称为“费米子”，都各自拥有一种与它们完全相同、只是电荷相反的反物质粒子。就目前人类的认识来讲就是这样了。物质不可能再分割成比这些基本粒子更小的东西了。

5 包括电子、μ 子和 τ 子，以及 3 种几乎没有质量的中微子。

大家读到这里可能会开始困惑了：怎么基本粒子里面没有物质？原来，夸克是纯能量，和光子一样。这个发现很好地解释了以前困惑大家的两个问题。第一，为什么质量和能量可以互相转化，即爱因斯坦著名的公式 $E=mc^2$。因为构成物质的基础就是能量。第二，为什么在宇宙大爆炸之初，宇宙只是一个没有体积的质点，因为，宇宙最初是纯能量的，并没有物质，后来能量转变为物质，形成了宇宙中的基本粒子。我们过去常说世界是物质的，现在我们发现其实世界是能量的。说到这里，我们必须为后面的内容引入一个概念，即基本粒子的质量：单位电子伏特（eV）。还记得中学物理内容的读者可能会问，这不是能量的单位吗？没有错，不过既然爱因斯坦把能量和质量统一起来了，为什么不可以用能量的单位来衡量基本粒子的质量呢？采用这个单位的好处是方便，如果我们讨论基本粒子质量时，讲中子的质量是 1.675×10^{-27} 千克，大家都会觉得很不方便，但是如果说是 940MeV（或者 0.940GeV），就容易得多了。

图 23.10　因发现粲夸克而成为第三个获得诺贝尔奖的华裔物理学家丁肇中，他用几个西红柿来说明夸克模型

回到基本粒子的问题上，如果构成基本粒子的是能量，又带来一个新的问题——那么它们为什么有质量、有体积、有形状呢？另外，上述 12 种不同粒子的质量各不相同，从质量最小的电子中微子到质量最大的顶夸克，相差 11 个数量级之多。这些质量来自何方，为什么又如此千差万别？这个问题困扰了科学家们很长时间，直到苏格兰爱丁堡大学的物理学家彼得·希格斯（Peter Higgs）和其他几位物理学家提出了一个假说，很好地解释了这个问题。

第二节 上帝的粒子

20 世纪 60 年代初，苏格兰爱丁堡大学的物理学家彼得·希格斯提出了一个假设——宇宙中存在一种特殊的场（或者说一种力量），如同一种胶把这些纯能量的东西固定在一起，它赋予了我们宇宙基本粒子的质量、体积和形状。虽然场这种东西，看不见摸不着，但是它们实实在在地存在着，而且每一种场对应我们所说的一种力。到目前为止，我们发现宇宙中的场只有 4 种。

> 第一，重力场，对应着重力或万有引力，这一点大家都知道。
>
> 第二，电磁场，对应着电磁力，我们现在对它有些恐惧，它是各种电磁辐射的来源。不过，另一方面，正是地球的电磁场挡住了射向我们星球的强烈的宇宙射线。
>
> 第三，强核力场，对应着原子核中的强力，大部分人对此知之甚少，不过因为有了它，原子核中的质子才不会因为电磁力互相排斥开来，否则我们的宇宙就会被电磁力炸得灰飞烟灭。
>
> 第四，弱核力场，对应着弱力，它与原子的裂变和放射性有关。

这 4 种场，都各对应着一种粒子，一般称为玻色子，比如电磁场对应的玻色子是光子（光是一种电磁波），弱核力场对应的是 W 玻色子和 Z 玻色子。那么，假说中的希格斯场，也应该对应着一种粒子，物理学家们称之为希格斯玻色子（Higgs Boson）或者希格斯粒子（Higgs Particle）。

希格斯的理论非常好地解释了我们宇宙的构成，但是要证明它是正确的，就必须有数据支持。希格斯在提出他的理论时并没有数据支持，因此当时欧洲的物理学杂志拒绝发表他的论文。于是他只好寻求在美国发表，1964 年美国的《物理学通讯》（*Physics Review Letter*，美国最著名的物理学杂志）发表了他的论文[6]，他的理论和那篇只有两页纸的论文引起了物理学界的轰动。在此两个月前，比利时物理学家恩格勒特也发表了类似的论文。他们二人的工作是独立进行的，希格斯的理论成型更早，故理论以

6
Peter Higgs, Broken Symmetries and the Masses of Gauge Bosons. Physical Review Letters 13 (16): 508,1964.

他的名字命名了。而恩格勒特发布得稍早一些，因此他们分享诺贝尔奖也是很公平的事情。不过在自然科学领域，没有数据支持的理论只能称其为假说。为了证实它，美国和欧洲展开了一场几十亿美元的实验竞赛。尤其是欧洲，当初拒绝了希格斯的论文，后来又花了几十亿美元来证实它，这恐怕是希格斯无论如何也没有想到的。

有读者可能会问，场这个东西看不见摸不着怎么证实？别忘了，我们前面讲到，场总是和粒子相对应的。只要证明了希格斯玻色子的存在，就能证明希格斯场的存在，很多宇宙的奥秘将会就此揭开，因此有人将希格斯玻色子又称为上帝的粒子，表示它如同上帝造宇宙时来固定万物的胶。那么如何找到这个粒子呢？希格斯玻色子存在的时间非常短暂，在自然界中是很难捕捉到的，但是人类发明了一种人工生成粒子的办法，就是用高能量的强子束（质子束）进行对撞，能量会生成物质，世界上很多新的粒子就是这么发现的。

接下来的问题是，如果这些希格斯粒子存在并且被撞出来了，怎么才能观测到呢？这恰恰要利用希格斯玻色子存在时间非常短的特性了，这种玻色子一旦被撞出来，就可能会衰变成两个光子。根据希格斯玻色子的质量，能够推算出这两个光子的能量，那么在相应频谱上就应该出现一个鼓包。当然希格斯玻色子也可能衰变成 4 个轻子（Lepton），这 4 个轻子也同样是可以接收到的。这就是后来发现了希格斯玻色子的 ATLAS 和 CMS 实验的设计原理。当然，物理学家事先估算出希格斯玻色子的质量必定介于 100 GeV 到 400 GeV 之间，后来更精确地锁定在 125 GeV 附近。具有这样质量的玻色子是一个非常“大”的粒子，其质量是质子或者中子的上百倍（它们的质量都不到 1 GeV），要撞出这么大的粒子，就需要一个巨大的强子对撞机，为此欧洲和美国都投入巨资建造高能加速器。

美国的实验是在芝加哥大学所属的费米实验室进行的。该实验室以著名的美籍意大利物理学家恩里克·费米的名字命名，历史上这个实验室走出了包括杨振宁和李政道等一大批诺贝尔奖获得者。它的强子对撞机 CDF（Collider Detector at Fermilab）是一个周长达 10 千米的回旋加速器，建造于20世纪80年代，并在1989年和2001年进行了两次升级。在欧洲核子研究中心（The European Organization for Nuclear Research，CERN）的大型强子对撞机（Large Hadron Collider，LHC）建成以前，CDF是世界上最大的强子对撞机。在这里，曾经发现过质量高达175 GeV的顶夸克粒子。2004年，寻找希格斯粒子的实验在费米实验室进行，经过6个月的实验，科学家们没有找到希格斯粒子，但是大家普遍相信，这是由于费米加速器还不够大，产生的粒子束能量还不够高。因此，全世界都把希望寄托在欧洲核子研究中心上。

图 23.11 阿尔卑斯山下的欧洲核子研究中心（图中的红圈是加速器所在的位置，8个小红星是拐点的位置）

LHC是一个回旋加速器，它建立在瑞士阿尔卑斯山下面，周长27千米，是费米加速器周长的两倍半还多。之所以藏得这么深，是为了防止外界任何震动对它的影响。它的加速轨道是一个八边形，在直线的地方加速，在拐弯处靠超导产生的巨大磁场让粒子束拐弯，这样形成环形的闭路，它巨大的能量和磁场可以将质子加速到光速的99.9999999%，在这么高的速度下，每个质子的能量可以高达7万亿电子伏特（7 TeV或7000 GeV）。为了能准确对撞，粒子束的直径又非常细，只有90微米，比头发丝还细。在进行对撞实验时，两束运动方向相反的质子束分别被加速，然后对撞。在加速的轨道四周有很多探测器，用来提取实验数据。

为了找到希格斯粒子，CERN设计了两个实验，代号分别为ATLAS和CMS，它们的实验原理基本相同。当两个质子在大型强子对撞机的探测器中心对撞时，它们携带的能量会变成朝各个方向四散奔逃的大量粒子。这些探测器的任务就是收集这些产生出来的基本粒子，让它们减速，并根据能量分辨这些碰撞产生的粒子。唯一的区别在于 ATLAS 的探测器填充的是液态氩，而 CMS 采用钨酸铅晶体。顺便说一句，这两个实验应该讲是人类历史上迄今为止规模最大、投入人力和资金最多的科学试验，据《福布斯》杂志披露出的数据，这两项实验投入的成本估计为 132.5 亿美元[7]。

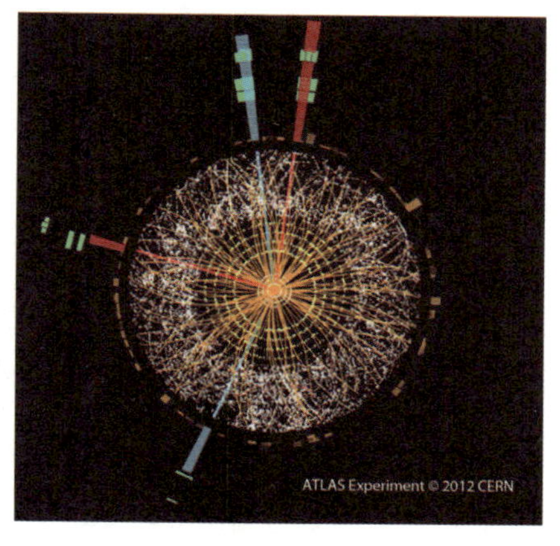

图 23.12　ATLAS 实验接收装置，两束高能粒子对撞后，产生新的粒子，四周环形的探测器收集所需要的数据

7
Forbes Online：http://www.forbes.com/sites/alexknapp/2012/07/05/how-much-does-it-cost-to-find-a-higgs-boson/.

像 LHC 这样庞大而精密的系统自然也很容易出故障。因此，ATLAS 实验进行得并不是很顺利，还没有正式开展，加速器就坏了，经过多次维修、调试、测试、再维修和调试，该加速器终于在 2012 年进行了一系列寻找希格斯粒子的实验。实验数据多得惊人，每 50 纳秒就有两束粒子在 LHC 中发生对撞，而且今后的实验密度还要提高到 25 纳秒。而 CERN 每年产生的数据，相当于 2012 年整个互联网索引的大小（基本上等同于互联网上文字信息的存储量），当时 CERN 数据中心的存储量已经达到了 30 拍字节（即 30PB，等于 30000TB，或者说 3×10^{16} B），现在还在不断地增加。无论是 ATLAS 还是 CMS，数据的处理工作均非常繁重，这么多照片，已经不能像卢瑟福那样通过人工查找的方法来处理了，而是通过图像处理和数据处理软件来实现的。根据《福布斯》的估计，每年为了处理这些数据，计算成本就接近 3 亿美元。

2012 年 6 月，ATLAS 实验获得成功，实验结果和预想的完全一致，无论是对光子的观测，还是对轻子的观测，人们都在 125 GeV 的位置发现了科学家们所期待的鼓包（图 23.13[8]）。希格斯粒子被发现了！但是，CERN 并没有马上宣布这个消息——他们需要确认这不是噪声，虽然出现噪声的概率只有 1/3500000。2012 年 7 月 4 日，在对实验结果进行了反复确认后，

8
这是 CERN 给出的原图，标注为英文，读者不必深究图中文字的含义，注意 125GeV 处的鼓包即可。

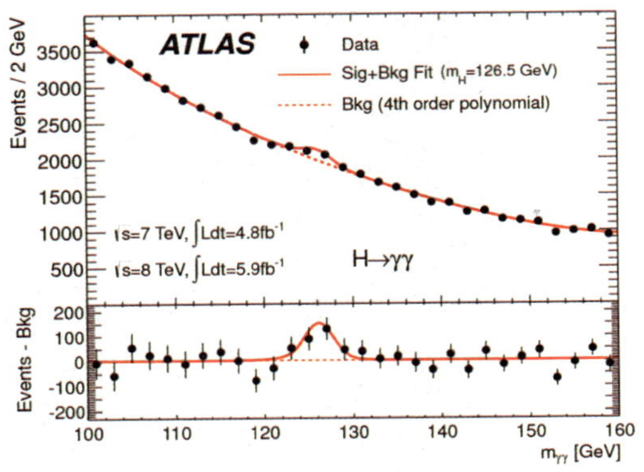

图 23.13 CERN 公布的 ATLAS 实验结果：在 125 GeV 附近发现新的粒子

CERN 向全世界宣布了这一结果。几乎是与此同时，CMS 实验也获得了同样的结论。至此，人类算是破解了宇宙物质构成之谜。

消息传出，英国著名物理学家霍金博士向他的同胞、当时已经 83 岁高龄的希格斯教授表示祝贺，并且愉快地付给了密歇根大学的物理学家凯恩（Gordon Kane，1937— ）100 美元——多年前霍金和凯恩曾经为希格斯玻色子而打赌，赌注是 100 美元。2013 年，希格斯和恩格勒特共同获得了诺贝尔物理学奖。本来，很多人和我一样以为他们应该获得当年（2012 年）的诺贝尔奖，在 2012 年底时，大家还为他们有些遗憾。后来著名物理学家张首晟教授解释说，除了希格斯和恩格勒特外，还有 3 个科学家对这一理论有贡献，再加上两个通过实验证实这个理论的科学家（ATLAS 和 CMS 的负责人），已经达 7 人之多。而根据惯例，诺贝尔奖（除和平奖）从来没有授予超过 3 个人，因此诺贝尔奖委员会要想办法将这 7 个人减少到 3 个以内。看来，诺贝尔奖委员会是在花时间权衡谁的贡献相对较大，因此就拖了一年。

希格斯玻色子的发现，不仅完善了宇宙微观结构的标准模型，同时揭开了宇宙中的质量来源之谜，而且对先前关于宇宙形成的理论做了完美的解释。在这些理论中，最重要的，也是今天被大家普遍接受的就是宇宙大爆炸理论。可以讲，希格斯等人的理论将过去人们常说的微观世界和宇观世界联系在了一起。接下来我们就从微观世界跨越到宇观世界，来看看我们所生活的宇宙。

第三节　宇宙的起源——大爆炸

关于宇宙的起源，自古至今就是一个百家争鸣的课题。目前最通行的理论是大爆炸（Big Bang）理论，它是由美国俄裔物理学家伽莫夫（G.Gamov，1904—1968）、阿尔菲（Ralph Asher Alpher，1921—2007）和赫尔曼（Robert Herman，1914—1997）在 1948 年提出的，其中，伽莫夫就是我经常提到的《从一到无穷大》一书的作者。我们这一章介绍的全部内容都是基于这个理论的正确性，至于它是如何被证实的，我们在这一节的后半部分会讲到。这一章里涉及的知识和观点以截至 2013 年初的物理学发现为准，当然如果有人试图用哲学或者神学的原理来否定这些结论，那么就不在我们讨论的范围之内。

根据宇宙大爆炸理论，宇宙始于一个温度近乎无穷大、没有体积的质点。在大约 138 亿年前（前后误差 3700 万年），发生了大爆炸，从此诞生了我们的宇宙。在大爆炸发生后的极短时间（大约 1 普朗克时间[9]）里，引力场开始形成（而另外三种力——电磁力、强核力和弱核力还没有开始形成）。要知道普朗克时间是非常短的时间，一秒钟内包括的普朗克时间的数量，比宇宙从开始形成到现在所流逝的秒数还大得多。在这个时刻，任何物理学的定律都不起作用。在大约 10^8 普朗克时间里，也就是 10^{-36} 秒的时候，强力开始分离。这时候宇宙的温度还很高，大约是 10^{27} 摄氏度[10]。在 10^{-12} 秒时，宇宙中的弱核力和电磁力开始产生，然后夸克和反夸克开始形成（10^{-6} 秒），这时宇宙的温度降到了 10^{13} 摄氏度。至此，宇宙还没有严格意义上的物质，甚至没有光。

9　可测量的最小的时间单位，大约 10^{-44} 秒。

10　也有估计说温度还更高一点，大约 10^{28} 摄氏度。

光子大约产生在宇宙大爆炸后的 0.02 秒，从这时开始的若干普朗克时间里，光子是宇宙中唯一我们熟悉的物质。据说当年教皇约翰保罗二世（John Paul II，1920—2005）非常喜欢宇宙大爆炸理论，他说，你看看，这不是和《圣经》上说得一模一样吗？上帝在创造宇宙时，宇宙开始是混沌（没有物质）的，上帝先造出来的是光，“上帝说要有光，就有了光”[11]。这位教皇对近代物理学颇感兴趣，不过他也知道，要让《创世记》和今天

11　《圣经·旧约》中的《创世记》第一章，第三段。

所有的物理学及天文学发现完全一致是不可能的，因此对这些不一致的情况非常不情愿承认。这位教皇还曾经对霍金教授说，大爆炸以前的事情你们就不要研究了，因为那是上帝的事情。我每每想起约翰保罗[12]二世的行为，就觉得这位教皇也蛮可爱。

好了，当宇宙中有了光以后，那些光子的能量可比我们的太阳光强得多，成对的高能量光子，产生出成双的正电子和电子，这样，宇宙中的一部分能量就变成了物质。几乎是同时间，大量的能量转化为质子和中子，但是它们很不稳定。到了 0.11 秒[13]的时候，质子和中子开始大量地存在。它们的比例大约是 2∶1。在这个过程中，宇宙中能量减少，物质增加。

在大约 1 秒的时候，宇宙中最初形成的中子因为不带电，最先冲出宇宙大火球，弥散到宇宙的四周，它们所携带的能量形成了今天宇宙的背景辐射。如果宇宙大爆炸理论是正确的，那么应该能测量到宇宙形成时的这些背景辐射。此刻，中学物理课本中讲到的那些基本粒子（质子、中子、电子）就都已经产生了，但是因为这时候宇宙的温度还非常高，大约是 10^{10} 摄氏度，质子和中子处在一种高温等离子状态，运动速度太快，无法形成原子核。我们可以看到，在宇宙形成的过程中，能量被不断地转换成物质，宇宙的温度也在不断地降低。

在宇宙中形成由多个强子组成的原子核是在 13 秒左右。对于氢原子核，虽然我们可以称呼它为原子核，但是它只有一个质子，因此它的出现并不代表真正原子核的形成。当宇宙温度下降后，质子和中子（统称为强子）运动的速度逐渐慢了下来，在强力作用下形成多强子原子核。我们给这个过程打一个比方就很好理解，两个试图拥抱的男女，如果他们向对方跑去，张开双臂，可以抱到一起，但是如果他们坐着火箭冲向对方，即使碰上了，也会被弹开。除了氢原子外，宇宙中最小的原子就是氦原子了，因此最先形成的多强子原子核为氦原子核。这时的宇宙还非常热，大约有 10^9 摄氏度，不可能形成原子质量数大于 5 的原子核（氦原子核的质量数为 4）。同时由于宇宙的密度还非常高，光线实际上是无法穿透宇宙的，光子不断地撞到各种基本粒子上，被反射和散射掉了。保罗教皇虽然讲上

12
英文名字为 Saint John Paul II，他的圣名并非姓保罗叫约翰，“约翰保罗”是一个整体，因此约翰·保罗的写法不正确。在历史上，有很多教皇的圣名叫保罗，一般称为保罗 x 世，最后一任是保罗六世（1897—1978），而约翰保罗二世是第二个以这个名字为圣名的教皇，其原名为 Karol Józef Wojtyła。

13
范围可以放宽到 0.01—1 秒。

帝已经创造了光，但是如果你那时站在宇宙之外，是看不见任何光的。随着宇宙温度的降低，其他一些比氦原子核稍大的元素也开始出现了。

经历了半个小时后，大爆炸直接产生氦和其他元素的过程就停止了。但是，宇宙继续快速膨胀，继续降温，同时密度下降，这时宇宙中终于射出了第一束光线。我有时在想，如果真有一个上帝站在宇宙之外，在大爆炸的几小时后，看到从宇宙中射出的这第一束光，会是一种怎样愉快的心情？当然这束光频率非常高，不是我们肉眼看得见的。宇宙的这个降温和膨胀的过程大约持续了 70 万年。当温度降低到几千摄氏度时，电子和原子核的运动变得不那么快了，它们之间的电磁力将它们结合成原子。虽然宇宙作为整体继续膨胀冷却，但是在局部地区平均密度较高，就会由于万有引力而停止膨胀并开始坍缩。当它们坍缩时，在这些区域外，密度不均匀的其他物质对它产生的引力将牵动这一团物质开始很慢地旋转，这就形成了原始的星云；当坍缩的区域变得更小时，星云会自转得更快，这就像花样滑冰运动员在旋转时只要收起双臂就能更快地转动一样；最终，当这团物质的区域变得足够小，其自转的速度就足以平衡引力的吸引，碟状的旋转星系就以这种方式诞生了。

在大星云的内部，各处的密度也不是均等的，一些地方的密度相对更大，这些地方的氢原子和氦原子相互吸引，形成密度更高的区域。当这些区域的密度高到一定程度后，原子的碰撞使得气体温度升高，直到最后，热得足以开始发生核聚变反应。这些反应和氢弹爆炸的原理类似，释放出大量的能量，它不仅阻止了气体团的进一步坍缩，而且将能量以热和光的形式辐射出来，这就形成了我们宇宙中早期

图 23.14 星云形成星系

的恒星。那时宇宙的体积已经足够大，密度足够稀疏，原始的恒星已经开始产生热核反应，由此产生的光子向宇宙黑暗的地方送去一缕缕光，这些光才是我们肉眼能够看到的。至此，整个大星云最终变成了像我们银河系一样的星系。而宇宙中有亿万个这样的大星云。

在第一代恒星中，只有氢和氦元素，因此在它们的周围不可能有固态的行星。在很多第一代恒星中，核聚变反应进行得极快，经过大约 1 亿年的时间，氢就用光了。这时，这些恒星会进一步缩小，进一步变热，开始将氦转变成像碳和氧这样更重的元素。但是，这一过程并没有释放出太多的能量，以至于无法支撑恒星的体积，这下子麻烦就来了，恒星的中心区域会坍缩形成非常紧致的状态，譬如中子星或黑洞，它的温度将会越来越高，最后可能会导致超新星爆发。恒星外部的一些重原子，比如氧、碳和铁，有时会在超新星的巨大爆发中被吹出来，一些重元素集聚在一起，就形成了像地球这样围绕着太阳公转的固态星球。因此，我们的太阳系应该是第二代或者第三代的行星系。而在我们自己的太阳内只有大约 2%的元素是重元素，剩下的依然全是氢气和氦气。

说到这里，宇宙大爆炸的说法似乎很完美，但是正如本书第二册“科学时代 —— 从笛卡儿到达尔文”一章中所说，任何科学理论都需要能够被证实或者证伪。那么如何证实（或者证伪）宇宙大爆炸这个“假说”呢？从大爆炸理论一提出开始，科学家们就在找证据来说明大爆炸的真实性。到目前为止，人类对宇宙的观察结果都符合大爆炸学说，包括我们后面会讲到的红移现象。不过，在所有证据中，被称为“3K 背景辐射”的证据最有说服力。我们前面讲到宇宙最初是温度非常高的质点，在爆炸后向四周扩散，并且渐渐冷却。宇宙冷却到今天，四周任何一个方向的温度应该还残留几开尔文[14]（绝对温度），而不是绝对零度。只要不是绝对零度，就应该有热辐射存在，就应该能检测得到。

14 开尔文是绝对温度的度量。按照热力学理论，如果分子停止了运动，温度为绝对零度，即 0 开尔文，大约相当于 −273 摄氏度，因此开尔文和摄氏度在数值上相差大约 273。如果宇宙是经过爆炸“冷却”下来的，那么无论经过多么长时间的冷却，都不会下降到绝对零度，而是要比绝对零度略微高一点点。

1964 年，美国贝尔实验室的工程师阿诺·彭齐亚斯（Arno A Penzias，1933— ）和罗伯特·威尔逊（Robert Wilson，1937— ）在无意中发现了这种宇宙背景辐射。他们架设了一个天线，本来是要接收卫星发回的信号的。为了检测这台天线的噪声性能，他们将天线对准天空中没有卫星的方向进行测量，结果发现有一种厘米波在各个方向都存在，而且这个信号与地球的公转和自转都无关。

起初彭齐亚斯和威尔逊怀疑是他们的天线系统有问题。1965 年初，他们对天线进行了彻底检查，甚至把天线上的鸽子窝和鸟粪都清除了一遍，然而这个噪声仍然存在。于是他们在《天体物理学报》上以“在 4080 兆赫上额外天线温度的测量”[15] 为题发表论文，正式宣布了这个发现，整篇论文只有两页纸。不久，狄克（Robert Henry Dicke，1916—1997）、皮伯斯（Jim Peebles，1935— ）、劳尔（Peter G. Roll，生平不详）和威尔金森（David Wilkinson，1935—2002）在同一杂志上以“宇宙黑体辐射”为标题发表了一篇论文对这个发现给出了正确的解释，即这个额外的辐射（3 开尔文黑体产生的辐射，也简称为 3K 辐射或者 3K 背景辐射，互动百科里有比较通俗的介绍[16]）就是天文学家要寻找的宇宙微波背景辐射。1978 年，彭齐亚斯和威尔逊“幸运地”获得了诺贝尔物理学奖。很多重大的科学发现看上去来得很偶然，但是只有那些有准备的头脑才能从看似不经意的现象中发现事物的本质。他们那篇两页纸的论文可能是获得诺贝尔物理学奖的论文中最短的一篇，有趣的是希格斯获得诺贝尔物理学奖的论文也是两页，而和他一起获奖的恩格勒特的论文也只有三页纸，有时候有价值的论文并不需要啰里啰唆写得很长。

15 Wilson, R. W.; Penzias, A. A. (1967). "Isotropy of Cosmic Background Radiation at 4080 Megahertz". Science 156 (3778) : 1100—1101.

16 http://www.baike.com/wiki/3K%E8%BE%90%E5%B0%84.

关于地球的历史，我们在本书第一册的引子中已经讲过，这里不再赘述。有意思的是，科学家们对于地球和太阳系的未来，反而比对它们的起源要了解得更多一些，因为人类看到了其他恒星死亡的过程。

第四节　宇宙的终结

太阳系的形成至今已有将近 46 亿年了，目前它正处在其中年时期。和万物一样，太阳和地球也会有终结的一天，根据目前太阳核聚变的速度推算，这大约是 60 亿年之后的事情。不过在此之前，稳定的太阳系首先会陷入混乱。比如火星有可能太靠近木星，进而被抛射出太阳系。我们今天用火星撞地球来说明不可能发生的事情，但是到了那一天，狂奔的水星却可能会和地球相撞。科学家们通过计算发现，从现在到太阳死亡，出现这个灾变的可能性大约是2%，要知道，超过1%的概率就不能算是小概率了。

与此同时，由于太阳的质量在减小，它的引力将无法吸引外围的物质，因此它会膨胀。在太阳系最后的20亿年里，太阳的边际可能和地球靠得很近，它的高温足以杀死地球表面的所有生命，而火星如果仍然处于现在的位置，在温度上将会是太阳系中最适宜人类居住的星球。

当太阳中的氢燃料进一步耗尽时，太阳的体积会渐渐膨胀到目前的100万倍，成为一颗红巨星。而按照最新的数值模拟，那时太阳会吞噬水星、金星，可能还有地球。这时从火星上看太阳，它将占据大部分的天空，在这么近的距离里，火星会热得变成地狱。而土星和木星的原本冰冷的卫星，此时会开始焕发出生机。其中土星的一个卫星——土卫六特别有希望形成生命。

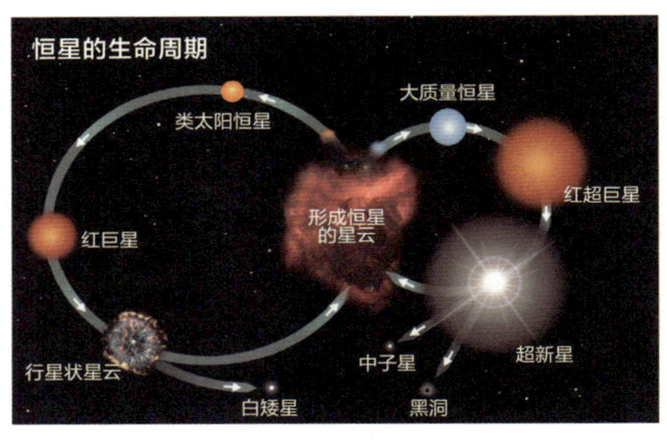

图 23.15 恒星的生命周期

如果那时人类还存在的话，也会看到和我们现在所见截然不同的天空。银河系也许已经和邻近的仙女星系发生了碰撞，正在融合形成一个超级银河系。很多气体分子和灰尘聚在一起，可能会引发一次大规模恒星形成过程，那时夜晚的天空会比今天的更明亮。

太阳在度过了短暂的红巨星阶段以后，其内部的核反应最终会停止，它会抛射出它的外部物质并且收缩成一颗白矮星。整个太阳系会变冷，土卫六会再一次被冰封。最终太阳还会由白矮星变成黑矮星，最后一丝光亮也将消失。

天文学家和物理学家对太阳系的未来还是有很准确把握的，因为他们观测到了很多已步入老年的恒星在不同时期的表现。但是对于宇宙最终的未来，天文学家过去曾经有过两种不同的假说。

第一种假说认为宇宙在膨胀到一定时间后，由于万有引力定律的存在，膨胀会放缓，并且渐渐停滞下来，然后局部高密度的星系将吸引周围的物质，产生巨大的黑洞，并且这个宇宙在万有引力的作用下会开始收缩，这样就会扭转当初宇宙大爆炸的过程，这是一个坍缩的过程。就如同黑洞的形成一样，宇宙在坍缩的过程中，中心的质量会越来越大，引力越来越强，并且坍缩成一个质点，重新爆炸。当然这种假设成立的前提是宇宙的总质量要足够大，而把这个质量刚好能形成坍缩的宇宙称为临界宇宙（Critical Universe），对应的质量则是临界质量。霍金在他的《时间简史》中基本采用了这种说法。霍金把这个坍缩的过程称为大挤压（Big Crunch），和大爆炸对应，并且一旦宇宙恢复到无限密度的状态，物理定律将会失效，就如同大爆炸初期物理学定律不起作用一样。这也就是说，完全无法预言会发生什么事情。或许以后还会有新的大爆炸，这有一点像是投胎。不过以前的生命遗传特征和记忆将不复存在——即使有新的宇宙，也会和现在的宇宙完全不同。不过霍金当时还不知道这几年最新的天文学大发现，否则他不会再讨论这种情况。

图 23.16 对宇宙终结的几种猜测（从左到右分别是 1. 宇宙最终通过大挤压回到大爆炸前的初始状态；2. 宇宙的密度正好在临界密度，放缓膨胀速度；3. 宇宙均匀膨胀；4. 宇宙加速膨胀）

那么宇宙的前途便只剩下另一种情况，即宇宙将无限地扩张下去。物理学家早就知道，如果宇宙的密度（或者说质量）小于能让宇宙坍缩的临界值，万有引力便无法对减缓膨胀有任何效果。星系们会继续相

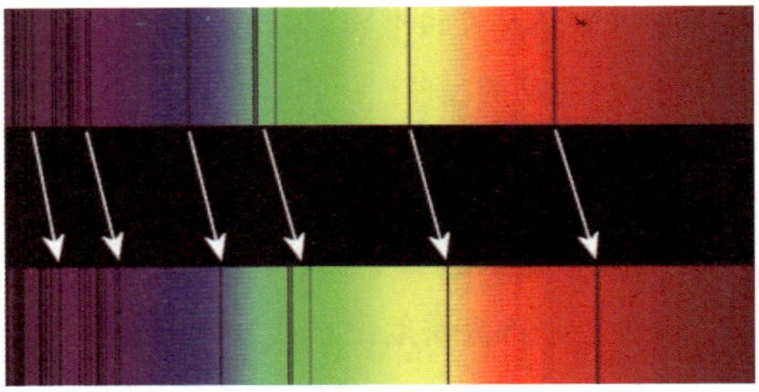

图 23.17 恒星色谱线的红移

互离开，宇宙就会继续永远膨胀下去。

我们是怎么知道宇宙是在继续膨胀的呢？一个直接的证据是所谓的红移。为了说明什么是红移，我们不妨回顾一个中学物理书上讲到的原理。当你站在铁路旁时，你会发现当火车驶向你时，汽笛的频率比它停在月台时要高；而当它驶离你时，其汽笛的频率听起来要比它在静止时低。火车汽笛的频率是恒定的，那么为什么人会感觉听到的声音频率不同呢？其实你的感觉并没有错，因为火车在驶向我们、静止和驶离我们时，在我们所在位置测量到的频率确是不同的，这种现象被称为多普勒效应[17]。至于造成这个现象的原因，任何高中物理课本里都有解释。在宇宙中也是一样，遥远的星体并不发声，而是发光。当然我们知道光和声音一样也是一种波，有着同样的性质。如果星体朝我们的方向运动，那么，它传来的光谱应该比我们观测到的太阳光谱往频率高的方向移动。在光谱中，蓝光的频率高，因此我们看到的光偏蓝，这就是所谓的蓝移。反过来，如果它远离我们而去，传过来的光谱频率会向低的方向移动，我们知道红光的频率相对偏低，这时我们观察到的光偏红，也就是红移。通过蓝移或者红移现象，就能判断出恒星是向我们驶来，还是离我们而去。

17 多普勒效应，由奥地利物理学家和数学家多普勒（Christian Andreas Doppler，1803—1853）首先提出。

宇宙的红移现象最早是由法国物理学家斐索（Armand Hippolyte Louis Fizeau，1819—1896）首先发现的，他指出恒星色谱线红移现象是由多普勒效应引起的，也就是说宇宙星系之间的距离在拉大，后来这种效应也被称为多普勒–斐索效应。后来美国天文学家哈勃发现大多数星系都存在红移现象，并建立了关于红移的哈勃定律。红移成为了后来宇宙膨胀说的有力证据。在哈勃之后，天文学家都承认宇宙在膨胀，但问题是宇宙膨胀的速度是在增加，还是已经开始减缓了。弄清楚这一点，就可以了解宇宙的未来是无限膨胀还是大挤压。

就在霍金完成《时间简史》10 年后的 1998 年，美国劳伦斯国家实验室（Lawrence Berkeley National Laboratory）和澳大利亚斯特朗洛山（Mount Stromlo）天文台，开展了一项寻找高红移超新星的项目（High Z Supernova Search Team）合作。为什么要寻找超新星呢？因为超新星特别亮，在几十亿光年外也能通过太空望远镜看见。通过观察高红移现象，科学家们都得出了“宇宙正在加速膨胀而非减速”的结论。此前，宇宙学家们一直预期宇宙是在减速膨胀。那么是什么原因导致宇宙不断加速膨胀呢？

2011 年底，我在约翰·霍普金斯大学听了一个小型的学术报告会，报告者是当时刚刚获得诺贝尔物理学奖的亚当·里斯（Adam Guy Riess，1969— ）教授。他介绍了宇宙的加速膨胀和红移等概念，然后介绍了他的工作。1998 年他和布莱恩·施密特（Brian Paul Schmidt，1967— ）博士（另一位诺贝尔物理学奖获得者）领导了上述那个寻找高红移超新星的项目。

里斯讲到，在计算宇宙质量时，他得到了负值！宇宙的质量怎么可能是负数呢？如果里斯是一位不认真的科学家，可能会造假或者放弃，不过他相当认真，而且善于捕捉异常的现象。最后他和布莱恩·施密特博士指出宇宙的质量真的是负的，因为存在大量的暗物质和暗能量。

根据里斯等人的推算，宇宙中我们看得见的物质不超过宇宙的 5%，有 20%—25% 是所谓的暗物质，也就是无法观测到却又存在的物质；剩下来的占据了宇宙 70% 以上的，是我们一无所知的暗能量，而恰恰是

图 23.18 里斯的笔记——发现宇宙质量是负值的原始计算依据

这些暗能量在推动宇宙加速膨胀。

对于宇宙的未来，里斯教授是这样描述的：即使我们的星球（包括整个太阳系）能永远存在下去，也会有一天，我们将看不到任何星星，因为它们离我们太远，而且越来越远，最终整个宇宙将是死寂一般。这个过程会非常漫长，需要大约 10^4 亿到 10^6 亿年的时间，在这之后所有可能用于形成新的恒星的物质都将消耗殆尽，没有任何闪光的星星，即使是黑洞，因为霍金辐射[18]带走了能量，也将消失。或许是害怕听众过于悲伤，里斯教授又说不过也许有一天有人会推翻我的结论。不过就目前人类得到的所有科学证据而言，宇宙将是有始无终。

结束语

从这套书的引言开始，我其实一直在尝试回答高更提出的这三个问题，而这一章实际上是从物理学角度对“我们从何处来？我们向何处去？”的回答。当然，给出这些答案的不是我，而是几千年来一直在为文明做贡献的所有勤于思考的人们。有读者朋友在知乎上问：“耗费巨资做实验证实希格斯玻色子，何时能产生回报？”我认为，世界上很多事情都不应该以“是否很快有回报”来衡量它的意义。希格斯等科学家对人类文明的贡献，是无法用金钱衡量的，因为他们在解决人类终极的哲学问题。美国国家航空航天局（NASA）斯坦林格博士写的《为什么要探索宇宙》[19]一文，则是从另一个角度回答了这一类“大投入搞科研是否值得”的问题，这篇文章在互联网上广为流传。

至于“我们是谁？”这不是一个物理学的问题，我也无法回答。不过，每当我想到浩瀚的宇宙时就会以我的方式来思考这个问题，这时我总是不禁要感叹人生的短暂，个人的渺小。当我们把时空的范围放到宇宙这个量级来看时，王侯将相们的功绩简直就不值得一提，而发现各种宇宙规律的科学活动对后世的影响力则不会随着时间的推移而被磨灭掉。每一个人在宇宙中是多么地微不足道，因此，人们在任何时候都不必为自己的一点所得

18
霍金辐射是以量子效应理论推测出的一种由黑洞发出来的热辐射。霍金辐射说明黑洞会慢慢蒸发，而质量会降低。

19
1970 年，赞比亚修女 Mary Jucunda 给斯坦林格（Ernst Stuhlinger）博士写了一封信，在信中，Jucunda 修女问道：“目前地球上还有这么多小孩子吃不上饭，你们怎么能舍得为远在火星的项目花费数十亿美元？”斯坦林格博士很快给 Jucunda 修女回了信，同时还附带了一张题为《地球升起》的照片（图 24.8），这张标志性的照片是阿波罗号宇航员安德斯（William Anders）于 1968 年在月球轨道上拍摄的（照片中可以看到月球的表面）。他这封真挚的回信随后由 NASA 以《为什么要探索宇宙》为标题发表。在信中，斯坦林格博士指出，太空探索不仅仅给人类提供了一面审视自己的镜子，它还能给我们带来全新的技术，全新的挑战和进取精神，以及面对严峻现实问题时依

而沾沾自喜；但是另一方面，人类作为一个整体却是伟大的，他（她）在不断破解宇宙的规律，而作为这个整体中的一员，如果我们能够做一些对文明有益的事情，无论大小，我们都足以为自己感到骄傲。

世间万物都有生有死，就连宇宙也概莫例外，这就是规律。既然人的生命如此短暂，我们唯一能做的就是过好每一天，过得有意义。

然乐观自信的心态。我相信，人类从宇宙中学到的，将充分印证诺贝尔和平奖得主施瓦策（Albert Schweitzer）的那句名言："我忧心忡忡地看待未来，但仍满怀美好的希望。"

附录　宇宙诞生的时间表

1 普朗克时间	引力形成
10^{-36} 秒	强力场形成
10^{-12} 秒	弱核力和电磁力形成
10^{-6} 秒	夸克形成
0.11 秒	强子形成
13 秒	氦原子核形成
35 分钟	由强子直接形成原子核的过程终止

参考文献

[1] 史蒂文．温伯格．宇宙最初三分钟：关于宇宙起源的现代观点．张承泉，译．北京：中国对外翻译出版公司，2000.

[2] 史蒂芬·霍金．时间简史．许明贤，吴忠超，译．长沙：湖南科学技术出版社，2010.

[3] Dicke R. H., Peebles, P. J. E., Roll, P. G., Wilkinson, D. T. (1965). *Cosmic Black-Body Radiation*. Astrophysical Journal, vol. 142: 414-419.

[4] A.A. Penzias, R.W. Wilson *A Measurement of Excess Antenna Temperature* at 4080 Mc/s. Astrophysical Journal, vol. 142: 419-421.

[5] Adam Reiss etc, *Observational Evidence from Supernova for an Accelerating Universe and a Cosmological Constant*, The Astronomical Journal, 116:1009-1038, 1998 September.

第二十四章　增长的极限

珍爱我们的地球

从第一册到第三册，我们一共用了二十三章来描绘人类进步的历程，虽然这些内容只涵盖了人类文明发展很小的一部分，不过我们可以看出，经过了大约六千年的进步，人类已经从非常野蛮的社会进入一个相对文明的社会。六千年，对于地球的历史来讲，只相当于一年中的41秒那么短暂，因此，我们可以为人类在这么短的时间里取得如此之大的进步而自豪，同时相信再过六千年，世界会变得比我们最大胆的想象更加美好。不过这里面有一个前提，就是要善待我们生活着的星球，同时要控制我们对物质无休止的追求。

因此，我们这本书的最后一章将是这套书的一个另类，它不是谈增长，而是谈增长的极限。当然，我们谈这个问题的前提是，大家都是关心人类长期发展的，而不是诸如挖完山西地底下的煤就跑到北京享受生活，或者移居海外。我所说的这个长期不是几代人、几百年，而是几亿、几十亿年这个数量级，因为我们的地球还能存在几十亿年，我想我们都不希望在地球消失以前，人类便早早地消失了。

第一节　人类对环境的影响

1972年，罗马俱乐部[1]发表了一篇名为《增长的极限》的研究报告并正式出版成书。这是一份少有的对人类的未来表示悲观的预言性报告，当时在世界上引起了极大的震动。不过里面的很多数据在今天看来已经过时或者

1 罗马俱乐部由意大利学者和实业家佩西（Aurelio Peccei）和苏格兰科学家金（Alexander King）于1968年发起成立，其成员是“关注人类未来并且致力于社会改进的各国科学家、经济学家、商人、国际组织高级公务员、现任和卸任的国家领导人”。现任主席为约旦王子侯赛因（Prince Hassan bin Talal）。

不很精确，比如对世界石油储量的估计就过低，使用的数学模型也过于简单，因此很多严肃的学者认为它的结论不太可信。但是，无论是对未来悲观还是对未来乐观的学者都认为他们提出的问题，比如能源短缺问题、人口增长问题、生态环境问题等，应该得到重视。

20 年后，这本书发行了新版本《超越极限》，作者在书中给出了一个可怕的新发现："在过去的 20 年里，人类的活动已经透支了地球所能承受的极限。"这也是新版书名的由来。作者认为人类消耗地球资源的速度比地球产生（或者恢复）资源的速度要快得多，因此，照这种方式透支下去，人类只能再存活几个世纪，远在地球毁灭之前就消失了。作者建议人们一方面要节约物质资源，一方面帮助恢复物质资源。

我从来不是一个悲观主义者，总是相信人类能够解决自身的问题（在本章的最后说明为什么我对人类的未来表示乐观），但是，我依然反对当前以破坏生态换取发展的做法。人类在地球上留下足迹的时间相比地球存在的时间，实在是非常非常短暂。如果我们把地球比喻成一个 40 岁的中年人，把 10 万年前早期人类走出东非算作改变自然的开始，那么人类在地球上迄今为止的活动，相当于一个婴儿出生后的最初 10 分钟。今后人类还有很长的路要走。倘若人类依然按照今天的方式发展，可能再过几千年就能把地球毁灭掉。不过我相信人类会在不久的将来意识到这一点，现在我们看到的各种各样丑恶的现象，包括政治上、经济上和对待环境的态度上，都是可以被改正的，但是这可能需要较长的时间，比如几十年，上百年，或者上千年。既然人类相比地球还只是个婴儿，所以人类做出了一些愚蠢的行为一点也不奇怪，但是随着这个婴儿的成熟长大，他会为幼时因无知和贪婪做的荒唐事而感到不好意思。现在就来看看人类做了哪些"荒唐事"。

一、不经意的行为带来的巨大灾害

澳大利亚的"人兔大战"

人类的活动在自然界留下了深深的印迹，它创造了人为的生态系统，并且改变了地球上的原生态环境。什么是人为的生态环境呢？比如人类开垦荒地，就使得原有生态系统消失，原有的物种（比如野兔和狼）无法继续生存。人类开垦土地，种植庄稼，随之而来的是害虫和捕食害虫的动物，以及和庄稼形状非常相似的杂草[2]，这些物种形成一个新的生态系统，这个生态系统和原生态环境不同，是人为造成的。新的生态系统依靠人类的活动而维持，如果离开人的活动就无法继续存在下去，比如人们迁徙别处，抛荒的农田很快就会形成新的生态系统，即杂草遍地，也许还会沙漠化，但不会自动恢复到原有的生态系统。我们现在还很难度量人类活动对生态改变导致的结果，有些时候是好的改变，有些时候是坏的变化，但所有学者都同意一点，那就是地球再也无法恢复到有人类活动之前的生态。

2 因为这些杂草不容易被人类锄掉而生存了下来。

人类的能力远非地球上其他动物可比，一些不经意的行为会带来难以想象的生态失衡。人类活动可以令物种长距离迁移，也可能会给原有的生态系统带来意想不到的破坏。而有些灾难居然始于一些看上去很小的事件。

1859 年，一个名叫托马斯·奥斯丁的英国人移民来到澳大利亚。他在英国就嗜好打猎，主要是打兔子。到了澳大利亚后托马斯·奥斯丁发现没有兔子可打，便让他的侄子威廉·奥斯丁从英国带来了 24 只兔子，这样他就可以继续享受打猎的快乐。这 24 只兔子（很多是杂交过的家兔，生命力很强）到了澳大利亚后被放到野外，当时他认为就这么几只柔弱的兔子，不会造成什么影响。但是他可能不知道兔子的繁殖力极强，一年可以生好几代。而在澳大利亚，由于没有天敌，于是这些兔子便呈指数膨胀地繁殖起来。10 年后便达到两百万只，这是世界上迄今为止哺乳动物繁殖最快的纪录。几十年后，澳大利亚的兔子数量飙至 40 亿只，遍及澳大利亚的大部分地区。它们不仅消耗大量的牧草，而且破坏庄稼，啃食嫩树皮和树苗，损坏田地和河堤，使澳大利亚的畜牧业面临着灭顶之灾。另外，加上兔子破坏了植被，又引发了水土流失。虽然在 1929 年的经济危机中人们开始吃兔子肉，但是兔子数量实在太庞大了，根本捕杀不完。后来澳大利亚政府甚至动用军队歼灭兔子，也收效甚微。最后，在 1951 年，澳大利亚从南美引进了一种能使兔子致死（而对人类和其他动物无害）的病毒，终于让 99%以上的兔子病死，暂时控制了兔害。可是少数大难不死的兔子对病害产生了抗药性，于是兔子们又重新迅速地繁殖。20 世纪 90 年代澳大利亚的兔子数量再次超过 3 亿余只，“人兔大战”再次展开。

图 24.1 1938 年，澳大利亚的兔子多得像蝗虫一样，把草场变成了荒漠

90 年代中期，科学家们发现，一种源自中国的兔出血症（Rabbit Haemorrhagic Disease）的传染病病毒，可以让四分之三感染的兔子死亡，同时并未发现这种病毒会伤害其他哺乳动物，于是澳大利亚再次引进这种病毒，并且控制了兔子的数量。但是这种病毒同时对家兔也有伤害，因此科学家又花了大量的时间和经费研制这种病毒的抗体，以防家兔感染。

看到英国人奥斯丁当年不经意从英国带来的 24 只兔子，竟然给澳大利亚带来持续了这么多年的巨大生态灾难，有些读者可能会问，如果我们知道一种物种是无害的，是否就可以放心地从一个国家（地区）引入新的地区呢？我的答案是否定的。人类总是很快就能认识到一件事的好处进而喜欢夸大这种好处，而对一件事的危害的了解却总是很慢而且常常有意忽视或回避。回顾我们在第二册的“科学时代——从笛卡儿到达尔文”一章中谈到的科学需要证伪，而这需要很长的时间，我们今天尚未意识到危害，不等于危害就不存在。

亚洲鲤鱼美国成灾

另一个人为引入外来物种造成生态灾难的例子是 20 世纪 70 年代美国从中国引进亚洲鲤鱼。亚洲鲤鱼（Carp）是美国人对青鱼、草鱼、鳙鱼、鲤鱼、鲢鱼等 8 种鱼的统称，在中国已经有 1000 多年的养殖历史。在美国南方的一些水产养殖场，渔民们为水草发愁，当他们得知来自中国的亚洲鲤鱼可以吃掉这些水草时，经过专家严格的论证，认为不会有什么副作用，就引进了亚洲鲤鱼。一开始并没有发现什么问题，这些亚洲鲤鱼吃掉池塘里的水草，直到有很少的亚洲鲤鱼溜进了密西西比河。

鱼类的繁殖能力比兔子可还要强多了，来自中国的亚洲鲤鱼在美洲没有天敌，它们一旦进入了天然的河流，就开始大量繁殖，并且沿着密西西比河逆流而上。它们不仅食量巨大（草鱼一天可以吃掉相当于体重 40% 的水草，其他几种鱼可以吃掉相当于体重 20% 的食物），比本土的鱼类更有竞争力，而且会降低水质，导致淡菜等贝类死亡。这些亚洲鲤鱼沿着密西西比河一路北上，所到之处，各种本地鱼类数量大减，而这些鲤鱼却多到捞也捞不完的地步。由于密西西比河支流众多，覆盖美国 31 个州和近 40% 的国土，因此，亚洲鲤鱼使得整个美国的水域生态都受到了严重的破坏，同时让美国每年产值达 70 亿美元的淡水渔业也受到很大的危害。现在美国能做的就是设置障碍，避免亚洲鲤鱼进入五大湖区，否则将危及整个北美洲的水域生态[3]。

图 24.2 美国的亚洲鲤鱼成灾

3 对这个问题有兴趣的读者可以关注美国政府的相关网站：http://www.nps.gov/miss/naturescience/ascarpover.htm。

在人们眼里，兔子和鲤鱼都是非常温顺的动物，但是一旦在自然界失衡繁殖，对环境造成的破坏可远比那些凶猛的野兽厉害，造成这一切的并非兔子和鲤鱼自身，而是人类的疏忽。

二、水和空气污染

进入工业化社会以来，人类的活动对自然环境的影响速度要远远高于农业社会，就如同工业化社会的 GDP 远远高于农业社会一样。人类在享受工业化成果的同时，也在饱尝它带来的恶果。最早尝到这些恶果的也是最早尝到工业革命甜头的，是英国人。工业化使得伦敦在 19 世纪初成为世界上最大的都市，同时也带来了许许多多的环境问题。

泰晤士河的恶臭事件

根据英国皇家学会出版的《污染：原因、影响和治理》[4] 一书介绍，当时的泰晤士河从上游到伦敦这一段河道，因沿途城镇、村庄与住户排放的污水不断注入其间，使得河水越来越污浊不堪。更有不少造纸厂、制革厂等高污染的工厂直接将废水排入泰晤士河。周围的农庄还会将各种动物的尸体抛进河里，顺流而下，泰晤士河成了藏污纳垢之所。而伦敦人饮用的，却正是这种遭受严重污染却仅用砂石过滤的泰晤士河水。

4 参考文献 [1]。

当时整个英国完全没有环保的意识。为了取水、排污方便，大量的屠宰场、造纸厂和制革厂等都沿河而建。很快，泰晤士河污水四溢，恶臭连连。到 1850 年左右，河水的含氧量竟然为零，而河中的各种水生动物均一一灭绝。

人类对它的污染，早已超过了泰晤士河生态环境能够自我净化的速度，泰晤士河的气味越来越难闻，开始大家还忍着。终于，在 1858 年那个出奇炎热的夏天，在伦敦泰晤士河出现了所谓的“恶臭事件”（Great Stink），这一年也被称为“巨臭之年”。由于河水里细菌大量繁殖，泰晤士河畔恶臭难当，英国的下议院正好位于泰晤士河的北岸，议员们只好在窗帘上撒上漂白粉抵挡恶臭，有些人实在受不了，只好搬到远离河岸的法院所在地工作。直到几天后一场大雨的到来冲走了这些腐臭味。“恶臭事件”促使英国下议院成立了一个专门的委员会，来解决河水污染问题。

在此以前，英国的一些有识之士已经预见到了污染的问题，并且提出过一些废物减排的建议，但并未受到重视，1855 年相关议案被市政议会否决了。1859 年，在“恶臭事件”之后，因为害怕污染（当时主要还是脏水和垃圾，有毒的化学污染并不多）导致霍乱的流行，市政议会终于下定决心改造排水系统和供水系统，但是为时已晚，工程尚未结束，1860 年，伦敦还是爆发了霍乱。打这以后英国政府才痛下决心，开始治理泰晤士河，这一努力持续了一个多世纪，直到 1970 年，泰晤士河才重新出现鱼类，如今，泰晤士河已经有上百种鱼和几百种其他水生动物。《三联生活周刊》对这一段历史有过生动的描述[5]。

伦敦烟雾事件

造成环境恶化的原因不仅来自于工厂，也来自于每一个国民。随着经济的发展，很自然地，每个人都想过上更加丰富的物质生活，由此也会消耗更多的自然资源，同时排放更多的废物。从 19 世纪开始，伦敦冬天（长达 5 个月）用于供暖的燃煤消耗猛增，因为每个人都希望家里暖融融的。而到了 20 世纪，汽车的数量猛增，很多家庭都希望拥有汽车。英国人在治理泰晤士河的同时，空气质量也在不断恶化，这种污染在二战之后达到高峰。

从工业革命开始，伦敦人使用的燃煤一直在增长，从经济上考虑，英国人将价格高的优质无烟煤出口，自己烧的是含硫量较高的低质或劣质燃煤。在伦敦周边地区，以烧煤为主的火电当时是主要的电力来源。从 20 世纪开始，汽车在英国开始普及，以前街上的有轨电车和出租马车被烧柴油的公共汽车和烧汽油的私人小汽车代替。而伦敦（甚至整个英国）的气候特征都是潮湿多雨，因此大量传统燃料产生的废气和潮湿的空气混在一起，形成黄黑色的雾气，对人的呼吸道伤害极大。1952 年冬天，伦敦连

图 24.3　1952 年时的伦敦，白天和黑夜差不多（左），警察执勤时不得不戴上防毒面罩（右）

5 http://www.lifeweek.com.cn/2005/0317/11371.shtml。19 世纪初，伦敦的人口增加很快，1800 年约为 100 万，而到 1850 年增至 275 万。人口的增加不可避免地会带来生活污水的增加，这些污水未经任何处理，直接排入泰晤士河的感潮河段。1850 年，法律规定所有废水废物都必须流入地下排水道，这使河流水质状况更加恶化。这一措施造成了严重的污染后果，泰晤士河穿过市区的河段及其下游河段都被废水污染了。1858 年，伦敦到处是硫化氢等难闻的气味，以至于英国国会大厦的窗户都用浸过消毒剂的床单挡上了。更为糟糕的是，1853—1854 年、1865—1866 年，1931—1932 年 和 1948—1949 年，连续爆发了霍乱，这几次流行病夺取了不下 4 万市民的生命。当时，伦敦的穷人们的水源主要为伦敦的八口浅井或直接从泰晤士河引水，那些井由于较浅极易被污染，而泰晤士河里的水，就更不必说了。1852 年，人们认识到霍乱和污水之间的关系，政府颁布了城市水法，禁止将感潮河段的水作为饮用水源。

续五天雾霾不散，能见度不到10米，白天得开灯，因为看不清道路，汽车只能龟速行驶，即使室内也能闻到二氧化硫的气味。全城百姓都患上咳嗽，医院病员爆满，当时死亡了4000多人，主要是老人和小孩，此后两月里又死亡8000余人，前后超过12000人，史称“伦敦烟雾事件”。今天，在英国已经不再有这样的空气污染了，而如今，中国北方（甚至南方）一些人口密集的城市到了秋冬季节，频频出现空气质量指数值高达400以上的雾霾天。“雾霾深深锁故宫”这样的图片，不断被网友发到微博上，反映出人们对环境恶化的深切担忧。

图24.4　2011年的伦敦，蓝天白云下河水清澈，与60年前形成鲜明的对比

洛杉矶光雾事件

正如同工业化是从英国到美国再到日本有个时间差一样，污染也是如此。英国出现过的污染，若干年后就会轮到美国，再过若干年就会轮到日本。从20世纪40年代开始，美国西海岸最大的城市洛杉矶上空便弥漫着一种浅蓝色的烟雾，空气变得浑浊不清。由于洛杉矶是个新城市，占地面积较大，因此没有限制汽车的发展，在20世纪40年代这座城市已经拥有了两百多万辆汽车，每天要消耗几千吨汽油，排出大量的碳氢化合物（CH），一氧化氮（NO）或者二氧化氮（NO_2）和一氧化碳（CO）。而洛杉矶这个地方又常年少雨，从4月到11月更是滴雨不下，阳光特别强烈。这些化合物在强烈阳光的照射下，变成毒烟雾。这种烟雾，又称为光化学烟雾，或者光雾，使人眼睛发红，咽喉疼痛，呼吸憋闷。

到了1943年，光雾更加肆虐，一些老人因呼吸衰竭而死亡，大量的市民开始得红眼病，就连城市郊区的树木也开始枯死。到了 1947 年，人们才开始正视这个问题，研究污染物的成分、性质和来源，寻找解决办法。洛杉矶光雾事件给整个美国的环保敲了警钟，美国政府为此进行了立法，美国的《清洁空气法》就是在这样的背景下诞生的。洛杉矶也花了大力气治理环境，很多措施今天都被世界各大都市普遍采用，最重要的三项是：

第一，设立排放许可证制度，严格控制排放源，并增加相应的税费；

第二，为交通污染源（包括汽车内燃机和汽油）设立了严格的环境标准，在此之后，美国汽油的质量有了大幅度提升，汽车内燃机的废气排放量有了数量级的下降；

第三，干道在交通高峰期间设置搭车车道，鼓励搭车，减少汽车上街的数量。

经过半个多世纪的治理，尽管洛杉矶的人口如今增长了 3 倍、机动车辆增长了 4 倍多，但是全年健康警告的天数却从 1977 年的 184 天降至 2004 年的 4 天。

日本的水俣病

世界各国在实行工业化时，似乎都很难吸取他国教训，英国水污染的悲剧二战后在日本又上演了，而且危害更加严重。日本在第二次世界大战后工业飞速发展，但并没有制定相应的环境保护法律，也没有采取相应的环保措施，致使工业污染和各种公害病随之泛滥成灾，其中最可怕的就是所谓的“水俣病”。

20 世纪 50 年代，日本熊本县水俣湾的居民得了一种怪病，患者手足协调失常，有些人行走已经困难，视力、听力和智力均出现障碍，严重者出现神经错乱、痉挛，最后死亡。怀孕妇女会将这种病带给胎中幼儿，令幼儿天生弱智。当时无人知道这是什么怪病，于是就以当地地名命名为“水俣病”[6]。后来得知这其实就是汞中毒。

6 水俣病，又叫猫跳病，因为这种病症最初出现在猫身上。病猫步态不稳，抽搐、麻痹，甚至跳海死去，被称为“自杀猫”。

水俣这个地方并没有汞矿，历史上也没有出现过这种怪病，那么这些居民是怎么得上的呢？这都要怪这个小城市建起的几家化工厂，包括氮肥厂、醋酸厂等，它们把没有经过任何处理的废水排放到水俣湾中。

汞进入海洋后下沉，长期生活在这里的鱼虾贝类最先被汞污染，据测定水俣湾里的海产品含有汞的量已超过可食用量的 50 倍，汞在鱼虾体内进一步浓缩，当地居民长期食用这种含汞的海产品，自然就成为汞的受害者。

日本 20 世纪 50 年代在处理发展和环保的问题上，总是以发展为优先。在 1956 年，专家们已经确认当地氮肥公司的排污为病源，但是日本政府对此无所作为，以至于该公司继续排污 12 年。后来，46 名受害者联合向日本最高法院起诉日本政府在水俣病事件中的不作为，并在 1996 年获得胜诉。这家氮肥公司和日本政府最终向上万名受害者（包括上千名死难者）付出了巨额的赔偿金，每个受害者除了一次性可获得 1600 万—1800 万日元的赔偿金，每年还可获得每月 6.8 万—17.1 万日元的年金，以及终身医疗费用。到 2012 年，日本政府和这家氮肥公司一共为此赔偿高达 3600 亿日元（约合 200 亿人民币）[7]。

7 http://www.chisso.co.jp/minamata/torikumi.html.

表 24.1　日本水俣病受害者及家属获赔项目和金额

项目	内容
一次性补偿金	A 类，1800 万日元 / 人 + 近亲家属慰谢费（最高 1900 万日元） B 类，1700 万日元 / 人 + 近亲家属慰谢费（最高 1270 万日元） C 类，1600 万日元 / 人
每年补偿	6.8 万—17.1 万日元 / 人月
医疗费	患者医疗费全额支付
其他继续补偿	其他医疗手段、护理费、温泉治疗费、针灸、安葬费 从患者医疗生活基金中支出

新兴的国家如果想超越前面的国家，真正具备后发优势，就必须少犯前人犯过的错误。第一批进入工业化的国家，难免要走些弯路，但是，如果后面的国家看到了前面的国家犯过的错误，却依然要重复这种错误，甚至以“当年某某国家也走了弯路”为借口给自己的短视开脱，简直就是愚蠢而

不负责任了，不仅危害自身，也会贻害子孙。

我们过去过多地强调人定胜天，其实是给自己的胡作非为找借口，而人类对自然界的过度索取，必将遭到来自自然界的报复。在中国、美国和苏联出现的土地沙漠化和沙尘暴就是很好的例子。

三、黑风暴和罗斯福植树大军

如前所述，人类的活动，多少都会破坏环境。如果人们能够意识到环境对人类的重要性，则会有意识地避免破坏，甚至主动改善环境。

黄土高原的变迁是人类活动对生态影响的一个负面例子。如今，中国的黄土高原给人的印象是苍凉、干旱而贫瘠的黄土之上光秃秃的一片，了无生机。但是在史前时期，黄土高原上也曾有过茂密的森林和草原植被。黄土高原地区并不缺水，黄河许许多多的支流都在那里融入黄河。虽然气候的变迁是形成黄土高原的主要原因，然而人为的破坏则大大加速了那里环境的恶化。这些人为的破坏里，首推战争。自秦汉以来到清朝，中原民族和北方民族之间的战争就没有中断过。其次是过度开垦。自秦汉以来黄土高原经历了三次垦伐高潮，第一次是秦汉时期的大规模“屯垦”和移民开垦。这次大屯垦使山西的森林遭到大规模破坏。第二次是明朝推行的大规模屯垦，毁林开荒。第三次是清代推行的奖励垦荒制度，垦荒从山西和陕北向北，深入内蒙古南部，大片的草原被开垦为农田。各种人为因素汇集在一起，致使黄土高原出现大面积土地沙化，水土流失加剧[8]。

8 参见郭正堂、侯甬坚所著《黄土高原全新世以来自然环境变化概况》，气象出版社，2010。http://sourcedb.cas.cn/sourcedb_igg_cas/cn/zjrck/200907/W020101210582438363472.pdf。

黄土高原的变迁只是人类活动对环境负面影响的一个例子。在世界各种文明的历史上，这样的例子不胜枚举。这些固然可以归结于在科学时代之前人们对保护自然缺乏认识，但是在科学时代之后，人们是否认识到了自然界对我们生存的重要性呢？答案是否定的，人类并未主动地保护和恢复自然，直到吃尽苦头方才醒悟。美国黑风暴的灾难唤醒了美国人的环境保护意识，也使得美国的生态环境走过拐点，从此开始往良好的方向转变。

黑风暴是怎么一回事呢？说起沙尘暴大家可能更熟悉些，每年春天，住在中国华北地区的人们都会感受到沙尘暴的侵袭，不过跟当年美国和苏联的黑色沙尘暴——黑风暴比起来，中国的沙尘暴简直算不上什么。

美国和苏联相对其他工业化国家地广人稀，按理说环境保护做起来应该容易，不过由于对自然界过度的开发，也曾经造成了环境的极度恶化，在两个国家都发生过所谓的黑风暴。1934 年 5 月，美国西部草原地区发生了人类历史上第一次黑风暴。风暴整整刮了 3 天 3 夜，形成了一个两千多千米长、一千多千米宽迅速移动的巨大黑色风暴带，它覆盖了美国本土面积的五分之一。风暴所经之处，溪水断流，水井干涸，田地龟裂，庄稼枯萎，牲畜渴死，成千上万人流离失所。客观上，美国中西部风暴的形成与大气环流和地貌（平原）有关，但是夹杂着大量土壤的黑色风暴则与人为的生态破坏密不可分，也是土地沙漠化的结果。

美国黑风暴的出现正值大萧条后罗斯福新政时期，当时的失业率很高，罗斯福总统下决心将 300 万失业工人组成植树造林大军，史称罗斯福植树大军（Roosevelt's Tree Army）[9]，采用完全军事化的编制，浩浩荡荡开到西部和南部植树。当时不少人恨死了罗斯福，称他为奴隶主，威胁说下次总统选举谁也不投他的票。罗斯福说，我宁可不再当总统，也要把森林恢复起来。三年过后，上百万平方千米的荒芜土地上长出了树苗，罗斯福的威望也随着树木的生长而上升，1936 年他以高票连任总统。几十年过去了，这些树苗都长成了参天大树，美国的森林重新铺天盖地，人们时常念叨着罗斯福的远见。更重要的是，从这次黑风暴之后，美国人的环保意识一下子得到了大大的增强，因此，在发展经济的同时，美国政府一直都很重视环保。根据美国农

图 24.5　罗斯福的植树大军

9 http://www.thehistorychannelclub.com/articles/articletype/articleview/articleid/1257/roosevelts-tree-army.

业部 2002 年的估计[10]，美国的森林占国土面积的 28.8%，草场占 25.9%，耕地占 19.5%，公园和野生动植物栖息地占 13.1%，城市面积只占国土面积的 2.6%，其他面积占 10.1%。如果将森林等绿地加起来，则占到国土面积的近 90%，即使在城市中，绿化面积也占到 26%。

10 http://www.ers.usda.gov/publications/eib-economic-information-bulletin/eib14.aspx#.UrFJGfRDs1K.

可是，人类似乎更乐于学习别人的经验而不愿意接受别人的教训。美国自这次黑风暴后非常重视环境保护，这种事没有再发生。然而其他国家却未能吸取美国的教训，黑风暴在苏联继续上演。苏联自 20 世纪 50 年代开始在哈萨克、西伯利亚、乌拉尔和高加索等地区盲目开垦荒地。一开始它们还采用隔年一耕的轮休制，后来就急功近利了，取消了轮休，耕地每年都种植庄稼，导致土壤损失沙化。1960 年 3 月和 4 月，苏联新开垦地区遭到黑风暴的侵蚀，经营多年的农庄几天之间全部被毁。不过苏联政府依然没有接受教训，导致 3 年之后，同一地区又一次发生了黑风暴，这次黑风暴的影响范围更为广泛，新开垦地区受灾面积达两千万公顷，相当于中国耕地面积的六分之一，致使苏联损失了大约 600 万公顷的耕地（相当于中国耕地面积的 5%）。在此之后，苏联也停止了垦荒，并且开始保护那里的环境，但至今仍未恢复到开发之前的水平。

人类在向自然界索取的同时，还要有意识地保护好生存环境，否则将会自食恶果。前事不忘，后事之师，回顾历史，我们是否应该从中学到点什么。

第二节 缓慢的增长

在过去的 30 年里，中国的经济增长率超过年均 8%，因此全国从上到下，都习惯了这样的经济增长速度。做领导的要保 8，老百姓希望自己的工资每年能有这样的增长。但是，大家已经忘记了（或者甚至不曾知道），这么长期的高增长在人类历史上是绝无仅有的。自从有准确的经济统计数据以来，世界上还没有过第二个经济体能够做到这一点，即使是在大航海时代的荷兰、工业革命时代的英国和电气时代的美国都没有做到这一点。在历史上，只有美国在 1933 年到 1945 年期间的经济增长速度或许可以和中国改革开放后相比，那还是依靠从大萧条后的经济低谷起步，又赶上世界大战的需求拉动，才让美国在 12 年里保持了平均年增长 12% 的奇迹。但是二战一结束，这个奇迹也就结束了。在中国，人们已经习惯了高增长和生活明显的改善，这样便会产生一个错觉，以为这种高增长可以维持下去。殊不知长期这样增长下去，不仅将导致经济的硬着陆，更会给我们生存的环境带来不可修复的灾难。

世界上的财富为什么不可能长期高速增长？答案很简单，因为地球上没有这么多的物质。物质财富的增长对于我们消费是一件好事，因为我们想要什么就有什么了，对地球却是非常大的负担。如果我们的物质财富（无论是土地还是消费品）以每年 8% 的增长速度维持下去，200 年后是什么概念，它将增加 500 万倍。以能源为例，你现在一个月消耗哪怕一克汽油，如果能源的需求如此增长，那么 200 年后你的子孙平均一个月要消耗 5 吨汽油。对于其他资源也是一样，但那时世界上没有这么多资源可以使用。我常常看到国内的报纸在为钢铁的产量增长而叫好，其实这样下去只会非常危险。即使把这个需求放慢到每 10 年增加 8%，即每年增长 0.77%，那么 2000 年后我们的子孙也会面临同样的困境。再往远一点看，如果我们以每 10 年 8% 的增长速度消耗任何物质，即使今天我们每人每年只消耗一个原子，那么两万多年后，我们也将消耗掉整个宇宙中全部的基本粒子[11]。因此，物质的消耗如果只增加不减少的话，用不了多长的时间就会达到宇宙能够提供的极限。为了不让这种情况出现，人类必须控制物质增长速度，并在适当的时候开始减少物质的消耗。在有识之士看来，今天就是这个时刻。

11 今天地球上有 70 亿人，大约是 10^{10}，$1.08^{2100} \approx 10^{70}$，$10^{10} \cdot 10^{70} = 10^{80}$，而宇宙的基本粒子数只有 10^{78}~10^{82} 左右。

我们应该可以得出这样的结论：文明的增长不应该以过多消耗物质（包括能源）为前提，否则，即使《增长的极限》一书中给的“末日”不在未来的几十年内到来，在几千年内也一定会到来。

人类历史上，人均国民生产总值（GDP）其实增长得并不是很快。有人可能会问，你这个结论是如何得到的？虽然我们无法得知公元前普通人的生活情况和实际收入，但是无论是在东方还是在西方，在公元前后都有关于社会生活的详细记载，凭此今天可以大致推算出他们当时的富裕程度。

对比当年人类创造的财富和今天的 GDP，就可以知道在过去的两千多年里世界经济的发展速度（大家都以 1990 年美元的购买力来衡量）。当然，在 18 世纪之前，因为没有关于 GDP 的直接记载和各国物价之间公平的对比方式，越往远对 GDP 的估计越不准确，我们在讨论 GDP 的历史数据时，也只能保证数量级是正确的。

英国学者安第斯·麦迪森（Angus Maddison，1926—2010）是研究古代经济最权威的学者，不过即使是他的数据，如果相差 50% 甚至更多也不奇怪，但是如果我们没有更好的数据，就只好用他的，毕竟他的数据在学术界还算有点权威性。麦迪森分析了公元前后古罗马帝国（包括东到美索不达米亚，西到伊比利亚半岛，南到埃及，北到土耳其等广大地区）的经济发展，他估计当时罗马人均的 GDP 为 560 美元（1990 年美元的购买力）。当时的罗马应该是世界上最强大的国家，如果我们对比今天世界上最强大的国家美国（这比与意大利做对比更有意义），其 2012 年人均 GDP 为 50700 美元，如果折算回 1990 年美元的价值[12]，则只有 28800 美元，比古罗马时期增长了 51 倍，大家可能看上去觉得不少，但是如果摊到每年上，正好是每 10 年增加 2%。如果刨去中世纪没有发展的一千年，也不过每 10 年增长 4% 而已。如果我们按照每代人年龄差距为 25 岁计算，则每一代人的生活水平提高不过 10% 左右，而不是像中国今天这样，几乎每年提高 10%。即使世界按照这样的增长速度，经过几千年，地球似乎也已经不堪负担了，每年都会因为人类的活动而导致大量的物种灭绝，而我们生存的环境也在一天天地恶化。

12 按照美国公布的 CPI，1990 年 100 美元的购买力相当于 2012 年的 176 美元。

或许有人会说西方世界经济增长不快，是因为他们的文明曾经中断过。而我们中华文明两千多年来一直是延续的，所以我们的经济增长会比他们快。事实恰恰相反，中国在历史上经济增长的速度比世界的平均速度还要慢一些。公元前后正是中国东西汉交替的年代，按照麦迪森的估计，那时中国的人均 GDP 不如罗马高，但是超过罗马的一半，大约为 400 多美元，可是，今天中国人均 GDP 不到美国的七分之一。这样算下来，每 10 年只有 1.4% 左右的增长率。即使把中国历史上的几次经济大倒退（比如东汉到隋唐的割据、金元的入侵）除去，经济增长平均速度也只是每 10 年接近 2%。因此，生活在今天的中国民众对每年百分之几的收入增加应该非常知足了，要知道日本人在过去的 20 多年里收入没有增加，而荷兰阿姆斯特丹的房价从 18 世纪至今，扣除通货膨胀，没有任何增长。如果经历了 30 多年的高速增长还觉得不满意的话，那就是贪得无厌了。

文明带来经济的增长，同时也带来人口的增长。在早期，人口的增长对经济发展绝对是一件好事情，因为只有人口基数足够大时，才有可能完成重大的工程并且养活一批脑力劳动者。但是当人口多到一定数量时，问题就出现了。在人口超过一定的数量时，它的负面影响就高于正面的了，因为每一个人对环境的索取远不止是一点粮食，而是大量的各种资源。我们在上一节中讲过，即使像兔子这样温柔的动物，增长过快也可以把环境破坏殆尽，而人类的生存对自然资源的索取比兔子多得多。因此，稍微有点理性的人都会明白人口的增长要适度，而且到一定程度后需要将人口的总数稳定在某个区间内。

在世界历史上，公元前世界的人口就达到了两亿，但是直到 19 世纪初全球人口才首次达到 10 亿。如果从人类走出东非算起，这经历了几十万年的时间。然而，世界人口达到第二个 10 亿只花了 123 年，这比前面快得多了。由于基数变大，这以后人口增长越来越快。下表是全世界人口每一次增加了 10 亿的年份和达到这个数量所花的时间。

表 24.2 世界人口增长速度

世界人口台阶（亿）	达到年份	和上次达到的时间间隔 / 年
10	1804	—
20	1927	123
30	1960	33
40	1974	14
50	1987	13
60	1999	12
70	2011	12

从表中可以看到，时间间隔越来越短。当然，有人可能会说由于基数变大，因此绝对数量增长过快也是必然的，因此用相对增长速度来衡量更为准确。在公元元年前后，世界的人口达到两亿，经过了大约 1800 年，增长到了 10 亿，人口增加了 5 倍。但是，从 10 亿到 50 亿这第二个 5 倍，只花了 183 年，所花的时间是达到第一个 5 倍的 1/10。人口从近代开始快速增长，其实不难理解，主要是因为文明进步导致战争和疾病减少，人类的寿命大大延长。

中国由于历史的延续性，对人口数量的记载相对完整可信。因此，我们使用中国的数据来说明人口和经济的关系。在中国古代，一直逃避不了一个兴衰的周期律，就是一个王朝由出现到衰亡，长则数百年，短则几十年，如此反复。用黄炎培先生的话讲，是“其兴也勃哉，其亡也忽哉”，当然他和历代政治家们一样，看到的是载舟覆舟的道理，探讨的是政治原因，一个王朝开始的时候政治清明，蓬勃向上；到了后期骄奢腐败，每况愈下。而费正清则是从经济的角度给予了解释，在我看来更加有说服力。

根据费正清等人的观点，一个王朝经过战乱兴起时，人口数量相对较少，它有足够的资源分配给每一个老百姓。在中国以家庭或者家族为单位的经济体中，只要有了土地和生产资料，经济就会自动地发展，就像汉朝初年采用黄老之术，中央政府什么事情都不做，经济也能得到长足的发展。而经济的发展让中国的人口快速增长，加上土地的兼并，土地一下子就不够用了。在西汉初年，朝廷有大量无主的土地可以分给每一个人，一个男丁可以分到一百亩土地，这在今天是多得无法想象的。而到了西汉末年，朝廷已无土地分给新增的人口，而土地的兼并又让大量的农民失去了土地，于是，这个朝廷的末日就到了。虽然王莽希望通过土地公有收回土地解决这个问题，但其结果是，没有土地的人并没有得到好处，而拥有土地的人又要失去土地，因此他所谓的“新朝”注定要失败。

刘秀作为中国历史上杰出的政治家（同时也是杰出的军事家），在土地问题上也没有什么超出常人的解决办法，只是经历了几十年战争后，人口减少了三分之二，又出现了大量的土地可以分配，社会矛盾自然就解决了，于是中国农耕文明的列车再次启动，王朝进入平稳发展的时期，经济增长，人口增加，等到了土地无法负担所有人的生活时，再通过战争解决问题。中国历史上几乎每次大的改朝换代对老百姓来讲都是一个灾难，因为人口都要减少一半左右。在大规模农民起义或者内乱之后，人口大幅下降，使得新的政权有足够多的土地分给生存下来的人，国家重新发展。

战乱是中国古代人口没有太快增长的主要原因。表 24.3 是中国每次大的改朝换代前后人口减少的幅度[13]。

表 24.3　中国历次改朝换代人口的减少幅度

年代	人口 / 万	变化
西汉末年[14]	6000	
东汉初年[15]	2100	– 65%
东汉末年（黄巾起义前）	6，500	
三国末年	900[16]	– 86%
隋朝末年[17]	4600（891 万户）	
唐朝初年	210 万户[18]	– 77%
盛唐时期	5200[19]	
安史之乱后中唐	1600[20]	– 69%
北宋末年	11800[21]	
南宋初年	6000[22]	– 50%
宋金末年	2200 万户 14000 万人[23]	
元朝初年	5800[24]	– 59%[25]
元朝末年	8700[26]	
明朝初年	6000[27]	– 30%
明朝末年	15200[28]	
清朝初年	10100[29]	– 33%

由于中国每过几百年人口就大幅度减少一次，因此两千年平均下来增长缓慢。从公元 2 年的 6000 万增加到 1949 年的 4.9 亿，总数增长了 8 倍，年平均增长率仅约 1‰，连 1949 年至今 1.2% 的年增长率的零头还不到呢。

13 附录一，说明 1。

14 附录一，说明 2。

15 附录一，说明 3。

16 附录一，说明 4—6。

17 附录一，说明 7。

18 附录一，说明 8。

19 附录一，说明 9—10。

20 附录一，说明 11。

21 附录一，说明 12。

22 附录一，说明 13。

23 附录一，说明 14。

24 附录一，说明 15。

25 附录一，说明 16。

26 附录一，说明 17。

27 附录一，说明 18。

28 附录一，说明 19。

29 附录一，说明 20。

欧洲历史上虽然没有那么规律性的改朝换代，但是也经历了几次大的人口减少，第一次是罗马帝国崩溃，第二次是蒙古人西征，第三次是 14 世纪的黑死病，第四次是 30 年宗教战争（这场战争使得欧洲中部大约 40% 的人口，其中男性近一半死亡，十分惨烈）。因此，在历史上欧洲人口增长得也不快。在美洲，阿兹特克文明曾经因为人口增长过快而消失，当时城里没有足够的食物和燃料可用，印第安人不得不将城市房屋拆了当劈柴烧掉，当城市里再也没有可供使用的燃料时，他们不得不放弃城市，重新开始过他们祖先的那种游牧生活。今天，在墨西哥城东的阿兹特克文明的遗址，也就是著名的太阳和月亮大金字塔所在地，我们还可以看到焚烧建筑木料的痕迹。

图 24.6 阿兹特克文化遗址，断垣上部由石头砌起来的部分是后来修复的，下部灰浆砌的是原来遗留下来的，阿兹特克人离开城市前烧毁了他们亲手打造的建筑

直到近代以前，人口的数量也并不大，因此对自然界的影响也不是很大，有些人为的破坏尚可慢慢恢复。但是到了近代，人类不再进行大规模的杀戮，即使是两次世界大战对欧洲的破坏，也要远远小于 30 年的宗教战争带给欧洲的损失。加上医疗水平提高，大规模的人口减少时期不再有了，因此人口只增不减，这一方面是文明的体现，另一方面也是文明的负担。世界人口不可能无休止地增长下去，如果按照现在的速度增长，即每年 1.1% 的增长率，再过 3000 年，世界上人口的体重将等同于地球的质量。再过一万年，人口的总质量将超过宇宙中物质的质量。当然，有可能在没有到达那一天时，要么爆发大规模的战争，要么环境被破坏，人类被毁灭。

因此，世界人口增长到一定阶段就必须开始往下降，这个拐点必定出现，如果不能做到人为的控制，无论是自觉的控制还是被迫的控制，那么战争肯定会发生。在当下中国社会有一种观点，就是认为中国经济的腾飞靠的是所谓人口红利，而人口一旦不增长了，似乎经济就要完蛋了，就要衰退了。其实这种观点经不住数字的推敲，从1980年至今，中国的GDP以美元计算增长了近30倍（以人民币计算则更多），但是人口只增加了不到一倍。而其中13倍多是靠科技进步、政策（改革开放）、国际环境（冷战结束和全球化）带来的。中国现在的问题，倒是如何安置新增劳动力的问题。美国是世界人口增长最快的发达国家，从1980年到2013年，人口增长了40%，但是GDP却增长了5倍（是原来的6倍），也就是说人口贡献了40%，科技进步等因素贡献了4倍。

另外一个说法是养老要靠不断增加人口。如果真要靠增加人口而不是提高劳动生产率来养老，那么这其实就是一个庞氏骗局。为了养活第一代，需要更多的第二代，以及比第二代更多的第三代人，如此下去，社会的负担会越来越重。我们在前面已经看到，人口是不能够无休止增长的，终究有一天这个游戏会破产，而这个游戏的破产对于人类来讲是灾难性的，更是毁灭性的。相反，在人类历史上，人均GDP增长是高于人口增长的，因此靠科技带动经济才是解决养老问题的关键。解决养老问题的另外一个关键是养老的社会化，这一点日本和西北欧国家解决得很好，这些国家都是老龄化国家，但是并没有出现老无所依、老无所养的现象。在后面介绍北欧社会时，我们还会再谈到这一点。

我们在第一册介绍农业文明时曾经指出，当世界有一百万人和有一亿人时，创造文明的能力是不同的。而在今天世界人口已经有几十亿的基数条件下，人口的多少已经不再是决定文明程度的最关键因素了。如今，衡量人类幸福的关键是看人均的GDP水平，而不是总量。当世界上有10亿或20亿人时，对于创造文明来讲都足够多了，这时人口对文明的帮助就不那么明显了。人口数量的增加提高不了人均GDP水平，相反在一些国家和地区还会出现人口过剩、大量失业的情况。因此，回到我们这一章中心的论点，也就是今天解决世界问题的关键要靠科技进步，而不是靠人口的增加。

由于物质（包括土地等资源）无法满足人类几百年的持续高速增长，因此整个文明史总是增长和衰退相伴随。衰退在文明的进程中是必要的，正是这种衰退使得人类有了思考的时间，有了不断改进和优化自己行为的可能性。当然，它同时也使得地球有个喘息的机会。

图 24.7 所示的是高盛给出的亚洲各国（地区）在经济腾飞开始后 10 年、20 年、30 年……的经济增长速率。图的横轴是从经济腾飞开始算起的年代，纵轴是增长率。从图中可以看出，图中所有的国家（地区）都可以在前 20 年里保持一个高增长（6% 以上），有些国家（或地区）可以维持得长一些，比如中国台湾地区维持了近 50 年的高增长；有些则短一些，比如日本只维持了不到 30 年。在此之后，所有的国家（地区）都进入中低速发展，没有例外，而日本更是进入了长期低速发展（因为它的基数比较大）的阶段。中国高速增长了 30 多年，已经是一个奇迹了，如果不出意外，发展速度也会慢慢降低。对中国来讲最好的情况就是能够以中等速度（4%—6%）再发展 30 年，即所谓的软着陆。而再往后，就进入发达国家那种缓慢的发展阶段了。而这缓慢的发展，不仅有利于地球，也有益于人类自身，同时还能够让我们更关注生活质量，而非物质的多少。我们在后面会讲到，国民的幸福并不完全取决于物质的消费，而和很多因素有关。

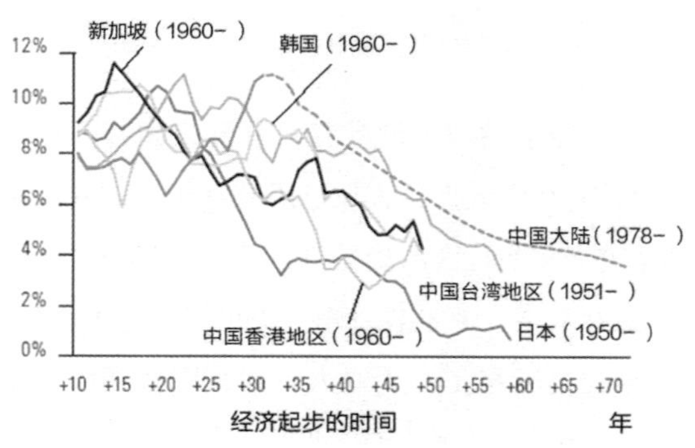

图 24.7　亚洲各国（地区）经济腾飞结束后的经济增长速度（虚线部分为预测）

地球能为我们的发展提供的物质是有限的，无论什么样的发展速度，只要它对物质消费的依赖是呈指数增长的，很快就会用光地球的资源，学过高中数学的人很容易得出这个结论。而宇宙中并不存在第二个地球供我们消费。

第三节　珍爱地球

我们生活的地球是一个美丽的蓝色星球。1968年美国宇航员安德斯（William Anders）在执行阿波罗8号环月飞行任务时，拍下了这张题为《地球升起》（*Earthrise*）的照片。照片中下部光秃的岩石是月球的表面，而冉冉升起的地球在太空中显得如此美丽，又如此的孤独。

图 24.8　《地球升起》[30]

30 NASA为这幅照片创造了一个英语单词Earthrise，是相对“日出”（Sunrise）而言的，中文媒体一般把这幅照片称作“地球升起”，当然如果按照NASA的意思，翻译成“地出”更符合它的原意。http://en.wikipedia.org/wiki/File:Apollo_10_Earthrise.ogv（一段Earthrise的视频）。

地球的自然环境历经几十亿年方才形成，在迄今为止我们所了解到的宇宙中，它是独一无二的。首先，地球的大小和温度非常适合生命的存在。要是太小，必然像火星那样无法保有大气和地表水分；要是太大，它的重力将压垮我们的骨骼，不可能产生能够站立的高等生命。同样，温度也不能太高或者太低，否则不可能有液态的水分。在宇宙中恒星周围的温度从几开尔文（零下270摄氏度左右，冥王星就是这个温度）到上千开尔文不等，而像我们地球这样正好处在合适的位置，温度在0—100摄氏度的“巧合”是很难找到的。

我们已经知道，在太阳系中，唯一有希望存在生命的是木卫二。在它厚厚的冰层下可能有水，但是这个环境并不适合高等生物生存，它的水中应该有大量有毒的硫化物，比如硫化氢。在太阳系以外寻找能有生命存在的行星和卫星就更加困难了。

在美国约翰·霍普金斯大学西北角，有一座不起眼的三层楼建筑，这里是开普勒太空望远镜的控制中心（也是哈勃太空望远镜和将来要投入使用的韦伯太空望远镜的控制中心）。发明开普勒太空望远镜的目的就是寻找

太阳系以外有生命存在的行星。2011 年该中心主任麦特·芒特因（Matt Mountain）博士给我们做过一个很小的内部讲座，介绍他们迄今发现的行星，以及发现行星的方法。

图 24.9 位于约翰·霍普金斯大学的 NASA 太空望远镜控制中心

我们知道，行星是不发光的，虽然太阳系的行星可以通过反射太阳光被看到，但其他星系的行星因为距离地球太远，那点微弱的反光我们根本没有办法接收到，因此，发现行星的方法主要是根据“行星凌日”的原理。在太阳系中，水星和金星运行的轨道处于地球和太阳之间，当水星或者金星正好处在地球和太阳之间时，太阳上会出现一个黑影，太阳光的强度会变弱。这就是所谓的水星凌日或者金星凌日。同样的道理，如果有个行星系中某颗行星正好处在地球和这颗恒星之间时，观测到的恒星的亮度会比平时稍微弱一点，根据这个亮度细微的变化，我们就能知道这个行星的大小，并且根据它围绕恒星运动的速率，估计出它和恒星大致的距离（根据开普勒第三定律），进而根据万有引力定律计算出它的质量。最后，天文学家会根据行星的质量和大小计算出它的密度，还会根据其他一些数据[31]测出行星的温度。据此就能圈定那些适合生命生存的行星了。

31 比如行星的色谱、恒星的温度（从亮度推算）以及行星和恒星的距离等数据。

截至目前，该望远镜已经发现了上百颗行星，但是一大半是类似于木星那样的气态巨行星——体积和质量巨大、大部分质量由浓密的气体构成，不适合生命存在。但是也有一些类似地球的固态行星，比如开普勒 -78b，质量是地球的 1.86 倍，直径是地球的 1.17 倍，密度为 5.57（地球的密度为 5.51），但遗憾的是它的温度却高达 2250 开尔文，也即近 2000 摄氏度，在这样的温度下，铁也要被熔化了。这个行星应该是刚刚形成，或者距离恒星太近。在这上百颗行星中，最适合生命存在的是下表列出的几颗行星。

表 24.4 目前发现的可能存在液态水的固态行星

编号	质量	半径	密度	温度 / 开尔文	公转周期 / 天	离地球距离 / 光年
地球	1	1	5.51	255-288	365.24	0
开普勒 -11g	25	3.3	<4.0	377	118.4	1998
开普勒 -61b	NA	2.15	4.85	273	60	NA
开普勒 -62e	36	1.61	7.45	270	122.4	1200
开普勒 -69c		1.71	NA	299	242.5	440

这些星球从密度上看应该都是固态行星，而且从温度上看可能存在液态水，但是我们对它们知之甚少。因此，科学家在继续寻找同类型行星的同时，还要确定这些温度合适的星球是否存在液态水（海洋）。当然，使用倍数再大的望远镜也无法从地球上看到遥远行星上的水，具体的方法是要根据水的质谱（反映在颜色上）来判断，这样就需要一个放大倍数更大、分辨率更高的太空望远镜。根据要求计算，这个天文望远镜的光学反射面直径为 6.5 米，它的直径是今天最大的太空望远镜哈勃望远镜的 2.5 倍。这个望远镜在太空展开后，面积将有一个网球场大小，人们从 20 世纪 90 年代末就开始酝酿设计这样的太空望远镜（当时我还在约翰·霍普金斯大学读书），一开始叫作新一代太空望远镜，2002 年它又被命名为詹姆斯·韦伯太空望远镜，至今仍未完工，定于 2018 年发射升空。我们希望这个巨无霸天文望远镜可以给我们带来惊喜。当然，制作韦伯望远镜的目的不光是为了找有水的行星，更重要的是探测宇宙初期星云和星系的形成。

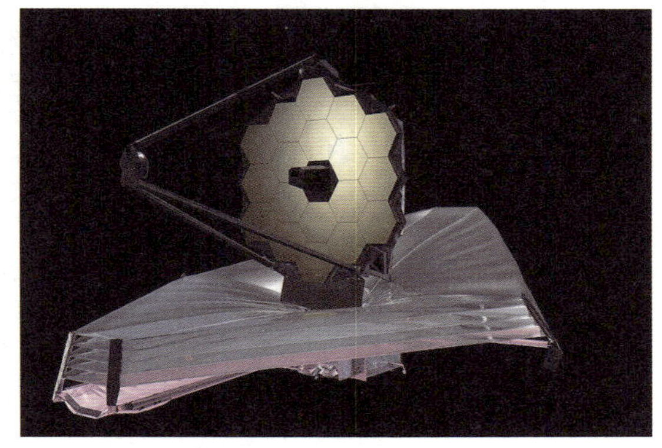

图 24.10 韦伯太空望远镜

不过，即使韦伯太空望远镜找到了有液态水甚至有海洋的行星，也只是让我们了解到生命或许不仅仅存在于太阳系，上面给出的几个行星至少不适合今天的人类生存。我们希望韦伯望远镜为我们找到第二个地球，但是谁都知道，几百到几千光年的距离，估计人类在几千几万年内都无法逾越。因此，至少从现在的发现来看，我们人力所及的范围内并没有另一个适合我们生存的星球了。我们除了保护好自己的星球外，别无选择。

地球自身是一个完整的、平衡的生态系统。当这个生态系统的平衡遭到破坏时，它有一定的自我修复能力，但是一旦破坏的程度超过它的自我修复能力后，就无法再恢复了。生态灾难就是这样形成的。目前，除了大自然具有自我平衡功能外，人类尚不知道如何建造一个能够自我平衡的生态环境。

在 20 世纪 80 年代，美国亿万富翁艾德·巴斯（Ed Bass，1945—）资助建设了一个前所未有的巨大封闭环境 —— 生物圈二号（Biosphere 2）。按照当初的计划，整个生物圈最终占地将达到 10 平方千米，这需要分期建设。第一期封闭系统当然没有这么大，只有 13000 平方米（0.013 平方千米），大致相当于两个足球场的大小，不过里面容纳了地球上主要的生态环境，包括近 2000 平方米的热带雨林、400 多平方米的红树林沼泽、1000 多平方米的热带草原，以及差不多同样面积的沙漠，甚至还有 850 平方米可容纳珊瑚礁、能掀起海浪的海洋。在这个封闭的环境中还有足够的空间用来种植农作物，并且配置了完善的农业设备。

“生物圈二号”的名字源自其原始模型“生物圈一号”，即地球。它的目的是尝试在没有地球做备份的环境中，人类能否营造出一个适合人类长期居住的环境。在这个封闭的生物圈中，志愿者将与外界完全隔绝，尝试仅仅利用生物圈中的资源实现再生产并生存下来。当然在整个实验中使用了当时最先进的技术。

从 1991 年 9 月到 1993 年 9 月，第一次任务开始，有 8 名志愿者入住这个封闭的环境。这 8 个人虽然拥有将近 10 亩土地，但是生产出来的农作物根本不够吃，因为没有足够的昆虫传播花粉。

第一年，8名队员全部处于长期饥饿状态，体重下降，经过一年多的摸索，他们终于生产出了更多的口粮，这才填饱肚子。但是接下来更严重的问题来了，生物圈里二氧化碳的浓度增加而氧气浓度下降，最终氧气浓度降低到了危险水平，一些人开始有了明显的缺氧反应，最后管理公司不得不做一次弊，从外界输入纯氧。至于为什么氧气浓度会下降，原因至今仍没完全搞清楚[32]。

图 24.11 生物圈二号

32 一种说法是微生物过多所致。

氧气的减少和二氧化碳的增加，导致大量授粉昆虫的灭绝，以及蚂蚁和蟑螂的大量滋生，同时，由于二氧化碳浓度过高，很多植物长得不结实而倒塌。结果，两年后这些人员离开了生态圈，实验表明人类尚无自我调节生态环境的能力。

在第二次任务开始前，管理公司修复了一些发现的问题。但是第二次任务进行得更加不顺利，当然这包括很多人为的失误，比如他们打开了舱门和外界进行了物质交换，这违反了实验的规定。最后由于管理公司在财务上也出现了困难，整个计划失败了。不过生物圈二号的尝试对人类了解自然非常有意义，它让人类懂得了我们目前还不能在除了地球之外的环境中生存和繁衍，我们在《星球大战》等科幻片中看到了那些在地球轨道上建造了卫星城市的幻想故事，但是在现实生活中这是不可行的。同时，这个实验也让我们了解到在地球人类赖以生存的环境中，各个物种之间的平衡非常重要，没有其他的物种，我们人类是无法生存的。

既然地球对人类的未来如此重要，我们现在的生存环境又是如何的呢？地球上的物种是否平衡呢？答案是：不容乐观，因为地球上大量的物种正在消失。

生态的变迁会导致地球上大部分物种的灭绝。据芝加哥大学古生物学家大卫·劳普（David M. Raup）估计，在地球上曾经存活的物种有 99% 现在已经灭绝，其他古生物学家的看法类似。化石记录表明，地球上的物种至少经历了五次大灭绝。我们谈论最多的是 6500 万年前恐龙灭绝的那一次，但是规模最大的一次是发生在 2.25 ~ 2.45 亿年前，当时有 96% 以上的物种灭绝了。相比之下，6500 万年前的那次还保存下来四分之一的物种。这五次物种灭绝的原因都属于自然原因，有火山说，也有小行星碰撞说，等等。但是，大部分生物学家都同意目前地球正在经历第六次物种大灭绝，不过和前五次不同，这一次是由人类的活动造成的。

目前世界上已经发现的物种有 180 多万种，考虑到一些物种只是名称不同，因此实际上不同的物种只有 150 万。科学家估计地球上的全部物种，包括未发现的，可能有 200 万到 800 万之多[33]。但是，由于人类活动尤其是气候变暖的影响，地球上的物种正在迅速灭绝。来自欧洲、澳大利亚、中南美洲和非洲的科学家们在对占地球表面面积 20% 的全球六个生物物种最丰富的地区进行了为期两年的研究后，得出了一个惊人的初步结论：在未来 50 年中，地球陆地上四分之一的动物和植物将遭受灭顶之灾。他们预计，在 2050 年地球上将有 100 万个物种灭绝。更可怕的是，在将要灭绝的物种中，有十分之一的物种的灭绝已经是不可逆转的。研究显示，在巴西中西部热带草原地区，163 种树木中有 70% 以上的树种将会灭绝。从现在起各国能做的就是控制全球有害气体和温室气体的排放量，以免更多的物种遭受同样的命运。

33 Costello, Mark; Robert May, Nigel Stork (25 January 2013). "Can we name Earth's species before they go extinct?". Science 339.doi:10.1126/science.1230318.

虽然从进化论的角度来看，物种灭绝本是自然规律，比如大熊猫种群目前就处于一种衰退的状态，但是与此同时，会有新的物种诞生，补充那些灭绝物种留下的空间。不过这种平衡自从人类出现以后，特别是工业革命以来，就不复存在了。地球人口不断地增加，需要的生活资料越来越多，人类的活动范围越来越大，对自然的干扰越来越多。大批的森林、草原、河流消失了，取而代之的是城市、公路和农田。在过去的 2 亿年中，平均大约每 100 年就有 90 种脊椎动物灭绝，平均每 27 年就有一种高等植物灭绝。

但是，因为人类的干扰，鸟类和哺乳类动物灭绝的速度提高了100—1000倍。人类在修建高速公路时，可能并没有意识到每一条道路对于动物来说都是一道难以逾越的屏障，就连分布在道路两边的蝴蝶种群都产生了隔离，不再像以前那样飞来飞去进行基因交流，更不用说大型动物了。

现在的问题是，新物种的产生速度并没有因为旧物种的灭绝而加快，地球生物圈各种物质的平衡正在被打破，当它被损害到一定程度时，就会导致人类赖以生存的体系崩溃。因此，一些科学家和政治家（比如美国前副总统戈尔[34]）担心，人类本身能否逃过第六次物种大灭绝还尚未可知。

世界各地环境被破坏的程度和受全球气候变化影响的程度也不尽相同。欧洲受到的影响最小，该地区动植物生存的概率要大于世界其他地区，这与欧洲长期以来重视保护自然环境有很大关系。不过即便如此，在人类活动、污染和气候变暖的影响下，四分之一的鸟类和六分之一的植物也将在未来逐渐灭绝。在拉丁美洲、亚洲和非洲，由于人类的破坏和干旱，动植物受气候变暖影响最大。三分之一的高等动植物将在未来出现生存危机。

要想让我们的地球、生态环境包括我们人类免遭灭顶之灾，一个重要的原则就是所有人都必须明白人类需要过一种环保而非（物质上）奢靡的生活，因为只有这样，人类才能减少在生态系统上留下的印记，减少对自然资源的依赖。要做到这一点，人类的各种活动就要有长远的考虑，比如修建水坝时，不仅仅要考虑是否能发电挣钱，还要考虑几十、几百乃至几千年后，它是否会给环境造成不可逆的破坏。在这些方面，欧洲和日本做得比同为发达国家的美国要好很多。相对来讲，欧洲人和日本人过着一种朴素而节制的生活。日本的人均GDP高达5万多美元，是中国的10倍左右，但是大部分日本人的住房都非常狭小，一般三四口之家的住房面积不会超过40平方米。作为拥有国土面积70%广阔森林的国家，他们只要砍掉5%的森林就可以让国民的住房面积扩大一倍，但是他们没有这么做。因此，虽然日本的人口密度是中国的两倍多，但是他们的自然环境保护得非常好。在西欧和北欧诸国，情况类似。去西欧和北欧旅游过的人会发现，他们四星级和五星级的酒店，比中国和美国的都要简朴得多，如果去这些国

34 作为一个关注环保问题的政治家，戈尔主持拍摄了大型纪录片《难以忽视的真相》。在片中，他站在非政治的立场上，从保护环境的角度出发，向世界展示了大量有关全球气候变暖给人类带来的巨大危害。该影片于2006年5月24日美国国殇日（Memorial Day）的周末在美国纽约市和洛杉矶上映，不仅创下了该周所有电影的最高票房，也创下了有史以来纪录片的票房新纪录。

家的家庭里看看，他们房间的装饰和家具大多都很简单。

朴素而自然的生活方式，并不意味着贫困。相反，日本和西北欧国家都是出了名的高福利国家，无论是像法国那样通过革命，还是像德国那样被从独裁者统治下解放，或者是北欧走的所谓第三条道路（既非资本主义又非社会主义的民主社会主义），他们的制度保证了国内的政治和社会稳定，公众广泛参与政治生活。尤其是北欧，国民普遍生活幸福。2012 年 4 月，一份联合国与美国哥伦比亚大学共同发布的《全球幸福报告》出炉，报告提出了一套“国家幸福指数”作为测评全世界各国国民幸福程度的指标，其中包括稳定的经济收入、良好的人际关系、高就业率和高质量的工作、相互信任和尊敬的社会生活、身心健康、供养家庭、良好的教育等。报告显示，世界上最幸福的国家大多在北欧，前三位分别是丹麦、芬兰和挪威，排第七的是瑞典。

为什么北欧人普遍感觉幸福呢？除了社会发达进步，国民人均收入较高以外，这与他们相对超脱的幸福观有关。北欧人（和大部分西欧人）在生活方式上对物质的欲望相对较低，而对生活的方便性、社会的平等性，以及人们之间的关系更加看重。

北欧和西欧国家有着完善的社会保障体制，保障范围包括教育、医疗保险、养老、失业救济、职业事故保险等多方面，覆盖了从摇篮到坟墓的人生各个时期，这些福利是每一个公民的基本权利。

由于对物质的追求不像亚洲国家那么强烈，因此这些国家的工业化进程速度适中，能够兼顾发展和环境保护。西欧和北欧各国公众对环境问题十分关注，有强烈的环保意识。丹麦和挪威是世界上最早成立环境部的国家，并且在中小学实行环境教育。在发展和环保的关系上，这些国家基本上是采取环保优先的政策。它们非常注意限制工厂的地区分布，以便将工业化对环境的负面影响降至最小。在整个北欧，消费产品都根据环保标准贴上了标签，不环保的行为被看成是可耻的。

北欧国家是世界上最早提出“可持续发展”理念的，并且把这一理念推向联合国。今天，可持续发展理念已经成为全球发展政策中占主导地位的原则。

第四节 科技的力量

人类不可能无限制地向自然界索取，因此提高科技水平，同时减少对环境的影响是唯一的出路。人类因为文明过程，尤其是工业化的过程，破坏了我们赖以生存的环境，但是恢复我们的生存环境，并非要退回到刀耕火种的时代，而是要靠科技进步。让我们不妨看看科技进步给环境带来的好处。在许多人的想象中，农业是一个低附加值粗放型的产业，要高产就要有大量的耕地、充足的水分和肥料。为了增加耕地面积，就要破坏森林草原；为了灌溉，就要透支水资源；为了有充足的肥料，就要使用化肥，其结果就是环境被破坏，发展不可持续。但是，很少有人考虑如何利用科技在不增加耕地面积，仅仅使用有限的水资源，同时不滥用化肥的前提下大幅度提高农业产量。

2005 年 Google 一些好事者学着以色列人的做法，在总部门前开辟了很小的一片蔬菜种植园，试图重现以色列人在过去几十年里在农业上取得的成就。几年试验下来，证明以色列人的做法是可以复制的。那么以色列人是怎么做的呢？我们还得先看看以色列人的生存环境。

图 24.12 Google 员工学习以色列的滴灌技术种植的蔬菜瓜果

1990 年我去中国西部出差，参观一些治理沙漠的项目。当地人告诉我这样一件事，他们听说以色列人能在干旱的土地上实现农业高产，就请了一些以色列的专家来指导农业。这些以色列人到了中国的大西北考察了自然条件之后说，你们这里哪儿叫缺水，水比我们以色列多多了。以色列的自然环境实在是太差，绝大部分土地为沙漠，可耕地面积不到五分之一，而且土地之贫瘠世所罕见，更要命的是水资源严重匮乏。在以色列境内只有一条约旦河（还要和阿拉伯人共享水源），以及一个小得微不足道的淡水湖。以色列降水极少，年降水量约 200 毫米，占土地面积一大半的南部内盖夫沙漠，年降水量仅有 25—50 毫米。这是什么概念呢？对比一下我们常说的缺水的大西北就知道了。兰州年降水量达 325 毫米，西宁 380 毫米，乌鲁木齐 200—800 毫米不等，都比以色列多很多。

然而，就是在生存条件这么恶劣的土地上，以色列人创造了令人咂舌的奇迹，许多农产品的单产量领先于世界先进水平。他们的奶牛单产奶量居世界第一，平均每头产奶 10500 千克，鸡年均产蛋 280 个，棉花单产居世界之首，亩产近 500 千克（中国为 114 千克）[35]，柑桔亩产多达 3 吨（中国为 0.5 吨），西红柿亩产 20 吨[36]。由于单产高，以色列居然是个农产品出口大国，有“欧洲的厨房”之称，每年向欧洲出口大量的蔬菜和水果。不仅如此，这个干旱的沙漠国家还成为仅次于荷兰的世界第二大花卉供应国。2007 年，以色列农业总产值为 55 亿美元，其中，农业出口占了 40%，达 21.72 亿美元，也就是说，以色列平均一个国民贡献了世界上 1.7 个人的食物。而以色列取得这样的成就，不是靠破坏生态环境，竭泽而渔，因为它也没有可破坏的环境了，其根本是靠科技兴农。

35 http://www.cnagri.com/mucaixw/aigeshidian/20130308/220677.html.

36 http://www.ishitech.co.il/0112ar8.htm.

以色列曾经和中国一样，使用了大量普通农用化学品。后来他们意识到这对人的危害，开始研发生物杀虫技术，培育出既能消灭某种害虫又不会损害作物本身的生物天敌。比如针对吃草莓的害虫，他们用一种蜘蛛吃这种害虫，或者利用马蜂消灭橙子的害虫。再比如以色列一家公司还研制出了可以产生紫外线阻止昆虫的聚乙烯薄膜。

以色列严重缺水，为了最大限度地节省和利用水资源，以色列人发明了滴灌技术，装有滴头的管线直接将水和肥料送达植物的根系，大大节约了水和肥料。所有灌溉方式都采用计算机进行自动化控制，灌溉系统中有传感器，它能通过检测植物的茎果的直径变化和地下的湿度，来决定对植物的

图 24.13 以色列将荒漠改造成的良田和牧场

灌溉量，这样可以节省人力和水资源。雨水在以色列是宝贵的自然资源，为收集有限的雨水，他们在麦田里装了一套系统，可在降雨时收集雨水。由于缺少肥沃的土壤，以色列人并没有大量施用化肥，而是开发出一种新“土壤”，这种“土壤”是在 1000 摄氏度高温下烧成的，具有良好的通风和保湿功能，可以高密度种植农作物。自二战后立国以来，以色列的农业生产增长了 10 多倍，而每亩地的用水量仍保持不变。靠着农业高科技，以色列给传统的农业带来了质的革命，二战前是一片荒漠的内盖夫地区（以色列所在地），现在已经出现大片的绿洲了。

人类的发展应该减少对自然资源，尤其是不可再生自然资源的依赖。同样的国民生产总值，可以是以大量使用自然资源为代价的，也可以是不依赖于自然资源的。

从下表（数据来源：世界银行）[37] 中可以看出，在世界主要工业国中，欧洲国家和日本的单位 GDP 对能源的依赖最少。如果世界上的主要工业国的单位能耗 GDP 都能够达到欧洲和日本的水平，今天世界上就不会有能源短缺的问题了。

37 http://data.worldbank.org/indicator/EG.GDP.PUSE.KO.PP.

表 24.5

世界主要工业国	每千克燃油产生的 GDP（美元：按照购买力计算）
美国	6.8
中国	4.1
日本	9.4
德国	10.4
法国	9.1

续表

世界主要工业国	每千克燃油产生的 GDP（美元：按照购买力计算）
英国	11.9
意大利	11.8
加拿大	5.7
俄罗斯	4.4
西班牙	11.8
印度	6.6
巴西	8.5
墨西哥	10.4

2013 年底，美国宣布今后不再生产和销售功率超过 40 瓦的白炽灯，因为 LED 的灯泡可以节省 80%—85% 的能源。顺带提一句，2014 年，诺贝尔奖委员会将物理学奖颁发给三名日本科学家和工程师（赤崎勇、天野浩和中村修二），以表彰他们在 LED 实用化上做出的贡献。在汽车行业，特斯拉的 S 型电动车，其体积和性能都跟以内燃机为动力的保时捷 Panamera 房车相当，但是能耗却只有后者的四分之一到三分之一。这些产品使用的技术都已经非常成熟，而一些正在研究的高科技则将对节能起到关键性作用。很多科学家也试图将自己的理论研究转变为改善世界环境的新技术，斯坦福大学有两位知名的华裔教授所做的工作就代表了这种趋势。材料学教授崔屹利用纳米技术设计的电池，可以让现有电池的容量增加几十倍，这项技术最终应该能够商品化，那样就不仅可以解决电动汽车和各种电器的电池问题，而且可以让电能的存储成为可能。今天所有的发电厂（尤其是水电站）都在为非用电高峰期剩余的电量发愁，而电池的容量相比之下小得无法有效存储电能，如果能够将夜间用电低谷剩余的电能储存起来，供给白天高峰期使用，那么发电量就可以大幅度减少。

另一个美籍华人科学家张首晟教授的研究意义更加重大，他是世界上最知名的研究拓扑绝缘体的物理学家。这项研究一旦成功，将引发整个半导体工业的革命。2014 年 11 月 3 日，美国富兰克林奖委员会决定将本年度富兰克林物理奖授予张首晟，奖励他在拓扑绝缘体研究领域的开创性贡献[38]。

38
富兰克林奖章（Franklin Medal）于 1914 年由塞缪尔·英萨尔设立，是美国富兰克林学会的最高荣誉奖，以本杰明·富兰克林的姓氏命名。富兰克林不仅是美国的建国者之一，也是一位在国际上享有盛誉的物理学家，是电气研究的先驱。
富兰克林奖章是一枚金质奖章，每年颁发一次，授予在物理学及技术领域中做出卓越贡献的人士，获奖者国籍不限。从设立以来，有许多科学巨匠曾荣获此奖，其中包括家喻户晓的爱因斯坦、居里夫人、爱迪生等。

大家可能要问，什么是“拓扑绝缘体”呢？简单地说，就是这种物质内部是绝缘体，但是表面却是导体甚至超导体。据张首晟教授介绍，今天的半导体工业很大程度上得益于五六十年前理论物理学，尤其是量子力学的一些重大发现。后来半导体行业遵循摩尔定律，芯片集成度越做越高，但是散热问题却无法解决，因为大部分电子的移动是随机的，这些运动最终都变成了热能，而非用于计算。今天的半导体行业，虽然依然遵循摩尔定律在提高速度和容量，但是在 IT 行业里，半导体行业就如同汽车工业在工业行业一样，成为了传统行业，很难有质的突破。张首晟教授指出，拓扑绝缘体可以让计算机芯片的功耗降低几个数量级，将信息产业带到一个更高的层次，而最乐观的估计是，这种革命在未来的 10 年内就会发生。今天，各大数据中心一方面为社会提供了云计算，另一方面它们也是世界上耗电最多的“工厂”。2011 年，Google 的数据中心耗电量达 26 万千瓦[39]（今天可能更多），大约相当于大亚湾核电站装机容量的七分之一。而世界上其他数据中心更加耗电，同等计算能力的耗电量是 Google 的两倍[40]。如果计算机能采用拓扑绝缘体的芯片，耗电量可以降低一到两个数量级，甚至更多，到那时一台网络服务器的耗电量可能只有几瓦，而不是今天的几百瓦。

39 http://www.nytimes.com/2011/09/09/technology/google-details-and-defends-its-use-of-electricity.html?_r=0.

40 http://www.google.com/green/bigpicture/.

再回顾一下我们在第二册讲到的核能和未来可能的核聚变，这些都是利用高科技，兼顾发展经济和保护环境的办法。除了解决能源问题，节省其他资源也需要依靠科技的力量。我们还能给出很多例子，说明科技的力量、文明的意识才是真正扭转今天人类面临的环境、人口和发展等诸多问题的解决之道。

图 24.14 华裔物理学家张首晟（中）因量子霍尔效应和拓扑绝缘体的研究而获得狄拉克奖[41]

41 狄拉克奖设立于 1985 年，以纪念诺贝尔物理学奖获得者、英国理论物理学家保罗·狄拉克，每年 8 月 8 日狄拉克诞辰日公布获奖者名单，是国际理论物理学领域最高奖，仅授予尚未获得诺贝尔奖的杰出物理学家。

在人类的文明进程中，我们需要的是真正的体制优化、社会公平和技术进步，而不是拆了盖、盖了又拆的短期 GDP。那些今天盖明天拆的工程，在世界的文明史上不会留下任何印记。世界需要的是像崔屹和张首晟这样的“文明之星”，他们的工作是我们人类文明进步的根本。所幸的是，今天不仅是科学家们，全世界很多人都在关心环境问题，并且以自己的方式在为改善环境和保护地球尽一份力量。

结束语

写到这里，我对《增长的极限》一书的看法应该已经讲得比较清楚了。它所说的问题确实都存在，但是因为有了科技，有了文明和进步，人类还是有希望、有未来的。长远来看，人类还处于婴儿期，相信随着时间的推移，人类会长大，变得成熟，有能力解决自身的各种问题。我们至少已经看到，在过去的 60 多年里，人类通过合作避免了诸多的战争，人类开始习惯于通过外交谈判的手段解决矛盾和纠纷。在处理与自然的关系上，越来越多的人开始懂得了环境的重要性。这些都是积极和进步的力量，这些力量最终将战胜人类贪婪的另一面，引导我们这个星球上的文明向前发展。

附录一　有关中国历代人口变化的说明

1. 由于中国历代版图变化很大，因此数据不可能完全可比。如果人口数据只是相差 3%—5%，这样的对比意义不大，但是中国主要的王朝一直处于人口集中的中原地区，而人口的变化常常是几倍，因此前后的对比还是有参考意义的。另外，有些朝代只统计户数，有些只统计男性人口，因此总人口是专家们推算出来的。
2. 根据《汉书》记载：汉平帝元始二年（公元 2 年），有 12233062 户，59594978 人。
3. 根据《后汉书》记载:汉世祖光武皇帝建武中元二年（57 年）, 有 4279634 户, 21007820 人。
4. 根据《通典·食货》记载：魏元帝曹奂景元四年（公元 263 年）灭蜀之后，魏国人口为 5372881 人。当然千位数以后的数字在统计上没有什么意义。
5. 根据《通典·食货》记载：蜀汉后主刘禅炎兴元年（公元 263 年），蜀国人口 940000 人。带甲将士 102000 人，吏 40000 人，总计 1082000 人。
6. 根据《三国志·吴志》记载：吴后主孙皓天纪四年（公元 280 年），吴国 2300000 人。此外，带甲将士 230000 人，吏 32000 人，总计 2562000 人。

7. 隋炀帝大业五年（公元 609 年）：8907546 户，46019956 人。

8. 《通典・食货七》记载：“大业所有八百余万户，末年离乱，至武德有二百余万户。”

9. 《旧唐书・地理志》和《新唐书・地理志》记载：唐玄宗天宝十四年（755 年）8914709 户，52919309 人。

10. 葛剑雄在《中国人口发展史》中认为，唐朝天宝年间人口数量在 7500 万一8000 万之间，当时朝臣和史学家杜佑也估计盛唐时有 1300 万—1400 万户，人口数在 7500 万到 8000 万之间。

11. 安史之乱之后肃宗时期统计不全，因此以“安史之乱”完全平定后稳定的中唐时期做对比。《旧唐书》唐宪宗元和十五年（820 年），有 2375400 户，15760000 人。

12. 据《宋会要・食货》记载：宋徽宗大观三年（1109 年）有 20882438 户，男口 46734784 人（宋朝不统计妇女），估计人口接近一亿；到了宋徽宗宣和年间（1119一1125 年）估计有 22000000 户，人口有 118800000 人，这还不包括辽和西夏的人口（估计分别超过 1000 万人和 300 万人）。

13. 这是靖康之变后，经历了 30 年恢复后的数据，在靖康之变后，人口应该比这个数据少很多，据《宋会要・食货》，当时有 11364377 户，男口 24202301 人。

14. 据《金史・食货志》记载：金章宗泰和七年（1207 年）时，金有八百八十二万七千六十五户，宋、金、西夏、大理四国实际人口总数估计达到一亿四千万人。据《文献统考・户口》记载：南宋 1223 年，有 12670801 户，男口 28320085 人，因此历史学家估计加上西夏和大理的人口，中国当时的人口应该在 1.4 亿人。

15. 《元史・卷五八・志第十・地理一》记载：“十三年，平宋，全有版圆。二十七年，又籍之，得户一千一百八十四万八百有奇。于是南北之户总书于策者，一千三百一十九万六千二百有六，口五千八百八十三万四千七百一十有一”。

16. 在蒙元战争中，人口减少最多的是北方金国地区和西南四川地区。元军占领四川受降后，在 1280 年的户口调查仅为 15.5 万余户，77.5 万余人，只有蒙古入侵（1231 年）川峡四路前的 2.38%。

17. 现代学者赵文林、谢淑君认为 1351 年为元代的实际人口峰值年，实际人口有大约 87587000 人，而现代学者王育民认为大约有 123590000 人。

18. 明太祖洪武十四年（1381 年）10654362 户，59873305 人。

19. 曹树基《中国人口史》（第四卷）认为明末万历年间，人口为 152470000 人，这是几个权威估计中最低的一个，最高的估计接近两亿人。

20. 康熙二十四年（1685 年）：101710000 人。

附录二 有关韦伯太空望远镜的有趣统计数据

1. 有网球场般大小。
2. 反射面使用的是镀金膜，薄膜的厚度只有 0.0001 毫米，整个反射面只用了不到 50 克的黄金。
3. 能看清楚 40 千米以外的一个一分钱硬币。
4. 离地球的距离是月亮到地球距离的 4 倍。
5. 分辨率是哈勃望远镜的 7 倍。
6. 能找到太阳系以外的水。
7. 能看到宇宙中第一束光。
8. 面向太阳的一面（太阳电池板）温度高达 85 摄氏度，背向太阳的一面（望远镜的反射面）温度只有 -233 摄氏度。

参考文献

[1] R M Harrison. 污染（*Pollution Causes. Effects and Control*）.Royal Society，2001.

[2] 德内拉・梅多斯，乔根・兰德斯，丹尼斯・梅多斯 . 增长的极限 . 李涛，王智勇，译 . 北京：电子工业出版社，2013.

[3] 中国历代人口略计表 . 中华文化网 .http://www.chinaculture.org/gb/cn_zggk/2004-06/28/content_56014.htm

[4] 亚洲鲤鱼概述 . http://www.nps.gov/miss/naturescience/ascarpover.htm

[5] 郭正堂，侯甬坚 . 黄土高原全新世以来自然环境变化概况 . 北京：气象出版社，2010.

[6] 葛剑雄 . 中国人口发展史 . 福州：福建人民出版社，1997.

[7] 曹树基 . 中国人口史：第四卷《明时期》. 上海：复旦大学出版社，2000.

[8] 费正清 . 剑桥中国史 . 杨品泉，译 . 北京：中国社会科学出版社，2012.

[9] 班固 . 汉书 .

[10] 范晔 . 后汉书 .

[11] 杜佑 . 通典 .

[12] 陈寿 . 三国志 .

[13] 刘昫 . 旧唐书 .

[14] 脱脱，宋史 .

[15] Michelle L Bell，Devra L Davis，Tony Fletcher.*A Retrospective Assessment of Mortality from the London Smog Episode of 1952: The Role of Influenza and Pollution*. Environ Health Perspect 112 (1): 6-8PMC 1241789，PMID 14698923，2004.

[16] S. C. Zhang. *Quantum fluctuations of the superconducting cosmic string*. Physics. Review. Letter. 59, 2111 (1987).

索引

C

D

E

F

G

H

I

J

K

L

M

T

U

V

W

X

Y

Z

图书在版编目（CIP）数据

文明之光. 第3册 / 吴军著. -- 北京 : 人民邮电出版社, 2015.1（2024.6重印）
ISBN 978-7-115-37709-8

Ⅰ. ①文… Ⅱ. ①吴… Ⅲ. ①世界史—文化史 Ⅳ. ①K103

中国版本图书馆CIP数据核字(2014)第267479号

内 容 提 要

计算机科学家吴军博士继创作《浪潮之巅》、《数学之美》之后，将视角拉回到人类文明史，以他敏锐的眼光从对人类文明产生了重大影响却在过去被忽略的历史故事里，选择了有意思的几十个片段特写，有机地展现了一幅人类文明发展的画卷。

作者所选的创作素材来自于十几年来在世界各地的所见所闻，对其内容都有着深刻的体会和认识。《文明之光》系列第三册每个章节依然相对独立，书中全景式地展现了人类文明发展历程中的多样性。内容涉及音乐、美术、计算机、互联网、金融、硅谷对世界科技发展的启迪、微粒子和宇宙天文学、环境保护八个专题。

吴军博士的《文明之光》系列，为读者全面了解人类文明史中那些绚烂多彩的璀璨文明，提供了一个崭新的视角。

◆ 著　　　　吴　军
责任编辑　俞　彬
审稿编辑　李琳骁
版式编辑　胡文佳
策划编辑　周　筠
责任印制　彭志环

◆ 人民邮电出版社出版发行　　北京市丰台区成寿寺路 11 号
邮编　100164　　电子邮件　315@ptpress.com.cn
网址　http://www.ptpress.com.cn
临西县阅读时光印刷有限公司印刷

◆ 开本：720×960　1/16
印张：21.5
字数：330 千字　　　　2015 年 1 月第 1 版
印数：217 001 – 227 000 册　　2024 年 6 月河北第 28 次印刷

定价：59.00 元

读者服务热线：(010)81055410　印装质量热线：(010)81055316
反盗版热线：(010)81055315
广告经营许可证：京东市监广登字 20170147 号